HOW TO WRITE IT

[加]
Sandra E. Lamb
桑德拉·E. 兰姆 著

熊亭玉 译

实用写作

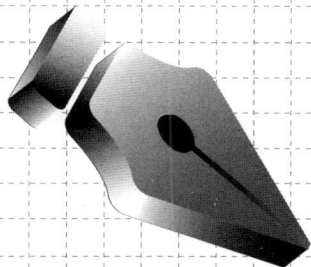

完全指南

A COMPLETE GUIDE TO EVERYTHING
YOU'LL EVER WRITE

一本书解决
71种职场与生活中的写作需求

九州出版社
JIUZHOUPRESS

图书在版编目（CIP）数据

实用写作完全指南：一本书解决 71 种职场与生活中
的写作需求 /（加）桑德拉·E. 兰姆著；熊亭玉译 . --
北京：九州出版社，2021.11
ISBN 978-7-5225-0487-2

Ⅰ . ①实… Ⅱ . ①桑… ②熊… Ⅲ . ①应用文—写作
Ⅳ . ① H052

中国版本图书馆 CIP 数据核字 (2021) 第 178840 号

著作权合同登记号：01-2021-2285

实用写作完全指南：一本书解决71种职场与生活中的写作需求

作　者	［加］桑德拉·E. 兰姆 著　　熊亭玉 译	
责任编辑	李 品 周 春	
封面设计	墨白空间·李国圣	
出版发行	九州出版社	
地　址	北京市西城区阜外大街甲 35 号 (100037)	
发行电话	（010）68992190/3/5/6	
网　址	www.jiuzhoupress.com	
印　刷	天津中印联印务有限公司	
开　本	720 毫米 × 1030 毫米　16 开	
印　张	32.5	
字　数	521 千字	
版　次	2022 年 3 月第 1 版	
印　次	2022 年 3 月第 1 次印刷	
书　号	ISBN 978-7-5225-0487-2	
定　价	88.00 元	

目 录

第一部分 原 则

第二部分 社 交

第三部分　找工作

第四部分　职场交流

第五部分　提案和报告

第六部分　询问与反馈

第七部分　问题、敏感事务和解决办法

第十一部分　电子通信

第一部分

原　则

名不正则言不顺，
言不顺则事不成。

——孔子

第一章

入　门

　　写作是为了达意。要达到这一目标，最好、最快的途径就是使用简洁明白的语言。这听起来非常容易，用上几个简单的原则，也确实容易做到。学会这几个原则，享受有效交流带来的好处。

要说什么

　　要想读者明白你的意思，第一要素就是你要知道自己想要说什么。这一点听起来挺容易，但大家往往就错在这上面。

　　动笔之前，从头至尾梳理一下你要表达的内容。无论你要表达的内容有多复杂，梳理一下，你的写作就会容易得多，而且写出来后，效果也好得多。无论是写作还是其他的交流形式，花时间梳理想法，绝对是最有效的准备工作。这种做法有助于培养你分析、整理的技巧。萃取信息，用简单的一句话表达出来——这就是主题信息。

　　一旦有了主题信息，利用本章节以下的步骤来进一步对主题信息进行展开、整理、提炼，你就能有效地表达自己的想法。

为读者而写

　　既然是为读者而写，那就请问一问自己这几个基本的问题：

- 我的读者是哪些人？

- 在这一方面，我的读者已经知道了什么信息？
- 我的读者需要了解什么信息？
- 我的读者会有什么样的反应？他们会接纳？他们会反对？或者他们会有敌意？或者他们无所谓？

写下几条关于读者的注意事项。这会帮助你把读者牢牢地记在心里，写作的关注点就不会有错。

例子：你要给部门雇员和公众发布公司开放日的消息。面对这两组读者、两组不同的受众，你应该写两则消息。对于部门雇员和大众，沟通的焦点和内容都不相同。你要思考的是，每一组读者是什么人，他们已经知道了什么，他们还需要知道什么。针对每一组读者的公告应该包括什么内容，你做的提要可能看起来是这样的：

	公众	部门雇员
内容	场合/开放日	开放日
原因	新产品/背景、发展、好处等	新产品发布
地点	地点和路线指示	具体信息：哪些地方对公众开放，哪些地方对公众关闭
时间	日期和具体时间	日期和具体时间，雇员负责时段的日程表
人物	对公众开放	每位雇员的详细任务

显然，既然是两组不同的读者，你最好写两份公告。在动笔**之前**了解读者，这对有效交流是极其重要的。

传达信息

有效写作的秘诀在于：动笔之前，洞晓自己想要表达的内容。问自己几个基本的问题，找到核心点：

- 我需要/想要告诉读者什么？
- 通过这一信息，我想要达成什么目标？
- 我想要读者有什么样的反应？
- 读者在阅读我的信息之后，我想要他们做什么？

进一步审视自己写作的动机，明确信息的目的。问问自己，想要达成什么样的目标：你想要给读者提供消息，那你想要提供什么消息？你想要说服读者，说服他们什么呢？想要激发读者行动起来？想要给读者道歉？为了什么道歉呢？或者，是为了跟进或再次确定口头上的讨论，或者只是想生成书面记录？

大多数时候，写作是为了提供信息或说服对方；有时是想激发读者的兴趣。此时用一点心思，有助于一语中的。用词一定要非常准确。以下的例子就是深思熟虑之后的一句话陈述：

- 我们的会计服务每月可为您节省 525 美元。
- 星期四上午 10 点，会议在我的办公室举行。
- 购买我们的 104B 型号分析器。
- 请发给我所有关于 L15 型号威客除草剂的信息。
- 我们必须重组分配制度，来获得盈利。
- 我无法出席这一次的价值观研讨课程。
- 我建议在新型的分析器生产线上投入 520 万美元。
- 得知你的亏损，深表遗憾。
- 这场舞会，我需要 12 名志愿者。
- 这架飞机飞不起来！
- 我们要改动午间用餐的规定，需要你的建议。
- 我们需要雇佣 40 名流水线工人。
- 你多收了我 376.50 美元。
- 有了我们的 650B 机械加工站，明年你的公司能挣上 340 万美元。

精简你的核心信息，用简单准确的句子表达出来，这可以让你占领先机。接下来，你就可以稳当且有针对性地进行下面的写作步骤。一步步地做完后，你表达出来的内容就会清晰明确、言简意赅。如果不精简核心信息，整个内容肯定会失于冗长。

作为练习，在你的办公桌上随便找几条消息来读一读。看一看，每个句子的主题信息是什么？是不是应该这么说？每句话的信息清楚吗，还是被扭曲了？完全不着调？完整吗？

现在你知道了（1）你想要说什么，（2）你交流的对象是谁，（3）你想表达的信息的要点，（4）你交流的目的是什么。你要知道，写作是一种双向对话。明白这一点，写起来就要轻松一些，效果会更好，也有助于你选择正确的语态语气。记住，写作的时候，你就是在对话。

思考过程要明确、有逻辑

你开始考虑写东西，这时脑子里是有一些想法的。你甚至还做了点笔记，这是好习惯。

你要交流什么？有逻辑地列出要点。你可以用传统的字母、数字体系，也可以用一些相互连接的圆圈这种更为意识流的方式，如右图所示。你可以把自己的想法输入电脑，也可以手写索引卡片。构思文章结构，尽可能按逻辑安排小标题，然后列出你下一级的要点，要注意：（1）保持信息的一致性，适合读者的背景，（2）以读者的思考方式来组织大纲，或者（3）按照时间顺序或发展的顺序来组织大纲。

读者需要了解什么？你想要读者了解到信息之后去做什么？以此为基础来组织思路，你会更得心应手。随时关注你要表达的核心信息，你就不会偏题。

你可以按照下面的内容来安排要点：

介绍/目的陈述
你为什么要写这篇东西/你要写什么。

背景/解释
使用小标题，为接下来的交流做好准备。

讨论/提案
陈述你的观点，给出支持和反对的论证。

概述/总结
总结你的要点。

呼吁行动/反应
呼吁行动/鼓动读者做出反应

写作过程中，按照事情发生的顺序或时间顺序来安排要点，有序思考。如果你要解释清楚一个程序的步骤（比如实验室的化验步骤），就得按照先后顺序来。

以字母、数字排序的大纲

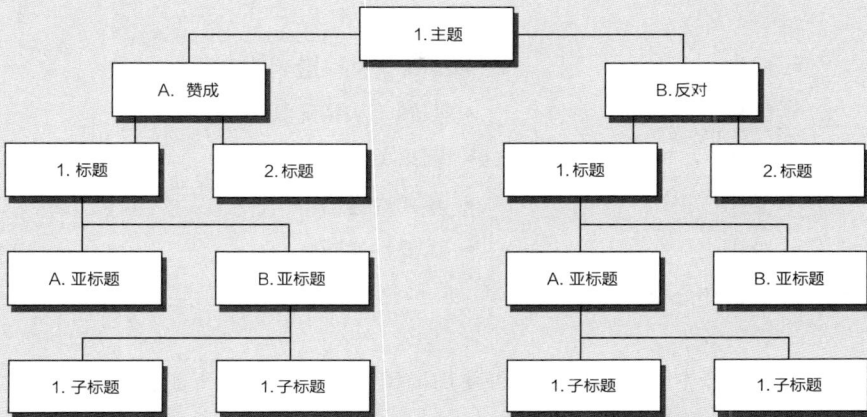

```
                        ┌──────────────┐
                        │  1.主题      │
                ┌───────┴──────────────┴───────┐
        ┌───────┴──────┐              ┌─────────┴──────┐
        │  A. 赞成     │              │  B.反对        │
    ┌───┴──────┐  ┌────┴─────┐    ┌───┴──────┐  ┌──────┴─────┐
    │ 1. 标题  │  │ 2.标题   │    │ 1. 标题  │  │ 2.标题     │
    └───┬──────┘  └────┬─────┘    └───┬──────┘  └──────┬─────┘
    ┌───┴──────┐  ┌────┴──────┐   ┌───┴──────┐  ┌──────┴──────┐
    │ A. 亚标题│  │ B.亚标题  │   │ A. 亚标题│  │ B. 亚标题   │
    └───┬──────┘  └────┬──────┘   └───┬──────┘  └──────┬──────┘
    ┌───┴──────┐  ┌────┴──────┐   ┌───┴──────┐  ┌──────┴──────┐
    │ 1. 子标题│  │ 1.子标题  │   │ 1. 子标题│  │ 1.子标题    │
    └──────────┘  └───────────┘   └──────────┘  └─────────────┘
```

这种传统的大纲方法适用于按一定逻辑进展的材料。

意识流大纲

好处　储备　成本因素　主题　新体系　设计　产品推广　新产品　新市场　新生子市场　产品A　产品B　产品C

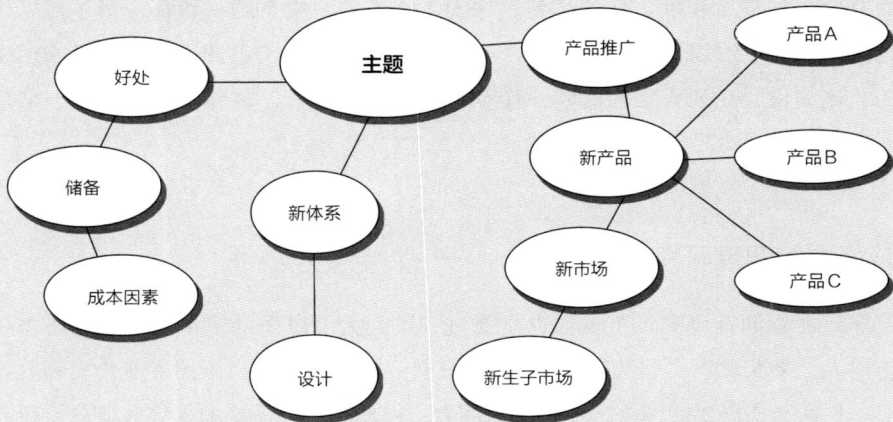

这种大纲方式适用于没有逻辑进程的材料。

如果写的是过去五年的销售增长，就得按照时间顺序来。如果主题本身就有顺序，就按照原本的顺序来。要用什么样的顺序来安排文章，你有如下这些选择：

- 时间
- 先后
- 空间
- 类比
- 分析
- 区别和分类

- 演绎（从一般到特殊）
- 归纳（从特殊到一般）
- 因果关系
- 重要性递增
- 重要性递减

在写作的过程中，还要考虑是否使用插图，这些插图是否能更清晰、更生动地传达你要表达的信息。

充实大纲

记住：提纲得力，下笔如有神。提纲就像是行车地图一样。一个完备的大纲，里面有信息的复杂程度、你的读者、你的工作方式，所有的一切都一目了然。还要记住：不一定要按照先后顺序来写。在写作的过程中，有些重要的步骤是来回交叉的。比如说，在列大纲的时候，你有可能先写一部分，跳到下一个步骤，然后又回到之前写过的部分。

完成必要的调查研究

你还需要调查研究。至少你也需要过一过列大纲时做的笔记。你可能还需要采访他人，来获取事实和数据；研究出版资料，阅读各种未出版的专业论文和数据事实。你甚至还需要做调查，或出一份问卷，以此获取你需要的事实和信息。研究一定要透彻，如果你做了调查，一定要保证调查的数据有效而客观（参见第三十九章"问卷和调查"）。

如何整理所得信息，不同的行业或学科会有不同的要求，但逃脱不出下面这几大类：

- 正式报告
- 非正式报告
- 备忘录
- 建议
- 信件

选择好格式后，按照相应章节里的指示，遵循你所在机构、行业或学科的常规要求来进行写作。

初稿

放飞自我。利用大纲、笔记、写下的段落、收集到的信息，专心致志地写作。首先，关注完成写作这件事，不要润色。如果你已经完成了所有的准备步骤，那要表达什么观点，用什么方法，要表达什么内容，你都是非常清楚的。对于大多数作者而言，在撰写初稿的时候，最好不要反复阅读资料，而应该集中精力，尽情表达脑子里的想法，把它们一个个地都记下来。

修改

写，不容易；但修改，才是最困难的。清晰准确的文字看似可以轻松写就，其实往往过程艰辛。下面是修改指南：

- 确保每个段落都有主题句。在段落中展示主题句包含的内容。
- 加入小标题和子标题，吸引、引导读者的注意力，使他们能轻松明确地获取信息。标题看上去要一目了然，有视觉上的吸引力。
- 记住，一篇文章往往需要修改好几次。要勤奋。
- 检查内容，做到准确、无遗漏。站在读者的角度想一想：读者需要知道什么，需要多少细节？
- 再次查看自己想要表达的主要信息，写出开头和简介。
- 句子简练，控制在 12 个词到 15 个词之间[①]。
- 每个段落大概 8 行。

[①] 这里的数字是指英文单词，如果按照英译汉字数的常规比例，中文字数应乘以 1.5—2 倍，下同。——译者注（后文若无注明，均为译者注）

- 变化句子的长短和句型，增加阅读的乐趣。
- 修改过程中，考虑视觉上的吸引效果，注意排版。
- 注意文字的连贯，文字要过渡自然。问自己：下一个段落是不是以上一个段落为基础的呢？
- 一定要清晰地传达出自己要表达的信息。如果有可能，请人读一读，给你反馈。
- 按照下面的内容来检查你的文字或段落问题。

简明扼要

自己写的东西，自己很容易就会喜欢上，但在修改过程中，一定要铁面无私。问一问自己，是不是每个词都有实在的意义，是不是有必要的功能。如果答案是否定的，那就删掉。清除这些枯枝败叶，需要真功夫，还需要专业的超然态度。

面向大众读者时，要作简单化处理

只要可以，就用简单的词。什么时候用术语词汇呢？当这些词是最佳选择的时候，也就是说你的读者明白这些词的意思，并且这些词汇能最直接准确地表达你的意思的时候。这并不意味着你的文章会枯燥，或过于简单，它反而是有力、清晰明白、易于理解的。可以查阅本书末给出的直接简单的词汇的例子，不要用华而不实、沉闷乏味的词汇。

面向读者交流

面向读者交流时，文字要清晰明白，直截了当。视觉上，排版要有吸引力，吸引读者阅读；版面要留白，这样会给人以开放、易读的感觉；使用各类小标题，抓住读者的注意力；运用清单和各种图表会让文章在视觉上更有吸引力。

列清单时，则要注意以下原则：

- 每个步骤都用动词开头，但不要重复使用相同的动词。
- 每个步骤单独罗列，不要合并。
- 按照逻辑顺序来安排步骤。
- 每个步骤都要用完整的句子来表达。
- 每个步骤的句子结构基本保持一致。

- 尽量不要使用被动语态。

使用并列结构、保持时态统一

你可能想不到这条原则有多重要。当你表达的内容属于并列关系，那无论是列清单，还是小标题、句子，或短语，都用类似的结构。你可以用相同的语法结构来表达这一并列关系。比如，罗列清单时，每一项都是完整的句子，都用一个动词开头。

措辞有力

动词是你的好朋友。当你选择恰当的动词时，意思自然明了。如果选用主动语态的动词，文章就会活泼生动，转被动表达为主动表达。

但也不是用了主动语态的动词就行了。还要选择那些准确、有动感的动词。我们做一下比较：

> 这一个小时慢慢过去了。
> 这一个小时爬行而过。
> 这一个小时一点点地熬过去了。
> 这一个小时慢慢流动。
> 时间静止不动。

这几句话都没有问题。有些动词更为准确。有些动词更为形象。有些动词还没有被用滥，更为新颖。如果你用的是主动语态，用的是主动式的动词，并确保它们准确地表达了你的意思，你的交流就会生动活泼，要表达的信息也会栩栩如生。所以，要用主动式的动词。

改，改，改

写作其实就是在纸上交谈，所以你的文章要写得像在交谈一样。有时，你需要大声朗读你写的东西，这会给你启发。注意听，你就会发现哪里用词僵硬，哪里显得遥不可及，哪里意思模糊不清。你的交流要像是在对话一样，像是在进行面对面的交谈，而不是演讲。当然了，你要注意有没有居高临下的语气。

也有需要正式文体的时候，但正式文体并不是华而不实、长篇累牍、遥不可及、行文僵硬的，也不需要满眼晦涩难懂的词汇。

最后校对一次

把你写好的东西放在一边，过一段时间后，再最后客观地通读一次。如果下列的问题，你的回答都是肯定的，那你已经尽可能地让你的交流清楚明确了。

- 你为读者而写了吗？
- 凡是可以用主动语态的地方，你都用上了吗？
- 你是不是简单明了地表达了你想要传递的信息？
- 你没有用含糊的词汇，而是用了具体明确的词汇？
- 多余、重复的词汇都去掉了吗？

现在，有了这些原则，你要写哪种类型的文章，那就翻到哪一个章节。每个章节都列出了步骤，你可以按照这些步骤写出易读而严谨的文章。

第二章

平面设计和排版

　　要从视觉的角度思考。注重平面设计和排版，再加上有策略地使用视觉辅助手段，比如各种图表和插图，你的交流会因此而生动。你可以省掉很多文字，而且要表达的信息会一目了然。现在，各种技术唾手可得，让这一切变得更为简单。但是，如何安排你要表达的内容，如何用视图来表现，这是一种需要培养的能力。然后再考虑用什么形式来吸引读者，帮助他们理解材料。

　　进行设计。利用字距、缩进、下划线、编号、黑体字，不同字号和不同字体，让自己想要表达的内容更容易让人理解，在视觉上更吸引人。视觉上的吸引不仅是抓住读者注意力的关键，还能帮助读者记住细节。学会划分段落；学会用不同的字体来标注不同部分；学会使用不同的颜色；学会使用曲线图、表格、流程图、图示和列表，有了这些图表，读者能够更好地理解你要表达的信息。有策略地使用着重号、辅助的图表、黑体字和缩进。你应该学习基本的布局和设计元素，知道字体和字号的一些基本知识，这样的付出绝对是很有回报的。

考虑内容

　　从下面几个方面评估你的内容：

- 了解你的读者，准确判断读者需要了解的内容。
- 判断想要强调的内容，以便特别安排。
- 看一看要选择什么样的方法来表达。
- 标题要用黑体字，字号要大一些，吸引读者注意力，而且有助于读者关注主题。

- 要留白，让读者觉得你要说的话不长，而且容易理解。
- 文本里要用下划线、首行缩进，字距要有变化但也要协调，这样文字就不会显得密密麻麻，方便读者寻找特定信息。
- 在你的交流中，什么样的元素是要用艺术和图表加强表达的？如果要用图表，图表设计要做到最精简，一目了然。
- 特别注意文本和图片的布局。
- 记住，人们第一眼望去，关注的就是左手页的左上角，还有右手页的右下角。
- 文章的各部分要有联系，融为一体。
- 尽量请人试读你的文字，做出必要的修改。

注意事项

记住，图表只是对文字的补充，它们不能替代文字。不要使用过多的插图和图表，避免在视觉上喧宾夺主。图形部分不宜过于复杂。否则会得不偿失。

选择排版

设计和排版能够让你的文字生动，要传达的信息一目了然。现在，各种技术唾手可得，这一切变得更为简单。但是，如何安排你要表达的内容，如何用视图来表现，这是一种能力，必须要培养。然后再决定用什么形式来吸引读者，来帮助他们理解材料。

整版排版，两倍行距

设计和排版能够让你的文字生动，要传达的信息一目了然。现在，各种技术唾手可得，这一切变得更为简单。但是，如何安排你要表达的内容，如何用视图来表现，这是一种能力，必须要培养。然后再用决定什么形式来吸引读者，来帮助他们理解材料。

半版排版，留出空白。

设计和排版能够让你的文字生动，要传达的信息一目了然。现在，各种技术唾手可得，这一切变得更为简单。但是，如何安排你要表达的内容，如何用视图来表现，这是一种能力，必须要培养。然后再决定用什么形式来吸引读者，来帮助他们理解材料。

设计和排版能够让你的文字生动，要传达的信息一目了然。现在，各种技术唾手可得，这一切变得更为简单。但是，如何安

排你要表达的内容，如何用视图来表现，这是一种能力，必须要培养。然后再用决定什么形式来吸引读者，来帮助他们理解材料。

设计和排版能够让你的文字生动，要传达的信息一目了然。现在，各种技术唾手可得，这一切变得更为简单。但是，如何安排你要表达的内容，如何用视图来表现，这是一种能力，必须要培养。然后再决定用什么形式来吸引读者，来帮助他们理解材料。

对开页的顶部、
左手边和底部要对齐。

纵列排版

设计和排版能够让你的文字生动，要传达的信息一目了然。现在，各种技术唾手可得，这一切变得更为简单。但是，如何安排你要表达的内容，如何用视图来表现，这是一种能力，必须要培养。然后再决定用什么形式来吸引读者，来帮助他们理解材料。

设计和排版能够让你的文字生动，要传达的信息一目了然。现在，各种技术唾手可得，这一切变得更为简单。但是，如何安排你要表达的内容，如何用视图来表现，这是一种能力，必须要培养。

左对齐

设计和排版能够让你的文字生动，要传达的信息一目了然。现在，各种技术唾手可得，这一切变得更为简单。但是，如何安排你要表达的内容，如何用视图来表现，这是一种能力，必须要培养。然后再决定用什么形式来吸引读者，来帮助他们理解材料。

设计和排版能够让你的文字生动，要传达的信息一目了然。现在，各种技术唾手可得，这一切变得更为简单。但是，如何安排你要表达的内容，如何用视图来表现，这是一种能力，必须要培养。

两端对齐

设计和排版能够让你的文字生动，要传达的信息一目了然。现在，各种技术唾手可得，这一切变得更为简单。但是，如何安排你要表达的内容，如何用视图来表现，这是一种能力，必须要培养。然后再决定用什么形式来吸引读者，来帮助他们理解材料。

设计和排版能够让你的文字生动，要传达的信息一目了然。现在，各种技术唾手可得，这一切变得更为简单。但是，如何安排你要表达的内容，如何用视图来表现，这是一种能力，必须要培养。

右对齐

纵列排版

两纵列模板

三纵列模板

六纵列模板，这一模板有两大文字版块，第一个占了四个纵列的位置，第二个占了两个纵列的位置。

第二部分

社　交

用词准确与用词差不多准确之间的差别是什么样的呢？

那就是闪电和萤火虫*之间的区别。

——马克·吐温

第三章

公 告

公告的内容可能是好消息，也可能是坏消息，但形式本身不变：抓住读者注意力，传达单一的信息。直截了当、简短及时。

礼仪

如果公告的内容涉及感情或非常私人的信息，一定要充分地考虑读者的反应。有时你的公告内容会比较微妙，这时就需要面对面的传达，务必要考虑周到。

应用范围

生活中的很多事情和变动都可以用上公告：

- 地址变动
- 结婚或开业纪念日
- 新生儿诞生或领养
- 个人生活中的重大事件：毕业、结婚、分居、离婚、退休或去世
- 职员变动：辞职、开除、晋升、转岗、特别的成就、新员工入职、招聘
- 开业庆典、新建分支机构、新店开张
- 商务变动：公司名变更、价格变动、召回产品、新项目、产品、政策、工作时间变动、惯例变动、合同更改、企业收购、企业并购、破产、扩张、购置、公司裁员、人员精简、公司关闭、销售记录

- 研讨会、讲习班、会议
- 住宅、公司或学校的开放日
- 某种类型的坏消息

内容要求

- 从**时间、地点、人物、原因，事件**和**方式**几个角度出发，关注交流信息的内容，确保交流的完整。
- 按照孰轻孰重的先后次序来安排内容。
- 直截了当、简短准确。
- 不同类型的公告有不同的格式要求，选择相应的格式。
- 强调公告的积极面。比如公司的工作时间改动了，那就要强调这样做给雇员和顾客都带来了更大的便利。
- 写公告之前，要明确谁需要知道这则消息。
- 在合适的情况下，强调公告背后的原因，加强理解，增进好感。

注意事项

- 一则公告要具备全部的基本信息。不要有冗长的解释或多余的事实。即便公告的内容不纯粹，比如里面有销售信息，那模板和体裁也应该强调出要传达的核心信息。
- 在公告还没有正式发出之前，不要让员工从外部来源听说或看到公告的内容。
- 坏消息要立刻公布，不要拖延。一般而言，最好由本人直接发布坏消息，杜绝道听途说。至少要公开消息的梗概，并告知以后会有全面的通知。

公告的类型

- 个人名字的变更，这类公告需要写明：之前的姓名，在某日之后更改的姓名。不需要解释，但是应该用便条的形式通知朋友、同事。
- 毕业公告，通常要用正式的打印文体，但也可以手写。现在，因为空间的限制，每个毕业生参加毕业典礼可以邀请的人数不过几个人，这类公告也有了变化，只发给亲密的家庭成员和朋友。这类公告后面可以附上参加毕业派对的邀请。在邀请函的左下角可以写上"请不要带礼物"。

- 订婚公告可以手写，也可以打印，发给亲戚朋友。在欧美文化中，这一公告有着丰富的传统，因此有专门一个章节的介绍（参见第十三章"订婚和婚礼通信"）。

- 婚礼公告通常是按照规定的模板印刷而成的。也可以以个人信件或便条的形式发出（参见第十三章"订婚和婚礼通信"）。

- 新生儿出生或领养公告的发出者通常是双亲，接收者是亲戚朋友。可以在婴儿出生之前就发出此类公告，然后在婴儿出生后电话通知，也可以购买市售的空白卡片，填写好后寄出。其中要包括婴儿的性别、出生日期（如果愿意，也可以填写出生时间）或年龄（如果是领养）、父母姓名全称、还可以写上姐姐哥哥的名字（如果愿意），最后要表达自己的幸福之情。父母也可以在报纸或其他出版物上刊登这一信息。

例子：

立托顿，南帕克街344号的罗杰·戴尔和布伦达·戴尔怀着喜悦之情宣布，他们的儿子杰瑞德于2007年8月12日出生在立托顿医院。他们还有一个四岁的女儿梅瑞迪丝。戴尔太太的婚前姓名是布伦达·塞尔斯。

- 如果这对夫妇在孩子出生前就离婚了，则由母亲来发公告，使用自己现在的名字。丧偶的女性则这样写：萨莉·戴维森和已故的保罗·戴维森。单身母亲则使用自己选择的称谓和名字。不管是哪种情况，最得体的做法都是发布个人公告。新生儿出生和领养公告还应该发给关系亲密的同事和有工作往来的人。

- 如果医生、牙医或其他专业人士要退休，退休公告就尤为重要。这类公告通常要宣布谁接替了工作，或其他变更的企业信息。这类公告应该印刷而成。强调好消息，这一点很重要。

- 家里有人去世，就算以最达观的心态去面对，也是件难事。直系亲属应该电话通知其他的亲友，请他们再通知其他人。如果葬礼已经安排好，也可以一并通知，避免再打一轮电话。下一步就是通知死者的律师。书面告知有以下几种情况：

> 可以由殡仪馆来书面告知，或者付费在报纸上刊登消息。

> 可以由报纸的工作人员来撰写讣告，但通常需要亲密的家庭成员来核实讣告的内容。一般情况下，讣告的内容包括死者的姓名（包括最初的姓氏①）、死亡日期、出生日期或者死亡时的年龄、死亡地点、直系亲属姓名和住址；以及朋友在什么时间段，可以前往哪一地点看望家人；还有葬礼的时间地点，葬礼是否是私人的。通常还附有请求——请大家不要往殡仪馆送花，可以把这笔钱捐给慈善机构（往往会有指定的慈善机构）。

> 描述死者生前成就和贡献的新闻稿，撰写人可以是报纸工作人员，也可以是家人代表，或双方共同执笔。

> 可以给同事或外地的熟人寄送打印的公告。

> 可以给外地的亲友和熟人寄送手写的便条。

• 法律公告，或有法律性质的公告应该与合适的律师一同制作。这一类的公告包括：在有法律协议的情况下计划再婚、领养孩子、债务款项的变更等等。

• 解除婚姻关系是非常私密的事情，应该最大限度地保密。一般情况下，只通知直系亲属和密友，也只需要点到为止。可以非正式地口头通知，或采用私人便条的形式。

• 离婚也是两个人的私密事务，公告若采用打印的形式是非常不得体的。可以给必须知道这件事情的人写便条。最好的做法就是：告知离婚这一消息，无须解释。

• 宣布商务上的好消息的最好途径是通过媒体发布新闻稿。把消息发送给报纸和其他媒体是传播消息的好途径。记住，新闻稿里面要有联系人和全部的联系方式：电话、传真和电邮（参见第六十四章"新闻稿"）。

• 业务公告（新开设了分支机构、搬迁至新地址、介绍新产品等等）是一个设立开放日的机会。打印出的公告、邀请函、在报纸上刊登公告，或在其他媒体上发布公告都可以很好地把消息传播出去。

• 面对商务上的坏消息，如果公众关注这则消息，最好的处理方式也许就

———————

① 比如领养或结婚都会造成姓氏的变更。

是召开新闻发布会。让人们第一时间收到机构直接发布的消息，能让这消息显得坦率、公开和诚实。这种举措还能避免欲盖弥彰的谎言或不利于公司的谣言传播。如果消息首先由媒体发出，这些谎言或谣言很可能就会出现。

- 董事会会议公告应该遵循公司章程、各州要求和联邦法律，其中应该包括日期、具体时间、地点、举行会议的缘由、与会者。弃权声明书或委托卡应该同预付邮资且已填好通信地址的回邮信封一起寄出。
- 地址、身份，或交易方式变更后，应该把相关信息发给需要知情的公司或个人。如果这一变更有法律衍生后果，需要按照相关要求撰写公告或告示。
- 商务变更的信息应该非常清晰明确。变更是什么；为什么要做这样的改动；对于雇员、顾客、客户和其他受影响的人员，好处在哪里；对有关人士表示感激。

模板

- 个人正式订婚（参见第十三章"订婚和婚礼通信"）、开放日、新企业等公告，通常都可以打印出来，直接邮寄给收件人。
- 新生儿诞生或领养公告可以手写、打印，或直接购买市售的卡片填写，寄给亲友。
- 公司的内部公告最好以备忘录的形式出现，用电邮发送。
- 地址变更、促销和新企业开张通常会用电邮通知，或采用打印在明信片上寄发的形式。
- 刊登在报纸上的公告最好在联系编辑后再完成，以便准确得知编辑想要的提供方式。大多数情况下会通过电邮传送。

词语

报道	变更	欢迎	开始	开张	庆祝	热忱
任命	荣誉	提升	幸福	宣布	愉快	寄回
即刻	介绍	通知	预告			

短句

欢迎加入　　敬请期待　　开张营业　　立刻生效　　时间变更
特此告知　　特此通知　　兹通知　　　更新地址

句子

要有关键词，主次分明：

詹姆斯和贾尼斯·特纳夫妇喜迎布莱恩·李·特纳，出生于2011年8月20日下午3:36，体重7磅①6盎司②，身长22英寸③。

葛瑞格和爱丽丝·奥尔布赖特夫妇骄傲地宣布，他们在2011年9月15日领养了一名7个月大的男婴，取名亚历山大·李。

我们推出了新的销售政策，您新订单的结算期可以再延长15天。

兹宣布乔治·F.弗洛莫先生出任布莱特董事会董事长一职，于2011年6月1日生效。

由于不可抗拒的原因，A-455型号稀释剂的价格将从566美元升至625美元，新价格于2011年7月1日生效。

罗伯特·R.奥马利于2011年9月12日因白血病去世，家住匹兹堡，也曾在丹佛居住。

约翰·H.哈德利，圣玛丽医院的医生和医务主任，于2011年8月30日在圣路易去世，曾在丹伯里居住。

9月29日上午8点，"防治乳癌慈善竞跑"五公里赛将于华盛顿公园▌亭处开跑。

段落

注重行为动词和关键事实，段落要干净利落。比如：

---

① 质量单位，1磅约为453.60克。
② 此处用为质量单位，1盎司为28.35克。
③ 长度单位，1英寸为2.54厘米。

我们喜迎可爱的小女儿凯瑟琳·凯特·麦克内利,她在2006年5月10日,星期四,凌晨2:34出生,身长21英寸,体重8磅4盎司。父亲本·麦克内利,母亲玛丽·麦克内利和两岁的姐姐詹妮弗衷心欢迎家庭新成员。

7月15日,星期五,Baby Boom将在塔玛拉克广场中心盛大开业(位于主层劳埃德珠宝旁边)。带上这张卡,免费领取T恤。营业时间从星期一到星期六,早上10:00到晚上9:00。星期日营业时间为中午12:00到下午6:00。注册就有机会领取500美元疯狂购物券!

库珀车这一季度的销量比上一季度增长了33%。CEO布兰德利·桑德勒说,这一增长是因为新车型Z-560上市了,该车型已经售出了3000台。

新开张的奎克·卢贝汽车修理店,只要24.95美元,就可以提供换机油和机油过滤器的全套服务。地点:埃文斯&奥查德路。整个过程只需要二十分钟。到店出示这张卡片,领取免费遮阳板。

戴维斯和公司制造部宣布召回A-7655型号的空调。在部分组件中发现的垫圈缺陷可能造成压缩机无法密封,产生气体泄漏,使人体感觉恶心。请将A-7655型号的空调送至购买处进行调换。

巴克&泰勒&麦肯齐律师事务所喜迎新的合伙人哈罗德·P.加隆。加隆先生过去五年一直在耶鲁&盖茨事务所工作,现将负责本事务所的公司法部门。

杰克·沃克·皮尔斯,曾住在丹佛,是圣玛丽医院的医师和主任,于8月23日在圣路易斯去世,享年35岁。

圣约瑟医院的烧伤科将在4月10日,星期四,下午2点正式成立。届时的庆典活动上将有州长发言,还有犹他州儿童合唱团献唱。

桑德拉·F.弗兰克,之前在申利广告工作,现加入马克斯股份有限公司,职位是创意副总。她将负责这次啤酒新活动的概念部分。

理查德·勒温医生宣布他将于 4 月 30 日退休。他的合伙人斯坦利·德弗将接替他继续行医。

改，改，改

关注细节，要做到万无一失，确保读者接收到你想要告知的信息。

领养

罗杰，德洛丽丝，乔纳森，

以及阿莉森·卡弗，

幸福而骄傲地宣布

他们领养了一个女儿，一个妹妹，

杰西卡·瑞伊，

出生于 2005 年 12 月 10 日，

2011 年 1 月 12 日从中国来到美国。

新生儿出生

拉里和露西·梅尔维尔夫妇

喜迎一个漂亮的女婴[1]，

梅拉尼·路易丝，

出生于 8 月 12 日，下午 2:30，

重 7 磅 8 盎司，身长 20 英寸[2]。

1. 宣布好消息。2. 确保信息完整。

离婚

亲爱的埃莉诺：

很遗憾，我和丹要离婚了。

我之后六个月的临时地址是我父母的住址：底特律市东胡桃路 144 号，邮编 49332。我还是继续在贝克尔公司工作，丹计划到洛杉矶工作。我肯定，等他安顿下来就会联系你。

我很珍惜与你的友谊，等所有的事情都安顿下来，我会再跟你联系的。

爱你，

詹妮弗

离婚

亲爱的爱丽丝：

原因我还不想说，结婚五年了，我和帕特里克的婚姻走到了尽头。我们都很珍惜你的友谊，这一来分别就更难了（离婚夫妻中谁还能跟以前的朋友继续保持友谊一直都是个左右为难的问题，但是我希望我们都还能是你的朋友）。

接下来六个月的时间，我会和苏珊·布莱克一起住在丹佛市唐宁街 167 号，邮编是 80233。等我们安顿好了，我会给你打电话的。

我敢肯定帕特里克很希望你给他打电话。他会继续住在我们原来的房子里。

很快就会给你电话。

忠实于你的，

简妮

新政策

备忘录

日期：（具体日期）

发给：部门经理

发出：斯图尔特·科林斯，副总裁

主题：午餐新政策

为了解决 12:00 到 1:30 之间餐厅排队时间长和拥挤的问题，我们决定按部门分时段就餐：

后勤部——11:30 开始

办公人员和产品部——12:00 开始

销售和运输部——12:30 开始

敬请按照时间表就餐，如果有职员另需时间，也请在以上就餐时间段进行安排。

谢谢大家的合作。如果有意见或疑问，请给我打电话。

一定要说清楚事件、原因、时间、地点和方式。

新进员工

备忘录

日期：（具体日期）

发给：所有员工

发出：克里奥·巴克

主题：威廉·A.凯里先生加入了极乐公司，职务为系统销售副总裁[1]

兹通告威廉·A.凯里先生成为极乐公司的一员，负责系统销售，此任命于 6 月 1 日生效。威廉将会负责模型线路 A、B、C 型号的所有销售活动，这些线路型号会从西雅图和纽约办事处合并到我处[2]。

过去的七年中，威廉一直在 Z-洛克斯公司负责自动化销售，在这期间帮助这家公司提高了 55% 的销售额。

方便的时候请到销售部坐一坐，介绍一下自己，欢迎威廉到我们公司。

1.信息要准确完整。2.按照重要程度来安排先后次序。

讣告

卡尔文·利·霍尔姆斯，家住丹佛，银行董事，于 9 月 12 日在家里去世，享年 68 岁。9 月 15 日将在汉普登纪念花园的费思教堂举行私人葬礼。

卡尔文·利·霍尔姆斯于 1943 年 1 月 27 日出生在科林斯堡。1974 年 9 月 20 日在堪萨斯州的科尔比，娶玛丽·阿普尔顿为妻。妻子在他之前就已经离世。

生前，霍尔姆斯是科罗拉多州立托顿市州商业银行的银行和农业董事，也是农舍联谊会的成员。在越战期间，他是海军中尉。

他有两个儿子，史蒂文·霍尔姆斯，住在丹佛；弗瑞德·霍尔姆斯，现住在智利；还有一个女儿，玛格丽特·安妮·霍尔姆斯，现住在凤凰城。

正式的职务公告

弗伦奇公司兹通知

苏珊·A.拜恩斯

成为本公司的合伙人，

将会负责西班牙南部的运作。

专业人士办公室搬迁

[日期]

亲爱的患者们:

我将于7月8日将我的诊所搬迁到清水街1400号540套间。这次搬迁创造了一个崭新的、更大、更方便的就诊环境,也是大家一直都盼望的。

诊所下面有免费停车区,电梯直达诊所接待区,环境焕然一新,非常可爱。新诊所的办公电话:727-555-0123。

下一次就诊,就在新地址见了。

你真诚的,

查尔斯·罗思医生

价格调整

亲爱的顾客们:

从5月1日开始,洛尔&弗里斯克公司不得不将咨询费用从225美元每小时调整到250美元每小时。很遗憾,我们不得不这样做,这也是我们十年来第一次调整价格(大家可以参考《丹佛商业》最近一次的调查,虽然调整了价格,洛尔&弗里斯克公司在同一领域仍然比同类公司的收费低15%)。

我们非常看重为您服务的机会,欢迎您给我们提建议。如果您对财务有任何疑问,请致电303550123,联系朱莉·瑞斯。

开张

索拉音乐

进驻您的小区

地址:王子西街433号

(就在乔伊熟食店对面)

不会跳舞,没关系,

来我们这儿吧,我们保证您跟着节拍翩翩起舞!

带上这张卡片,第一次光临打7.5折。

星期一到星期五:早上10点到晚上9点

星期六:中午12点到晚上9点

电话:303-555-0123

新产品

好消息,好消息

约翰·亨利·福特商店

北阿拉巴霍街1335号

新车型已经到货

敬请前来试驾

带上这张卡片,免费领取停车场汽车定位器,还可以登记抽奖福特野马。

时间:9月15日—9月17日,

上午10:00—晚上9:30

订婚公告

过去的几十年中,多种因素使传统的订婚公告发生了改变:女性社会角色的改变;高离婚率和再婚率;同性恋情;订婚双方的结婚年龄、职业身份、流动性和财务收入等方面巨大的变化。尽管订婚公告中一些传统、历史悠久的元素得以保留下来,但其中很多老的条条框框已经被摈弃,我们采用了能够更准确地体现角色变化的方式来宣布订婚的消息。但是不管怎样,订婚公告中最重要的因素不会改变,那就是分享喜讯。

如果消息是面向大众的，可以在报纸和其他出版物上公布订婚消息。联系社会版面的编辑，咨询模板的要求。订婚公告上可以放订婚情侣的双人黑白照片，也可以只放准新娘的照片。

有一些指导原则依然适用。如果是一位年轻女子的初婚，通常由女方父母来发公告：

> 得克萨斯州杨木庄园的杰克和朱莉·布莱莫夫妇宣布他们的女儿凯瑟琳·安妮·布莱莫与亚历克斯·詹姆斯·斯莫斯顿订婚。亚历克斯·詹姆斯·斯莫斯顿是约翰·Z.和露西·斯莫斯顿的儿子，父母家在明尼苏达州的明尼阿波利斯。婚礼计划在六月举行。
>
> 布莱莫女士毕业于得州农工大学，现于比姆斯&莫茨广告公司任媒体顾问。斯莫斯顿先生也毕业于德州农工大学，他现在是纽约市米基广告公司的合伙人。

如果准新娘父亲或母亲去世了，可以由另一方发布公告：

> 芭芭拉·盖茨太太宣布她的女儿桑德拉·E.盖茨女士与大卫·R.科尔医生订婚……盖茨女士是已故的罗伯特·盖茨的女儿。

如果准新郎的父亲或母亲去世了：

> ……母亲是阿比盖尔·R.莱特，父亲是乔治·B.莱特先生，已故。

如果订婚女子离过婚，或丧偶，她的父母可以用她现在的姓氏来宣布订婚消息。

一位成熟的女性，无论是单身，或已经离婚，或丧偶，都可以自己来宣布订婚的消息：

> 兹宣布德亚娜·特纳小姐［女士或太太］与雅克布·迪埃先生订婚……

如果准新娘的父母离婚了，则通常由母亲发布公告：

苏珊·雷恩斯太太宣布……雷恩斯女士的父亲是朱利叶斯·B.雷恩斯，家住马萨诸塞州波士顿市。

如果离婚父母关系友好，也可以一起公布消息：

佛罗里达州劳德代尔堡的约翰·凯里先生，和印第安纳州印第安纳波利斯的玛格丽特·B.沃特斯太太，宣布……

如果新娘的母亲再婚了，可以这样写：

理查德·R.盖恩斯先生和格伦达·F.盖恩斯太太宣布：盖恩斯太太的女儿埃伦·苏·贝茨……贝茨女士的父亲罗伯特·G.贝茨住在纽约的里弗赛德。

如果订婚的女子是领养的，从婴儿时期就抚养她的家庭不必提起这一事实。如果她是后来才加入这个家庭的，并且保留了原来的姓氏，订婚公告就应该这样写：

罗伊和罗思·温斯坦夫妇宣布养女卡拉·里德订婚，卡拉·里德是已故卡尔和特鲁迪夫妇的女儿。

如果订婚女子是孤儿，那么最亲的亲属、教父母、最亲密的朋友，或女子本人都可以发布消息：

黛西·玛莉斯·吉布森（已故达雷尔和阿尔塔·吉布森夫妇的女儿）宣布订婚……

当订婚女子来自另一个国家，或没有在世的亲人，或因为一些原因和她的家庭失去联系时，可以由订婚男子的父母发出通告。但他们应当以女子父母的名义发出，而非以他们自己的：

来自印度孟买的苏特拉·巴特瑞小姐与沃克·丹尼斯·泰伯医生宣布订婚，沃克·丹尼斯·泰伯的父母是沃尔特医生和格洛丽亚·泰伯女士，家在伊利诺伊州肯尼沃斯。

订婚的情侣也可以自己发布消息，也可以选择与父母一起发布消息：

路易丝·奥尔布赖特和斯蒂文·巴尔与双方父母，马克和海伦·奥尔布赖特夫妇，以及阿尔伯特和琼·巴尔夫妇，宣布订婚。

如果婚约破裂了，收到订婚消息的人应该得到取消的通知。

订婚	取消婚约
道格拉斯和安妮·维滕贝格夫妇 宣布安妮·维滕贝格的女儿， 伊丽莎白·斯特林·邓宁 与纽约市的罗伯特·汤森·菲尔德 订婚。 伊丽莎白·斯特林·邓宁的父亲是 凤凰城的拉里·邓宁。	亲爱的西莉亚， 　　我和大卫取消了婚约。你送给了我一个可爱的茶壶，现在我寄还给你。 　　祝好。 乔西

第四章

祝　贺

　　什么能让我们的成就更为甜蜜？那当然是来自别人的赞美和表扬。过去二十年的时间里，我们已经不再手写祝辞和贺信，所以，你如果能手写一份贺言，自然会给别人留下难忘的印象。如果你发电邮表示祝贺，也能让收信人更加快乐。可以常常发送祝辞，措辞要正面诚恳。只关注一件事情：收信人的成就或幸福的事情，让他或她更加快乐。

应用范围

　　在这样的时候发送祝辞或贺信：

- 个人成就，比如毕业、获奖、提升、演讲成功、出版作品、赢得比赛、获得奖项、完成马拉松、完结课程、爱好评级
- 家庭事务，比如结婚、新生儿出生、领养孩子、纪念日
- 生活事务，比如生日、退休、新房、乔迁
- 宗教事务，加入教堂、洗礼、坚信礼、初领圣体、（犹太教）受戒礼、神职授任、成为修士或修女、成为长老或执事等
- 商务成就，比如冠军销售或杰出销售、提升、新工作、新任命、新头衔、开张、签订新合同、出版书籍、加入协会等
- 选举任职俱乐部、联盟、专业社团、政务、联谊会

内容要求

- 立刻动笔。如果你知道消息的时候事情已经发生好久了，或你拖延了好久才开始动笔，简短地说明一下自己的祝贺为什么姗姗来迟："祝贺你。也许我的祝贺来得迟了点，但真是为你高兴，你已经是副总裁了。"
- 开头一两句话，就要点明祝贺的原因。
- **祝贺**这个词要摆在前面。
- 语气亲切，就像是在与对方交谈一样（相较于生意伙伴，给朋友的便条可以更为随意）。
- 点明对方的成就，或你祝贺对方的事由。
- 合适的情况下，可以说一下你是怎么得到消息的，比如加上新闻剪报，或提一提你们都知道的事情。
- 提一提相关的事情，但是不要忘了，你所写内容的关注点一定要在对方身上。
- 措辞一定要诚恳。
- 表达你的美好祝福，并祝愿对方继续取得成功。
- 祝贺信的关注点只有一个，就是祝贺对方。
- 简短。通常情况下，三到六句话就可以了。

注意事项

- 不要采用不符合你和收信人之间的关系的语气。
- 吹捧、过誉，听起来虚伪的语句，删掉。
- 祝贺之外的信息，删掉。贺信只关注一点，就是祝贺。另外的事情，另外写信。
- 避免使用负面的语句，比如说，"谁能相信呢？"（祝贺生日和纪念日要特别注意这一点。）
- 注意自己的措辞。比如"你怎么会这么幸运？"这样的措辞，删掉。这样用词暗示对方的成功是偶然事件，而不是因为对方的能力。
- 不体察对方心情之处，删掉。你要知道对方是如何看待这件事情的。比如说，对方在公司已经待了二十年，觉得自己十年前就该升职了，如果你贸然提起这一点，就不够体谅。如果对方对这件事的感受完全是负面的，就不要发祝贺信。

- 如果你不能做到真诚道贺，就不要写信。如果你认为朋友嫁错了人或娶错了人，就不要虚伪地写什么祝贺信。如果公司同事升了职，你却觉得应该提拔的另有其人，也不要写祝贺信。

- 不要滥用祝贺信，比如为了公关目的而写："祝贺您在费歇曼银行新开支票账户。"这种情况下，更适合发一份欢迎信。

特别情况

- 员工退休六个月之后，公司可以再次发送贺信，在信中提及此人对公司的贡献，大家怎么想念他或她，再次表达对他或她的美好祝愿。收到这样一封信，收信人会觉得非常有意义。可以请此人的所有前同事在祝贺信上签名。

- 对方成功渡过了困境，比如家人生病、离婚、失业或没能得到提拔，写这样的祝贺信时必须非常小心。能写这样的祝贺信，说明写信人和收信人之间的关系非同寻常，如果处理得当，是一件非常有意义的事情。

- 经常有人拿着祝贺当幌子，实际写的却是销售信件。不要有意在祝贺信中混入销售信息。

- 如果可以，在公共媒体上公开自己的祝贺。比如说，不少报纸提供版面供家人朋友公开致贺纪念日。

- 如果购买市售的贺卡，除了已有的印刷祝贺语之外，一定要手写上自己祝辞，这样才有人情味。

- 如果对方新添家庭成员，一定要立刻发出贺信。现在，在对方家里新添宠物的时候，也可以送出祝贺。

- 现在给订婚的男女发祝贺已经没有了男女区分，至少在这一方面我们终于有了平等。无论男女，都可以用美好的祝愿或祝贺之类的词[1]。

模板

- 个人祝贺，可以手写在信笺纸上，也可以手写在卡片上。

---

[1] 英语国家传统上对新郎使用"conguatulation"，对新娘使用"best wishes"。——编者注

- 生日或特别的事由，可以购买卡片，再加上手写的内容。
- 面对职场上的往来伙伴，正式的打印信件往往要好过手写的便条。根据你与收信人的关系，以及事由的重要性来决定贺信的形式。
- 如果是非正式的场合，或随意的工作场合，你可以发电邮给同事道贺。

词语

表现	不可比拟	称赞	成功	成绩	成就
承认	出众	传奇的	传统	创造	独出心裁
独一无二	非比寻常	非凡	感激	高兴	恭喜
贡献	鼓舞人心	喝彩	轰动	欢呼	获胜
机会	技巧	骄傲	杰出	进步	巨大
凯旋	慷慨	快乐	里程碑	领导才能	令人难忘
令人钦佩	令人兴奋	弥足珍贵	名望	明显的	难以超越
难以忘怀	努力	魄力	钦佩	庆祝	荣幸
上乘	胜利	实至名归	首次亮相	受人尊敬	特别
天赋	完美	未来	无比的	消息	欣赏
新颖	意义重大	优点	优秀	有创造力	远见
赞美	震撼	至高的	至关重要	致敬	致力
重大	祝贺	壮举	卓然不群	卓越	足智多谋

短句

成绩斐然	非常杰出的工作
非常尊敬……	恭喜你……
继续在……取得成绩	喜闻你得奖
一直钦佩你的……	远见卓识，一直如此
这项荣誉于你是实至名归	致以最诚挚的祝贺
祝你万事如意	这真是一个了不起的消息
与您一起庆祝	对你的成就的认可
你对……的贡献	令人惊叹的成就

句子

以表达自己的情感的句子开头：

> 你完美地完成了这项工作，祝贺你。
> 我刚刚听说了你的好消息，为你感到高兴。
> 恭喜升职，于你是实至名归。
> 记者对你赞不绝口，你绝对当得起这份称赞。
> 基恩项目的成员里，你是工作最勤奋的一个。
> 干得漂亮，向你致敬。

段落

记住，祝贺的便条或信件不能长篇累牍。短小精悍，才有力量。大多数情况下，或所有的情况都可以参考以下的例子。

> 太棒了，祝贺你！看到你在《华尔街日报》上发表的文章，我特别高兴。很少能够看到构思这么好的文章，资料调查翔实、透彻。

> 恭喜你获得了滑雪高手奖。实至名归。星期六的时候，你在赛道上滑过，真有专业运动员的派头。

> 恭喜小威廉诞生，请收下我们最诚挚的祝福。小威廉选择了世界上最棒的两个人做父母。

> 恭喜你成功组织了圣约翰年度集市。完全就是行家出手，干得漂亮，利润也是历年最高的。

> 在你接管童子军第四队之前，中途退出率是百分之五十。过去的两年中，我们的儿子乔治从厌恶童子军集训到期待，态度发生了巨大的变化。你真的为男孩子们做了一件了不起的事情。干得漂亮，祝贺你。

按时完成任务已经是一件难事，设定下别人眼中无法完成的目标，而且成功完成，更需要非凡的决心和自控力。恭喜你成功达到了AAS等级。星期四午餐会的时候，期待听到更多的细节。

改，改，改

祝贺要简短真挚，语气要符合你和对方之间的关系。

祝贺新业务

亲爱的吉姆：

我要站起来为你大声喝彩！恭喜！你太了不起了，赢得了这次竞标（我早该知道的；我自己投了三次标，三次都没中）。非常期待你日后的各种新点子。

我一直都知道你非常有创造力，现在你有了展示创造力的大舞台。非常了不起，而且实至名归！

送上最诚挚的祝福，祝你今后继续取得成功。

致敬，

亚当

办公室祝贺

鲍勃：

你真的让斯塔福项目组起死回生，朝着正确的方向迈进了。今天早上开会的时候，你真是太有办法了。你的热情和魅力如此有感染力，让项目组里怨声载道的成员也鼓舞起了斗志。恭喜你！

最美好的祝福，

马克

祝贺事业有成

亲爱的詹妮弗：

恭喜你成了一名医生，J. E. 延森医生，这个称谓听起来真是美妙。我们为你感到高兴，为你了不起的成绩感到骄傲。你展示了决心和勤奋的力量，我们知道你辛勤工作的回报将是丰硕的。

最美好的祝福，

布克与爱丽丝

祝贺提升

亲爱的大卫：

听说你就要出任第一副总裁，负责创意，真为你感到高兴。恭喜你！再也没有比你更有天赋、更适合这个岗位的人了。

期待你今后拿出更多独一无二的创意。

真挚的，

温妮·巴克斯

项目完成，特别祝贺

萨拉：

三个字送给你：酷毙了！你的PPT展示简直就是图片和文字结合的完美范本。非常了不起。

为你喝彩，

山姆

第五章

庆祝人生大事

　　一起庆祝人生中的大事，你和对方都会更加快乐。无论是洗礼、坚信礼、圣餐仪式、（犹太教）受戒礼，交谊舞会、毕业、纪念日，还是退休——标志人生迈入下一阶段的仪式，或加入一个宗教团体的仪式——都是表达自己的支持和祝福的绝佳时机。不要错过这样的机会！对方进入了人生新阶段的时候，给对方写张便条，内容最好是个人生活中的趣闻轶事，甚至可以引用人生赢家的名言。关注点要在收信人的身上，花一点心思，语气一定要恰当。如果想让便条变得更加有人情味、更加有意义，就要仔细梳理一些相关的轶事，用到便条中，你的便条就会生动活泼，传达的信息也就与众不同。

礼节

　　最好的庆祝方式就是关注对方，关注对方庆祝的事由。你传达的信息要积极向上，让对方成为焦点。

应用范围

　　可以在这些时候给对方写一个便条，表达对未来的美好祝福：

- 洗礼、命名典礼、婴儿或孩子的供奉典礼
- 宗教仪式，比如说初领圣体或坚信礼
- （犹太教）受戒礼

- 庆祝人生新阶段，比如说交谊舞会、甜蜜的十六岁派对、成人派对、初入上层社交界等等类似的场合
- 像聚会和婚礼庆典这样的家庭事务（参见第四章"祝贺"）

内容要求

- 关注对方。
- 反映对方积极的成长和发展过程。
- 如果有可能，写一个对方的温暖积极的简短故事。
- 结尾部分是对未来美好的祝福。
- 如果可能，附上一张照片（不让人尴尬的那种照片），增添庆祝的气氛。

注意事项

- 不合时宜或冒犯性的内容，要删掉。如果不确定，事先对这件事、这个场合或仪式进行了解。
- 超过了自己的了解和真实感情的话，删掉，这样的话会让人觉得虚伪。
- 可能让对方尴尬的话，删掉。如果不确定，就要事先核实。
- 与庆祝无关的话，删掉。表示庆祝就应该关注对方和这件事情，或者这件事在对方眼中的重要性。如果有问题和其他的事情，换个时候再说。
- 提到其他人的成就或做了比较，删掉。比如说：我十六岁的时候……关注对方。

特别情况

- 为对方做点特别的事情。可以在便条上附上一张珍贵的照片，或亲手制作的书签。
- 主动要求做点什么，让庆祝的事件更为特别：在便条上附上一张"爱的优待券"，上面写上所庆祝的新身份带来的某个好处。和对方的父母或监护人商量合适的礼物：带上已经到了驾驶年龄的人开车出去旅行，或者

带上可以开始社交的年轻女子参加茶会。

模板

- 用个人的便条卡片手写一张便条，这是最佳选择。
- 贺卡——自制、电脑打印，或购买市售卡片都可以，但要加上手写的信息才得体。
- 如果有礼物，就在礼物卡上手写祝贺的内容，附在礼物上。
- 也许你想要发电邮贺卡（甚至还是那种动画的），但是如果对方与你关系亲近，就不要用电邮代替你手写的祝贺内容。

词语

场合	成功	成就	传统
非凡	回忆	记录	加入
快乐	令人钦佩	难忘	庆祝
荣幸	胜利	特别	欣喜
新颖	幸福	愉快	赞美
震撼	注意	壮举	感人

短句

成绩斐然	和大家一起致以美好的祝福
前途远大	如此的成就
深表敬意	为你感到高兴
我们深感骄傲	喜闻……
真是太棒了	终生难忘

句子

你步入了人生的新阶段，全家人都为你骄傲。

在你的人生中，每一次变化都变成了机遇。现在你退休了，我们拭目以待。

你已经准备好了踏入人生的下一段冒险之旅，我们期待你的精彩表现。

段落

这是你的初领圣体，祝贺你。这一天，你踏出了神圣的一步，你将终生难忘，终生珍惜，你的所有家人也是如此。

你即将迈出一大步，迈入成人的行列，我们为你感到高兴。你干什么都会很棒的，各方面的技能，你已经掌握在手了。

我所欣赏的男孩大卫一定会成为一个非常特别的男人大卫，你身上有这些素质。祝贺你步入了成人的行列，踏上了新的冒险之旅。

改，改，改

写完之后，大声读出来，听一听对不对劲。

年轻人的受戒礼

雅各布：

祝你好运！我还记得你祖父和你父亲的受戒礼，现在我有幸能看到你的受戒礼。如此美好的时刻，你拥有如此美好的家人。我知道，你会成为我们社区里下一代人中的领导人物。一直以来，你的学习都非常优秀，也展现出了能够担此重任的能力。

期待在你的派对上和大家一起分享一些有趣的故事。

祝福你，欢迎来到这个险峻的崭新世界。

马克斯叔叔

十六岁的花季

亲爱的玛利亚：

你的世界充满了各种新可能[1]，我们知道你聪颖成熟，能够化各种可能为美好的现实。我们就是这样看着你一步步走过来的：一年级上舞台表演；在足球场上；在游泳池里；还有你的三重唱[2]。

你下一步会做什么呢？我们会屏息而待。只要我们能做到的，我们随时都准备好助你一臂之力。在这人生的花季，送上最美好的祝福。

姑妈罗莎和姑父西蒙

1. 增加喜悦之情。2. 亲密而特别。

亲戚退休

亲爱的埃尔米叔叔：

星期五一定是完美的一天吧。现在你开启了人生精彩的新篇章，所有关于未来日子的梦想都在你的掌控之中。

之前你工作时的所有创造力和天赋都要用来打造你的帆船，新地平线号。我非常期待星期六和你一起干。在船身写上船名的时候，我们要开香槟，我都准备好了！恭喜退休，祝你退休生活一帆风顺！

爱你的，

兰迪

新生儿出生

亲爱的卡罗琳：

得知你生了双胞胎，一切平安，非常高兴。我听说，儿科医生给他们的评价是"完美"，真替你感到高兴。

你肯定想直接带他们回家吧，但是在医院小住一段时间能让你喘一口气呢。我下周来探望你，看你有没有什么需要的。在这期间，如果有什么需要，尽管给我打电话。

爱你的，

马乔里

结婚纪念日

亲爱的伊丽莎白和弗兰克：

恭喜恭喜！我们当然会参加你们的十五年结婚纪念庆祝会。我和杰克还想骄傲地讲一讲那个周末在无知湖边发生的故事呢。家里人一直都非常喜欢这个故事。

你们的婚姻和和美美，是我们一直都钦慕的。送上我们最好的祝福，祝你们在未来的日子里更加幸福，永远幸福。

爱你的，

凯蒂和杰克

结婚

亲爱的黛安和科克：

得知你们会在六月结婚，我们非常高兴。恭喜你们。祝愿你们俩的爱长长久久，共度美好幸福的一生。

爱你的，

贾斯珀舅舅和琼舅妈

第六章

节假日问候

增加节日的快乐！和别人一起庆祝节日让我们的生活更加甜蜜。不要错过这一机会，一定要给生命中重要的人们送去特别的问候，这样也能增添别人节日的快乐喜庆。公司也可以好好利用节日，与顾客、雇员和同行建立关系。当然了，要注意措辞得当，符合节日的氛围（在神圣的节日或宗教节日中，发送过于商业化的主题或信息会让很多人感到不快）。

礼节

知道该节日的历史和传统，表达的内容要合拍。

应用范围

在新的一年开始前，把所有要庆祝的节日都记录在案，还要列出生日、纪念日，以及其他特别的日子。公司需要制定年度计划表和年度预算来进行节日促销活动，并且提前四到六个月来准备。以下是美国（US）、加拿大（C）、墨西哥（M）和英国（UK）的节日列表。同一节日，不同国家的庆祝时间可能不尽相同。

- 新年
- 马丁·路德·金纪念日（US）
- 春节
- 宪法纪念日（M）

- 林肯诞辰纪念日（US）
- 情人节（C, UK, US）
- 总统日（US）
- 乔治·华盛顿诞辰纪念日（US）

- 国旗纪念日（M, US）
- 穆哈兰姆月
- 圣灰星期三
- 阿舒拉节
- 圣帕特里克节（C, US）
- 初春第一天
- 贝尼托·华雷斯诞辰纪念日（M）
- 拜望双亲节（英国旧母亲节）(UK)
- 棕榈主日
- 逾越节
- 耶稣受难日
- 复活节
- 复活节星期一（C, UK）
- 大屠杀纪念日
- 普埃布拉战役纪念日（M）
- 五月银行休业日（UK）
- 父亲节
- 初夏日
- 加拿大国庆日[①]
- 圣约翰日（魁北克）
- 公民日（C）
- 夏季银行公休日（UK）
- 劳动节（C, US, M）
- 独立宣言日（M）

- 独立日（M, US）
- 初秋日
- 犹太新年[②]
- （犹太）赎罪日
- （犹太）普珥节
- 拉丁人日（M）
- 哥伦布纪念日（US）
- 感恩节（C, US）
- 联合国日
- 斋月
- 万圣节
- 诸圣节（M）
- 亡灵节（M）
- 选举日[③]（US）
- 美国老兵纪念日（US）
- 退伍军人节[④]（C）
- 革命纪念日（M）
- 珍珠港纪念日（US）
- 瓜达卢佩圣母节（M）
- （犹太）光明节
- 初冬节
- 圣诞节
- 节礼日（C, UK）
- 宽扎节

---

① 又译为自治领日。
② 又译为哈桑纳节。
③ 又译为大选日。
④ 又译为国殇日、阵亡战士纪念日。

内容要求

- 庆祝的节日放在开头。
- 把节日与收信人联系起来。
- 你要表达的信息，或关于自己的新消息。
- 最后致以节日的问候。

注意事项

- 买一张市售的卡片，签上大名，这是行不通的。一定要亲手写上一段话。
- 混杂的其他信息，或利用节日来传递的其他信息，删掉。其他的内容，另找合适的机会。
- 个人祝贺，比如说家庭通讯信件①，不要自我吹捧或自鸣得意。
- 照顾收信人的感受。比如说，面对长期失业的亲人，就不要满篇谈论自己的新工作有多棒，取得了多大的成功什么的。不要给大伙儿或持不同信仰的人发宗教信息。

特别情况

假日家庭通讯信件

平时没法经常往来，怎么才能知道相互生活中发生的事情呢？年度假日的通讯信件就是一个非常不错的方式，这已经是很多家庭的传统了。怎么才能让自己的节日通讯信件受欢迎呢？下面就是答案：

- 有条理，要么按着时间顺序来，要么按着话题来，要么挨个讲。
- 尽量请家里人帮着修改一下。
- 内容精简。
- 自己的想法，重要的信息，简短地附上家人的成绩和活动。
- 简单地说清事件，然后再加上一两个细节，通迅信件就能有趣活泼："在

---

① 这种信件会复制发给家庭成员，内容一般是庆祝节日，介绍本人这段时间的各种新进展。

机场，43个安保人员检查了明迪的沃特福德①花瓶，然后才让他从爱尔兰带回家。我们得知……"

- 加上几张彩色照片，增加装饰感，更有意思。
- 如果通讯信件是打印或复印的，也要给每个人加上一段手写的信息。

年终商务通讯信件

年终，把公司的重要信息告知雇员、顾客和同行。信中要表达出对收信人的感激之情。写信的时候可以考虑以下可能性：

- 想一想你对大家有什么话要说。也许你想只写一封信发给所有的人，或者针对不同的受众，各写一封不同的信。后者应该更为合适。
- 内容可以包括雇员的成就，你们参与的慈善活动，还有你们发起的捐募活动。
- 宣布公司的新产品，详细说明公司所有的重大财务成就，或公司将要进行的新举措。

节日促销通知

在节假日给顾客写信有助于让顾客记住你。在信中感谢他们的惠顾，并考虑以下可能性：

- 节日促销通知是非常重要的商业工具，利用这一工具来创建老顾客群体。
- 可以考虑宣传"圣诞前首选顾客促销活动"。如果每年都这样做，顾客有可能养成在此节前购物的习惯。

募捐活动通知

节假日为你的机构提供了很多吸引注意力的方式。比如说：

- 好好写一封通讯信件，突出你的机构这一年帮助过的人，或谁在节日受到了你们特别的帮助。

---

① 爱尔兰港口城市。

- 宣布即将开始的特别活动。
- 告知年度募捐活动的信息，还有捐款目标。

模板

- 节日贺卡上面应该有你的个人信息和手写签名。如果你不知道说什么，就引用一句合适的话来开头，然后再结合一下个人情况。
- 有创意的问候。可以用明信片、一般卡片、折叠卡片或信函。
- 问候要有品味，符合节日的气氛。
- 可以考虑发送动画版的电邮问候，有很多种选择。但是，用的时候要过脑子，比如说，有些公司就规定不能通过电邮来发送正式的办公节日问候。
- 遵守电邮礼节。如果你和对方只通过电邮交流，发送非王式的电子节日问候是完全没问题的。但不要忘了，电子邮件依然等同于非常不正式的便签形式。线下认识的人，你还是要发送纸质邮件。

句子

佳节之际，特别的问候送给特别的你。

节日来临，就想到你。祝你节日快乐。

祝你节日快乐，一年每天都像这天这样快乐。

这一年哈威斯特家具城有幸拥有了你们，我们尊敬的顾客。我们家具城的所有员工祝大家来年事事如意。

一年之末，正因为有了你们的努力，我们才有了这么多的成绩。我们的成功属于每一位员工。

祝愿你365天每天都快乐幸福。

在此佳节，把最好的祝福送给你和你的家人。

虽然这一天我们不在你身边，请允许我们遥祝你来年富裕康健、快乐幸福。

佳节之际，亲爱的朋友们，想到有幸拥有你们，就觉得莫大的幸福。

无论距离的远近，庆祝佳节之际，我们都挂念着你。

这一天，每一天，我们都祝你幸福美满。

祝你节日快乐。

拥有你们这样的顾客，是我们过去一年最大的幸福。

节日快乐！

祝你满满的幸福和快乐。

让我们一同纪念这有历史意义的一日，愿你心中常怀真理。

平时不常见面，但总是记挂着你，趁着过节，祝你来年事事如意。

真希望打开家门就能看到你们，我的心里始终装着你们。

在这特别的日子，我们欢庆佳节，欢迎你——我们的贵宾来参加节前贵宾促销活动。

我们为贵宾客户准备了特别的惊喜，请来参加我们的年底庆祝促销活动。

段落

又到了这个特别的日子！一年一度的贵宾春季嘉年华活动就要开始了，可不要缺席哦。请您一定抽出时间来看看今年春天最新的女装新款，享受旺季前的优惠价格。

在这个特别的日子，我一定要告诉你，你对我们非常珍贵。知道吗？多希望你现在就在我们身边，可以紧紧地抱住你，一起度过这个节日。

我们心里装着对你的爱，在这个特别的日子，要特别祝你节日快乐。

怀着感恩之心，在这特别的一天，愿你也有同样的感受。期待和你一起分享快乐幸福。

我们纪念这一天的真正意义，看到你们在心里、在生活中活出了这一节日的真正精神，我特别高兴。能够与你们分享这一天的快乐是我们的幸福。

从你平和的心境到和平的世界，仿佛是漫长的路途，但似乎又并不遥远。谢谢你与我们分享你平和的心境。快乐与我们同在。

这是新的一年，有新的目标，有新的机会。过去的一年，你展示了你的智慧，给了我们惊喜，希望在新的一年你能继续如此。

收到了你的来信和节日的祝福，我真是非常高兴。这一年，你的家人都过得很好，真是太好了。送上我们最好的祝福。

祝你在新的一年鹏程万里。

特别的季节，特别的节日，特别的祝福。祝你节日快乐，送上我们最美好的祝福！

送上传统的祝福，祝你健康幸福，同时我们还有小私心，请来和我们一起庆祝节日吧。（当然了，如果来，你一定要原谅我们的不周到！）你到城里来，一定要来我们家哦。用午餐，待上一天，或者整个周末，都行，告诉我们就成。

改，改，改

写好之后，再读一遍，确保内容是自己想要表达的。无论祝福长短，关注点都应该聚焦在对方身上，还有送给对方的祝福。

年末家庭通讯信件

尤利娅说：

十二月底了，新的一年就要来到，我家里是这样，你的家里也可能是这样，我们再也不会觉得自己的国家不可战胜了。就像你一样，我觉得这个节日让我们这些家人，我们的信仰，我们的国家与我们无比地亲密[1]。

但是，这是应该欢呼和充满祝福的节日。

首先，苦乐参半。这个秋天，我的父亲以斯拉确诊了阿尔茨海默病。病症已经很严重了，妈妈玛利亚还是非常英勇，让他待在家里，后来他要"回家"的冲动越来越厉害，家里的环境对他而言已经不安全了。我们想念他。我父母一直都想待在密西西比州，对于父亲而言，唯一合理的选择就是赫里蒂奇养老中心。他给我们树立了有尊严的人生榜样，他依然认得出我们，对此我们心存感激。现在他75岁了，他度过了很多美好的日子，给认识他的人带去过很多快乐和幸福，对此我们也心存感激。患病之前，他很享受他的人生，认真地生活过。

父亲到了养老中心，对于母亲也是挑战，但她适应得也挺好。之前，她已经有十二三年没有开车了，现在她又开车了，每周驾车两三次，行驶70英里去看望父亲，还带上狗[2]。

现在讲讲开心一点的事情。我们的三个儿子今年都不错。我们请求他们多回来看看，谢天谢地，彼得和亚娜还住在科罗拉多州。我们想让他俩快点结婚，这样他们就会留下来了。

蒙蒂说：

你们的贺卡和来信都收到了，非常感谢。感谢你们一直都想着我们。

这一年，我们过得很好，城里的这个社区很小，只有46户人家。我们需要的任何东西都能在附近买到。我们离这个国家最好的滑雪场只有一个小时的车程，这一点我特别喜欢。

这一年，我们去了加拿大的落基山脉（班夫和路易斯湖），很漂亮，在那旅行非常棒。整天都骑在马背上，我们录像了，绝对适合寄给全美最搞笑家庭录影节目。

每年一次的旅行，我们去了澳洲。悉尼是个美丽的城市，苍翠的花园，还有世界闻名的歌剧院。我们还搞到了票，去那儿看了一场表演，真是美好的经历。我们坐上了"珊瑚公主号"，游览了大堡礁，就在汤斯维尔和凯恩斯之间，还潜游了，看到了各种各样的海洋生物，有珊瑚，还有热带鱼，是整个旅行的亮点。

在新的一年，祝你们幸福健康！你会和我们分享其中的一点点幸福，是不是[3]？

爱你们的，

尤利娅和蒙蒂。

附：在二月的时候，我们很想大家在范尔聚一下。好久没有聊过了！你们觉得呢？[4]

1.把节日和收信人联系起来。2.有人情味，简短新颖。3.最后送上最好的祝福。4最后再附上手写的信息。

感恩节家庭聚会

亲爱的麦克德莫斯家族成员们：

今年我们要在大卫和里贾娜·麦克德莫斯家庆祝感恩节，阵容浩大，想必你和我们一样觉得眼花缭乱吧。你肯定知道了，我们要欢迎12位家庭新成员（已附上名单）。我们要用麦克德莫斯家的传统方式给他们洗礼。当然了，你们应该知道自己要带上的食物，希望你们每个人都准备好了致辞。我们会洗耳恭听的。

我得提醒你们，汤姆·莱特负责今年的表演。如果你家有什么特别的音乐节目或其他的表演，下周之内跟他联系，这样他好准备表演单。

至于族史这部分，哈利·麦克德莫斯会宣布新的宗谱，他和他的家人做了调查，重新进行了整理。玛丽·本奇会带来整理过后的新家族"故事"。劳伦·吉文斯说好了，他会展示家族照片相簿。你可以加印其中的任何照片。

那就感恩节下午1点见了（相关的讨论、说明和细节，还有各种唠叨，到哈利的网站上去看吧，网址是McDermottsUnite.com）。

麦克德莫斯家族的人，又要聚会了！祝你旅途顺利！

加文·麦克德莫斯

公司年终信件

亲爱的雷诺大家庭：

这是辉煌的一年，到了年终，我们当然要欢庆。这一年我们的净利润目标是6,000,000美元，我们超额完成，足足超了1,565,000美元！我们取得了巨大的成功，这源于我们团队每个人的奉献和辛勤工作。祝贺你们！

当然了，我们会一起分享我们的胜利。但我认为，更重要的是大家一起创建了一种互相支持的氛围，一种达成高标准工艺的自豪，一种大家庭的归属感。因为你们，雷诺成了一个大家乐于工作的好地方。

谢谢你们，谢谢每一个人，一同创造了这辉煌的一年。

感激的，

威廉·特拉斯克

总裁

圣诞前特别家庭慈善活动

亲爱的圣诞天使：

你知道的，去年由于你们分享的圣诞精神，2,765个孩子收到了圣诞礼物。今年我们的目标是让我们地区的3,500个孩子在这特别的一天收到惊喜礼物。

今年12月5日，下午4:30，地点：夏日幼儿园，我们所有人带上收集的礼物，一起包装好，分发给指定好的精灵来派送礼物。和往常一样，对于我们所有人而言，这将是快乐的经历和庆祝活动。

巴里·卡罗姆负责音乐。超级筹办人，拉·波提特，会给我们所有人提供盒装午餐。

希望在今年的特别庆祝活动上看到你的身影。

帕蒂·里夫斯

第七章

慰　问

别人遇到大问题、遇到伤心事、遭受损失的时候，要写信表示安慰，非常难。以关心和尊重对方为基础的同理心非常关键。关注对方，基于你对收信人的了解，还有对方遭受的痛苦而下笔，这是你写信的原则。

写慰问信很不容易，但又很有必要。收信人可能有亲人、朋友或同事去世了，或遭受了损失（比如失去了工作，房子失火了，或被迫离婚了）。你的信要简短友好，在合适的情况下，应该提出实质性的帮助。

应用范围

下列情况，可以手写一封私人的信件：

- 对方的亲人、朋友、邻居、生意伙伴或雇员去世
- 对方的亲人、朋友、邻居或生意伙伴生病或受伤
- 朋友、雇员、有生意往来的机构、同事，或客户遭受了财务、财产、生意或健康上的损失
- 忌日或重大日期，对方会再次经历痛苦的感受
- 处在离婚阴影下的朋友或同事
- 极度失望或非常不幸，比如说，朋友或同事选举失利、失去工作，或没能提升
- 失去宠物，朋友或家人悲伤不已
- 朋友的亲密家人或朋友搬家，因此难过伤心

内容要求

- 最重要的是理解对方的心情。一定不要忘记，你是在给对方写信。
- 悲伤情绪各不相同：1.否定与孤立感；2.愤怒；3.讲条件或找借口；4.抑郁；5.接受和治愈。考虑对方处于哪种状态，相应地组织内容。
- 考虑你本人真实的感受。
- 知道消息后，就立刻写信。如果你获知消息时已经晚了数周或数月，或你迟迟未能写信，还是要写。犹未为晚。
- 考虑你与收信人之间的关系，以此为准则。
- 关注对方，信中不要关注你本人的感受。对方明白你心情悲痛，所以提到自己只需要简单一句：听到你的消息，我很难过。
- 开头就简单直接地表达自己的慰问，提及你要慰问的事情：听说你痛失亲爱的林赛，我们深表悲恸。
- 慰问中要给对方带来希望。记住，不要变成可怜对方。
- 是不容易，但是雇员、客户、生意伙伴和同事痛苦或遭受损失的时候，一定要写一封慰问信给他们。
- 不要用长篇幅来缅怀所爱的人，等到对方心情好一点，痛失亲人的心情没有那么悲恸的时候，愿意回忆过去的时候，再写这样的内容。
- 措辞一定要小心，提到损失、难过或失去亲人的悲痛时用词要委婉。避免使用冷冰冰的字眼，比如说，死了，被杀死了，死人，或破产、一文不名、无家可归这类。
- 如果可以，提一下关于死者的某一段美好回忆。
- 一定不要忽略对方的宗教信仰、种族风俗、家人的愿望、机构惯例。
- 在合适的情况下，表达对对方家庭成员或合伙人的慰问。
- 提出具体的帮助，明确指出你什么时候，会以什么样的方式再次联系对方来实现帮助的承诺。
- 结尾要温暖。
- 如果面临有人去世的情况，你想要送代表你情感的纪念品，请询问太平间，看家属有没有什么要求，或者查看报纸的讣告栏。
- 如果你要送鲜花，请附上便条。
- 对方失去了亲人，口头询问指定的亲朋，或太平间，看对方有没有什么紧急的需求，或有没有什么事情你可以帮上忙（比如说，担任护柩者，或计划一个特别的纪念仪式）。

注意事项

- 夸张的用词，删掉。对于丧失了亲人的人，听到"晴天霹雳""再也没有听到过比这更可怕的消息"，并不是安慰。同样的道理，过于伤感、毫不克制感情的表达也要删掉。
- 说教，或者那种表示同情的陈腐用词，删掉。对方有可能会误解。请记住，对方失去了亲人，此刻非常悲恸，非常脆弱，像"他去了更好的地方"这样的句子并不恰当。
- 流露出可怜对方或脆弱伤感的语气，删掉。这里的分寸比较微妙。写好之后，朗读几次，确保没有犯这个错误。有时，把写好的信放在一边，过几个小时再读一遍，有助于你避免这点错误。
- 不要给对方任何建议。你写信只有一个目的，就是安慰对方。
- 帮忙不能是说说而已的那种，或只是含糊其词地表示要帮忙。如果要帮忙，就具体说出来，并且明确下一步会怎么做：我明天就给乔尼打电话，看我可不可以替你回复一些电话，或帮你跑跑腿。

特别情况

以下情况要特别留意：

- 朋友、生意伙伴、同事或雇员离婚，需要特别小心处理。你得非常了解对方。慰问信要及时、简短，关注对方。
- 孩子夭折、死产、流产也要特别小心处理。不要费心去"安慰"，安慰就是想要减少对方的痛苦，这实际上是办不到的。如果是双胞胎或多胞胎中的一个死亡，首先要祝贺活下来的孩子。然后另起一段表达慰问，小心不要把祝贺和慰问两种情感连在一起。
- 如果对方是在自然灾害中失去了房子、工作，或面临着财务困境，最好你的慰问信中要体现真正的帮助。询问对方有什么可以帮忙的，呈上自己的礼物，或提出帮助对方，但不要有做慈善的样子。危机当头，说说而已的那种帮助就是一种羞辱。

- 如果对方得了不治之症，或致残，也属于特别情况。对方谈论过什么样的病情，你就以这个开头。不要提到死亡，除非对方开诚布公地讨论这一话题。可以谈到你们共有的美好回忆，或者你特别珍惜的对方的一方面。可以使用"想你""经常想到你"这样的表达。

- 自杀或暴力犯罪造成的死亡或损失也是特别难处理的。除非你了解对方的信仰体系，否则就简单地表达"听到消息，非常难过"这个意思。

- 特别是对于老年人而言，宠物的死亡是很悲伤的一件事情。如果情感真挚，对方收到你的信件会非常感激的。

- 如果要送花到殡仪馆，请附上小卡片，上面写上"致大卫·M. 米克斯"或"悼念大卫·M. 米克斯"。用那种没有修饰的简单卡片（花店就有出售），在上面写上简短的慰问信息，比如说："西德尼，我们的心与你和安妮同在。"

- 以纪念死者给慈善捐款，要写上你的姓名地址，再加上简单的信息，比如说："捐款，以此纪念阿普尔顿，西芝加哥街8100号的罗伯特·C. 沃克。"这样慈善机构就能确认你的捐款，并且通知死者家属你捐了款。

- 遇到与已逝之人有关的纪念日时，其亲人、朋友、合作伙伴会再次陷入悲痛，这时应该再次寄出一封关切的慰问信。如果你们关系好，于对方而言，这封信的意义就非常大。这时就可以写一写关于死者的一段美好温馨的回忆。

模板

- 你的慰问信是非常私人的，要亲手写。如果市售的卡片正好表达了你的心情，也可以选择，但一定要加上手写的信息。最合适的做法就是选择一张没有装饰的折叠卡片，也可以用没有装饰的私人信笺纸（小于5.5英寸 × 11英寸）。

- 如果对方只是商务往来的熟人，你并不太了解，或没有亲密的工作关系，这种情况也包括丧偶的雇员、顾客、客户或同事，你就可以手写便条，也可以打印一张慰问信。使用商务个人信笺纸，最好小于5.5 × 11英寸。

也可以选择5英寸×7英寸大小的。

词语

安慰	悲伤	悲恸	悲痛	担心
悼念	度过	抚慰	感情	共情
关心	艰难	难过	伤心	升华
失去	天赋	同情	痛苦	痛失
慰藉	希望	心情沉重	心碎	心痛
信仰	责任	治愈心灵		

短句

悲痛之情	沉痛哀悼
得知……非常难过	会永远记住……
会永远想念……	没有语言可以表达……
你痛失了……替你难过	请接受我们真诚的哀悼
深感悲痛	所有认识他的人都会感到难过
他改变了周围人的生活	他是个非常出色的人
同感悲伤	我们会为你祈祷
我们深切地表示慰问	我们为你深感悲痛
想到……就有美好的回忆浮现	一个可爱、真实的人
永远不会忘记他的善举	有着非同寻常的睿智
愿你美好的回忆能给你慰藉	在此悲恸的时刻

句子

这样艰难的时刻,语言苍白而无力。

我们深表哀悼。

在这悲恸的时候,我们与你同在。

希望你从事故的伤害中完全康复。

玛莎一直勇敢地同艾滋病做斗争，知道她走了，我们非常难过。她的生活鼓舞了我们所有的人。

听说你和吉姆离婚了，我很难过。我知道，对你而言，这是特别难过的阶段，我心与你同在。

并不是所有的人都能明白宠物带给人类的快乐和陪伴。宠物不在的时候，真是想念它。斯默克不在了，我很难过。

我们都会想念大卫的微笑的。

约翰走了，我们深表哀悼，但约翰的微笑和笑声会永远活在我们心中。

愿上帝的爱给你力量和安慰，伴你走过这悲恸的日子。

段落

得知托比离开了我们，我非常难过。在这样的时刻，语言总是如此苍白，无法准确表达我们心痛的感觉。

但愿乔治生前的快乐陪你度过失去他的黑暗时段。我们永远不会忘记他的快乐，最细微之处都不会忘记。我们都会非常想念他。

请不要感到绝望。被抢劫之后，受侵犯的感觉挥之不去才是最难熬的部分。明天早上我会给你打电话，看一看你有没有什么需要的东西，如果我们有，就先拿去。

离婚就像是没有了希望一样，我们知道，此时，你肯定觉得非常痛苦。一定不要忘了，时间是疗伤的良药。

不要忘了，还有我们在，我们心里永远有你，我们的家永远欢迎你。过几天，我就来看你，看你好点没有，能不能过来吃顿饭。

得知L. L.贪吃蛇和公司取缔了你的职务，我替你感到不平。你是一个非常有能力，非常有创意的人，今天你也许不是这样感觉的，但你肯定会做出更好更大的事情来。你有这么好的资格，我知道有几家公司会欣赏你的。星期二我会给你打电话，到时候也许你就准备好寻找新职位了。

改，改，改

一定要非常小心，确保所写内容清楚真诚。

写给被裁员的朋友

伊丽莎白：

管理层这样做，我觉得很难过，非常难过。我在母公司里听说了一些关于这场混乱的事情，我也亲身经历过，这样的事情在公司的各个层面都会引发巨大的压力。常常会引发一些同事最糟糕的状态（就像是有把斧头悬在头上一样）。

我敢说，罗利肯定和你一样，非常地痛苦。哦，天呀！

但是，难过之中，我又感到一丝欣喜，也许这看似坏事，于你却是好事，但现在你肯定不是这样想的。你非常优秀，很有天赋，你的成功也会是不同寻常的。我希望，我诚挚地希望这一次能成为你难得的机会。事实上，对这一点，我非常肯定。我肯定，你需要时间专注完成亚历山大的半身像。还有那部小说。（现在，我就在关注写小说这件事情。难道这不也是你想做的事情吗？）

无论你最后的决定是什么，休息一段时间吧，这是你应得的休息，之后我希望你能取得完美的结果！我听说，有不少作家说，自己被炒了鱿鱼，丢了编辑的工作，是人生中最美好的事情。（我觉得裁员也是一样的。）

送上我的祝福。非常期待你的下一段征程。

祝一切都好，

萨莎

朋友的家人去世

亲爱的罗德尼和克丽丝：

得知乔丹去世了，我们都非常震惊。你们的儿子非常出色，我们也知道你们的关系非常亲密。任何语言都无法减轻你们的悲恸，只愿你们三人共同度过的快乐能够帮助你们度过这样悲伤的时间段。

我们明天会把车开过来，你们需要用多久就用多久。我们也想帮忙，你有什么事情需要办，尽管交给我们吧，如果还有电话你想要回复，转给我们来回。如果有什么需要帮助的，尽管找我们。

我们都非常想念乔丹。

你们的朋友，

爱丽丝和阿特

自然灾害以后

亲爱的多提和达林：

谁能想到飓风会突然改变方向呢？得知你们没有受伤，我们真是松了一口气，但你们的房子没有了，我们很为你们感到难过。

让我们来带孩子们吧，这样你们也能集中精力处理事情，好吗？我们星期三就可以开车过来。如果不行，还有没有别的事情我们可以帮忙呢？你尽管说就是。

我们与你们同在。

爱你的，
山姆和肖蒂

经济损失

亲爱的利和亚历克斯：

请收下这份礼物，在这个非常时刻，用在急需的地方吧。很多人都没有勇气像你们这样追逐自己的梦想。替你们感到惋惜，但是我们知道这次挫折不会击垮你们。这只是暂时的困难而已。

我们祝愿你们拥有辉煌的明天。我们知道，那一天会属于你们。下周我们会给你们打电话，看怎么才能帮上忙。

诚挚的，
米利和维克

婴儿夭折

贝贝和鲁尔：

你们一直都是这么期待这个孩子，现在科林走了，我们都感到心痛。每天我们都在为你们祈祷。

如果有什么需要我们帮忙的，尽管打电话，白天晚上都行。如果你感觉好点了，觉得可以出来走走，我们就过来接你。只需要你一句话。

爱你，为你祈祷，
萨尔和索索

流产

亲爱的吉尔和杰夫：

得知流产的消息，非常难过。我们知道，你们非常期待这个小生命加入你们的快乐家庭[1]。这样的时候，说什么都苍白，请不要太难过，我们与你们同在。

爱你们的，
特德和卡萝尔

1.写什么，要根据你与对方的关系来定。

生意伙伴去世

亲爱的玛莎：

听闻露丝去世，我非常震惊。我敢说，对于邦科公司的你和很多其他人而言，你们不仅失去了一个专业人士，还失去了一位朋友。

请接受我和我的员工的诚挚慰问。

祝好，
达德利

失去宠物

亲爱的格瑞：

萨兹是我见过的最聪明的狗。也是最可爱的。听到这次事故，我们都很难过。我们知道，你肯定特别伤心。

我还记得他爬上梯子把玩具猴给你衔回来，我永远都忘不了。

我知道，他不仅仅是你的朋友。而因为有你，他肯定是这个世界上最幸福的狗。

挚爱的，
苏

写给可能正在遭受身体虐待的朋友

亲爱的爱普莉：

我选择了写信，而没有直接问你，因为我觉得这样会少一些面对面的阻力，我也能更准确地表达心中的担忧。你看起来很冷漠，似乎有某种说不出来的痛苦，我想帮你。

无论是何种问题，我都不会吃惊，你知道的。我给你写信，因为我是你的朋友，我了解你，看重你，爱你。我家的大门和我的心扉永远都向你敞开。我是一个很好的倾听者，无论你告诉我什么，只要你不想我告诉任何人，我都会为你保密。请放心好了，你可以对我畅所欲言。

一如既往的，
克瑞丝

写给遭受了性侵的朋友

亲爱的维多利亚：

我们刚刚通了电话，放下电话，我想就我们讨论的一两件事说几句话。没错，很是不幸，最好的人会遇上非常糟糕的事情。你这么好的人遇到了这样的事情，我非常难过。与此同时，我也坚信你最终会把这件坏事变成好事。

我无法真切地感受到你的遭遇，百分之一都感受不到。但我知道的是，慢慢地，你会自己走出来。请不要着急，尽可能地利用周围的支持来帮助自己。

我想要帮你，无论是白天还是晚上，我都愿意。你知道的，打我的手机，随时都可以找到我，所以你随时都可以给我打电话。我认识性侵危机中心（电话555-0123）的几位心理医生，我觉得丹尼斯的善良和经验可能会对你有帮助。只需要告诉她，你是西德尼的朋友。

我非常看重我们之间的友谊。你非常优秀。如果你愿意让我帮忙，不管是什么忙，我都会非常乐意的。

爱你的，
西德尼

邻居去世

亲爱的大卫：

得知特鲁迪去世了，我和安妮都非常难过。她和她对社区做出的贡献都让我们尊重，小区的人都会想念她的[1]。

你和孩子们一定非常悲恸[2]。如果有需要我们帮忙的地方，尽管给我们打电话。下周我再给你打电话，看我们能不能帮上什么忙[3]。

诚挚的，
安妮和伍迪

1.措辞要仔细。2.感受对方的心情。3.提出帮助，进一步采取行动。

写给遭遇车祸的朋友

亲爱的埃尔莎：

在电话里听到你的声音，我真是松了一口气。得知你伤势严重，我们都很难过，但不幸中的万幸，你活了下来，现在已经开始康复了[1]。

我无法真切地感受你所经历的一切。我只能再次表达我对你的勇气和胆量的钦佩，我百分之百地肯定，你一定能战胜这次不幸。

我只是想多说一句，治疗不要着急，需要时间，就让我们这些了解你和爱你的朋友宠你一下吧。比如说，这个夏天，到湖边来和我们一起度假吧，有个访客小屋，你要是想一个人待着，就一个人待着，如果想要大家一起玩，主屋里就有朋友等着你。你知道的，理疗的事情，你就看我的吧，小屋里完全可以进行理疗。

我等到下周再跟你确定这件事，这样你就能有时间好好想一想再决定。任何时候，只要你想谈谈，就给我打电话。我们每天都为你祈祷，祈祷你的完全康复。

爱你的，
特莎

第八章

探病卡

当你的朋友，家人、邻居或同事在生病或康复阶段时，给予他们鼓励，有利于加深你和对方的关系。探病卡有安慰的成分，也可以表达康复的祝愿，你要传达出这样的内容。你应该基于对收信人的了解和自己与对方的关系来制定传达的内容。

礼节

一般都是在对方病情好转或康复在望的时候送上探病卡，内容简短而积极。如果你很了解对方，可以赠送礼物以供消遣，比如说一本书或游戏之类就不错，不过礼物并不是必需的。

应用范围

可以写成问候卡，也可以写成私人便条，内容要有安慰、祝福和鼓励，用在以下情况：

- 亲戚、朋友、生意伙伴或邻居遭遇事故或受伤
- 朋友、生意伙伴或同事的亲人生病或受伤
- 朋友、亲戚、邻居或商业伙伴处在漫长的康复期中

内容要求

一旦听说并且确认消息属实，就动笔。

- 首先，也是最重要的一条，就是鼓励对方。
- 写什么，要以你与对方的关系为基础来考虑。
- 对方如何看待自己的情况？尽量对此进行了解再动笔，并且以此为基础来考虑写什么。
- 关注对方，不要大谈特谈自己的感受。
- 听到对方遭遇事故或生病了，自己挺难过的，这一点只需简单陈述。
- 表达自己的关心。
- 除了祝愿对方康复，还可以尽力减轻对方的焦虑感。
- 内容要阳光向上。
- 简洁明了。
- 要考虑对方的宗教信仰、种族习俗、家人的愿望，还有公司惯例。虽然你有可能拥护某些观点，但信中不要涉及对方不认同的理念。
- 提出帮忙时，要具体，说清楚，什么时候，怎么样来帮忙。不要许诺自己做不到、不愿意做的事情。
- 送出卡片之际，还可以赠送像一本书或游戏之类的礼物，让对方可以在康复期间消遣。
- 对于康复中的小孩，可以告诉对方，等好了之后就去做什么事情，让孩子有一份期待，同时也可以让孩子从事一点与此相关的活动。
- 如果送鲜花或别的礼物，要附上便条。
- 结尾要温暖而积极。

注意事项

- 不要说教，也不要陈词滥调地表示同情。像这样的表达很容易引起误解："镶银边的乌云""至少你没有……"或"还有可能更糟糕。"
- 可怜对方，删掉。
- 不要主动给建议，现在还不是时候。只需要想一件事，安慰对方。

- 帮忙要诚心诚意，不要只是说说而已。要帮忙，就行动起来，具体说明你要帮什么样的忙，什么时候开始。
- 无论是提到对方，还是你自己，都不要用戏剧化或悲剧性的措辞。类似"悲剧事件"或者"最糟糕的情况"的词组对安慰对方没有任何帮助。
- 不要喋喋不休地列举类似的事情，比如说：吉姆的弟弟也做了一样的手术……如果别人有治疗或受伤愈后效果不好的事情，就不要讲。

特别情况

以下情况要特别注意：

- 受伤或生病给对方带来了严重的经济影响。可以询问怎么样才能助一臂之力，但是要注意，不要让自己的帮助带有施舍的意味。
- 不要打探。尊重对方的愿望，帮助对方也要以对方为重。如果可以，你可以这样询问："我想要帮忙，如果你觉得还行，这四周的时间，我帮你做那个罗杰斯的项目吧？"或"如果你不反对，我就组织大家轮流拼车送你去理疗？"

模板

- 最常用的就是问候卡，但要手写一段自己想说的话。
- 5英寸×7英寸大小的私人信笺纸是个不错的选择，用来写便条，也可以使用折叠卡片。
- 如果是不太熟悉的生意伙伴，就使用市售的问候卡，私人信笺纸，或折叠起来的便条，把自己想说的话简短地写在上面。你也可以选择公司信笺纸，8.5英寸×11英寸大小。如果探病卡的内容包括了你为对方分担工作什么的，那就更应该选用公司信笺纸了。

词语

事故	乐观	康复	鼓励	痊愈	健康	希望	疾病
快速	治愈	恢复	振作	复发	强健	支持	出乎意料

短句

更加健康	好好休息，快点好起来	好好休养，看点闲书
很快好起来	很快就会康复的	恢复健康
健健康康	觉得你会好起来的	绝对的信心
令人鼓舞的消息	起床走动	痊愈需要时间
身体越来越棒	完全好起来	我们都想着你
治疗的时间		

句子

你开始了康复之旅，我每天都想着你，为你祈祷。

我觉得治疗上八个星期，你身体状况就会不错了，到时候我们就可以去每年一次观鸟旅行，去看沙丘鹤。要是你觉得行，我就记在日程表上了哦。

等到春天牛仔诗人大聚会的时候，我肯定你会跳上《电动牛仔》的舞蹈。

听到你遇到事故，我们很难过，但是听到医生们妙手回春，又感到了一丝欣慰。

想到你所经历的所有康复训练，就不是恢复两个字可以概括的。

等到你完全康复的那一刻，我们将无比地高兴。

什么都准备好了，就等你恢复健康的那一刻，只要你一发话，我们马上就出发去钓鱼，钓大鱼。

段落

听到你遭遇了事故，我们很难过，听到你下定决心要趁着假期摆脱轮椅，我们又替你感到欣慰。我敢说，到了下一个滑雪季，你肯定又和我们一起站在斜坡上了。

全部门的人都衷心祝你早日康复。我附上了部门部分人的名单，他们暂时接替你的工作，当然了，没有人能取代你的位置。接下来六周的时间里，请一定要尽全力站起来行走。如果你觉得可以，我下周给你打电话，讨论工作暂时交接的问题。

我们知道凭你的决心，你很快就能完全康复，但我们也希望能帮点小忙。我们可以每天下午四点过来，照顾托比一个小时，你觉得怎么样？

得知你需要六个星期的时间，受伤的腿才能恢复如初，五乓级的全体同学都很难过。我们打算来探望你，帮你补习功课，还打算持续跟你分享年级主席竞选的事情。下个星期我会给你妈妈打电话，看具体怎么办。

我肯定，等你完全恢复了，你就会觉得这一疗程是值得的。吉姆说，医生说需要五个星期的强化治疗，然后你就能站起来走动了。我愿意来帮忙扶你走动，中午十二点到一点的时间段，星期一，星期三和星期五。如果你能行，我建议我们在小区周围慢慢走走。过一两天我再给你打电话，看行不行。

改，改，改

写好之后，放在一边，过一会再读，看文字当中是不是流露出了希望和乐观。

写给受伤的同事

亲爱的萨拉：

　　得知你在度假的时候不慎摔断了骨头，整个部门都为你担心。知道你立刻就得到了很好的医疗救治，又为你感到欣慰[1]。

　　根据你助手提供的内容，我们这里暂时分担了你的工作，你的工作不会中断的，等你回来[2]。等到你好一点，给我们打个电话，你可以通过电话会议和电邮直接告诉我们该怎么做。

　　我们还要送上私人的祝福，祝你早日康复。等到夏天垒球联赛的时候，我们觉得你肯定全好了，到时候我们只要你做投手哦[3]！

祝好，

托德

1. 写什么，要基于你和对方的关系。2. 提供具体的帮助。3. 阳光向上。

写给受伤的雇员

亲爱的杰米：

　　玛吉·欧威刚才告诉我说，你昨天遭遇了事故。大家都祝你早日康复。玛吉给大家说好了，一定会把你的进展告诉大家，她会定期跟你的家人联系，看你想要怎么做。

　　我已经代表你跟AA医疗进行了联系，一两天的时间内，西蒙斯先生就会跟你的妻子联系。请不要担心医保的问题，也不用担心这里的工作。玛吉会把工作分发出去，你的账目会按时记录在案，等你好点，就由你来指导。

　　大家衷心祝你快快好起来。大家都会想你的，如果有什么需要帮助的，请告诉大家。期待你早日回来。

祝好，

哈尔·沃尔克斯

写给生病的孩子

罗比：

　　戴帽子的猫让我告诉你，

　　要快点好起来，一起玩儿哦[1]。

　　没有你，一点儿也不好玩，你肯定也知道这一点吧。

　　没有了棒球趴，也不去吃比萨了。

　　快点、快点好起来，一定要快。

　　4月20日，星期四，中午，棒球比赛就开始了。

你的朋友，
本

1.内容要乐观。

朋友做医学检查

葛维德林：

　　汉克告诉我，你的检测结束了，现在医生们正在制定医疗计划，我真是松了一口气。我想建议百慕大群岛游的治疗方案。在这之前，我们毕竟是计划去那阳光明媚的地方待上两周呢。

　　我等你的好消息，两周的阳光和快乐肯定会对你有好处。我会收拾好行装，几周的时间内，等着看你的正手击球。

爱你，
茜茜

邻居做手术

黛西：

　　听说你的肿块需要做手术，我很难过，听到你星期四就可以回家了，又松了一口气。我会每天把你的报纸给你塞进前门，等你好了再自己出来拿吧。

　　我们还要再待上四周才去法国，在这期间，让我帮你修整草坪吧。星期五的时候我会做鸡肉大餐，我会问一问杰克，看你可不可以过来用餐。

　　祝愿你早日康复，快乐地做园艺。

　　送上最好的祝福，

詹妮弗

等待结果

本：

　　听到检测都做完了，大家都松了一口气，只是要等那么久才会出结果和治疗方案。每天都有人到我的办公室询问你的情况，你很有影响力呢。

　　大家都送上最好的祝福，都在为你打气。

祝好，
吉姆

第九章

欢　迎

对新邻居、新家庭成员、新顾客或新同事表示欢迎，这是建立友好关系的好机会。无论是企业还是个人，欢迎信的语气都应该温暖友好，应该友好地表达"很高兴你成为我们中的一员"的信息。也可以提出帮忙，但是，要明智地限定帮忙的范围。

在企业或社交通信中，你也许想要告诉对方，在这个群体中（地方、俱乐部、工作场合、部门）你觉得很愉快，也许还想给对方一两条建议，提醒对方如何融入集体、熟悉规则或找到头绪。

结束语应该再次表示欢迎。

礼节

表示欢迎的便条和行为都是礼貌和周到的基本，而礼貌周到曾是我们社会的特点。现在，是时候让这些行为回归我们的社交圈了。

应用范围

下列情况可以写欢迎信：

- 有人要成为家庭新成员
- 搬来新邻居
- 新同事开始工作
- 你所在的俱乐部、院系、学校、学生社团、教堂、庙宇、男女学生联谊

会有了新成员

- 新公司开张
- 顾客或客户的企业有了新员工
- 新生意、新顾客、新客户或新生意伙伴

内容要求

- 欢迎新人，表达自己的喜悦和热情。
- 内容要简短，关注对方此时此刻的感受。
- 欢迎对方加入公司、家庭、团体或小区。
- 如果可以，加上一两句赞美公司、家庭、团体、俱乐部或小区的话。
- 表示对未来的热情。
- 送上最好的祝福，勾画一下对方和团体之间的关系。
- 尽可能地具体，尽可能地个人化。
- 在合适的情况下，提出想要帮忙，建议见面的时间。
- 如果是雇员，提供恰当的细节：工作时间，午餐政策和时间，停车安排，福利等等。
- 鼓舞士气的结尾。
- 欢迎信一定要及时。如果没有立刻寄出欢迎信，其效果就会大打折扣。
- 在对方刚来的时候提出要帮忙，再也没有比这更宝贵的了，但不要勉强自己，要提出实质性的帮忙。

注意事项

- 信息要单一，比如说，如果有销售信息，删掉。
- 有坏消息，负面消息，删掉。

特别情况

- 欢迎家庭新成员应该温暖真挚，表达喜迎对方进入家庭的快乐之情。
- 欢迎新员工往往都是人力资源或人事部门的事情，其中还有迎新文件包，包括保险、公司政策、福利和其他工作相关的事务。这是固定的程序，同时也要让新员工收到其他雇员口头和书面的欢迎。这样可以创造更融洽的关系，帮助新员工更快地安顿下来，促进同事关系和忠诚度。

- 一般情况下，小区联系并不紧密，给新邻居寄欢迎信的情况并不常见。但是，现在很多小区都是整体规划而成的，通过物业委员会发欢迎信的做法应该会通行起来。如果再附上礼物篮子，外加一张有用的单子，上面列上附近的购物点、专业服务、小区业主名录和其他有用的信息，那就更好了。

- 个人给新邻居写一张欢迎的便条会有助于建立良好的关系。"欢迎来到这个小区。哪天一起喝杯咖啡吧，有空了就给我打个电话。"这样写，也就表明了你喜欢对方先打电话，而不是直接拜访。这样的便条，再加上自制的饼干，会特别受欢迎。

- 对于新学生、与会者、父母、学校、学院或培训班的新教职工，如果他们能够收到欢迎信，信中的信息会让他们受益，也能让他们更放松。信中应该包括一张列表，罗列出他们上第一堂课所需要的所有信息，信中还应该说明课程的好处，或写上一两句鼓励的话。在开课之前，如果能给新人列出一位联系人，帮助也会非常大。

- 给潜在的顾客或客户写欢迎信，再好好安排个时间打后续电话，有助于建立起联系。"我下个星期给您的办公室打电话，商量个时间短暂拜访，介绍一下我自己，并给您带一份格伦伍德商品目录，看您有什么问题需要我当面解答。"

- "欢迎礼车"或其他的新住户服务项目都可以供你和你的公司联系、寻找潜在的客户或顾客。

- 商会、报纸的开张版面、当地商业出版物和网站，都可以去看看，寻找你想联系的新公司，送上一封欢迎信。

模板

- 代表公司的商务欢迎信，应该用有公司信头的信笺打印。
- 个人发出的欢迎同事或雇员的信件，可以用公司信头的信笺纸，信件应该打印出来。
- 欢迎新邻居，非正式群体或俱乐部新成员，通常用个人信笺纸，或折叠卡片，手写。

- 面对学生和与会者的欢迎信，最好是打印或手写明信片。

词语

归属	同事关系	社区	祝贺	欢乐	高兴
送上	同伴关系	友谊	会员身份	彼此	接待
分享	社交	信任	欢迎		

短句

方方面面的支持	非常好的学习氛围
共同的目标	供你展翅高飞的安全之地
很高兴有你	互相支持，互相帮助
欢乐且乐于助人	加入我们的圈子
建立牢固的关系	介绍你认识大家
热情地欢迎	身处朋友和同事之中
享受同伴关系	一个团结友爱的群体
有助于你参与进来	有助于你积累职业资本
在这儿交上朋友	找到真正的同事情谊

句子

内容紧凑，真实诚恳。

真诚地欢迎你的到来。

希望你能喜欢这个团体，我成为会员已经有15年了，一直非常喜欢。

我们中的每个人都热情地欢迎你，欢迎你成为项目组的一员。

欢迎来到我们团队！鼓掌欢迎你的到来，有什么需要帮助的，尽管开口。

非常高兴你的来到。欢迎！

期待我们互相帮助，长久合作。

欢迎来到这个温暖的团体，我在这里找到了真正的伙伴关系和忠诚的朋友。

段落

一定记住，要写得简短而温暖。

我非常高兴，欢迎你加入莫比尔记者俱乐部。你的申请得到了董事会的批准，也获得了成员们的一致通过。

欢迎来到本顿维尔①！大家都说，这是一座来了就不想离开的城市。我全家都是这样想的。我们希望你也不想离开。

欢迎加入巴斯克维尔团队。你会发现，团队中的每个人都精诚合作。很高兴你成为我们中的一员，请给我打电话，任何时候都可以，有什么问题都可以问我。

欢迎来到西康科德商业区。我自己觉得这里到城区非常方便，周五下午从这里到滑雪场也非常理想。我下个星期给你打电话，看你想不想花点儿时间和我一起探讨一下商业区的程序和政策。随信附上商业区的公司目录。

欢迎来到我们的创业者大家庭。加入小商业协会最大的好处就是委员会议，开会的时候大家互相帮助，解决彼此的问题。加入这个大家庭，是我做过的最好的商业决策。欢迎你的到来！

欢迎你再次加入多伦多女记者协会。三年后，你选择激活会员身份，我们都很高兴。是的，我们修改了协会的目标，更加符合在媒体工作的女性的需求。非常高兴你能回来。

热烈欢迎你加入我们线上作家的小社区。你很快就会发现，我们这里能提供别处没有的各种支持和帮助。加入这个社区，可能是对我自由作家职业最有力的帮助了。大家都成了真正的朋友。我们只有几条书面的规定，目的是促进网络文明，避免网络容易滋生的问题。我在这封信里附上了一份我们

---

① 美国城市。

的规定。再次表示欢迎。期待你的参与。

很高兴今天能在雷杰蒙特为您服务，我们是这个城市最好的男装定做店，欢迎您的到来。正如之前我们商量好的，西装最后一次试衣是在这个月15日，星期五，下午四点。期待为您效劳。再次欢迎您的到来。

改，改，改

不要忘了，标准就是简短、温暖，有人情味。

写给家庭新成员

亲爱的杰西：

欢迎加入这个家！

我对大卫有着特别的感情。因为他妈妈一直生病，他从四岁到五岁都跟我和他的姨夫杰克一起生活，十岁那年，他妈妈做手术，又和我们在一起。自他出生，我就把他当作儿子一样疼爱。

所以，你们俩决定结婚，我真是非常高兴，最最真挚地祝福你们，我相信你们在一起会非常幸福。我知道你们会生活得非常美满，真是替你们兴奋。

你的新姨妈，

贝亚

写给新员工

亲爱的史黛丝：

欢迎你来到杜德斯，特别是来到我们市场部。你会发现，这是一个令人兴奋的公司，我们的部门工作也很具挑战性。

人事部门应该已经把你需要的公司信息都给你了，但我还是想在接下来四个星期的星期四下午四点见见你，花10—15分钟的时间，回答你可能有的问题，这样能让你很快适应工作。

这里的所有人都愿意帮你快快上手工作。欢迎你的到来，对于星期四的见面事情，有任何意见都请告诉我。

祝好，

道格

写给姻亲

亲爱的贝贝和特里克：

再也没有比这更幸福的事情了。

我们之前就说过，但现在在这个世界上我们全心全意爱着的两个人——奥莉维亚和本——就要结婚了。我们想要正式说出我们的心声：欢迎加入这个家庭！我们非常喜爱奥莉维亚，相信她的父母亲也超级棒。

想到以后我们见面的时候更多了，哪里还有比这更高兴的事情呢。特别开心！

珀蒂和埃德加

写给家长教师协会

亲爱的艾莉森女士：

洛根的家长教师协会欢迎你加入家长教师工作组。我们的目标是为孩子们创造更好的教育体验。

我想你的女儿詹妮弗一定会喜欢鲁迪女士的课的。我女儿去年就在她的班上，我觉得鲁迪女士非常有经验，也很关心学生。

请抽出时间来参加我们9月18日，星期四，晚上7:30的乐聚时光，地点在体育馆，有个非正式的欢迎会。期待见到你。

真诚的，

琼·艾迪生

写给学生

苏珊：

欢迎加入斯坦利学院五年级，请先让我自我介绍一下：我是摩尔太太，你的班主任。

"民主的诞生"是我们的系列课程，计划有四次实地考察，目的地是州国会大厦和州众议院；另外还有"美国历史上的女性"项目。我想你会喜欢这些课程的。

这一年会非常棒，下个星期四，43号教室，就在行政办公室对面，期待看到你。请带上列在空白处的物品，记得面带笑容哦！

你的老师，

摩尔太太

作为志愿者

亲爱的加里：

欢迎加入大朋友俱乐部[1]。在接下来两周的时间里，你会收到三份小朋友的资料，请看一下，然后选择一位做你的朋友。

去年，在克利夫兰，我们大朋友俱乐部为1,250位小男孩找到了大朋友。在这封信的后面，我们列出了一些孩子的评价，他们讲述了自己的大朋友给他们的生活带来了怎样的变化。你也可以看到大朋友们的一些评价。

当一位大朋友，是一件鼓舞人心、有价值的事情，也要付出很多。你做出了决定，想要改变一位小男孩的生活，我们特别高兴[2]。

请不要忘了，有我们在你身边帮你[3]。

真诚的，

罗德尼·贝克，

主席

1.表示欢迎。2.正面肯定。3.提供帮助。

写给新的生意伙伴

亲爱的格温：

欢迎来到密苏里州的麻梅特！

既然密苏里州叫"不轻信之州"，我想建议，我们在这个月15号的上午8点，在罗宾斯酒店举行一次早餐会，参加的人有新来的，也有一些我们这样老资格的人。这就是个情况介绍会，讲一讲重要的事情，比如说：哪里能用最低的价格买到最好的女装；只有40分钟的时间了，要找个地方给10个人准备晚餐，到哪里去；发动机有噪音，该到哪里去修。

我们还想让你有机会询问我们问题。我们是这里的女商人，待了两年到三十年不等的时间（所以我们知道的东西真的很多）。

我的电话号码是616-555-0123，决定出席之后就打电话告诉我吧。

诚挚的，

琼·斯洛思科

写给新企业

亲爱的威尔逊先生：

欢迎来到威尔克森！

在过去两年的时间里，城里新开张了18个企业，所有的企业主都说自己的营业额在这期间超过了原定目标，有些甚至超出了40%。

威尔克森的氛围非常适合发展贵公司这样的服务业。你完全可以利用商业俱乐部里的众多资源，其中有业主圆桌会议、退休营销者协会和洽商服务。

再次表示欢迎。如果需要我解答问题，请随时给我打电话。

真诚的，

拉尔夫·麦特瑞克

（参见第五十九章"直邮广告"；第二十三章"职场通信"。）

第十章

邀 请

邀请客人来做客，可以简单地说一句"大家都来哦"，或正式地发送镌刻版的邀请函，由书法家设计，简直就是艺术品。邀请客人参加的聚会，可以是即兴的比萨派对，或第125届年度州长舞会，无论是哪一种，你都想要被邀请人觉得你特别想要他（她）光临。社交场合经常都混杂了私人和商务的性质，很难严格地区分两者的界限。所有的这些场合都提供了加强关系、振奋众人的精神、结交新朋友或修补旧关系的机会。

所有人都喜欢收到邀请。邀请别人，就要让对方觉得特别想来！

礼节

邀请是一种赞美，应该尽快及时回复（如果邀请函里写明"如无法参加，RSVP[①]"，就是"不能赴约，请回复"的意思）。首先，要感谢主人的邀请。大多数邀请都带有需要回报的社交义务，当然不一定是回请。例外的场合有婚礼，诸如此类。

应用范围

很多聚会都可以发送邀请：

---

① 法语缩写，即 Répondez s'il vous plait. 意为请回复。

- 非正式的派对
- 商务场合，比如贸易展会、开放日、展览、新产品发布会、首映式等
- 企业开张
- 筹集活动
- 家庭、宗教或教育性质的庆祝活动。有送礼会①、预演晚餐、婚礼、纪念日、命名典礼、初领圣体、洗礼、受戒礼、坚信礼、神职授任、毕业典礼等
- 款待，比如邀请客人到自己家过周末
- 教育项目，比如说研习会、专题讨论会、会议或演讲
- 文化项目，比如说音乐会或舞台剧
- 社会团体活动
- 节假日或纪念活动

内容要求

- 按照场合的需求，制定邀请函的格式和外观。商务活动的邀请函就应该有商务信函的格式，严格的社交场合就应该遵循社交邀请函的规则。
- 一定要包含所有的基本要素：事件、时间、原因、地点，以及人和费用。
- 邀请函的开头应由个人发出邀请，或者写明场合或事件，比如说："诚挚邀请您参加第九届年度首选顾客预售活动""第五节年度淘金者舞会""菲尼斯盛大开幕庆典"。
- 写清楚事件的日期和具体时间，包括年、月、日，是上午、中午、下午，或晚上，是几点的。
- 然后是地点。地址后可以附上说明，比如说交叉路口（"枫树大街和梅因大街的交叉路口"），或简单的方位指示（"下了林荫道往南走，进入格兰特街"），也可以附上地图。
- 给客人提供有用的信息，比如说是否提供食物或饮料（如果可能，说明提供何种食物）。给出活动的先后顺序和时间，比如"下午四点会给外地的客人提供便餐，六点典礼开始"。
- 如果需要收费，应该列出。比如说，"每对夫妇125美元""免费酒吧""代

---

① 为新娘或准妈妈准备的庆祝活动，要送礼物。

客泊车"等。有了这样的信息，被邀请者就明白了邀请者的安排，以及应邀的费用。

- 现在，RSVP的传统变得非常模糊。所有的主人都需要知道可能会有多少客人应邀前来，还可能需要知道有谁前来，所以正式的邀请上面都会印有RSVP、"请回复"，"收到日请回复"，或"若不能前往，RSVP"，具体印刷的位置在左下角，附上邀请方的电话号码和地址。很多正式邀请函都附有印刷的或镌印的RSVP卡片和信封，写好了地址，付了邮资，敬请被邀请者回复。

- 正式邀请函的右下方可以写上着装信息，非正式、半正式、正式、宴会小礼服、宴会燕尾服、休闲、化装晚会、晚礼服。非正式的邀请，主人可以这样说："家常打扮即可。"

- 邀请对方在自己家过夜，有多项活动，并且需要对方自己解决过夜或自己解决就餐安排，都要尽可能地提供详细的信息。比如说，"我们的活动有游泳、网球、晚上乘坐干草大车夜游欢乐"，写清楚了，对方就知道要带什么样的衣服。如果是邀请对方参加1965克尔维特[①]车主的周末集会，可以给对方建议酒店和预订政策，甚至附上该地区餐厅的信息。

- 在邀请函上写明限制，没有什么不好意思的。比如说，"请做好安排，在星期六下午3点至4点之间到达，星期天下午2点至3点之间离开"。还比如，"我们家里不吸烟"，这样对你和客人都有帮助。

- 要通知客人非常规的安排。比如，"美食家牛仔周末的房间安排：女性在西营地的帐篷，男性在东营地的帐篷。带上自己的睡袋、毛巾和个人用品。没有电力供应。提供简易床"。

- 杂项信息也可能非常重要，比如说，如果客人需要从机场自行前往，要说清楚。

- 还应该包括停车（以及费用）信息、恶劣天气状况、备选计划的通知，"如果遇上下雨，地点就改到庄园礼堂。"

- 邀请函的语气要温暖，让对方觉得你期待他（她）的光临，这一点非常重要。比如，"请务必光临。""非常渴望见到你。好久不见，很久没有好好聊过了。""请在6月15日之前回复，说你会来。""好想见到你。""我

---

① 车名。

们安排了一些活动，觉得你会特别喜欢。"

- 公司内的非正式邀请和一般邀请，比如办公室聚会，起因是有人退休，或有人休产假、有人升职，或庆祝活动，这种邀请可用备忘录和电邮的形式发出。列出事由、具体时间、日期、地点和聚会食品。如果要凑钱买礼物，邀请函上要包括这项信息。如果需要回复，给出分机号码和回复的时间段："请在星期四下午4点，拨打分机号3443，告诉苏珊，你的部门有多少人参加。"

- 在邀请函的左下方写上RSVP，并附上回复卡片和写好地址、已支付邮资的信封，有助于你得到回复。还可以列上电话号码或地址请对方回复：

  RSVP

  555－0123

或者

  RSVP

  伊利诺斯州，罗克波特，森林路110号，邮编60641

- 如果到了最后准备的时间还没有收到被邀请者的回复，就给他们打电话。
- 回复卡应该简单明了，填空就行。打印回复卡会有几种选择，简单的一种就是：

  ＿＿＿＿＿＿先生或女士

  □抱憾不能参加 □接受

  柳溪乡村俱乐部

  1月15日（星期五）的邀请

或者

  ＿＿＿＿＿＿先生或女士

  □参加 □不参加

  柳溪乡村俱乐部

  1月15日（星期五）的活动

- 如果邀请函里有其他的附件，比如回复卡和信封、抽奖券、地图、表演或毕业典礼的座位票，把这些东西放在邀请函上面，邀请函写字的一面朝上。这样被邀请者一打开信封，就能看到邀请的内容。
- 如今，大家并没有非常严格地遵守指定着装这一项，但是"宴会晚礼服"的着装要求是最正式的。男性应该佩戴白色领带，穿硬翻领衬衣和燕尾服；女性应该穿正式的晚礼服。如今，这样的穿戴几乎只有在官方和外交场合才用了。"宴会小礼服"要求男性穿无尾礼服，戴蝶形领结。礼服可以有图案，任何颜色都可以。女性穿着礼服，或者酒会礼服。"半正式"要求穿皮鞋，不能穿T恤或牛仔。

- 名字可能会引起不解。如果不清楚，就打电话询问。如果以主人的名义发出邀请，比如说，"大卫·格里尔和萨莉·威斯特摩邀请您……"邀请对方时，要用对方常用的名字。现在，许多女性使用工作场合姓名和另外的社交姓名。商务邀请可以列出主人的头衔。也可用俱乐部、同盟、联谊会或其他组织的名义发出邀请。

- 如果可以，列出具体活动的时间："6点钟典礼，7点半招待会。""6点鸡尾酒会，7点半宴会。"

- 按照场合的不同，客人的远近，以及大家的社交活动表来制定发送邀请函的时间表。婚礼邀请要提前六周到八周的时间；大多数场合和晚宴应该提前四周到六周发送邀请；非正式的聚会和随意的晚餐，两周到四周的时间就足够了（还要给自己空出十天到两周的时间打印邀请函）。

- 如果合适，可以加上无须礼物的声明。比如："你的爱和友谊就是宝贵的礼物，不用带别的东西。""无须礼物，谢谢。""请带上你最喜欢的菜谱作为礼物吧。""说到礼物，就带上你最喜欢的照片或故事来分享吧。"

- 如果在募捐活动的邀请函里附上付了邮资、写好地址的回复信封，回复率就要高一些。

- 如果要邀请对方做嘉宾发言人、特别小组成员，或参加会议，邀请函上应该提供完备的信息。嘉宾发言需要了解听众的构成、会议或研讨会的目标、其他发言人和他们的题目、时间分配、房间大小、设施、座位编排方式、视听设备、其他特殊装备等信息。一定要附上联系人的姓名（还有联系信息），来应对具体问题。如果租借酒店，酒店就能提供全套的此类信息。

回复

- 无论是商务邀请或社交邀请，只要是个人发出的，务必要回复。凡是看到"RSVP"或"请回复"，就需要回复。"若无法参加，请回复"只要求在不能出席的情况下回复。如果晚宴邀请的同时有年度销售会议、董事会议，或特别的大会，按照要求回复。

- 遵循用同样格式回复的原则。如果收到了正式邀请函，回复也应该正式。使用邀请函上的语言。比如，"路易斯·库尔蒂斯夫妇愉快地接受彼得·格拉夫斯夫妇的盛情邀请，参加11月10日（星期一）晚上八点的晚宴。"非正式的回复可以写在个人折叠便签上。电子邮件的邀请，可以通过电子邮件传达接受或婉拒。

- 邀请一对夫妇时，夫妇中任何一方回复即可。如今，回复邀请不再是女性的专职。

- 接受邀请后，到了最后一刻，又不得不取消，可以打电话，发电子邮件或传真通知主人，然后立刻写一张便条，表示遗憾，还要解释为什么不能前往。

注意事项

- 非正式的邀请可以使用非正式的书写方式，比如缩写；但是正式的邀请函应该避免缩写，例如地名不能使用缩写。正式邀请函也应避免使用阿拉伯数字，要写"谢尔曼大街八百一十五号""七点钟"。

- 邀请谁来，不能含糊其词。如果要邀请小孩子，请在父母姓名下列出孩子的大名。如果邀请的是青少年，或更大一些的孩子，请给他们寄上邀请函。被邀请者的配偶是否也在邀请之列，是否可以带上一个朋友，要说清楚。写清楚对方的名字，不要只用"你"字。

模板

- 正式的邀请函通常是高品质的白色或乳白色卡片，镌刻印刷，再放进与之相配的信封里。还可以选择有浮雕图案或有模板印痕的无装饰卡片。现在有一种趋势，非常特别的场合中，大家喜欢用手工制作的邀请函。不管是哪种，所选卡片的长宽比例都应该是4∶3。4英寸×3英寸到4.5英寸×6英寸的大小都是比较好的选择。可以问打印店要样本。

- 选择方便阅读的字体和墨水颜色。

- 可以采用镌刻印刷，更为经济的做法是采用热熔印刷，这种印刷方法可以产生凸起的字体。
- 如果要自己设计邀请函，使用品质好的卡片或信纸。正式邀请函上需要用第三人称："约翰·艾斯纳和朱迪斯·艾斯纳盛情邀请您参加他们九月十日在家举行的晚宴，地址在福克斯戴尔大道十号。七点举行鸡尾酒会，八点举行晚宴。RSVP 555-0123。着装要求：宴会小礼服。

词语

宣布	出席	带来	庆祝	更改	陪伴
享受	问候	希望	好客	通知	光临
愉快	见面	赏光	欢迎	敬请	回复
盛情	前来	喜欢	相聚	请求	接受

短句

诚挚邀请	即将举行
介绍新……	敬请出席
敬请赏光	开放日会……
开始时间	马上会举行
荣幸地宣布	宣布……的到来
邀请您的参与	有幸介绍…….

句子

用邀请开头，简短准确地表示欢迎。以下是几个例句：

非常希望您和罗伊舅舅今年感恩节能到我家用晚餐。

我和约尔·沃尔顿想邀请你们星期四来吃午餐，能来吗？非常希望能见到你们。

开放日当天，第一银行的信贷员会现场回答您的所有问题。

特别邀请您参加第九届年度预售庆典活动。

如果你能来，我们的派对肯定会很成功。

敬请赏光，非常期待。

您的出席将为庆典添加光彩。

特别邀请你来度过一个特别的夜晚。

我们可以趁此机会好好聊聊呢。

段落

简短有序地提供完整信息：

请来我们的566号展位参观415新型号，展位位于芝加哥会议中心104号展览会场，展览时间为9月10日到12日。登记享受两周假期派送，和7.5折购置新型号的福利。

敬请使用山谷壁球俱乐部为期一个月的免费会员卡，地点位于恩格尔伍德，矿工路4300号。您可以使用俱乐部所有的健身设施（室内网球场除外）。

敬请前来我们的"疯狂特别销售会"，使用我们送上的7.5折优惠券，时间是11月5日，星期四，早上10点到下午6点。我们会给小孩提供免费的热狗和苏打水。

市场部要举办一场下班后的招待会，讲解秋季活动。招待会时间在8月30日，星期五，下午5:00到6:30。请在回复中列出本部门参加人员的名单。

周一橄榄球之夜在我家聚，开球前一个小时开始。垒球队其他人都要来，你和萨莉也会一起来吧？

改，改，改

什么样的邀请函才是最好的？包含有简洁、完整的信息的那些。问一问自己，是不是回答了以下这些方面的问题：事件、地点、时间、方式、人物和原因。确保你写明了客人需要知道的所有细节，比如相关的费用、指示和特别的停车信息等等。

正式宴会

[印刷]

罗斯福·康纳斯和苏珊娜·康纳斯
诚邀您出席晚宴
时间：九月十日，星期五，下午七时
地点：纽约市，希瑟顿，唐恩俱乐部。

RSVP
纽约市，希瑟顿，苹果林路十号
邮编10045

正式舞会

[印刷]

凯特塞德乡村俱乐部的理事
邀请您参加
即将举行的春季年度舞会
时间：二〇〇六年四月二十五日，星期六，晚上八点
地点：康涅狄格州，苹果林，凯特塞德乡村俱乐部

RSVP
乔治亚·盖格
555-0123

非正式的公司招待会

亲爱的阿莉森：

　　4月27日，星期四，晚上7点到9点半之间，请你到威斯特摩兰酒店的接待室来一趟，房间号是430。届时，有我们出席书商大会的市场团队在场，我想让你自我介绍一下。我还想介绍比尔·阿什顿给你认识。我觉得他会对灰熊项目很有帮助。

　　这应该是我们办得最好的一次大会。现在已经有125,000名客人报名参加了。

祝好，

提图斯·提特

非正式的社交招待会

柳溪乡村俱乐部
将要举行
第三十五届年度新成员招待会
时间：五月五日（星期六）下午一点到五点
地址：南柳溪路4500号

茶点小吃　　　　　　　　　　　　非正式着装

非正式聚会

亲爱的雷切尔：

　　这个月12号，星期天，我的小女儿接受洗礼，之后会有一个小小的庆祝活动，时间是下午1点半到3点半，只有关系亲密的亲友能来，我真诚地邀请你参加这个活动。

　　我真的非常希望你能来。给我打电话吧，号码是5550123。

真挚的，

塞莱斯特·卡斯尔

毕业招待会

杰拉尔德·桑德厄姆和奥莉维亚·桑德厄姆
敬请您光临他们儿子
克里斯多夫·大卫·桑德厄姆的
大学毕业庆祝招待会
时间：六月二十四日，星期天，下午三点
地点：俄亥俄州，克利夫兰清泉，伊士曼大道420号，高沼地大楼皇冠厅
回复函请寄往：俄亥俄州，克利夫兰清泉，落叶松大道744号。

抱憾不能接受非正式邀请

亲爱的伊莱克和华伦：

　　非常感谢你们邀请我们参加5月12日在麦德龙俱乐部举行的退休庆祝晚餐。我和德德没法参加，都感到非常遗憾。

　　我们之前就计划好了，整个五月都要在法国度过。

　　祝你们玩得愉快。等我们回来，期待与你们聚一聚。到时候，你必须把庆祝会的情况告诉我。等我们回来就给你打电话，商量碰头的时间。

祝好，

华伦

工作商务宴会

亲爱的吉姆：

　　5月12日，星期四，晚上7点，我会为亚当斯重组的核心队员办一个非正式的聚会。我们一起用晚餐，然后再一起看一看合同的起草要点，随信附上了合同，以及地图。

　　请在星期三前给我的助手打电话，号码是555-0123，告知我你是否能来。还有，关于随信附上的那份合同，请在星期五给我一份你的意见，这样我就能在12号把大家的反馈发放给参加聚会的人。

诚挚的，

阿加莎·基维斯

接受正式晚宴邀请

特德·特奈特和简·特奈特

愉快地接受

雷金纳德·特朗普和詹妮弗·特朗普

于九月十日（星期五）晚上七点的晚宴邀请。

第十一章

表达欣赏或感激

在私人交往和商务交往当中，如果别人表现很好，而你又向对方表达了自己的欣赏和感激，会让别人对你另眼相看。表达欣赏和感激的信件是独成一体的，属于友好信件的大范畴。表达欣赏和感激的信件、答谢信、确认信、祝贺信之间的边界往往有些模糊。那写信表示欣赏和感激的恰当时机是什么呢？是对方只是在履行自己的工作，却同时让你的生活更加轻松，或你特别欣赏对方的工作方式。另外，对方的工作特别出色的时候，你也可以写信表示欣赏。

礼节

表示欣赏和感激，传达的是你珍惜对方和对方的劳动，想要承认、想要为之喝彩的心情。这同时可以让我们生活的环境更加文明，更加温文尔雅。

应用范围

这类信件可以应用在以下情况：

- 出色的发言、演讲和指导讲座
- 雇员表现非常出色
- 顾客预付款、提前付款或及时付款
- 对方表示慰问
- 对方写来祝贺信或有表达祝贺的行为

- 提出帮助
- 对方赞美或认可你的演讲、书等
- 对方邀请你演讲、主持委员会、献唱或参加陪审团
- 涨薪水或发放奖金
- 教师、家人、朋友、伙伴或上级有出色的表现或有使人受益的行为
- 捐赠
- 志愿者行为

内容要求

- 一开始就表达出你的欣赏或感激，下面的内容自然而然就跟着来了。
- 简短真挚。
- 表达你的感受，自然、真诚地指出你欣赏或感激的地方。
- 简单地解释你为什么欣赏或感激对方。
- 如果恰当，提出酬谢。
- 在结尾展望未来。在合适的情况下，鼓励对方继续做出贡献，或表达希望以后可以见面的愿望。

注意事项

- 删掉混杂的消息。不要在里面通知新消息、会议等内容，如有这类信息，另外写信沟通。
- 如果难以写下去，审视自己写信的动机。如果发觉自己认为对方不值得表达欣赏或感激，换一种类型的信件，会更为合适。

特别情况

- 如果信里包含有公关或销售动机，你就要考虑清楚。信的主要内容应该是表示欣赏或感激，否则就显得不真诚（参见第六十章"销售跟进"）。
- 对方提出要帮忙，你在回复信件中应该表达感激，然后接受或拒绝对方的帮助，如果接受对方的帮助，提议下一步该怎么做。

- 如果对方是团队、委员会、部门或一群人，可以写给全体成员。在恰当的场合，可以把信复印出来，每人一份。一定要保证每个人都收到一份。
- 有时，在拒绝的同时也要表示感激。如果对方邀请你成为委员，或送来你不能收的礼物，要首先表示感激（参见第四十五章"拒绝"）。

模板

- 手写便条是表示欣赏或感激时的首选。可以使用私人信笺或折叠便笺纸。
- 如果对方是另一企业的人员，可以写商务信件表示欣赏或感激，此时应该用有信头的信笺纸打印信件。
- 如果是企业内部之间表示对对方的欣赏或感激，常常会用公司内部的备忘录或电邮。
- 例行公务，及时表达感激，比如说货品订单，可以使用明信片或电邮（参见第四十三章"告知和确认"）。

词语

财富	沉着冷静	称赞	出类拔萃	典范
独一无二	感动	鼓舞人心	轰动	交口称赞
敬佩	凯旋	慷慨	可圈可点	立志
令人满意	令人难忘	令人钦佩	满意	弥足珍贵
模范	荣幸	上乘	肃然起敬	推荐
策略	显著	欣赏	委托	雅致高尚
仰慕	优雅	友好	与众不同	专长
卓尔不群	最喜欢	尊敬		

短句

必须表达我的感激	表现出类拔萃
表现堪称典范	不可或缺的恭喜
沉着冷静地完成了工作	出色地完成了工作

大家都交口称赞　　　　　　　大家都敬佩不已

对此，我敬佩不已　　　　　　非常感激你的贡献

非常高兴看到……　　　　　　非常敬佩你

给……树立了杰出的榜样　　　工作尽心尽力

你的表现引人注目　　　　　　你付出的努力无人能及

如此专业的水准　　　　　　　设立了高标准

真诚的感激之情　　　　　　　做得无可挑剔

句子

你为新工厂的调度政策做出了贡献，我在公司工作了20年，你是其中最出色的职员之一。

我觉得，你的见解让委员会的工作更为出色，超出了所有人的预期。

我想回报你的帮助，如果有需要我的地方，请给我打电话。

段落

你自愿来参与这场法庭剧，真的很有心。非常感谢你的支持。

凯伦·格罗斯病了以后，你接管了她的工作，这是额外的工作。为了公司的顺利运转，你付出了额外的努力，非常感谢。

我非常欣赏你在昨晚会议上表现出来的领导力，因为有你，整件事才没有崩盘。

改，改，改

做到准确、简洁、真诚。

对方立刻付款

亲爱的杰普森先生：

　　我们刚刚收到了您的来信，以及绿地园林美观项目的支票。感谢您立刻付款。

　　绿地园林非常可爱，能做这个项目是我们的荣幸。如果以后还有规划，或是维护绿地的项目，请给我们打电话。

　　期待再次合作。

真诚的，

安妮·施密特

对方为你写了推荐信

鲍勃：

　　刚刚收到了你为我写给碧更思的推荐信。（信中写到的人真是我吗？）[1]

　　非常感谢你的溢美之词。我会告诉你选拔的进程和结果的[2]。

谨致问候，

戴夫

1. 点明感激的缘由。2. 提到以后

对方自愿帮忙

亲爱的贾尼斯：

　　下学期我要去研习班，期间有三节课不能上，你提出要接手这几节课，太贴心了。我原来还想调课，可是根本无法实现。多亏了你，问题才解决了。

　　下个星期我会给你打电话，商量个时间来过一下教案。若是你以后需要人代课，一定要找我。

谨致问候，

南希·莱特雷尔

对方帮忙工作

约翰：

　　在安妮生病期间，你做出了真正的牺牲，改变了自己的工作计划，在销售报告中做了双份的工作，还给我安排了到亚特兰大的行程。我无法用语言表达自己的感激之情。当时，我必须在星期四下午对她的医疗计划做出关键的决定，如果我不及时出现，事情就会变得很麻烦。你真是帮了我大忙。

　　如果需要我做什么，请一定开口，任何时候都行。

谨致问候，

比尔

额外的工作

亲爱的理查森先生：

　　我刚刚收到了圣约瑟教堂侧翼改动后的建筑方案。我们时间很紧，所以我知道你们肯定加班加点地工作。多亏了你们的辛勤工作，我们才能把这些方案递交给董事会。非常感谢你们的付出，很出色。

　　董事会将在上午举行，明天下午我会跟你联系，告诉你结果。你们的工作很出色，非常感谢。

诚挚的，

比尔·巴布森

第十二章

答　谢

　　对方举动友好，或送给你礼物后，给对方回一张答谢便条或答谢信，是礼貌谦恭的行为。但如果你写信的时候，想的是礼貌谦恭，那毫无疑问，你写出来的内容肯定客套且死板，没法引起对方的共鸣。要真正地表达自己的谢意，得把你和对方，还有对方送给你的礼物联系起来；要简短，用愉快交谈的口吻来写；立刻就下笔，因为及时就是表达感谢的一种有力方式。

礼节

　　表达谢意的关键词就两个：及时和真诚。

应用范围

　　　在以下情况，表示答谢：

- 婚礼、送礼会、生日、节日、纪念日、受戒礼等场合收到各种礼物，或商务性质的礼物，或私人礼物（参见第十三章"订婚和婚礼通信"）
- 家人去世后，别人的友善行为以及送来礼物
- 生意订单或合同
- 工作面试，或其他面试
- 客户、顾客或病人的引荐
- 公司或个人的职务推荐

- 对方热情款待，商务或私人，或两者兼有
- 为募捐活动捐款
- 俱乐部、联盟，或职业组织的会员资格

内容要求

- 对方送给你礼物，或帮助了你，首先要关注对方。
- 接下来，想一想你要感谢对方什么。
- 想一想这份礼物，或这件事对你意味着什么；你会怎么用这件东西，这件事情在哪方面帮到了你。
- 把对方、礼物和你联系起来。
- 早一点提到礼物，早一点表示感谢。
- 语气愉悦，甚至热情，就像是你在和对方交谈一样。
- 提及礼物是多么合适，对方的帮忙又是多么恰当。
- 补充一些细节，说明礼物或对方行为给你带来的好处，你特别喜欢这份礼物，会怎么样用这件东西。
- 简短，真诚。
- 如果合适的话，可以回礼；也可以选择加上一两句赞美对方的话。
- 对方帮了你，送给你礼物，你回信表达真诚的谢意，怎么都不会出错的。所以，一有这样的情况，就写答谢信，增强你与对方之间的关系。
- 私人写信表示感谢，不要加入其他的内容。不要在信里掺杂其他目的。
- 商务和社交答谢，指南如下：
  - ➢ 如果晚宴、晚上外出或周末外出超越了商务范畴，变成了在生意伙伴家里的社交活动，就要给对方写一封答谢信，并送上答谢礼物。
  - ➢ 为你举办的办公室或商务午宴，或者晚宴，就应该给主人——通常是给你的直接上级写信致谢。如果公司总裁出席了，也要给对方写一封个人信件致谢。
  - ➢ 办公室派对或商务用餐中，如果你只是普通客人，口头表示感谢即可。这种情况下，你有可能会想联络下一次的商务通信，可以这样写，"谢谢你举办的星期四午餐会。期待在苏族①秋季项目中与你合

---

① 印第安人的一族。

作。"常规的午餐会这样就可以了，但如果是第一次见面或偶尔的午餐会，就需要写一张简短的答谢便条，可以手写，也可以打印。

- 答谢要立刻发出。以下是常用的规则：
  - ➢ 午餐会或晚宴，一天之内。
  - ➢ 在某人家里做客，或留宿，几天之内。
  - ➢ 收到结婚礼物，最好能在收到礼物的当天回信。至少送礼物的人应该在婚礼举行后的三个月中收到答谢信（参见第十三章"订婚和婚礼通信"）。
  - ➢ 遇到对方送来探病的礼物，提供了帮助的情况时，自由度要高一些，通常要等到自己康复之后再答谢。如果病情严重或垂危，另外的人可以替病人答谢。定期通知朋友、家人和同事病情也是得体的行为。对方若是送来了礼物或帮了忙，询问对方是否想要定期知道消息，这种消息可以用电邮发送。
- 立刻就答谢对方，写起来要容易一些，传达的信息也更为细腻，更为真诚。
- 具体提到对方的礼物或提供的帮助。

注意事项

- 表面上是答谢，其实是销售信件的这类信件，不要写。
- 不要泛泛而言，具体表达出自己的感谢。
- 不要夸夸其谈。华而不实的表达有损你答谢的目的。如果做不到，就简单说："非常感谢你。"
- 如果礼物是钱，提到具体数额有时会给人笨拙之感。如果你非常了解对方，知道你的舅舅不会在意，你当然可以写："谢谢你，舅舅，50美元的支票收到了。"如果你不太了解对方，就这样写："谢谢你，支票收到了。"
- 如果答谢本来就短，最后再写"再次表示感谢"就不太妥。这种情况下，要真诚地赞美对方来结尾："你一直都是这样慷慨大方。"

特别情况

- 不要拖延。晚到的答谢会给人一种不真诚的感觉，必须要解释你为什么拖了这么久。但是，也不要过度地解释为何迟迟没有写信；只需要简单地写上："很抱歉，这么久了才写信。刚刚到家就遇到了龙卷风。"或者，"很抱歉，没有马上写信告诉你，我非常喜欢这件红色卫衣。跟我的苏格兰格子裙非常搭。""我迟迟没有写信表示感谢，我真是太逊了，但你送给我的钱包真是超赞。送我这份礼物的姨妈也是超赞。""非常感谢你帮了我一个大忙，我都有点回不过神来了，写信不太及时。"

- 收到礼物时，口头表示感谢不能替代答谢信。在口头表达了感谢后，依然要写信答谢对方。
- 如果对方送来了答谢礼，你要写一张答谢便条。
- 如果对方集体送给你一份礼物，应该写信答谢其中的每个人。如果对方是家庭，公司部门、俱乐部或协会，那就给这家人、这个部门，这个俱乐部或协会写信，请求把你的信传送给每个人看，或贴出来。
- 家人去世，对方送来鲜花、捐款或帮忙，必须要表示感谢。对方写信表示慰问也必须写便条答谢。答谢者可以是死者生前最亲密的人，也可以是关系亲近的家人或朋友。这种情况下，答谢的工作量比较大，可以请人帮忙记录，以免漏掉了谁。当然了，这种情况下的答谢肯定是滞后的，通常来说应在葬礼结束后的六个星期之内完成。
- 商务答谢应该用常规信件的方式寄出。如果用传真或电邮，其中传达的人情味会大打折扣。但是，如果例行公事写信答谢常规商务午餐会，在公司文化允许的情况下，可以在答谢信中加上另外的信息作为主要内容，或通过电邮发送。

模板

- 通常都选择市售的折叠便签卡片或私人信笺纸。
- 大事件，比如大型政治竞选或大型募捐，可以用正式印刷的卡片或信笺。如果收到礼物，还是用个人手写便条。
- 如果收到的是个人礼物或社交礼物，应该手写答谢信。
- 如果生意伙伴款待你在他家做客或过夜，答谢信件应该寄往对方的家庭地址。
- 商务相关的答谢应该打印在有公司抬头的信笺纸上、个人办公信笺纸或质量好的纸张上。

- 如果要答谢的人特别多，或很有可能有遗漏，比如说社区活动家的葬礼，或很多人为政治竞选捐了款，这种情况就要在当地的报纸或合适的公开出版物上刊登答谢信。
- 别人帮了你大忙，或者送给你非常好的礼物，正式答谢之外，还要写私人信件来表示感谢。

词语

珍惜	高兴	雅致	喜欢
兴奋	精致	慷慨	很棒
纪念	友好	可爱	醒目
喜出望外	完美	记住	正好
满意	超赞	惊喜	感谢
激动	及时	感动	宝贝
款待	难忘	有用	精彩

短句

表示我个人的感谢	超级可爱
超级礼物	独一无二的礼物
方方面面都完美	非常大的帮助
非常感谢	非常特别
更添了一层甜蜜	害你破费
很棒的选择	很好的休息
会一直珍惜的东西	精致的品位，慷慨的礼物
可心的选择	没有别人能够想到
你超级赞	你的体贴周到
你真是非常贴心	你总是能给……增添美妙的色彩
盛情款待	收到……非常激动
特别的款待	完美的时机

完美的选择	完美的周末
我们受益匪浅	我永远铭记在心
无私的礼物	因为你，我这一天过得非常开心
优雅时尚	再也没有别人……
珍贵的纪念	真是帮了我们大忙
正是时候	准确而敏锐

句子

若收到礼物，一开始就提到礼物，自己准备怎么用这个礼物。然后再联系对方送礼物给你的这件事，再联系到自己。

感谢你把爱丽丝·巴诺克推荐给了亚当，更重要的是，还推荐给了我。

你为我们着想，我们都非常感谢。

感谢所有怀特公司的人，感谢你们为"女性角落"项目付出的时间和努力。

在募捐活动中，你们全体人员出色地完成了接听电话的任务。因为你们的付出，我们收到了 90,000 美元的认捐款项。

父亲出殡之际，你是领头护柩人，感谢你的帮助，我们全家都非常感动。

在那个黯然的时刻，看到你从门外走来，我的感动无法用语言来形容。

我从来没参加过如此放松又令人享受的晚餐派对。

非常感谢你告诉我那家店开张的消息。

《谢尔曼军队》一票难求，幸好有你帮忙，要不我们就错过了。

宴会非常完美。

我会一直珍惜这份礼物，但我更加珍惜的是你送给了我礼物这件事。

礼物非常完美，甚至让我感觉离你更近了。

改，改，改

答谢的便条通常只有一两个段落，所以不要说废话。

答谢晚餐

亲爱的米莉:

晚餐特别美味! 每次你在家请我吃东西,都是这么好吃。感谢你邀请我和迪克。我们非常喜欢跟你和弗兰兹聚会。昨天晚上很愉快,特别是听到你们讲非洲探险的事情,我们特别开心。

爱你的,

雪莉和迪克。

答谢礼物

亲爱的詹妮弗姨妈:

您寄来的支票,我已经收到了,存到了我的大学基金里。我打算用这钱买一个闹钟,每天听到闹钟响,我可能会既开心又发愁吧。但是,想到您,我总是开心的。

谢谢姨妈。

你的侄女,

洛伊斯

答谢演讲者

亲爱的加比:

感谢你星期三在女子新闻俱乐部的发言。这一次的出席率增加了20%。一定是因为大家喜欢你,还有你紧扣时事的演讲题目《吹响你自己的号角》。

会议后,大家反映这次会议是这一年最棒的。有人向我询问,想请你在这个春季主持半天的研讨会,不知道你是否愿意。当然了,我们会付给你正常的酬劳。

谢谢你,加比,感谢你引发了我们会员的兴趣。

忠诚的,

露丝

答谢对方举办派对

卡罗琳:

我真是太惊喜了! 50人的办公室派对,计划、组织,还有那么漂亮的加勒比海装饰,就在我眼前,我事先居然一点儿也不知情,你是怎么办到的? 我之前是一点儿也没猜到呀。你真是个奇迹,我亲爱的朋友。你的生日是什么时候?

挚爱的,

凯伦。

会议协调

亲爱的乔尔:

感谢你精细策划了这次为期三天的会议,每个细节都是那么棒,每一位与会者的配偶和家人都得到了量身定制的体验。最开始,我并不太认同度假农场这个点子,想着不就是骑马嘛,结果却这么完美。我已经收到了十来个热情洋溢的电话,要求明年还要这样办。

对你而言,也许是个坏消息,因为你肯定是最适合组织牛仔活动的人选,再也找不到人代替你做这份工作了。你的工作完美无缺!

祝好,

艾弗里

商务午餐会

亨利:

这次午餐会非常有成效,感谢你的精心策划。特别是你为我们准备的私密会议室,简直是神来之笔。在私密和安静的环境下,库克斯团队听取了我们的提议,进行了细致的讨论,最终决定让我们团队做他们的项目管理。

非常棒,非常棒。祝贺这次崭新的合作。以后执行这个项目的时候,期待与你和你的团队再次合作。

祝好,

山姆

答谢推荐者

亲爱的丹尼斯：

上次我们谈论编程员职位的时候，你推荐了莫利·斯沃茨，谢谢你[1]。我刚刚面试了莫利，觉得她是非常出色的职位应征者。

彻底失望三次之后，这重新燃起了我的希望。

上次打高尔夫，我们一番讨论后，你还进一步跟进情况，真是贴心周到。如果与莫利确立了工作关系，我会告诉你一声。我们真的需要莫利这样熟练和稳定的职员[2]。

之前我也说过，如果你需要招募制图人员，就告诉我一声，我会给你推荐一两个人[3]。

顺便说一句，上次18号洞，你打得真精彩。下个星期，我一定要好好挑战一下你[4]。

祝好，
利·安

1. 说明要感谢的事情。2. 说明你感谢的原因。3. 提出回报。4. 展望未来的关系。

感谢对方周末的款待

亲爱的黛西和达夫：

这个周末真是过得非常愉快。过去好几周，我和洛克斯都在不断地赶截止日期。这次呼吸到乡村的空气，真是太棒了[1]！

改变一下生活节奏，我们好好地休息了一番。打牌非常好玩，但我老是输，有点遗憾[2]。

为了表达我们的感激之情，送上一个小小的礼物，明天应该会到。一定不要忘了，你答应过我们，下个月会到我们家来玩儿。社区剧院有一部新上演的剧目，很不错，城里还有一部百老汇歌剧。我们是看一部，还是两部都看[3]？

祝好，
洛克斯和乔治

1. 说明感谢的东西。2. 说明感谢的原因。3. 提及将来。

（参见第四十四章"表示接受"；第十一章"表达欣赏或感激"；第四十三章"告知和确认"；第四十二章"回复"；第十三章"订婚和婚礼通信"）

面试

亲爱的贝亚：

感谢您安排了这么棒的面试。因为您的筹划、协调和面试技巧，我才能在经验、专业知识、以及与贵公司各部门工作全面评估三方面展示自己的能力。

我认为自己非常适合在市场团队工作，尤其适合有着长远目标的项目。从面试环节看来，我和汤姆可以无缝合作，还能带出对方最优秀的品质。

感谢您给了我这么棒的面试经历。期待看到您的最后入选名单。如果您或其他部门的负责人有任何进一步的问题，我都愿意回答。

真诚的，
杰克。

答谢葬礼花束

亲爱的林恩和莱斯特：

感谢你给妈妈葬礼送来的蔷薇花，很美。你真是贴心，选择了她最喜爱的花。你一定还记得她在后院搭了好大的花架，到了蔷薇盛开的季节，周围的邻居都能收到蔷薇花束。

我们都会想念她，还有她的蔷薇花园，感谢你送来蔷薇花与她道别。能在葬礼上看到蔷薇，对我和大卫而言意义重大。

真挚的，
苏珊和大卫

第十三章
订婚和婚礼通信

订婚和婚礼的庆祝就像这些喜结连理的人一样，各种类型都有。现在，很多传统的规矩都不再时兴，取而代之的是个性和创意的表达，但谈及订婚和婚礼，人们还是要表达喜庆的精神、希望别人参与庆祝的愿望，这一点依然很重要。这样的场合，有很多机会让新人和参与庆祝的人用书信表达快乐和美好的祝愿。全情投入吧。

应用范围

- 决定婚礼场合：休闲、非正式、半正式或正式。然后依此来决定你信件的风格、口吻、措辞、字体、墨水颜色、印刷方式、纸张质地和颜色。
- 决定婚礼的场面大小、邀请客人的人数。
- 你要和哪些人通信，制定出名单。
- 计算出你要发出的信件数，选择统一的纸张、字体、布局、设计和墨水。
- 另外再订购空白的信笺纸、便笺纸和便笺卡片，用以邀请朋友和答谢众多帮助你策划婚礼的人。
- 要考虑到朋友、家人和合作人的特殊情况。你知道有些人没法出席你的婚礼，但你还是想要给他们送上婚礼的公告，还要附上一张便条，告诉他们，虽然你知道他们不能来，但还是要表达希望他们参加的心愿。

婚礼交流的类型

仔细地考虑整个过程，从宣布订婚到写信答谢结婚礼物和别人的出席，每个环节考虑清楚后，你就能决定你所需要的交流类型。婚礼顾问能够帮助你做出很多决定，但大事和预算心里一定要有数。参考下面的交流类型，做出选择：

举行婚礼的新人或家庭发出

- 向亲近的家人和朋友宣布，婚礼即将举行（非正式的私人信件、便条）
- 在合适的情况下，通知前配偶（非正式的私人信件或便条）
- 公告（通过报纸、印刷的正式公告，或手写的非正式公告）
- 介绍新娘和新郎的家庭（家人写的私人信件）
- 邀请对方做婚礼接待和仪式参与者[①]（私人信件或便条）
- 敬请出席卡
- 婚礼客人邀请函
- 婚礼公告（印刷出来，发送给那些不出席婚礼的人）
- 招待会或婚宴邀请（也可以作为婚礼邀请的一部分）
- 物品、服务项目的确认或请求函
- 新娘告别单身派对邀请函
- 新郎告别单身派对邀请函
- 延期或取消
- 婚礼排演邀请函
- RSVP卡（放在邀请函当中）
- 住宿、地图和活动信息
- 答谢他人的礼物、帮忙、特别帮助、捐款等的便条
- 与婚礼相关的信笺纸、便笺纸、便条卡片

发给举行婚礼的新人和家庭

- 表示祝贺
- 表示愿意参与婚礼
- 表示拒绝，或婉拒参与婚礼的邀请
- 邀请回复卡（如果有卡片，填好；或私人回复便条）

---

① 比如伴娘、伴郎或花童一类。

内容要求

　　公布订婚到婚礼之间的日子非常繁忙，需要筹划、印刷或撰写、传达各种喜悦的消息。以下内容有助于你完成婚礼前和婚礼后的各种事情：

订婚交流

- **通知孩子**。如果涉及孩子，再婚的父母最好要先告诉孩子。当然，小孩子的幸福健康是第一而且是最重要的考虑。如果订婚的新人有成年的孩子，可以口头或写信通知。

- **通知亲近的家人和朋友**。即使最开始你已经电话通知了，再写一封信告知依然非常好。寄信要有先后顺序，让最亲近的人首先得知这一消息——父母，兄弟姐妹，关系亲密的姨妈、姑妈、婶婶、舅妈，祖父母，亲密的朋友。还可以附上关于这对新人的简短信息：在哪里长大的；上的哪个大学；他们的学位和专业领域；这对新人什么时候，在哪儿见的面；计划在哪儿生活；还有什么时候举行婚礼（如果还没有决定日期，就写上大致的时间）。

- **告知前配偶**。可以通过私人便条或信件的方式（法律规定也可能说明告知方式）。如果离婚的夫妇之间关系糟糕，没有孩子，最好在订婚仪式结束之后，就立刻告知对方。

- **介绍新人的家庭**。可以写私人信件来介绍家人。按照传统的做法，应该由男方家庭联系女方家庭，然后女方家庭回复。一般信中会表达喜悦之情，欢迎对方加入自己的家庭。现在子女与父母一般都住得比较远，有时会打电话首次介绍家人，甚至举行电话家庭会议，由新人介绍彼此认识。有时会通过电邮来安排见面或其他安排，再进一步认识。

- **订婚公告**。订婚公告，从随意的公告到正式的公告，形式多种多样。正式的印刷体公告通常以女方父母的名义发布，比如："马里兰州马里维尔的乔治·斯顿普夫妇宣布他们的女儿黛德蕾，与缅因州纽科姆的理查德·德姆医生和德姆夫人的儿子伯纳德·德姆订婚。婚礼计划在十一月举行。"年龄大一些的或没有近亲家属的新人可以自己宣布订婚消息。大家往往会在报纸和专门的出版物上发布自己的订婚公告。

- **订婚报纸公告**。需要按照报纸规定的形式提交信息。可以写信（使用任何一种办公信笺）或电邮。研究一下报纸，看报纸需要哪些信息，优选顺序，是否刊登照片。通常情况下，报纸会刊登以下信息：1.父母的姓名、住址或家乡。2.订婚男女的完整姓名。3.订婚男女毕业的大学、现在的工作地点（可选）。4.婚礼日期或婚礼的计划。

- **正式的订婚公告**。这类公告中会正式介绍双方家庭，通常由女方父母、家人或朋友在订婚宴或派对上宣布。如果男方的家庭距离比较远，也会举办订婚派对或在婚礼之后举行派对来隆重介绍新娘给家人朋友认识。按照传统，无论大家知道订婚消息与否，订婚公告是由女方父亲来宣布，并且致辞。

- **订婚宴**。邀请别人参加订婚宴或订婚派对的邀请函，可以是正式的，也可以是非正式的；可以手写，也可以印刷。

- **邀请对方做婚礼接待和仪式参与者**。这类邀请通常是面对面、打电话，甚至是通过电邮进行的。但是，如果写一封私人信件表达邀请对方的理由，也是很好的方式（基于同样的道理，对方写便条表示接受，也是非常好的方式）。

- **一定要囊括所有的基本信息**：所有的花费是多少，谁来支付哪部分（显然，大家需要花不少时间进行口头讨论，但写下来是理清思维的好方式）。当然了，一定要考虑清楚，因为对于被邀请者，这样的邀请意味着一笔花销，承认这一点，并且要留有余地，能让对方婉言拒绝。

- **敬请出席卡**。如果筹划的是度假地婚礼，或者婚礼的日期正值一年中大家最忙的时候，就可以寄出这种卡片。通常要在婚礼前12周，甚至更早的时候寄出。

婚礼交流

- **新娘告别单身派对邀请**。这种邀请一般是小范围的，只邀请想给新娘特别祝福的亲密朋友和亲人。邀请函通常是印刷的，或使用现成的便笺卡片，只需要填上名字就行，再配上合适的信封。有时也可以本人亲自出面、打电话邀请；如果对方是同事，可以发邮件邀请。一定要通知对方是否是惊喜派对，是否有主题（比如送厨房用品作为礼物），或者是否需要送礼物。通常由新娘的密友、伴娘或亲戚来发送邀请函，并且主持派对。

- **婚礼客人邀请函**。这份邀请函要反映出婚礼的风格。非正式的小型婚礼，可以选择简单、非正式的邀请函。选择高品质的便笺卡或折叠便笺，写上所有的信息。手写的话，最好用黑色墨水，或深色墨水，笔要好写。所有的信息都要囊括，回复函应该寄给谁，都要说清楚。手写的邀请函以非正式的短句开头：

➤ 特丽莎·特罗普和布伦登·惠特尔邀请你光临他们的婚礼……

➤ 乔伊·洛伊斯和詹姆斯·比弗的女儿要结婚了，敬请你来分享结婚的快乐……

➤ 如果你能来参加我们女儿的婚礼，我们会更加快乐……

➤ 桑德拉·斯潘塞和亚历克斯·布罗姆邀请你参加他们的婚礼……

➤ 我们的女儿詹妮弗·罗将与格鲁纳·凯悦结婚，时间在星期六……他们的婚礼誓言会在……我们邀请你来见证他们的婚礼誓言，并且参加之后的招待会……

- **正式的邀请函**。使用更加正式的语言，用正式的字体印刷或镌印。使用高品质纸张，正式的纸张类型，正式的油墨颜色。这种正式的邀请函应该有两个信封。外面的信封应该手写地址，一般会请专业的书写人员来写。里面的信封不要封上，可以写上被邀请人的地址，信封里装上邀请函，正面对着信封的开口处。邀请函的正面可以加一层薄绵纸，或装饰性的纸张，这是一种用来保护邀请函镌印的传统做法。

- **还可以在信封里装上其他东西**：座位卡（如果是大型婚礼）、婚礼后的接待会邀请函、教堂出入卡、地图、住宿信息列表，还有其他关于婚礼举行地的信息。还可以放入RSVP卡（美国邮政服务要求这种卡至少要3.5×5英寸），带上写好地址、预付邮资的信封。如果是家庭招待会，家庭招待会卡片上要写明新人的住家地址。邀请函用的是第一人称，如果父母要发邀请函，里面应该有父母的全名；新人双方的全名；日期、时间、地点。如果要举行招待会，写明这一点。邀请函应该表达新婚夫妇邀请对方出席的愿望。正式或半正式的邀请函应该用这样的措辞：敬请您出席。

➤ 婚礼公告里面要有完整的日期，包括年份。

➤ **日期和时间不要用数字**。婚礼的邀请函应用文字表达年份，比如"二〇一一年"。日期也是，"七月十一日，星期六"，或者"七月十一号"。具体时间也是："下午三点"或者"下午两点半"。名字也要用全名。如果有人不想写上中间名字，那就不写，不要用缩写。

➤ **数字**。地址上有不止一个数字时，用数字，比如东华盛顿街345号。

如果地址上只有一个数字，用文字，比如，切斯特街二号。

> **注意缩写**。头衔要写全。

> **注意标点符号**。逗号的使用要留心，比如说：六月十日，星期六。

> **婚礼上的特殊宗教仪式措辞要准确**。比如，婚礼有天主教的弥撒，在新郎名字下面一行就可以这样写：参加婚礼弥撒。

> 如果你要给婚礼服务人员送去邀请函，不用附上 RSVP。

> 如果有招待会邀请函，附上 RSVP。

- **招待会或婚宴邀请函**。可以在婚礼邀请函上注明婚宴邀请，简单说一句："之后在学院俱乐部举行招待会……"或者你也可以另外写婚宴的邀请函，比如说："唐纳德·斯泰克斯夫妇敬请您出席女儿乔治娅·罗斯和女婿埃尔莫·奎斯特先生的婚礼招待会……"如果婚礼的客人为数不多，可以用电话或本人通知的方式来邀请，或用典礼卡片。可以这样措辞："邀请您参加我们的婚礼……"可以连同招待会的邀请函一起寄出。如果只是邀请对方参加接待会，用词还可以随意一些，比如："请你参加……"

- **婚礼排演邀请函**。按照传统，这种邀请函由新郎的家人负责寄出，但现在很多新人都自己负责了。有时排演可以由别人代劳。婚礼排演不需要准备晚餐，但上午排演之后可以准备午餐，如果排演在下午，可以准备一场简单的自助餐。

- 应该由主持排演的人发出排演邀请函。通常邀请仪式参与者、亲近的家人，他们的配偶或他们的未婚夫/未婚妻。还应该邀请司仪牧师及其配偶，还有婚礼派对的孩子及其父母。外地的亲友如果已经赶到本地来参加婚礼，通常会邀请他们，但不是必需的。也可以邀请其他一些亲友和好朋友，如果客人太多，婚礼排演派对就会少一些亲密和特别的气氛。

- 婚礼排演派对的邀请函可以手写、印刷或镌印，写明具体时间、地点和着装要求。里面应该包括 RSVP，给出联系人的姓名、电话号码和其他联系信息（可选）。

- **新郎/新娘告别单身派对邀请**。通常这种邀请是非正式的，甚至可以打电话或者电邮通知。这样的场合可以非常简单，就是个晚上的聚会；也可以非常繁琐，搞成周末庆祝活动，邀请参加婚礼的客人和密友参加。有时，伴郎会为新郎准备单身派对；新娘则由伴娘准备。

- **报纸或其他出版物上的婚礼公告**。不同的出版物会有不同要求和规则，想要在哪家刊登公告，提前查看。通常需要在婚礼举行前的几周就提交信息，以便婚礼之后可以立刻刊登出来。报纸会提供模板，但要确定是否包括了以下信息：这对新人的全名；婚礼的日期、具体时间和地点；牧师或婚礼司仪的名字；婚礼派对成员的名字，以及他们与新人的关系；这对新人父母的名字、家乡、职业或成就（偶尔也会包括祖父母的信息，或者亲属当中杰出人物的信息）；这对新人的学位和其他头衔或者成就。还应该有对婚礼的描述，比如鲜花、新娘的婚纱，接待人员的穿着、音乐、典礼的特别之处、招待会的地点等。也可以包括新人的致辞。

其他交流

- **答谢美好祝愿和礼物**。通常写在便笺卡片上，卡片的材质要与婚礼邀请函相同。要在婚礼后的三个月之内完成答谢。如果对方没有送给你礼物，但是送来了特别的祝福，也要写一张私人便条答谢。以前答谢是由新娘一人负责的，现在则由新娘和新郎共同承担。如果婚礼前就收到了礼物，当时就可以写信答谢，当然了，如果信中能够提及礼物的使用，那就更好了。打电话告知对方礼物已经收到，或者发送礼物已经收到的确认函也是可以的。

  ➤ 写信答谢对方时，信中要提到礼物，尽量说一下你对礼物的喜爱。也可以告诉对方，你用得怎么样，或你会如何使用，再写一点有关这份礼物的小细节，表达你的感激。

- **确认函**。订婚宴、排演宴会，和其他的场合（比如在饭店举行的新娘告别单身派对）的安排都会用到确认函。婚礼的各种安排也会用到确认函，比如说：预定教堂、小礼拜堂，或者庙宇；风琴演奏师、其他乐器演奏师或独唱者；饭店；摄影师或录像师；蛋糕烘焙；宴会筹备人；还有其他婚礼的特别安排等。所有的这类通信，信息都要具体，包括合同的所有细节。一定要确定所有的情况以及相关的费用。

- **祝贺**。宣布订婚，或婚礼结束之后，可以给新人、家人寄去祝贺卡或祝贺的便条。

- **婚约破裂或延迟婚礼公告**。如果没有正式宣布订婚或婚礼，就不用发布取消或延迟的公告。如果发出了私人信件或便条通知订婚，采用同样的方法简短地告知对方事情有了变化。没有必要解释。

注意事项

- 如果对方用电邮表示祝贺，你可以用电邮回复。但如果对方送来礼物，或提供了帮助，或参与，就不能用电邮答谢。
- 如果对方集体为你举办了告别单身派对或其他聚会，不能写一样的答谢内容发给所有的人。每个人都应该分别致谢。
- 列一份详细的名单，记录每一个帮助过你的人，其中应包括为外地的客人提供自己家的房间以供居住的人、主持婚礼仪式的牧师、风琴演奏师、独唱者等等，一定要注意，不要漏掉任何一个人，每个人都要写信答谢。
- 礼金是非常受欢迎的礼物。写信答谢对方的时候，请告诉对方你计划如何花这笔钱。
- 如果收到了不想要的礼物或重复的礼物，不要问对方是否可以寄还礼物。
- 可以创建婚礼网页，对所有的人表示欢迎和感谢，但是这不能替代有个性的手写答谢信。
- 在写信答谢的时候，不能采取千篇一律的风格。每一封信都应该有特色，要真诚。

模板

- 现在婚礼信笺有很多种选择。选择的时候，要全面地考虑到订婚和婚礼的各种交流需要。各方面都要协调，与婚礼本身的色彩和形式保持一致。
- 选择的字体、纸张材质和墨水颜色都要利于阅读，而且你将发出的所有类型的信件和邀请函都要有同样好的效果。记住，有些颜色复印的效果不好，比如蓝色。

用词

庆祝	典礼	光临	交换	帮助	正式
幸福	高兴	非正式	参加	愉快	保持
婚礼	遵守	荣幸	出席	招待会	快乐
敬请	挽救	分享	团聚	誓言	祝福

改，改，改

婚礼通信交付印刷之前，一定要反反复复地校对（多请几个人一起校对会很有帮助）。如果出错，导致再次印刷，既浪费钱，也浪费时间。

半正式的婚礼邀请函

[印刷；在留空的地方，手写被邀请者的姓名]

乔治·福莫斯特医生及其夫人

敬请奈杰尔·霍默斯夫妇光临

女儿梅洛迪·瑞尼

和

女婿塞西尔·斯特朗

的婚礼

时间：二〇一一年六月十日，星期六，下午四点半

地点：印第安纳州，印第安纳波利斯，第一长老会教堂

招待会卡

[印刷，装在婚礼邀请函的信封里]

招待会时间：婚礼仪式之后

（或下午四点）

地点：纽约市，里弗塞德，中央林荫大道342号，

大学俱乐部

敬请回复 [RSVP]

小型婚礼的非正式邀请函

[印刷或手写]

亲爱的詹姆斯·洛伊斯夫妇：

我和理查德·克莱夫特

将于6月11日下午3点举行婚礼，

地点在大学俱乐部。

我们非常希望你能参加我们的婚礼，

并且出席之后举行的招待会。

爱你的，

詹妮弗·福克斯

新人发出家庭婚礼和接待会的非正式邀请函

[印刷或手写]

埃丝特·斯布恩和维克托·戴维森

邀请你参加

他们的婚礼和接·寺早午餐会

时间：6月27日，星期六，十二点半

地点：斯波坎市，东沃克街220号

RSVP

新娘父母发出的镌印正式邀请函

沃辛顿·詹姆斯先生及其夫人

敬请您赏光出席

女儿朱迪丝和与基尔克·冯·拉塞尔先生的婚礼

时间：二〇一一年二月九日，星期六，下午三点半

地点：俄亥俄州，夏日田野，第二浸信会教堂

婚礼卡

[印刷，放在招待会邀请函的信封中；这种情况是参加婚礼仪式的客人少于参加招待会的客人，但是人数也比较多，不方便手写邀请函。]

敬请您光临

婚礼仪式

时间：十一月七日，星期六，七点

地点：雷德福德公理教会教堂。

首席女傧相邀请函

金尼：

我们小时候就约好了，对方结婚的时候一定要在场。你就像我的亲姐妹一样，没有人能够代替你做我的首席女傧相。但我知道你的大学学费非常高，而且罗比失业了，加重了你的经济负担。我估计裙子和配饰的花费大约要400美元，还有横穿全国的交通费，再加上损失的工作时间和当临时保姆的时间等等。如果没有折扣，来回的飞机票是在1500美元左右。我父母说他们可以承担其中500美元的花销，我自己可以拿出250美元，但还有1000美元的大空缺。

我也知道5月15号正是你准备期末考的时候，但因为杰瑞德的海外项目，我们只能定在这个日子。

亲爱的好姐妹，不要因为之前我们有承诺，就勉强自己。如果你没办法来，我是完全能够理解的。其实我想提议，等到我结婚一周年庆的时候，我们再聚在一起，共进周年庆晚餐。到时候我和杰瑞德来旧金山，我们可以特别庆祝一下。你觉得怎么样？

你永远的姐妹，

劳拉

新郎写给他的前任

蒂娜：

我不想你通过别人得知这个消息：我和英格丽决定结婚了。我知道你可能担心我再婚会影响孩子们，还有共同抚养的安排，以及时间安排，所以我建议我们三个人一起坐下，心平气和地商量这件事，看怎么做对孩子最好。我们建议第二周的星期六在快乐咖啡馆见面，上午十点半，你看行不行？

我们还没有公开宣布这件事，但在我们三个人见面之前，我会先告诉孩子们，让他们知道我们会尽全力满足他们所有的需求。

我们之间有很多分歧，我们之间的关系早已经破裂，但是对三个小人，我们有很多的共同之处。看在他们的份儿上，我建议我们暂且抛开个人的恩怨，为他们努力创造最好的未来。

我刚才提议的时间地点，如果你能来，请通知我和英格丽一声。如果不行，请告知我们你可行的时间和地点。

亚当

婚礼之后写给新娘

达拉斯：

新娘和新郎用唱歌的方式进行婚礼誓言，我还是第二次看到。当时，听到你们的天籁之声，我的眼泪都快流下来了。现在我更加明白为什么伊根是你丈夫的绝佳人选了。你妈妈告诉我，说你们是天生一对，她可没有说你们是如此完美的二重奏。我亲耳听到了，你们就是完美的二重奏。

你们二人一起走在音乐的道路上，前面有着多么光明的前景呀。你这么幸福，我真为你高兴，好想拥抱你们俩。

一直爱你的，

厄玛姨妈

新娘写给她的前任

以赛亚：

我想告诉你，上个星期六，我和杰里米·斯通结婚了。现在，我的名字已经正式改为斯蒂芬尼·斯通，住在加利福尼亚州伯克利亚当斯大街345号。如果有需要交流的内容，请按照这个地址寄信。

斯蒂芬尼

接受当伴娘的邀请

贾丝明：

　　真是太高兴了！我接受你的邀请，做你的伴娘是我的荣幸。等你寄给我所有的细节信息后，我再联系你。6月18日会是个幸福的日子。

送上最好的祝福，

保拉

首席女傧相确认函

切尔西：

　　你愿意当我的女傧相，我真是太高兴了。长姐，你一直都是在前面引导我的人，如果走进教堂的时候，没有你在我前面，我真是无法想象。因为你，我的快乐圆满了！

你的小妹，

梅洛迪

婚约破裂非正式通知

帕姆：

　　非常遗憾地告诉你，我和理查德取消了订婚。之前你贴心地送给我这些漂亮的亚麻桌布和餐巾，现在我寄还给你。

爱你的，

埃莉诺

取消订婚

［印刷］

　　贾斯廷·奥弗顿－摩尔夫妇宣布取消女儿雷切尔与斯蒂芬·威尔斯之间的婚约。

婚礼排演非正式邀请函

亲爱的珍妮特和杰克：

　　我和大卫帮忙举办詹妮弗和拉夫的排演晚餐会，时间是7月7日，星期六，下午7点，地点在推杆乡村俱乐部。我们希望你们能参加。

　　期待得到你们肯定的答复。

诚挚的，

狄安娜和大卫

写给特别的亲人的私人信件

亲爱的苏珊姨妈：

　　我和布克这个春天就要结婚了。婚礼的日期还没有定，他星期六才向我求婚，那天是我们认识以来的第二个周年纪念日。我们第一次见面是在戈茨福德公园的一次小型聚会上，当时是我们的狗介绍我们认识的。这个故事挺好玩：戈茨福德公园是旧金山遛狗的公园，两年前，我们的狗，我的莫利（艾尔谷犬）和他的艾斯（一只杂交狗）成了一起玩闹的好朋友，我们就认识了。这个星期六的早上六点，我们的狗，还有我们所有的朋友都到场了，给了我一个惊喜！（从这个故事，你有没有看出布克的优秀品质呢？）

　　我太高兴了，以后我还有一辈子的幸福故事要讲给你听呢。

你的侄女，

麦迪逊

敬请出席，发给关系亲密的亲人和朋友	
最亲爱的家人和朋友： 　　是的，亲爱的家人们和朋友们，我们终于要结婚了。我们幸福的日子定在九月八日，我们衷心希望你们能够在这一天腾出空来，和我们在一起，见证我们爱的誓言和承诺。 　　之后我们会寄来正式的邀请函和所有的细节信息。	我们衷心希望你们能够在 萨拉和本

（参见第三章"公告"；第四十三章"确认"；第四章"祝贺"；第十章"邀请"；第四十五章"拒绝"；第十二章"答谢"。）

写给新娘的父母	答谢结婚礼物
爱丽丝和布鲁斯： 　　你们为美丽的凯莉举办了一场非常棒的婚礼仪式。凯莉和肯德尔的婚礼誓言非常有深意，是我见过的最有意义的。 　　新娘凯莉真是光彩夺目。你这几个月一定忙坏了。认识你二十年了，我知道你是个完美主义者，但你在女儿的婚礼上达到了最高境界，每一个细节都照顾到了。整整三百位客人的宴会，每一张桌子都有用小玫瑰花蕾装饰的穗边，每一张桌子中央都有用玫瑰和百合组成的小柱子，可爱至极。 　　真的，这是一生难得一见的盛大婚礼，我和纽顿都终生难忘。 　　等新婚夫妇安顿好了，我们期待与你们和这对新人一起聚一下，来一个晚餐聚会。非常期待看到婚礼的照片，还有所有的幕后故事。 　　　　　　　　　挚爱的， 　　　　　　　　　阿黛尔和纽顿。	珍妮特和德里克： 　　我们非常喜欢这个华夫饼机，这三天早上，我们的早餐都是牛奶、核桃，再加上金黄色的华夫饼。这个机器的颜色放在我们厨房里格外好看，真不知道你们是怎么找到它的。现在机器就放在烤面包机旁边，非常相衬，跟壁纸的颜色也很搭配。早上，由瑞克做华夫饼。非常感谢你们。吃到华夫饼，我们就会想到你们。你们的贴心，送来的礼物、卡片，还有美好的祝福，让我们心上很感动，胃也很满足！ 　　　　　　　　　索菲亚和瑞克

第十四章

私人信件

私人信件是一种非常好的交流方式，可以告诉别人你的好消息，可以给对方安慰、传递消息，建立特别的纽带，享受拥有彼此的感觉。这种发送信息的方式历史悠久。手写一封信，再写上地址，贴上邮票，寄出去，曾是我们文明社会的主要交流方式。

我们珍惜这种手写的私人信件。有些人收藏的私人信件，跨越了时间；这些绑着丝带的信札，一代一代地传下来，让我们叹为观止。有些信札装在一排排的洒了香水的盒子里，有的装在恒温的玻璃箱里，还有的甚至就塞在鞋盒子里，所有的这些信函都非常特别。它们带着对方的气息，它们有着凝聚家人和朋友的魔力。也许很大程度上，这些信件让我们了解到自己到底是谁。这些信件帮助我们看清了自己。

在这个世界上，发给家人朋友的、手写的真心真意的私人信件，永远都会有一席之地。你亲手写下的信件里，有你的一部分，永远都会被珍惜。

应用范围

如果信件的内容非常私人化，或者你想和对方建立一种特别的联系，最好的选择就是手写一封私人信件。以下的例子中，就可以选用私人信件。

- 生日、纪念日、毕业、人生成就等好消息的信件。
- 与亲友保持联系的信件。
- 自我介绍、开启关系，或遵循介绍礼节、带有私人信件特点的信件。比如，按照传统，订婚男女的父母会用私人信件的形式来自我介绍。
- 家人去世后答谢对方帮忙、送来卡片和其他事情的信件。

内容要求

- 开头轻松幽默、积极正面，或以共同感兴趣的话题开头。
- 谈及你写信要说的事情，保持聊天一样的语气。
- 要让对方感到有趣，就像讲故事一样。
- 内容要新鲜，要有对方感兴趣的话题，比如你们共同经历的事情。
- 提出自己的观点和理念，态度轻松、诚恳。
- 在信中，就彼此都有兴趣的话题，向对方提出问题，保持一种对话的感觉（但是不要有太多的问题，使信变成问卷调查，也不要提出让人误解为打探隐私的问题）。
- 明确提出邀请，或说明想要对方回信，或请求进一步联系。
- 结尾要有温暖的问候，期望对方来信，或期望看到对方。

注意事项

- 不要在时间很紧的时候写私人信件，否则你的内容就会显得着急且不完整。
- 一开始就道歉，或一开始就提问，会破坏整封信的调子。
- 如果对方在上一封信中提出了问题，不要只回答这些问题。要写一些新的内容，讲一讲对方感兴趣的事情。删掉负面消极的内容。
- 不要在信中留下矛盾、误会和后悔的内容，寄出信件之前，多读几遍。

小窍门

- 养成写私人信件的习惯，来与亲友建立特别的联系。找一个时间、一个地方来专门写私人信件，让写信成为你日常生活中的一种享受，而不是家务。选择便携的写字板，或特别的书桌，选择一天的某个时候，只用来写信。这样你就能舒舒服服、规律、有序地写信了。

- 备上一些私人信笺纸、便笺卡、明信片，甚至还可以备上一些工具，用自己拍的照片来自制明信片。

- 写信之间的间隔不要太长。时间间隔太长了，就会成为写信的障碍。

- 写信之前看一看亲友发来的上一封信，在自己的心中回应对方的问题、评论对方的观点。

- 写信要有一种聊天般的语气，或一种讲故事的感觉，要有丰富的细节，让对方能够产生画面感。

- 养成习惯，收集亲友可能喜欢的东西。把它们放在你写信的地方。打开一封私人信件，看到特别的东西，真是一份惊喜：对方收集邮票，你可以送上不再发行的邮票；对方爱书，可以送上特别的书签；对方有兴趣的事情的剪报；给祖父母或家里的亲戚寄去孩子做的手工品；你们上次在一起拍的照片。你的这份心意，对方会感受到的。

- 现在，任何人只要打开任一媒体，就能找到天气信息。如果你要写天气，那就要讲一个相关的故事，天气如何影响你，或那些你和对方都感兴趣的人或事情。

- 如果你在信中写了敏感或情绪化的内容，不要着急寄出去，先放上一天，或至少放上几个小时。客观地站在对方的角度，再次阅读这封信，想一想对方的感受。你甚至可以大声读出来，听一听，感受一下。如此检查一番，可以避免寄出会让你后悔的内容。

特别情况

- 常常与小孩子写信，可以建立一种非常特别的关系。想一想比阿特丽克斯·波特[①]精彩的故事，还有她绘制的素描，她把它们跟便条放在一起，寄给了她的小朋友们。你不一定非得拿起画笔给故事画插图，一个与收信的孩子有关的故事也是很受欢迎的。提出孩子想要回答的问题。甚至还可以附上写好地址、贴上了邮票的信封，鼓励孩子回信。

- 父母可以早一点教孩子写信，开始的时候，鼓励他们说几句话，家长代替他们写下来。从答谢开始是非常不错的选择。孩子可以选择写便条，

[①] 美国女作家，"彼得兔"系列故事的创作者。

也可以画一幅画。孩子还小的时候，就给孩子提供他们自己写信的地方和纸笔。

- 一定要有同理心。写信的时候，心里要想着对方的感受，这样可以避免写出冒犯对方或让对方误解的话。但有时候，尽管你注意了，还是会产生误解。如果数周之后你都没有收到回复，可以寄去便条或信件，轻松地或幽默地问一下："是不是我说了什么？"或者"你的回信肯定是迷路了"。

- 给自己家里的人写一封信，甚至一张便条，会非常特别：来一封信，平静地讲一讲对某个冲突的感受；配偶要出门一趟，在对方的行李里塞上一张爱的便条；或者在枕头下面塞上一张"我爱你"的小纸条。在孩子下午要考试，忐忑不安的时候，如果你能在孩子的午餐盒里放上一张"你会做得很好"的小纸条，会对孩子很有帮助。

- 对方不在家的时候，比如说：亲友因为工作原因，延期在外；对方在驻守海外的军队里；或孩子在夏令营，这时邮件就显得更为重要。要有同理心，不要用情绪化的语言，过度地让对方想家或难过。要体贴，要欢快。

- 对方久病不愈，或者对方拿到了不好的诊断结果，或愈后状况不佳，写信的时候就要格外留意。找到与病人关系亲近的人，询问一下病人的感受和病情，在写信的时候注意这些情况。如果不知道情况，最好写得简单点，就说自己听到消息很担心，想要帮忙（不是那种说说而已的帮忙。提及你知道的可能有帮助的事情，提出你可以执行的方式。也可以提出你愿意继续了解病人的需求）。如果可以，在信中可以写上对方一些积极的事情，也许是对方的成就、个性、对于别人的重要性、对某项事业的贡献，或珍贵的品质。结束语要尽可能地积极。

- 私人信件中含有遗嘱的内容，或关于医疗或临终护理的内容是具有法律效应的。比如说，在你的信中，你说想要把自己的瓷器送给侄女，那你的侄女将合法继承你的瓷器。如果你在信中把自己的医疗授权给了成年的子女或成年人，也是具有法律效应的。可以利用私人信件把医疗的事情托付给另一个成年人。如果你在外地并把孩子托付给别人照顾，你可以写一封私人信件，在上面说清楚。"兹证明我委托［照顾者的姓名］，在我不在期间，如果我的女儿/儿子遇到医疗紧急情况需要处理，他/她有权代表我进行处理。"在信上签上你的名字，说明你和孩子的父子或母子关系。如果你是年老亲戚的法律监护人，这位老人不想在自然死亡过程中（失去心跳，或没有了呼吸）被人为地延长生命，那你就要写一封信，说明这一点，并且附上一条"不要心肺复苏"的指令，签上你的姓名，注明"法律监护人"。请咨询当地的法律顾问，确保了解当地的合法程序。

模板

- 培养出私人信件和便条的鲜明个人风格。
- 选择同系列的信笺纸和便笺卡，建立视觉上的延展性。
- 你可能会用到较为正式的表达，例如与新的姻亲进行私人通信的时候，但还是要写得像在与对方交谈一样。

句子

今天到你家拜访，看到小狗狗，它们真是太好玩了。

我刚读完了一本好书，觉得你也会喜欢。

昨天晚上，我在医学频道看到一个非常精彩的特别节目，其中的内容你肯定也会想要了解。

你喜欢的那道汤，用的就是这个食谱。

我打开邮箱，看到一个象牙色的信封，上面是你的笔迹，这种感觉真好。

这都成惯例了，我们早餐、午餐和晚餐都在谈论你。

这个时候，想必你已经搬进新家，整理好了东西，开始了东海岸的新生活。

后天，你的手术就要开始了，我送上特别的祝福。

我知道，不能行动之后的复健是非常艰难的一件事情，我有几句话想讲给你听一听。

有件事情，你肯定非常想知道。

段落

这一天真是开心极了！星期六，黛西从军队回来了。我们时时刻刻都盯着她看，我们太开心了，她回来了，健健康康地回来了。

我对那个系列讲座班做了调查。之前你问我，值不值得在里面投入时间和金钱？如果你房地产法方面比较薄弱，我觉得这个讲座班很值得去学。

你绝对不想错过今年的团聚。今天，以前我们班上的"学霸"都说要来。现在报名的人有……

无家可归的人需要的那些物品，我已经列好了一张表。这张表下面，是我们已经收到的物品的列表。看一下你的衣柜和杂物间，有没有不用的东西，如果有，就请给我打电话吧。

离开家已经16天5小时9分钟，可是谁在意呢？又没有人叫："妈咪，我的红色卫衣在哪里？""妈，他打我"或者"谁拿了我的棒球手套？"我为什么这么怀念这样的叫喊呢？

老爸，我要给你汇报一下我钓鱼的收获。不知道你忘了没有，上次你挑战我，说看我能不能超过你和爷爷去华特托钓鱼时你创造的家庭最高纪录。我钓的有：大嘴鲈鱼，13条；大眼鱼，17条；白斑狗鱼，28条。我在想，等某人（我）回家了，也许有人（可能就是你哦）要欠某人（可能就是我哦）一条新的钓鱼竿啦。我还要钓七天的鱼，想想吧，到时候某人（我）一共能钓多少鱼？

改，改，改

写好信之后，不要着急寄出去。检查一下，确定没有错字和语法错误，确定表达清楚，没有漏掉什么东西。对于很多收信人而言，你的信涂涂抹抹，也没什么关系，可你本人还是想寄出一封干干净净的信件的吧。

交流募捐活动的想法

亲爱的莉兹：

谢谢你自愿参加今年的募捐活动。我发现，自己并没有什么新点子，本来还以为我会有呢。我没想到几个点子，其中之一就是在美食晚宴之前，来一个捐赠品的无声拍卖会，请上二十来个名人，捐赠一份"共进午餐"的抽奖券，发给出价最高的竞拍者。或者，我们可以发彩券，抽出中奖者。

你是我的秘密智囊，如果你能开动一下你的王者头脑，看看有什么点子，并告诉我你的想法，我会非常感激的。我知道你有无穷的创造力，迫不及待想要知道你的想法。

我需要在15日向委员会报告。下周我们约着一起午餐，来个头脑风暴怎么样？

忠诚的，

乔贝丝

解决家庭裂缝

亲爱的乔迪：

有一件事情，事关家里人之间的罅隙，我觉得我们能够解决。我觉得最好的处理办法就是给你写信，听听你的意见，然后一起合作。事情是这样的，你知道，最近我父母跟你父母疏远了。他们的关系一直都很好，有30年了，这次出现裂痕，大家都不知道是为什么，如果我不是上个星期知道的，这件事可能会一直是个谜团。

听上去也许难以理解，因为一模一样的原因，我父母与阿尼姨夫和苏珊姨妈也疏远了。在去年数次的家庭聚会中，你的父母，还有阿尼姨夫和苏珊姨妈多次问到我的哥哥山姆。乔迪，这对我父母来说是非常痛苦的事情，因为山姆已经和家里断了联系，我们一点儿他的消息都没有。

上一次也是这样。妈妈说，四位亲戚不断地提到山姆，逼问我父母各种细节问题，问他们为什么没有山姆的消息。这样问的结果，很不幸，就是我爸爸觉得你父母，还有阿尼姨夫和苏珊姨妈过分了，或者是故意想要伤害人，想要他和我母亲痛苦。

我已经给我父母说了，我认为这些问题完全是出于关心。我父母说，我又不在场，没有听到他们提问，所以不知道（当然了，我的确是不在场）。

我的建议就是：如果你愿意，请跟你的父母谈谈。我也要给阿尼姨夫和苏珊姨妈写信，请他们给我父母写信。如果可以的话，我想请他们向我父母解释一下，就说他们没有故意想要我父母难堪，以后不会再提这个痛苦的话题。

我希望这样能够重建我们双方父母之间珍贵的关系，还有与阿尼姨夫和苏珊姨妈的关系。希望你们不要认为我是好管闲事，我是给我父母说了我要写信的，我只是不想家里人之间的裂痕就这样持续下去。

谢谢你，乔迪。如果你还有什么建议或问题，一定要跟我联系。我希望下一次团聚的时候，所有人都能聚在一起，再一次成为一个幸福的大家庭，父亲们分享钓鱼和打猎的故事，妈妈们一起回忆小时候住在大城市的生活。

爱你的，

苏珊

回复年级聚会的邀请

亲爱的苏·埃伦:

　　看到你发布的班级十年聚会的公告，真是惊喜呀。十年前，249个粉嘟嘟脸颊、幼稚的、18岁的我们选你当年级聚会秘书。高中毕业的前一天，我怀疑当时的自己对"遥远"未来的聚会是没有兴趣的。但是，现在我对聚会太有感了，所以我就着急表示"要参加"，我要登记，还要提供支票。

　　你的大学教职那么出色，你的音乐事业扶摇直上，我迫不及待想要听你讲讲这些故事。你建议，在聚会前，先在网页上分享各自的消息，我举双手赞成，我会分享的。也许我们"合调"的老成员应该再次上演高年级春季音乐会表演的曲目。你觉得怎么样？算我一个哦。

祝好，

玛丽·戴尔

恭喜加入小联盟

亲爱的兰迪:

　　宣布你加入小联盟的时候，你的母亲脸上全是骄傲。当然了，我们都对你满怀希望，希望你能成为我们家族第一个穿上大联盟队服的人。我知道你听说过这些故事（听得梦里都能背出来），但我觉得你肯定没看过威尔舅舅1933年在小联盟的照片。事实上，我觉得大家都不知道有这张照片。我也是刚刚在图书馆找到的，还有几个关于这个队的故事。我把复印件附在信封里寄给你了。

　　我要指出来的是，我是第一个发现你天赋的星探。还记得吗，家庭聚会，大家一起打棒球时，我总是第一个挑选上你!

　　等着你上场的那一天，我们肯定要抱着电视、抓着报纸不放，等你的消息。不过，我们也不用担心错过消息，有你妈妈在，哪里需要担心呢。

　　祝贺你! 孩子，我们都是你这一队的。

爱你的，

贝亚姨妈

你要的信息

亲爱的安娜:

　　我给你寄来了你问我要的名片。很高兴在贝尔斯一家的招待会上认识你。你提到的那个选题，应该询问资深编辑卡莉·里根，她负责生活方式这个领域。你可以发电子邮件咨询她。我跟她一起工作过，她是一位有能力，有经验的编辑。

　　如果你想进一步了解《辛普森一家》在寻找什么新点子，可以看一下www.simpsons.com上面的编辑计划。

祝好，

金杰

手术后消息更新

亲爱的家人和朋友：

感谢你们寄来的卡片、电子邮件，打来的电话，还有各种的关心。这封信是群发，等我有机会，再坐下来一一给大家回复。

杰克的手术还可以，我们现在都在等术后的检验报告，看恶性肿瘤有没有全部切除。

昨天，大家也都知道的，我们并不太好过。杰克病得厉害，我们心里最大的压力就是等待，等待看能不能做手术，什么时候能做手术。

此刻，也没有什么别的消息告诉大家了，但是一有消息，我就会通知大家的。我建了一个电邮列表，如果有消息，我就会给大家发过来。

请大家一直给杰克写信，发消息。看到大家关心他，他的精神会好一些。

祝好，

詹娜（jenna@email.com）

（参看第十一章"表达欣赏或感激"；第七章"慰问"；第四章"祝贺"；第十章"邀请"和第十二章"答谢"。）

第十五章

情　书

　　什么是最甜蜜、最靠近我们心灵的想法？难道不是期待特别的人儿给我们写来的情书吗？情书让我们心跳加快，脸上泛起红晕，阳光更加明媚。情书有其特别之处，有语音信息、电邮信息都无法传递的东西，它是一份实实在在的爱的证据，你可以紧紧抱在怀里，可以反复阅读，可以看了又看，可以保存，这可是那个特别的人儿的字迹。

　　手写情书的魅力永存。

　　当然了，内容决定一切。要想用情书来表达你心中的感受，你的情书只能有一个目标，就是那位收信人。直接也好，间接也罢，你的情书就要写对方，写对方的善良，对方的勇敢、对方的好模样、对方的口才。其次，你要表达你对收信人的感情，你对未来共同生活的期望。

准备工作

- 一开始，聚焦对方。你喜欢的是谁，你喜欢的是什么，你为什么喜欢对方，你什么时候开始喜欢对方，对方的什么方面让你开始喜欢对方？你可以间接地表达这些内容，比如说，你爱的人给了你什么样的感觉，你特别爱对方什么，是什么吸引了你。

- 在笔记本上随意写下词语和短句。情书笔记本是个好点子，可以让你反反复复地查看。

- 看一看伟大诗人的诗句，或者大作家的作品，找一找灵感，看一看如何用美的语言来表达情感。可以看看伊丽莎白·巴瑞特·勃朗宁、拜伦爵士、亨利·华兹华斯·朗费罗、威廉·莎士比亚写作的诗歌，或者读一读《圣经》。到处都有资源。甚至一些伟大的领导者都写过非常不错的情书。可以看一看约翰·亚当斯和阿比盖尔·亚当斯夫妇、温斯顿·丘吉尔和克莱门汀·丘吉尔夫妇的情书。这份名单上可以有很多人，他们的情书非常有启发性。如果你引用了一段诗文，要说明出处，这样做总是得体的，可以为你和你爱的人开启美丽的情书之旅。

- 表达自己的时候，用比较，也用对比；用隐喻，也用明喻。明喻就是用"像"或者"好像"，把两个不相关的词做比较，比如："你的微笑就像阳光"；"你的声音就像哈雷·戴维森摩托车的轰鸣声，浑厚有力"；"就像羽绒一样柔软"；"就像低声细语一样微妙"；"就像紫罗兰一样甜蜜"。暗喻就是用了一个词语或短句，但真正的意思跟字面的意思不一样，不出现"像"这样的词汇，比如："你给我的灵魂带来了一股镭射激光"；"你是我冰山之心上的热度"。想出你自己的比喻，也许从你们俩共同的经历中寻找，会让你的情书更为有趣，更特别。

内容要求

- 用昵称开头，定下基调。用那些只有你会用来称呼对方的称谓，比如说："我最亲爱的妮子……；甜心……；宝贝儿……；熊熊……"
- 当你意识到情书可以像你们俩的对话一样开始时，写情书这件事对你而言一点都不难。或者你们上次见面说到哪儿了，也许就可以从那儿开头："上次我说到……"或者，可以采用意识流的方式："一到图书馆，我立刻满脑子都是我们之前……"
- 谈论共同的过去是好的；展望未来也是好的。既有过去，又有未来，有助于增强你们爱的纽带。
- 情书有些传统的内容，也许你也想写一写：与对方相爱是什么样的感觉？什么时候，在哪里，你第一次认识到对方是你完美的灵魂伴侣？对方有些什么样的小癖好是你非常喜欢的？对方在哪些地方最触动你？什么时候你想对方，如何想念，为什么想念？你在写信的时候，觉得对方在做什么呢？你觉得对方怎么样呢？你为什么欣赏对方，是怎么欣赏对方的？这些都是情书的好材料。要写得具体入微。

- 把你们谈话时冒出的各种观点、想法，在信中深思一下，拓展一下，进行分享，也是很不错的内容。这是双方互相了解、彼此理解的方式。
- 一次采访中，琼·狄迪恩在谈论她的《奇想之年》一书时说，她需要写出来，才能确定自己真实的感受。你会发现，写情书，真是一次奇妙的自我发现之旅。仅此一个理由，写情书就是一种奇妙的艺术。
- 在情书中用上你们经常用的短语和特别的词语，这是属于你们的情人代码。每次的情书都应有固定节目，比如说："我如何爱你？是的，还有另一种方式……"
- 一气呵成。第一次写的是草稿，所以就在你的爱情笔记本上写。一旦开头，就不要停下来，一直写到把想说的话都说完为止。不要停下来检查或修改；就这样一气呵成，把心里的话都说出来。
- 写情书要用说话的语气，让对方看到你的情书，就像听到你在说话一样，这样效果会更好。写好后，读出来，听一听。这是你吗？
- 检查内容，改，再改，也许还要重新写。要做到句子结构有变化，感情张弛有度，语气也有变化，这样情书才生动有趣。甚至可以稍微自嘲一下，这样行文会更加生动。
- 改到自己满意了，你就可以誊写了，这就是你的情书。
- 让你的情书自己待一会儿。晚上看起来还精彩绝伦的情书，到了早上也许就显得不怎么样了。放一放，然后再次阅读，看看写的内容是不是自己想说的，方式对不对。

注意事项

- 幽默不容易，即使情侣之间也是如此。确保信中的幽默是双方都能欣赏的。那种会让对方认为是在取笑自己的内容要删掉。交谈之中，这样的内容也许可以一笑而过，但写下来分量就重了许多。
- 这一点也许没有必要提醒大家，但还是说一下吧：不要把对方和自己的前任相比较。这是爱情的毒药。想要对方嫉妒，也是毒药。这的确是可以让对方提起兴趣，但不能增进长久的爱情关系。
- 爱意小纸条也是非常不错的，可以只写短短的三个字：我爱你。这样的内容可以就写在便利贴上，贴在浴室的镜子上。但是，情书最好篇幅长一些，内容要饱满。这种时候，写得长，就是最好的选择。

- 情书也可能会被当众读出来，不要写那种会让你逊色的内容。即使是情书也可能落到别人的手里，或被公之于众。

- 避免会引起争论的话题。写信的时候，引入一个想法，进行讨论，这没问题，但是讨论一定要及时，以避免误会，或加重你们关系断层上的裂痕。

- 不要用电邮发送情书。不仅仅因为电邮这种形式严重地削减了情书这种信函的艺术性、魅力和美。不要忘了，电邮并不是很私人化的空间，很多人都觉得电邮发情书不太合适。

特别情况

- 随着约会网站的出现，最初交换信息的时候要格外小心，这种交流，至少在最初的一段时间内，都是用电邮进行的。要慢慢发展。兴趣是什么，有没有共同的观点、价值观，这些都可以慢慢探索，你们有的是时间。"匹配"的意思就是电脑基于类似的爱好，也许还有一些相同的价值观，将你们选择在了一起，如果从"匹配"开始就着急写情书，你也许就失去了了解彼此的探索之旅。给你不怎么了解（或你觉得很了解）的人写情话，会有各种各样的不良后果。

- 告白情书也是如此。按照传统，这是男人的领域，但现在女人也同样参与了这一冒险游戏。如果你不想被对方断然拒绝，那你就要肯定对方也有相同的感受，然后再写告白情书。

- 生活中还有很多时候都可以给别人写充满爱意的特别信件，来传递爱。比如说，在情人节，或在有特殊意义的日子里，给自己的小侄女，孙女、孙子写一封充满爱意、回忆共同经历的往事的信件，对方会珍惜这样的信件。把写信变成一种惯例，给你生命中的人送上这一特别的礼物。

模板

- 鲜明的自我写作风格是建立个人情书特点的好方法。信封上写地址的方式，特别的纪念邮票，这些都能成为你个人风格的一部分。看到这些特征，别人就知道这是你写的信。

- 使用有个人特色的信笺纸，也是打动别人的细微之处。大家都会保留、珍藏收到的情书，因此挑选信笺的时候，就体现出你的心意，这一点给人的感觉会非常好。如果所有的情书都用一样大小、材质和颜色的信笺，保存起来也要容易得多。

用词

爱情	不可估量	出类拔萃	胆大
点亮	顶峰	独一无二	感情
回忆	惊讶	精致优雅	绝妙
慷慨	可爱	可心	快乐
满足	美好	美丽	美妙
梦想	难忘	漂亮	奇妙
前景	惹人爱	热情	神秘
天堂	甜蜜	完美	无比的
无限的	喜悦	心愿	欣赏
欣喜若狂	信任	幸福	英俊
永不消逝的	永恒	永远	愉悦
赞美	珍贵	珍贵	珍视
钟爱	最亲爱的	最甜蜜	庆祝

短句

等不及	等待了很久的
经常梦到	就像是春日的早晨那般和煦温暖
渴望听到	快乐的感觉
没有一处不可爱	美丽的双眸
你纯洁无瑕	你让我感到仰慕
你让我惊讶不已	你是我的
你是最好的	奇妙的时刻

我内心的渴望　　　　　　我在期待……

喜悦不期而至　　　　　　想到你

想念你　　　　　　　　　想象我们在一起的日子

像承诺那样甜蜜　　　　　幸福的时刻

真是妙不可言

句子

你就是我想象中爱情的模样。

你对我而言，无比珍贵。

这份幸福比我想象的还要好。

我就是喜欢你的各种奇思妙想，就是缺点我也喜欢。

我当然不同意你的观点。难道这不是我们关系的美妙之处吗？

你知道我对你深深的仰慕之情。

因为有你，我再也没有别的祈求。

从我们相见的那一刻开始，我就知道，我们注定要在一起。

所有的星期六，我们都会在一起度过，不是吗？

你真是个妙人儿！

给我写信吧，把你的心意告诉我。

星期二，我们一起仰望星空，这样的时刻会永远珍藏在我心中。

你不仅是个可人儿，还是个超级魔法师。

你知道吗，你把我宠坏了，如果没有了你，我就不知道什么是幸福。

你是我混乱中的秩序；阳刚中的阴柔；灵魂里的音乐。

段落

以前有个非常无趣的男孩，名叫杰克。但他不知道自己无趣。事实上，他觉得自己很能干、妙趣横生，而且走在正轨上。他去过很多地方，重要的，有趣的；他本来还要去新的地方，直到遇到了如此可爱的你，你摧毁了杰克孤独的世界。

继续我们上次说到的：我爱你，因为你是我见过的最体贴的人。就因为她知道我把自己的咸味酱忘在了澳大利亚的酒店里，就给我的办公室送了一罐来，还有谁会这样做呢？（当然了，我的爱，你知道我不喜欢咸味酱，但是这不是关键所在。）

让我们商量一下，以后道别的时候，我们之间不要有悬而未决的难听话，好不好？我非常爱你。我喜欢我们这种盎然的讨论，也特别欣赏你自信的观点。我们俩生活在一起，绝对不会无聊死板。多好呀！

你写给我的信，都非常珍贵。没错，我也喜欢收到你发的消息，还有搞笑的电邮，但只有信中才充满了爱意和关心，还有你想出来的那些小故事。我真是非常宝贝这些信，特地找了一个地方来保存这些信，每一封都保存。

我整天都想着你，美好的你。每天早上，醒过来，第一个想到的就是你，整整一天，你都在我心中，晚上入睡，我最后想到的也是你。在我的世界里，太阳随着你升起，随着你落下，我这样说准确吗？我亲爱的人儿，我觉得就是这样的呢。

听说会议进行得很顺利，而且项目的速度也比预计的要快，我特别高兴。我可不可以这样想，一切都这么顺利，你是不是可以早点回到我身边呢？多么甜蜜的念头呀！这就是我的希望呢。

改，改，改

虽然爱你的人在很多事情上都愿意原谅你，但写情书的时候，一定要清楚、完整地表达出你心里的感受。

心爱的：

是的，我要在这里陪我母亲一段时间，直到她恢复为止。我当然爱我的母亲，想要陪伴她，但想到接下来几周的时间要跟你分开，就觉得非常痛苦。也许趁着这段时间，我们可以给对方写长长的情书来诉说我们的心声。我先写。

昨天我非常想念你，我走在医院的走廊里，想象自己在跟你聊天。我们聊得很开心，真的。是的，我听见你对我说，现在我需要跟我母亲在一起，好好地照顾她，之前我离开的时候，你就是这样说的。你真的非常有爱心，非常理解人，我的爱。非常，非常贴心。

如果你在这里就好了，你非常实干，井然有序，跟医生交流起来该多好。我非常、非常想你，这话我有没有说过？嗯，是的，等我了解了所有的情况，我就给你打电话，商量下一步该怎么走。

送上我所有的爱，
克洛伊

嗨，宝贝：

我们在一起的时候，我觉得舌头完全不听我使唤。只要跟你在一起，我就语无伦次。我非常爱你。我在信中说了出来，可当面的时候，我就说不出来了。无论是白天还是黑夜，你都萦绕在我的梦中。

你是我见过的最大度的人。也是最有耐心、最善良、最有趣、最棒的人，你所有的品质，我都非常欣赏。一辈子的梦都是和你在一起。

吻你，
我

甜心：

没有你，真是太孤单了。赶快回来。我爱你。
眼圈都哭红的情人

第三部分

找工作

清楚、明白的陈述，就是最有力的论证。

——英国谚语

第十六章
建立人际关系网

建立人际关系网是一个逐渐与他人建立联系的过程。你认识的某个人帮你联系上你不认识的一个人，这样你和新联系人就能互换消息。在找工作的时候，人际关系网能让你有很大的优势，得到特定职位的求职机会。成功的人际关系网是互惠的：你为别人提供信息和联系其他人，对方（或其他人）也会为你这样做。要想这套体系运转到最佳状态，那就把这一点当成宇宙定律：传递下去。或者借用圣经中的概念：把粮食洒在水面上①。往往你会收获大量的花生酱和果冻！大度地给予某人，某人也会慷慨地回赠你。

关于人际关系网，你需要了解几个要点：1.最好是出于友谊和专业性的前提；2.要积极，要愿意帮忙；3.最好尽量多给对方信息；4.大家通常认为，大部分成功获得工作的案例都与建立人际联系有关。5.如果你创建了一套资源体系，而且有办法与联系人保持接触，建立人际联系就要容易得多。

当你知道自己以后要花精力找新工作的时候，第一步就是要磨砺自己建立人际关系网的能力——而且要提前很久开始。磨砺自己建立人际关系网的能力，紧跟自己职业领域中的信息、技术和经验变化，这两者同样重要。好消息是，现在我们有了社交网络、专门网站还有电子邮件，处在即时通信的时代，建立人际关系网是前所未有地容易。

接下来你要做的是写一封行之有效的信件（可以通过电邮发送）来建立联系。如果你是为了一份工作来介绍作为竞选人的自己，那这封信既是介绍自己，又是推销自己。应该体现出你最有说服力的文字能力。信件的用途是为了获取工作岗

---

① 源自《圣经》："要把你的粮食撒在水面上，因为日久你必得回。"

位，甚至是为自己创造出工作岗位，必须用干净利落的文字描述你的能力，来吸引对方更多地了解你。在现在的工作文化中，雇佣关系变动非常大，更加凸显出这类信件的作用。

写信建立人际关系网是求职战役中关键的一部分，但是发给谁呢？仔细筛选出想要求职的公司，找到具体负责的个人，信件就发给他们。这是找工作最积极、最有效、最节约时间的方法。很多情况下，都可以发送电子邮件。

不要附上自己的简历，但在结尾处，可以请求对方进行试探面试或信息性面试。如果你采取了邮寄信件的方式，要附上写好地址、贴好邮票的信封，或附上自己的电邮地址，增加收到回复的概率。

如果发出信件四周之后都没有收到回复，可以发送一封稍微不同的联系信件给同一位行政人员，或从同一公司中精心选出另一位行政人员来发送信件。回复的概率并不会因为这是第二次发送的邮件而降低。

成熟的专业人士使用此类信件建立联系的成功率最高。除了在所在领域寻找工作时使用此类信件来建立联系，还可以在新领域寻找你的用武之地。

应用范围

以下情况可以发送此类信件：

- 在所在职业领域请求面试的机会
- 调查职业变动的可能性
- 收集工作或职业信息
- 在公司内部，获得一部分人的注意
- 如果第一封信没有回音，继续跟进来获得招聘人员（或猎头）的注意力

调查

应该从你认识的人开始建立人际关系网。私人和职业伙伴可以帮助你确定要联系的机构和关键人物。

最常见的起点还是学校和大学朋友，以及专业协会的会员伙伴。现在，进行调查来找到合适的人，是前所未有的容易。网上的信息非常丰富，不用走出办公

室，你就可以轻轻松松地建立人际关系网。请搜寻以下信息：

- 公司列表
- 大学网站
- 专业和行业名录
- 网上招聘公告
- 协会网站
- 招聘启事网站
- 在线搜索引擎
- 报纸广告和文章
- 黄页（在发送信件建立人际关系网之前，先打个电话，个人接触一下）
- 招聘人员（猎头）

内容要求

要让对方想更多地了解你，让对方在你身上看到某种素质，这种素质能够解决对方此刻所面临的问题。任何一家公司，无论运行得多么好，都会遇到一个又一个的问题。你的信件中必须包括你的实际成就和你解决过的问题。以下是写信的一些基本准则：

- 尽量多用动词，少用名词。
- 陈述要有分量。
- 要具体，不要泛泛而谈。记住，你想要的是一个具体的职位。
- 把信寄给那些有人事权的人：公司总裁、首席运营官、首席执行官，或相应部门的主管。记住：从上到下办事容易，从下到上办事难。

具体说来，建立人际关系网的信件有两种开头的方式：一种以论题开头，另一种以成就开头。

论题开头

论题开头利用的是当前的趋势、时事和行业需求。这种情况下，时机和局势就非常重要，这样的开头是很难写的。然而，如果运用得当，这样的开头效果惊人。

如果新视野航空公司正要为野生动物广告购买长时段的电视播出时间，而你在这方面有大量专业经验，你就可以这样开头：

> 作为 sweetie account 的广告导演，我上周在内罗比录制凶猛的犀牛。这次宣传活动耗资 3,620 万美元，制作的各个过程都由我负责。

另一个例子：

> 我觉得日本制造的很多做法都应该在这个国家得到应用。我在日本工作、生活了五年，刚刚回来，现在家安在了达拉斯①。

以下开头的写信人是一位广告业务经理：

> 是的，哈利·史密斯是对的。我的确在佛罗里达州卖出了加利福尼亚的橙汁。

> 比尔·耶茨是错的。我没有在安克雷奇②卖蛋卷冰激凌。但是我的确卖了游泳衣和滑水橇。

成就开头

成就开头要比论题开头有用得多，原因就是这种开头的适应性更强。论题开头要有合适的时机和特别的条件，成就开头就容易得多，改一改简历就行。选择一个适用于这个场景或圈子的例子，如果你的圈子中有对方认识的人，你也可以加上这个人的姓名。例子如下：

> 山姆·埃弗特建议我与您联系，说您在找新的广告经理。我发布了孤星房产的新家广告，就是山姆的新社区，在广告的宣传下，每个周末的来访者都超过了 455 人。

---

① 美国城市。

② 美国阿拉斯加州中南部港市。

也许博比·博克瑟给您说过，之前，作为消费品的营销经理，我开创并执行了一条新营销政策，把销售额提高了32%。

简妮特·斯滕斯是我的助手，当时我管理着五个多媒体医学继续教育项目，最后的净利润比预期高出了24%。

在泰迪·格林的制造工厂，我是主计长和财务主管，我扭亏为盈，使工厂的税前净利润达到了销售额的21%。

第二个段落

在第二个段落，你就应该告诉对方你写信的目的：

简妮特觉得您所在的营销部门可能会用得上我的技能和经验。如果是这样，你也许会想进一步了解我的工作成绩。

或者，你可以在第二段过渡一下：

您所在的公司有可能会需要营销经理，或许会对我的经验有兴趣。

我得知您在寻找一位在住房建筑方面有培训技能、有经验，而且还有专业知识的营销经理。我在这方面正好有些工作成绩。

泰迪建议我与您联系，看您是否需要像我这种有经验的广告经理。

我得知您正在拓展市场，需要像我这样有经验和行业背景的人。

举例说明

现在就是举例说明的时刻。从简历中提取一两个，或两三个相关的简短例子，移植到这封信中。

信息量不要太大，点到为止。例子要非常突出，非常吸引眼球。

每句话不要太长，一个段落里最好只有几个句子。你要花时间编辑，但付出的时间绝对是值得的。也许你可以在信中点出自己毕业的院校，但不一定要写明自己的学位。如果要提及自己的毕业院校和学位，不要炫耀。比如说，你拿到了本国的顶级 MBA 学位，可以列出来。如果对方是你的校友，列出来。很多时候，这样的内容就是敲门砖。

结束语

写到最后，可以在收信人的权限内提出要求或提出建议。不要害羞。提出试探性或信息性面试的要求。表达要明确，比如说："我想要一个个人面试的机会，当面与您讨论一下我经历的细节。"

或者，"我会在星期四给您打电话，看到时候您是否有时间进行个人面试。"你要尽量确定一点：结束语应该是面试的开始。

再说一次，不要附上简历，结束时也不要提自己的简历。

注意事项

- 不要写这样的内容："……讨论一下您可能提供的职位。"这种内容会削弱这封信的作用。
- 不要提起简历。如果你提到了简历，对方就会要求你发送简历，你可能就因此失去了面试的机会。
- 不要写这样的句子：我想给您展示一下我将如何增加您的利润。一位局外者说这样的话，对方会觉得你很唐突。
- 不要提及自己接受过可能会影响你求职意向的具体培训。要提到自己的教育背景，这样通常能增加收信人对你的接受度。

自我宣传

- 建立联系人名单。记下联系人的信息，还有他们给你的回复。
- 联系人名字的拼写和当前的头衔一定要正确。
- 把你所有的联系人当成一个社区，跟他们保持联系。
- 每周都要发出新邮件。
- 直到你得到了新岗位，开始工作为止。

模板

- 信件应写在有个人抬头的信纸或信笺上。若你希望采取电子邮件的形式，获得对方的许可之后，也可以这样做。
- 发邮件的时候，主题栏要点出联系，比如"比尔·布莱的朋友"或"美国齿轮制造商协会的成员"。
- 信件看起来要赏心悦目。注意间距留白，使用着重号。

注意时机

- 第一次发出邮件的四周后，如果没有收到回复，再发送一份稍微不一样的邮件。
- 见面之后，一天之内就要跟进。

词语

成功	出售	创建	创立	改变	改造
改组	获得	激活	加倍	建立	解决
开创	可行	设计	首创	缩减	完成
修订	削减	演示	赢得	增加	展望
拯救	重组	阻止	组织		

短语

发现了削减成本的方法	建立了削减成本的措施
降低管理费用	降低了……的浪费
设计新产品	缩减了……的费用
挽救了公司	赢得了称赞
增加了……的利润	增加了……的销量
提高了……的产量	债务重组
展示了新的……	找到了解决方法

制定新计划	重新设计
重组部门	重组交易

句子

句子要有动感。尽可能把名词换成有力的动词。

仅一项无成本生产的改变，就减少了43%的浪费。

18个月的时间内，销售增加了一倍。

就任总工程师期间，我改善了X-123型号产品，设计了4个附件，拓展了该产品的市场。

段落

我想在面试的时候进一步介绍我的经历。下个星期三我会给您打电话，询问时间和地点。

我曾在瑞赫特公司任销售部经理，创建了一条新销售政策，在12个月之内，使销售额增加了18%。我希望能有机会与您讨论这一政策的细节问题。我们为新产品开发的广告非常有型，第一年就占领了23%的市场份额。

曾为本州最大的百货公司的部门经理，三年的时间里，我让成衣的销售量增加了一倍。利润比之前的平均水平高出了13%。

改，改，改

写完这封信后，把信放置一两天。再次审读的时候，你就能有一个新鲜的视角。可以找你尊敬的人帮你看一看，给出评价，然后你再写终稿。

第一次联系——为同事提供信息

主题：你需要的网络管理员信息

詹妮弗：

你好。

我要给你推荐一位优秀的网络管理员，她的名字是乔茜·贝尔斯，我请她为我的网页做改动。她动作很快，而且仔细倾听我的意见，在布局和创新方面都很有眼光，价格也非常合理：65美元/小时。

那次，我在欧洲找不到打印机，她甚至还帮我把出版计划打印出来，寄给了我的代理人，只是象征性地收了一点费用。

乔茜的网页是 www.rightaway.com；电邮是 josie@rightaway.com；电话是650-555-0123。我已经给乔茜说了，你可能会给她打电话。提我的名字就行。

祝好，

格蒂

第一次联系——提供工作机会

主题：经理职位空缺

亲爱的丽塔：

我在斯派克斯有个朋友叫丹·格罗弗尔，他要找像你这样精力充沛的销售人员。我知道你想要换个地方，我觉得这是一个理想的位置。

我自作主张给他们说了说你的能力（没有提名字，也没有说你在找工作），我告诉他，你做出了很大的成绩。我觉得他真的想跟你谈一谈。他的原话是："我就想找这种销售专业人士。"

如果你感兴趣，就给他打电话：503-555-0123。当然了，提我的名字就行。

祝好，

米莉

第一次联系——职位空缺

主题：你的下一个工作？

嗨，利兹：

上周开完会，回到办公室，我听大学的校长说，他要重组学生贷款部门。出于各方考虑，他想要一个像你这样的校外专业负责人。

我回复说，我正好在会议上和一个非常合适的人交谈过，我就想问一问你有没有兴趣。

他想跟你谈谈。

如果有兴趣，请给他发邮件到 sml@phillips.edu，在主题栏写上我的名字。当然了，我没有提你的名字，也没有给出任何细节，我只是说，我自己认为你非常胜任他正考虑的重组工作。

如果可以，就告诉我一声，今天下午我在。

祝好，

罗丝

跟进信件——见面之后

亲爱的阿尔伯特先生：

昨天在MMA会议，虽然时间很短，但很高兴能与您交谈。现在，我把我们的谈话扼要整理如下，就是关于我在克里特斯制造工作四年的情况：

· 作为销售经理，我在18个月之内将销售提高了42%。

· 曾在一年之内推出了3个新产品，第一年的销售额达到了420万美元。

· 招聘、培训了25位销售人员，一年之内，他们的成绩都达到了优异。

我毕业于沃顿商学院，专业是销售管理和市场营销。我非常希望能得到面试的机会，与您面谈我工作经历中的其他细节。我还有些想法，运行得非常好，与我们讨论过的情况很类似。我星期四上午给您的办公室打电话，希望能安排下时间。

真挚的，

黛西·L.斯拉格

寻求公共关系职位

主题:《创意》招聘广告

亲爱的巴克先生:

我刚刚看到你们在《创意》杂志上的招聘,得知您想要寻找新的创意人员。我认为自己符合您的要求:

·我创建的部门得到了85%员工的支持。

·我从6个不同的部门招人组成新的团队,对他们进行培训、激励,卓有成效。

·我开发、执行了一项社区关系项目,获得了国家的承认。

·主持了一项部门计划,部门费用减少了22%,生产效率提高了17%。

您在寻找一位有革新精神、有创意、高效的公共关系管理人员,而我也恰恰在寻找一个有成长空间的机会。我很想和您进一步讨论其中的可能性。这个星期的晚些时候,我会给您打电话,希望能定下见面时间。

您真挚的,

达玛尔·Q. 泰勒

寻求销售经理的职位

鲁本·斯滕伯格先生,总裁

亲爱的斯滕伯格先生:

伦恩·莱塞先生建议我跟您联系销售经理这一职位。作为全国销售经理,我提升了雷默科32%的销售量,而这一行业一年的增长率为4%。如果您的公司有增长需求,或许您会对我的方法有兴趣。我还设计了一份多元化的计划,执行之后:

·将5个销售区合并成了2个。

·人力成本削减了17%。

·利润增加了22%。

为了做到这一步,我招募、发展了专业销售人员的顶级团队,制定了销售激励项目,大大地提高了两个产品线的销售——增加了19%。过去五年的时间里,我们有四年都获得了全国销售协会的"顶级员工"称号。

我有几个想法,可能会对贵公司有用,希望能与您谈一谈。下个星期四,我给您办公室打电话,希望能安排下时间。

诚挚的,

卡尔文·R. 克莱门茨

寻找开辟市场职位

让尼娜·特朗普女士,总裁

亲爱的特朗普女士:

我刚从杜克大学毕业,专业是市场营销,获得了优等毕业生的称号。我是第一位拿到年度优秀学生奖的非洲裔美国人。也许您的市场部门正好需要我这样有热情、有能力的人。我有四年的工作经历,之后回到校园完成了最后一年的学业。在这四年中,我:

· 组织了广告直邮销售活动,发出了2,000多万份邮件和宣传册,得到了11%的回复率。

· 完成了市场研究、销售预测和出售服务,得到了50多万美元。

· 为一款新上市的矿泉水设计了促销宣传计划,这一计划在23个州的范围建立了销售分配点,获得了67%的商标承认率。

我希望与您面谈我的教育和工作经历。下个星期我给您打电话,希望能安排下见面的时间和地点。

诚挚的,

朱丽叶·S. 格斯特

寻求会计职位

托德·瑞德先生，总裁

亲爱的托德·瑞德先生：

拉里·格里夫斯是我的老朋友，他在监狱工作。他建议我跟您联系。作为公共会计师，我在道斯监狱共进行专业审计37次，负责查看账簿、费用和监狱的管理记录。以同样的身份，我在布林德精神病院也审计过几十次。

拉里说，贵公司可能需要一位经验丰富的多元化专业人士来承担会计的职责。如果是这种情况，您可能会对我的背景和成就感兴趣。

我为以下机构进行过普通审计工作：

· 24个政府机构

· 76个企业

· 53个工业制造商

· 超过135个公共和私人机构

我还设计过会计系统，这一系统已成为全州的模板，应用于马利克县的各个小镇。我很希望能获得与您面谈的机会，谈谈我的技能将给公司带来什么好处。下周我给您打电话，希望能安排下见面的时间。

真诚的，

杰米·S. 斯莫尔

寻找销售经理的职位

巴克·罗杰斯先生，总裁

亲爱的罗杰斯先生：

我刚得知您计划制备一条高端家居的生产线，我很想与您谈一谈我在这一领域的经历。

· 作为中西部一个小型精品家居生产商的销售经理，我在两年内将销售额提高了225%。

· 管理22人的销售团队，我还增加了两位经销商和一位生产商代表，把销售扩展到了42个州。

· 我建立、发展了存货程序，降低了16%的存货。

4月10日，我要到哥伦布参加全国家具大会，希望我们能聚在一起，讨论一下。下周我跟您联系，希望能定下见面的时间和地点。

诚挚的，

弗雷德里卡·R. 芬克

寻求工程师职位

伊凡·普拉瑟副总裁，工程部

亲爱的普拉瑟先生：

作为总工程师，我提升了瑞安880型34%的兼容性，扩展了市场。机型改善之后，进入了高温和高负载的应用环境，而在改善之前，瑞安880型在这一领域的销售量为零。

我觉得雷姆斯伯格4,000型也有类似的应用潜力，希望能跟您谈一谈我在这方面的想法。下个星期我会给您的办公室打电话，希望能定下会面的时间和地点。

真挚的，

利迪娅·S. 斯奎斯

（参见第十八章"简历"；第十七章"简历附信"。）

第十七章

简历附信

简历附信是推销信——你写过的最重要的推销信件之一。

报告和提议的附信或送文函（参见第四十一章"附信"）就是所附内容的细目清单，但是，简历的附信有三个独特的功能：（1）博得对方的好感；（2）清楚明白地提出你想要申请的工作；（3）让对方有兴趣进一步看你的简历。

简历附信的目的就是让对方看你附上的简历，然后允许你面试。关注对方需要的一两项具体的技能，并突出你在工作领域的成就——有数据，就一定要写上数据。附信要简短。

该怎么写?

- 你想要的职位，由谁负责招聘？尽可能多地了解这个机构、招聘的职位和招聘人。信件就是写给招聘人的。如果可能，信可以写得个性化一些，显示出你做过调查。开头用"亲爱的先生""先生们"或"女士"并不好，你有很多方法可以找到对方的名字。最直接的方法之一，就是给这个机构打电话，询问招聘人的名字。

- 信件分为三、四个短段落：（1）第一段，陈述工作，介绍自己为合格的候选人，如果之前联系过，提及之前的联系；（2）第二段，突出你特别适合这一职位的经历和资格；（3）第三段为选择内容，可以提出建设性的想法；（4）最后一段，请求读信人考虑（如果可以，可以说自己想要联系对方并跟进邮件）。

- 开始考虑、起草信件，给每个段落填入细节内容。

- 一定要明确你寻求的工作岗位。
- 内容要有特别之处。传达出你的技能，甚至是你的个性，不要有套用模板的味道。
- 可以冒险。你必须告诉对方，为什么你特别合适这个岗位。描述一下你可以为这个机构带来什么样的价值。在描述自己的成绩和能力的时候，要让对方感到你是有用之才，但也要小心，不要夸夸其谈。
- 说话要专业。每个专业都有自己的文化和特有的语言。使用这种行业语言，但不要过度。使用行业语言的同时，也要让自己的措辞随和、友好。
- 句子要简短。
- 表现出活力和热情。
- 引导对方去看你的简历。比如，给信中的某个句子加点；简历中的相应部分也同样加点。
- 以何种方式、在什么时候、什么地点可以联系到你？要给出完整的信息。
- 花一点心思，有创意地吸引注意力。可以在附信和简历的角落加上一个有颜色的点或星形符号（但如果你在上面提到的建议中使用了同样的符号，就不要用了），或运用特别的设计，甚至可以用上视听展示（在行业文化允许的情况下）。但是，首要的还是可读性和清晰度，不要画蛇添足。
- 结尾要友好，表现出主动性，提出进一步联系的请求。询问可否与对方见面或对话，内容要明确具体，比如："下个星期我会到旧金山，希望到时候能与您见上一面。我想在星期四上午给您的办公室打电话，看您是否有时间在当天下午晚些时候与我简短地见面。"
- 信要短。一般都只有一页纸的内容。
- 修改，让内容更有分量。
- 重读，润色。文字要动听。
- 信的最后，可以考虑手写一句附言，请对方联系自己之类的。

注意事项

- 避免正式、干瘪、模糊的措辞。
- 使用行业的专业语言，以表示你是内行，但不要过度。

- 不要说个没完没了；要言简意赅。
- 不要泛泛而谈。信息要具体。
- 不要从你的简历上照抄句子。
- 如无必要，收信人不要写人力资源部或人事部门。
- 不要流露出傲慢自大的态度。写好之后，大声朗读，看流畅度和语气如何。
- 不要用被动语态；用主动语态。
- 信件里不要有任何错别字或打印错误；所有词句都要检查两到三遍。

特别情况

- 如果合适，就发送联系信件（参见第十六章"建立人际关系网"）。
- 每个具体岗位的简历附信和简历都应该量身定做。你的简历就好比是各种技能的工具箱，每个具体的岗位都需要从中拿出相对应的工具。有的放矢，你就会写出更好的信件和简历，效果也会更好。
- 如果你想要试探性面试，或此刻并没有空缺职位，这种情况下，作为初次交流的更好选择是发送联系信件或推荐信。第二步才用简历或简历附信，而且最好是用以见面后的跟进。
- 所有有用的技能都要写上，特别是在你处于长时间缺席职场，或者第一次找工作的情况下。志愿者活动、童子军的成绩、其他组织的成就、运动经历、其他方面的努力，都应该用上。
- 如果你还在职，同时在寻找新职位，在简历附信里一定要说明这一点，避免泄密。
- 如果你非常清楚对方职位的具体要求，你可以用一一对应的方法列出自己的资格。比如说，可以这样列表：

岗位要求	我的技能

- 给第三方、招聘者，或其他就业服务发送信件的时候，不用太正式。注意你要找的工作类型和你的资格。

- 如果对方要求填写申请表格，特别是使用电子邮件的情况下，对方不会接受简历和简历附信。这种情况下，你就应该按照要求填写表格，但你也可以通过电邮或平信给负责招聘的具体负责人寄出你的简历附信和简历（或两种方式同时采用）。

模板

- 间距或留白能给人带来愉快的印象，觉得你的信件简单易读。使用电子邮件时，要尽可能地把内容维持在一个屏幕能显示完全的长度之内。检查字数：12点字号，应不超过250个字。
- 要有创意。在竞争如此激烈的就业市场，你的信件要有特点，但仍要符合所在行业的要求。比如，艺术、广告、公共关系行业的自由度要大得多，而银行和出版业就要小些。
- 签名要有力而自信。
- 对方会首先看信件下方手写的附言，因此附言要写得清楚明白。好好利用这一点。
- 附信的纸张要好，要与简历的纸张相配。使用奶油色、象牙色，甚至是非常浅的其他颜色，你的信件很有可能会因此而醒目。但一定要用行业文化能接受的颜色。
- 选择看起来清楚、读起来轻松的字体，但也要符合行业要求。字体的复印效果要好，对方有可能会复印你的信件分发给其他人看。最小的字体不能小于10点，这样对方读起来才轻松。
- 周边留白要在1.25—1.5英寸之间，这样才赏心悦目。
- 如果行业文化可以接受，你可以在你的简历或附信上放一个红点或别的什么来吸引眼球。
- 在信封上手写地址和收信人姓名，可以增加对方读信的几率。

词语

尽量使用第一人称和现在时，多用动词，信息表达要清楚。

| 安排 | 安排日程 | 办理 | 保持 | 编程 |

采纳	策划	成功	成就	呈现
承担	创建	创新	创作	从事
促进	促使	促销	达成	代表
倒转	登记	订约	发行	发明
发送	发现	翻译	分类	分配
分析	分组	复活	复兴	复制
改革	改进	改善	改造	概括
赶超	更换设备	更新	巩固	构思
购买	雇佣	管理	恢复	击败
激励	计划	加倍	加强	坚持
监督	监控	检查	检修	减少
简化	建议	建造	奖励	接受
节制	解决问题	解开	解散	介绍
进行	进展	经营	精简	竞争
聚集	开发	开辟	开始	控制
扩大	扩建	了解面试	明示	派送
培训	批准	平衡	评定	评价
劝说	任命	设计	生产	胜过
实施	实现	适应	授权	私有化
索引	提高	提议	替代	挑选
调查	调节	调整	统一	推荐
推进	拓宽	完成	系统化	消除
校订	协商	协调	协助	修建
修整	削减	循环	赢得	应用
预期	原创	再充电	再创	增加
增至三倍	展示	招聘	整顿	整理
执行	指导	指定	指挥	仲裁
重编程序	重建	重启	重新设计	重组
专攻	转向	准备	组织	

短句

利用数据和具体的例子，清楚明白地说出你的成绩和技能。

完成了共计 8,000 小时时长的飞行，没有一次违规

制定了员工福利方案，满意率达到 94%

14 个月之内，执行了 25 项新标准

工厂的安全记录提高了 23%

生产效率提高了 15%

24 个月之内，利润增加了 34%

比竞争对手高出了 11%

在连续 5 个季度的销售中，在超过 55 名销售人员的努力下，销售额至少高出 19%

用 7 个月的时间，机构取得了资格认证

6 个月的时间内，减少了 22% 的浪费

撰写的报告得到了 89% 的正面评价

句子

请查看我在贝克公司展现出的熟练技巧：94% 的时间内，按时在预算内解决顾客问题，顾客满意率高。

我认为我的技能，特别是我在克里斯特尔公司展现出来的那些技能，能够解决贵公司生产上面临的危机。

在戈尔曼公司，我的获奖文案协助其销售额增加了 17 个百分点。

七年的时间里，我所有的项目都按时完成。

在我的监督之下，五个月的时间内，德明公司的生产增加了 18%，缺勤率降低了 22%。

五个月的时间内，我的团队修订了库存系统，减少了 23% 的库存管理费用。

我帮助克雷姆公司完成了转向，请您拿出 15 分钟的时间，我给您展示一下我用到的营销方式。

我有全面的管理能力，自 2008 年来，我就负责组织、管理格雷斯公司所

有的库存和货运业务。

我星期四给您的办公室打电话，希望能定下见面的安排。

我简历里有三件事情，您或许会想看一看。

希望能与您面谈一些具体的想法。

希望能有面试的机会让我进一步讲解我工作经历中的细节问题。我相信我的经验会给贵公司带来好处。

我看到贵公司刊登在《星期天邮报》上的招聘广告，我非常希望能有这样大展身手的挑战机会。

我已经做好了从副经理升职到经理的准备，希望能与您面谈为何我会这样认为。

希欧多尔·斯特金推荐我应聘您办公室经理一职。

我有扎实的电气工程背景和教育基础，同时还有获奖的设计。

段落

要言简意赅。你的信件最多只能有三四个段落。记住：短一些的信件，对方会先读，读起来也快。因为这一点，你更有可能给对方留下积极深刻的印象。

此前，我全权负责佩斯特公司法律部门的重组——这一部分在简历中突出显示了——展现了您所寻找的法律部门负责人所需要的技能。我希望能与您面谈我工作经历中的细节。

正如我的简历所示，我的市场营销能力能够提升科瑞克斯公司审计主任一职的价值。在布兰克公司任职期间，我负责预算事务，提高了公司的市场占额。

五个月的时间内，我让加图尔公司的间接成本降低了24%，我从中获得了独特的经验，做好了迎接贵公司运营经理一职挑战的万全准备。我在简历中详细列出了我曾担任的职务和负责的职责，请您查看。希望有机会与您面谈我的这一工作经历。

很高兴得知您正寻找在住宅建筑业方面有获奖经历的业务代表。我为客户设计出了最好的营销、广告和公共关系活动，获得过州、地区和全国范围的奖项（请参见简历中的标记部份）。我认为，我的方法也会帮助桑德斯公司设计出获奖的宣传活动，希望有机会与您面谈。

虽然我在公关文案的经验方面是轻量级选手（我的简历就是如此），但我在新想法、热情和实干能力方面却是重量级选手。

我的四个广告文案获得了学术奖项，其中一个是手机的广告文案。我希望能给您看一下我作品集当中的这些广告，可以占用您十分钟的时间吗？

十年来，我一直都在为部门主管这一职位做准备。希望能与您面谈一下我对担任护士主管的想法。

改，改，改

写好之后，把信放置一段时间，再做最后修改。这样你才能客观地审视你写下的内容，删去多余的词、短语和表达无力的句子。措辞要有力，同时言简意赅，语气要带有对话感。最重要的是，要体现出你的热情。

如果有可能，请你尊重的某位专业人士看一看你的信件，提出建议，按此修改后再寄出。

一定要确保你的信件看上去是赏心悦目的，没有书写或打印错误。

回应招聘广告

塞莱斯特·维克斯，副总裁

亲爱的维克斯女士：

我在星期天的《论坛报》上看到您在招聘会计部经理。我非常渴望得到这个成长机会。

我的技能和能力与您提出的资历要求非常符合：

阿普尔盖特公司的要求

·会计学位和数年的会计工作经验。

·有能力管理、激励员工。

·扎实的分析和行政能力。

·出色的口头和文字交流能力。

我的能力和经验

· 1999 年从德保罗大学毕业，并取得会计学位；有超过 5 年的工作经验。

·成功管理了 14 名员工，其中有 2 位是资深会计师。

·为 350 位客户设计了基本参考程序。

·负责召开部门员工会议。举办了 4 个不同层次的技能培训班，得到了 95% 的优秀评价。

附上的简历中还有我其他的工作成就。

非常希望能获得面试的机会，下个星期我会给您办公室打电话，希望能在您方便的时候见上一面。

真诚的，

杰米·巴克斯特

回应招聘广告

阿比盖尔·阿普尔顿女士，副主编

亲爱的阿普尔顿女士：

贝克公司的摄影师汤姆·阿菲亚是我的朋友，他告诉我您正负责招聘资深编辑，招聘广告刊登在星期天的《邮政报》上。他建议我给您直接写信。

我的能力正好符合您招聘广告中的要求：

广告要求

·大学新闻专业学位。

·三到五年的编辑工作经验。

·压力下能够很好地工作。

我的能力

·芝加哥大学新闻学学士，优秀毕业生。

·霍尔布鲁克三年的助理编辑。

·过去十八个月中，所有的项目都在预算之内按时完成。

简历中有我详细的经历。我希望能有机会给您展示我的作品集，下个星期四我会给您办公室打电话，希望能在您方便的时间见上一面。

真诚的，

约翰·奎

偶然见面后的跟进

弗兰克·布朗先生

首席执行官

亲爱的布朗先生：

上周，很高兴能在达拉斯的全美房屋建造协会会议上见到您。我尤其高兴能有机会见到您的电子天窗展示。根据您的建议，我写信来跟进我们上次的讨论。在过去六个月的时间里，我在威尔逊门窗工作，部分工作如下：

· 成功引入一条新的生产线。

· 培训了45位销售代表。

· 实现了实质性的市场渗透，今年预计利润将超过340万美元（去年的利润是220多万美元）。

附上的简历里还列出了我的其他能力，贵公司或许会感兴趣。

希望能与您面谈我工作经历的细节。星期三上午，我会给您办公室打电话，希望能在1月21日开始的这一周定下见面时间。

真挚的，

热尔曼· Q. 卢迪柯

电话联系后发送简历

菲利普·廷斯戴尔

副总裁

亲爱的廷斯戴尔先生：

感谢您请我发送简历申请国际销售经理一职。正如我在电话中提过的，杰克·贝尔泽知道我在联系您，很是热心，告知了很多这个职位的要求。

过去5年的时间里，我在曼彻斯特领导国际销售部，负责：

· 在比利时、法国、德国和英国创建营业部。

· 招聘并管理34位独立销售代表。

· 为所有的欧洲代表提供全面培训。

· 在比利时、法国、德国和英国市场分别占有43%、34%、28%、37%的份额。

· 在上述国家实现了超过4,500万美元的年销售额，利润丰厚。

非常希望能有机会与您细致讨论我的工作经历，以及我对将来工作的想法。星期一上午10点左右，我会给您办公室打电话，希望能定下见面的时间地点。

真挚的，

雅各布·塞勒斯

回应财务主管招聘广告

杰里米·R. 列维特斯，首席财务官

亲爱的列维特斯先生：

我对您在星期天的《日报》上招聘财务主管的广告特别感兴趣。我刚刚卖掉了自己的儿童玩具公司——小奇迹，并获得了盈利。我想找一家上升期的公司继续自己的事业。随信附上我的简历，请您查看。

希望能有机会与您面谈我的资历、个人品格和丰富的经历，这些品质将会为您的公司带来好处。

真诚的，

杰克·比姆斯

销售经理职位的推荐跟进

奥德瑞·戴夫斯女士

系统部经理

亲爱的奥德瑞：

正如我们在电话中已经提到过的，您和我共同的朋友莎拉·贝勒认为我成功的销售经理的经历正好能解决您目前所面临的销售人员问题。她应该已经告诉您，我在威克斯公司给销售人员设立了一套奖励机制，八个月之内使销售额增加了28%，销售人员的满意率提高了54%。

我对您给出的这个机会非常感兴趣，想与您谈一谈我现在在比金斯公司工作的详细经历。按照您的要求，我附上了我在这两家公司工作的简历，描述了我的岗位和职责。我相信我的解决方案会对贵公司有帮助。

请给我打电话安排面试时间，电话号码是3235550123。如果我们的时间不合适，下周我将参加拉斯维加斯的贸易展，到时候我可以前来拜访。

真诚的，

赫兹尔·哈伯德

工作申请，具体职位未知

董事长

亲爱的董事长：

6月15日，《CMA日报》第四期在报道AMA北芝加哥的部分给了我"扭亏为盈之王"的绰号。在过去十年的时间里，我让三家公司从破产的边缘走了回来，分别盈利50万美元、210万美元和180万美元。其中一家就是佛罗里达州好莱坞市的塑料制版公司。

我希望有机会能与您面谈我工作的细节问题，以及我对贵公司可能的用处。附上我的简历，请您查看。

下个星期，我会给您的办公室打电话，希望您在方便的时候抽出时间，简短地见上一面。

真诚的，

科尼利厄斯·M·康诺弗

应聘媒体关系主管一职

主题：媒体关系主管

亲爱的凯：

您正在寻找媒体关系主管的人选，而我正好有承担地方、区域和全国媒体工作的能力，另外我还可以承担发言人的角色，可以策划并执行媒体关系方案，希望能有与您面谈的机会。

请您访问我的网站iamsavvy.com，点击"媒体项目"，其中就有我从策划到执行的几个媒体方案。同时，我也附上一份完整的简历和客户列表供您查看。

请跟我联系，希望我们能定下面试时间。这周我在城里，下周不在。您可以把面试安排在明天下午2点，或者是星期四下午2点半。

真挚的，

梅洛迪·吉姆斯

电话介绍后，申请教职

亲爱的格林姆夫人：

今天我们在电话中已经讨论过了，我想要申请巴克小学三年级或四年级的教职。今年春天，我将从安威尔学院毕业，并计划马上搬到您所在的地区。

从三年级到六年级，以及对郊区、城区和内城区的学区，我都有相应的授课经验。

在暑假里，我担任了启蒙计划中对"高危"学龄前学生的教学，还担任过高危内城区五年级学生的教学。我知道怎么做才是有创意、才是育人，最重要的，我知道怎样做到有耐心。

我的目标是持续成长为一名有爱心、有热情、有智慧的老师。我相信自己在贵校会是一名称职的老师，希望能有介绍性面试的机会。我计划下周到巴克县，希望您能抽出15分钟宝贵的时间。

我会在星期五给您打电话，看您是否能抽出时间，或者在星期五之前，您也可以给我打电话，号码是503-555-1023。

真诚的，

帕伊·D.派珀

回应协会网站上的招聘

主题：应聘营销传播主管一职

亲爱的韦伯斯特先生：

希望有机会给您看一下我之前设计、执行的投资组合方案，正是这个方案将亚当斯联盟从破产的边缘拉了回来。这一联盟距离哈维仅二十五英里，十个月前，几乎要被取消抵押品赎回权了，现在预估盈利超过5,000万美元。此前，这一联盟六个月内没有一桩交易，我的方案实施后，仅仅一个周末的时间，就有了15桩交易（请参见我简历中的客户列表）。

如果您愿意，还可以到我的网站marketingmasters.com"项目"一栏下查看其他的创意方法和产品案例。

请给我打电话安排面试时间吧，我的电话是401-555-0123。

真挚的，

塞西尔·卡斯特

暑期工作的推介	
詹妮弗·比尔斯 馆长 亲爱的比尔斯女士： 　　我的朋友，您的员工罗波·安德森先生建议我给您寄来简历，申请面试暑假工作人员一职。现在，我在密歇根大学攻读图书馆学学位，一直以来都很喜爱书籍。 　　之前，我在女童子军、文学社团、高危儿童机构做过志愿者，有与孩子和青年工作的经历。另外，我还在伏尔甘图书馆做过志愿者，负责给孩子们讲故事。 　　下个星期，我会给您打电话，希望在您方便的时候定下面试的时间。 　　　　　　　　　　　　　　　　　　　　　　　真诚的， 　　　　　　　　　　　　　　　　　　　　　　　琼·狄德罗	

第十八章

简　历

重点：你的简历就像是工具箱。对于你想申请的每个职位，你都要研究细节，从工具箱中选择最好的工具，对照职位的要求，量身定做简历，以此表明你知道雇主在寻找什么样的人，而你则具备这些技能。你的简历必须有事实和数据，也应该潇洒自如。这些元素精确地糅合在一起后所展现出的力量和冲击力，将证明你是有价值的候选人。在客户面前用简历推销自己的时候，这些原则同样适用。用你的教育背景和经历证明自己的资格。

要写出好的简历，关键的第一点就在于了解对方——负责招聘的那个人和那个机构。第二点则是写出展示你是最佳人选的简历。

应用范围

在以下情况下送出你的简历：

- 回应报纸或其他媒体上的招聘广告
- 回应某个机构的邀请
- 你找工作过程中的一部分
- 用以支持你的提议、报告和其他文件，这些文件的基础就是你的资历和经历
- 竞选政府、俱乐部或社团职务
- 作为演讲者、作者、专家证人或其他权威人士时，出示资格

基本原则

- 篇幅简短。除非你是医生、学术人士、律师，你的简历不要超过一页纸的内容。
- 一开始就要简短有力地表示出你明白雇主想要的是什么，而你就是对方需要的人选。
- 简历中只包括过去10—15年的经历，或者展示你最佳的资历。
- 该内容可能降低你被雇佣的可能？删掉。
- 你的简历要呈现出前沿的现代视觉感。
- 非相关的经历，不强调。
- 要有确凿的数据来展示自己的资历。

简历的类型

有三种基本的简历类型：时间顺序类型、功能类型和创意类型。选择最适合展示你能力，并且最适合目标读者的类型。没有"正确"或"不正确"的格式。你甚至可以根据不同的受众，选择不同的类型。有时，你还可以将不同的类型结合起来，用最佳的方式展示为什么你是这一职位的最佳人选。

时间顺序类型

这一类型的简历是最传统的。按照时间顺序列出工作经历和教育背景，通常是倒序，从现在开始讲起。

以下情况宜使用这一类型的简历：

- 传统的工作领域（政府、教育、银行）。
- 你的工作经历表现出了强劲的增长势头或方向。
- 你的职务不断高升。
- 你一直从事同样的职业。
- 你现任的雇主或上任雇主是重要人物。

并不是所有人都适合时间顺序的简历。如果你属于以下情况之一，不要使用这种简历类型：

- 你刚刚进入职场（应届毕业生）。
- 处于转换职业方向或职业目标的阶段。
- 工作经历有空白时段（失业时期）。
- 事业进入瓶颈，已经停滞不前一段时间了。
- 离开很久后，再次进入职场。
- 不想暴露自己的年龄。
- 经常换工作。

功能简历

功能简历关注的是能力和技能，通常按范围罗列。可以写上日期，也可以不写。如果你处于以下情况，使用这一类型的简历会比较合适：

- 变换工作领域。
- 刚进入职场。
- 再次回到职场。
- 工作经历没有展示一条清晰的职业道路。
- 顾问、自由职业者，或从事临时工作。
- 上一份工作不如之前的。
- 工作经历似乎与你申请的职位关系不大。

以下情况，不要使用功能简历：

- 你的简历并不是为某个职位量身定做的。
- 你没有明确的成就和能力。
- 你没有足够的经历展示所要求的功能。

创意简历

创意简历就是自由体，能够充分地展示求职者自己的技能和能力，特别适合艺术家、作者、演员、公关人员和在媒体工作的人。比如说，一位业务代表申请广告公司的工作，就在简历中很好地利用了卡通图案，得到了高级职位。还有一位公关公司的CEO准备了一份录音，里面是各种声音的模仿，宣扬他就是这一职位的最好人选，在一次竞选午宴上，他播放了这一录音，使他得到了一个重要协会的主席的职位。

各行各业的行政人员，还有演员、发言人、自由摄影师、插画家都曾利用各种各样的音频、视频简历来获得销售、经理的职位，出演的机会及其他各式各样的工作。

计算机专家、平面设计师、演员和摄影师也创作出了互动简历，放在网络上，或用电邮发送给雇主。

以下情况可以使用创意简历：

- 对方是创意人员或专业人员，能够欣赏你的简历。
- 你觉得只有这种方式才能展示出你是谁。
- 你特别想要展示自己的创意才能。

以下情况，不要使用创意简历：

- 你在传统领域求职，比如政府部门。
- 你并不是特别有创意。
- 对方并不怎么"看好"这种方式。

内容要求

尽可能多地了解雇主和目标读者。评估你寻求的职位——最好是具体机构中的具体职位——看有什么关键的要求。

先评估职位，然后再写出你的技能、个人特点和经历，在写简历的过程中，不要忘了基本原则和你选择的简历类型。

如果你是在转行、第一次写简历，或再次进入职场，你可以参考下面的技能清单，把下列步骤作为指导。先在电脑或索引卡片上分别写好你的技能、特点、之前的工作成果，或其他成就，最后再放到简历中。

第一步

列出个人信息，关注自己的技能、能力和优点。有两种技能：一般技能和具体技能。

　　一般技能，比如分析、交流、写作，通常应聘者会被视为理所当然具备这些技能，因为大多数人看起来都能做到。列出你在工作中使用过的一般技能，所有的工作都需要它们。

第二步

　　从你列出的一般技能中选出十二项你最擅长的，然后把它们翻译成具体的技术技能，即那些能够产生量化结果的技能。比如说，键盘输入是一项与工作相关的技能，产生的量化结果就是一封信件。下面是几个例子：

一般技能	组织
相关行为	从混乱中找到规律，建立秩序，给事实分类
具体技能	建立归档系统，创建仓库的库存系统，改写、编辑报告

一般技能	谈判
相关行为	交换物品，持有立场，说服别人，安排条款，设定标准
具体技能	在酒店安排会议，给商品定价，写合同，安排销售细节，确定工资水平

第三步

　　描述你的技能的时候，选择能描述自己的字眼，表达出自己的个人特点。以下的词汇可能不会出现在你最后完成的简历中，但是能帮助你找到合适的表达。

策略	诚实	创意	聪明	大气	奉献	关心	合作
活力	机智	坚定	交流	决断	开朗	可靠	快速
理智	灵活	敏感	敏锐	目标明确	能干	努力	强壮
勤奋	热情	说服力	随和	温和	想象力	雄心	毅力
幽默	友好	有序	仔细	责任心	执着	直率	忠诚
周密	主动性	助人	准确				

第四步

　　用最有力量的词语来列出你的成就。

第五步

工作、学校、培训、体育、爱好、军队服役、社区活动，家庭经历，凡是相关的领域和成就，都可以写到简历当中。

教育方面的例子

- 每周工作20个小时、从事两项课外体育运动，与此同时，平均学分达到3.8。
- 创建了女性共和俱乐部，从1,320名本科生中选出了俱乐部成员。
- 班级年鉴的编辑。
- 发起了复活节密封弹簧快乐行，为儿童夏令营项目募得5,240美元的捐款。

特殊兴趣方面的例子

- 组织了520人参加的网球锦标赛。
- 阅读了《西方世界著作》全套书。
- 创作、设计了三套复杂的被单图案。
- 按照美国网球协会的标准，我在三个月内，把网球水平从2.0提升到了4.5。

培训方面的例子

- 参加了高效销售项目的培训，以第二名的成绩毕业。
- 完成了美国经营管理协会的经营研讨班学习。
- 完成了施乐公司的销售培训学习。
- 完成了商业女性时间管理研讨班学习。

运动/爱好方面的例子

- 创办、组织了10人的小说写作小组。
- 组织了54人参加的网球联赛。
- 14个月的时间内，设计、修建了一个有7个房间的度假屋。

军事方面的例子

- 完成了空降训练，在76人的小组中名列第二。
- 用5个月学习了德语，口语达意。

- 用5个月掌握了AS-11制导系统。

社区活动方面例子

- 4个月内，为领先的候选人组织了集体州长竞选活动。
- 执行了为1,500位老人送餐的项目。
- 发起、组织并执行了7个医疗项目，共有5,000名参与者。
- 成功地发起了请愿活动，收集了5,500个签名，抗议不负责任的开矿行为。

家庭方面的例子

- 8个月内，利用空余时间，改造了一个7个房间的房子。
- 为七兄妹建立了家庭信托基金。
- 为年收入56,000美元的九人家庭管理预算。
- 重新组装了5个小型家用电器。

第六步

列出你最近的四项工作，从最后一个开始，倒序向下列。仔细筛选你的经历，每个职位各列出五项成果。考量这些成果，用具体的事实和数据表达出来，要突出行动。比如说：

- 整理了公司图书馆，共5,000册图书。
- 为五个不同的入门级职业准备了职业晋升方案。
- 省掉了四个登记步骤，使生产效率提高了20%。
- 为35名员工制定并且执行了职前培训。

职位	
日期	
雇主	
五项成果	

第七步

　　列出成果后，你的重点要放在把这些成果与你的职业前景联系起来上。再看一下你的列表，用1-3的评级方法来判断它们与职业前景的关系：1表示关系紧密；2表示有关系；3表示关系不大。

组织和表达

- 考虑职业目标。根据目标、特别技能、工作历史、教育、培训和证书几个方面来给信息分类。
- 组合每一类的信息，最好地展示出你是这一职位的最佳人选。
- 一开始，就要打出最响亮的那张牌。最不响亮的安排在最后。
- 措辞简洁。
- 直截了当地列出工作经历和雇主的名字，但不用写上地址。
- 突出你做的事情，突出扎实的成果。
- 控制字数，不要废话。
- 用词要简短有力，使用项目符号。
- 内容要具体。

经历

- 考虑受众看重哪些方面的价值。突出你能给对方带来什么价值。
- 陈述你做了什么，而不是读者应该如何评价你。比如说："我非常擅长文案"，这是评价。"我写了四份市场分析报告，六位部门负责人给出的评价都是优秀"，这样就能展现出你的专长了。
- 应届毕业生申请第一份工作时，可以列出自己的兼职工作。
- 没有必要写上求证人，但如果对方有要求，就要写上。
- 只需要写上与职位相关或展现个性的个人信息。
- 可以写上相关的个人成就或奖项。

教育、职业培训和社会交际

- 在工作超过了三年的情况下，教育背景应该放在简历的最后。
- 应列出相关的证书和其他资质。

- 专业协会对你的事业非常重要，特别是身居要职时。列出与目标职位相关的协会。

注意事项

简历一定要传达出你想说的内容。同样，不该说的一定不要说，注意下列情况：

内容

- 不要夸张、不要歪曲事实、不要添油加醋、不要撒谎。
- 不要使用"我"这个字眼。
- 使用正规的邮箱发送简历。
- 不要害羞。清楚明白地说出你的优秀品质，不要吹嘘，不要油嘴滑舌。
- 不要写出让自己不好看的内容。
- 不能突出成果的内容，去掉。
- 反复检查，不要有错。校对，校对，校对。
- 不要列出个人目标。要突出自己的资历，强调出自己是这一职位的适合人选。
- 绝不要写你期待有多少薪水。
- 简历的内容不要过多。所有你做过的事情都要写上？并不是。
- 除非跟职位相关，否则没有必要列出年龄、体重、身高、婚姻状态、信仰、政党等个人信息。也没有必要列出薪水信息，除非对方要求列出求证人，否则也没有必要列出求证人。不用附上个人的照片。

风格

- 句子要简短，一段话最好只有三到四句话。
- 尽量使用有力的动词来传达你想表达的意思，避免使用"这个，那个，一个"这样的词。
- 去掉没有必要的形容词：创意、创新、勤奋、有前瞻性、执着、有底线等。无聊的简历上就有很多形容词，看起来像是直接拷贝了公司员工手册。
- 含糊不清的表达、行业术语，删掉。
- 不要有陈词滥调，表达要有力。

- 表达不要温吞，用词清楚明白，使用确凿的事实和数据。

温吞的表达

负责这一年所有的销售活动。

撰写了员工操作手册。

提高了部门效率。

招聘、培训了技术人员。

扩大了实验室操作规模。

管理了大学在校面试。

负责公司广告。

新开设了销售办事处。

大大降低了部门的运行成本。

负责预定所有的交通和住宿。

上线了面向部门主管的培训课程。

管理人事部门。

研发的设备为公司节约了很多成本。

发起新员工项目。

过去十年间支撑起一家六口。

为自然历史博物馆撰写了操作指南。

减少了我所在部门的运转成本。

有力的表达

过去的一年间，将销售额提高了41%。

撰写了98页的员工操作指南，得到了92%公司部门主管的好评。

将部门效率提高了35%（用的是时间－数量参数）。

招聘、培训了75名技术员工，使他们在就职一年内，工作效率达到了94%。

扩招实验室人员，从原来的85人增加到425人，所有技术人员的平均工作效率达到了94.5%。

在50所大学展开面试，发掘了195名顶级技术人员候选人。

投放有效的广告，使每周的询问从原来的65次增加到97次。

进行了可行性研究，增设了5个新的销售处。在一年半内，各处的销售额均超过销售配额24%（提前7个月完成计划）。

发起了本部门减少成本的计划，最后减少了45%的成本（47,000美元），对生产或未来生产能力没有不良影响。

为35位行政人员安排旅行住宿，每年节约220,000美元。

为54名主管进行领导力培训，89%的评价为"非常满意"。

任职人事部门主管，管理其中的46位专业人士，年度预算的金额为175万美元。

开发了静电喷雾器，14个月内为公司节约了300万美元。

创建、执行了两个员工关系新项目，员工流动率降低了32%。

管理一个六人家庭，年度预算为42,000美元。

为自然历史博物馆策划、组织和撰写了80页的志愿者操作指南。

通读定稿

- 简历中的工作部分，最多包含四五个职位。如果你的简历采用了时间顺序的模式，不要留下空白的时间段。
- 列出相关的教育背景、协会成员身份、个人信息、技能和培训信息。
- 请你的客户、同事和合作人为你写推荐信，列在相关的网页上。

请信得过的朋友和专业合伙人检查你的简历，可以用下面这张表格咨询他们的意见：

	是	否
表达是否清楚简洁？		
有没有多余的词句？		
有没有需要去掉的部分？		
读起来是否轻松？		
有没有充分展示我的成果？		
时间段上有没有空白？		
联系信息是否完备：地址、电话号码、手机号码、电邮？		

模板

- 有了电脑，你完全可以做到每一份简历都量身定做。选择那些看起来具有职业素养的字体。
- 用高质量的打印机来打印简历。
- 所有的内容都印在一张纸上。
- 你的名字、地址和联系电话要么在中间，要么左对齐，反正视觉上要有平衡感。
- 选择宋体。除非你是行家，否则不要混合使用字体。通过黑体字、加粗斜体字（有些斜体字太纤细了）、大一号字体和留白来突出你的重点。小标题、名字、电话号码、职务头衔、工作目标（如果有需要）、教育、技能和证书部分可以使用黑体字。这些都是你希望突出的部分。
- 至少使用五号或小四字体，读起来轻松。最重要的信息字体可以再大一些。
- 用黑色墨水打印，这样读起来和复印都容易。
- 排版视觉上要平衡，使简历看起来干净、坦率。通过留白来抓住对方的注意力。
- 选择优质的打印纸。如果是回应招聘广告，对方可能会收到数百份简历。可以大胆一点，使用有颜色的打印纸（浅黄色或奶油色），以此吸引注意力。但是颜色越鲜艳，风险越大，如果你不太了解对方，就不要这样做。测试一下你选择的打印纸，保证复印的效果（有些纸张太厚，打印复印机会卡纸）。信封要与你简历的纸张相配。
- 一定要确保没有打印错误。用电脑的拼写检查来检查错误，自己也要仔细阅读简历，确保没有误用词语。
- 写好后，放置一段时间后再查验。只需要一段时间，你就能崭新而客观地重新审视你的简历。

创意/混合简历——计算机服务经理

富兰克林·Q.奥达伊

鱼鹰大道13245号

佛罗里达州，沃兹沃斯，邮编33587

计算机经理，经验丰富

能力

· 诊断和维修计算机问题，准确率高达97%。

· 熟练掌握各种主要计算机设备。

· 独立工作，管理他人，这两方面的经验都很丰富。

经历

· 利用诊断软件，找出所有便携计算机内部的故障件。

· 找到并且解决诊断软件无法找出的问题，比如集成电路发热故障、键盘连接器线路脱落。

· 保养电子设备，包括微型计算机，运行效率恢复96%。

工作

2000—现在：高级电子技术员

　　加利福尼亚，加州大学伯克利分校

　　射电天文实验室

　　根据工程图和图表，为无线电和光学望远镜测试、安装灵敏的接收器和计算机控制设备

1995—2000：电子技术员

　　加利福尼亚，列治文，贝克曼设备公司

　　开发、测试和修复高速电子计数器的技术原型

教育

· 圣塔莫尼卡城市学院。工程学专业，三年制。

· 加州大学伯克利分校。电子工程专业，两年制。

时间顺序简历——公共关系

迈拉·卢米斯

亚利桑那州凤凰城，富勒林荫大道3444号，邮编85283

电话：480-555-0123

电邮：bigbird@willis.net

公共关系和媒体关系行政管理，经验丰富

专长领域：全国、地方贸易媒体投放；消费品、能源、金融服务、食品、医疗、餐馆和旅游行业的文案写作

经历

负责人

MDM通信公司|伊利诺伊州，芝加哥 | 2001一现在

为全国范围内的15—20家机构提供媒体关系和文案服务。一个月内，在目标媒体上实现了四个专题投放；为寻求提高知名度的全国制造商客户在三个地方商业杂志上投放了专题报道；为公开上市交易的公司在顶级商业媒体谋得正面新闻报道，其中包括《华尔街日报》《巴伦周刊》《商业周刊》《金融时报》《福布斯》《财富》《投资者商业日报》、CNBC和CNN。

副总裁

尖叫广告|得克萨斯州，达拉斯 | 1999—2001

公共关系客户服务部门的二把手。负责新业务开发、员工招聘、管理。带头负责了乔伊公司兔八哥儿童餐的启动项目，六个月之内，这一产品成为乔伊公司的第二大品牌。乔伊公司收入扩张，增加了两条新生产线。

高级分组管理人

恰好广告公司|得克萨斯州，奥斯丁 | 1996—1999

负责公司五个全方位公共关系顶级业务中的三个。每个月都是优秀媒体投放奖励的获得者。在职期间得到了五次提升。

技能

咨询：业务发展、媒体关系、媒体培训

媒体关系：产品介绍、定向媒体广告、媒体参观

项目管理：出版、特别报道、供应商、自由职业人才管理

调查：产品/分类/竞争对手/试探

文案：社论式广告、宣传册、文章、担保、案例、营销材料、简报、记者参考资料、新闻发布、提案、报道、脚本

获奖

美国公共关系协会卓越奖，2010

教育

文学学士，新闻专业（优等毕业生），得克萨斯大学，奥斯丁

工商管理证书，德保罗大学，芝加哥

研究生商业课程，得克萨斯大学，奥斯丁

时间顺序简历——财务分析师

康拉德·坎宁安·曼彻斯特

奥特罗大街25号

加利福尼亚州,玛丽安德尔,邮编90292

310-555-0123

职业经历

资深财务分析师

霍利亨·洛基·霍华德&扎基公司|加利福尼亚,洛杉矶

1998—现在

· 管理证券分析的所有方面。12个月内,完成了30多家中型企业的合法清查,其中包括量化金融分析、债务重组和为委托人提供备忘录。
· 开展了20多个独立房地产投资服务,包括深入的债务重组、定量财务分析,以及30页交易的合法清查。
· 完成合并和收购服务,最多一次达7笔交易,包括24个私人配售和23家中端市场公司的独家销售。购买并投放了1.25亿美元的企业商业债券。执行了24个商业估值,并且给出了公平性和偿付能力的意见。
· 与中端市场的公司合作开发了35个新的商业机会,购买和再发行公司债券。

董事会成员

旧金山大学|加利福尼亚,旧金山

1998—现在

· 向董事会提交供选择的财政计划。建立学生奖学金标准。代表南加州校友的筹款活动和公共关系。

分析师

普莱斯公司|加利福尼亚,洛杉矶

1994—1998

· 为45家债权公司提供重组和破产咨询,包括合法清查和债务重组分析。
· 为45家客户公司准备了内部财务报告,为37家重组公司评估了备选战略计划。
· 为36家陷入困境的公司设计了财务模型。

教育

优秀学生

旧金山大学|加利福尼亚,旧金山

文科学士,经济学/哲学

时间顺序简历——中层管理

詹妮弗·梅纳德·博伊尔斯

西岛大路1765号

密苏里州，圣查尔斯，邮编29741

803-555-0123

简况

　　医疗保健方面的中层管理者，具有优秀的沟通能力、敏锐准确的观察力。具有优秀的客户服务能力和在高压下有效工作的能力，主动工作者。擅长会计、记账和数学方面，能准确计算。

经历

资源事务主任，梅尔西医院，南卡罗来纳州查尔斯顿 | 2003—现在

　　与医生密切合作以确定和评估需要康复治疗的患者。参与所有的医学/外科巡视，对患者进行心理评估。咨询患者家人，在康复治疗安置方面给出建议。与医生和社工商议，实施病人护理计划。组织并管理两个医疗团队，每天为200多名患者提供服务。协调所有病人的出院、转移和转诊记录。利用电子表格软件，创建康复治疗安置数据报告。设计和创建数据库文件系统，以更新康复治疗和康复设施资源。

病患医疗协调员，圣弗朗西斯医院，南卡罗来纳州查尔斯顿 | 2001—2003

　　协调和监督所有病人的楼层记录和服务。接收住院和安排出院。更新医疗记录。整理和编辑实验室记录。记录、维护和订购所需物资，准确率98%。

项目协调员，圣弗朗西斯医院，南卡罗来纳州查尔斯顿 | 1999—2001

　　创建、执行了新预算，成本减少了15%，同时病人满意率增加了17%。为65位员工准备工资单，监督会计功能。

教育

　　克莱姆森大学，南卡罗来纳州克莱姆森

　　理科学士，人力资源管理

功能性简历——餐厅副经理

艾玛·康奈尔·沃辛顿

埃弗特大街1145号

俄亥俄州，克利夫兰，邮编44101

440-555-0123

目标：餐厅副经理实习生

餐厅经历

管理

· 为25位员工准备工资单

· 负责简单的记账、银行存款和税收记录

· 负责打开和关闭现金出纳机

· 订购物资，安排设备维护

· 餐厅装饰

· 为15人以上的预订作特别安排

人事管理和培训

· 培训、管理了20位女服务员和12位礼仪人员

· 雇佣和解雇员工

· 成功调停了数十起员工纠纷

· 为25名雇员安排工作时间表

菜单、准备食物、摆盘上菜

· 每月订购50,000美元的食物和酒水

· 整理存货清单，管理储藏室，节省了15%的维护费用

· 监督卫生和食物准备，使餐厅一直得到最高的健康等级评定

· 安排菜单，负责监督上菜的质量和准确度，每月减少了7%的消耗

· 监督摆盘，顾客满意率提高了22%

教育

烹饪艺术大专学位，纽约烹饪学院

功能性简历——危机顾问

詹妮弗·M.贝特曼，注册护士

东伯林顿大街3212号

伊利诺伊州，瓦尔梅特，邮编60651

312-555-0123

主要资格

· 善于与处在危机中的人打交道。

· 独立工作，团队工作，都擅长。

· 作为临床护士，拥有十年的调查和数据收集经历。

专业经历

咨询服务

· 危机干预，长期与不同背景和问题的个人进行咨询工作，其中有强制住院者、绝症患者和精神病患者。

· 给参加研究而且测试结果为阳性的志愿者提供建议，其中包括性病、肺结核、高血压，以及其他血液指标不正常的疾病的患者。

· 为300名有问题的个人指导、协调医疗跟踪。

研究

· 完成了40次人类营养学调查研究

· 建立了临界测试程序

· 为分析和运输准备样本

管理/监督

· 作为护士长，负责管理西北大学一项营养研究的技术人员、研究志愿者和研究生

· 编写了两份80页的程序手册，并向300名工作人员提供了在职培训

· 给75名研究参与者讲解了数据收集和处理技术

· 收集数据并撰写了42份研究报告

就职情况

2001—现在 | 研究/临床护士二级，西北大学

2002—现在 | 健康顾问，芝加哥校区

教育

文科学士，新闻学，德保罗大学

注册护士，西北大学

创意/综合简历——健康教育行政人员

丹尼斯·利亚·格莱特利

西高线大道2345号

哥伦比亚，莱德维尔，邮编80461

719-555-0123

目标：社区健康教育行政人员

资格

· 获奖级别的评估和沟通技能

· 熟练掌握项目开发、演示和团队引导等技能

· 在应对各种复杂的人际关系方面有超过十年的经验

· 获得社会工作硕士学位，有医疗和心理学方面的实际工作经验

· 具备独立工作，以及与多学科团队合作的能力

专业经历

社区关系和教育

· 联络24所中学、高中和大学的班级，并进行关于健康和教育问题的演讲。

· 为难以安置的儿童找到了45对领养夫妇。发展、组织并且协调了12次培训课程和10个支援团。

· 开发并且推出了32个特别社区教育项目。

· 为父母们组织了18个社区学校小组学习项目。

行政管理

· 建立了10个内部和跨部门的扩大医疗和收养的规划项目。

· 准备了15份全面的专家报告和推荐信，供代理机构和法院使用。

· 与财务干事合作，协助建立了250万美元的预算，每月支付9,000至25,000美元的预算。

· 管理17名社会工作者和技术人员。

咨询

· 通过危机干预技术和长期咨询，实现了87%的个人和家庭改善率。前来咨询的人来自不同的背景，有不同的身份，出现的问题包括生活压力、疾病和致残，还有人生转型。

· 进行深度调查询问和个人评估。

就业

1998—现在 ｜ 凯瑟医院，加利福尼亚旧金山

医学社会工作者

1996—1998 ｜ 马利人力资源机构，加利福尼亚圣拉斐尔

收养儿童虐待咨询师

1995—1996 ｜ 社会服务中心，加利福尼亚旧金山

社会工作者－低收入家庭

教育

文科学士，优等毕业生，社会学，旧金山大学

社会工作硕士，旧金山大学

（参见第六十六章"个人简介"；第十六章"建立联系"；第十七章"简历附信"。）

第十九章
网上和电子邮件申请

　　网络彻底改变了找工作的方式。在计算机、计算机软件和相关行业，把简历上传到网络上或通过电邮投递简历已是规则。其他大多数领域中，电子邮件也成了最常用的申请工作时的介绍方式。

　　但是，正因为这种媒介有非正式、匿名和快捷的特点，使用电邮必须非常小心，要注意你的方法和语气。电子邮件是内部公文中的星期五便装日。当你使用电子邮件申请工作，介绍你自己和你的技能的时候，你的语气应该随意一些，但又不能太随意。你要让对方明白你清楚这是工作。

　　你只需要点一下"发送"键，你的申请、简历附信、简历或联系信件马上就出现在对方的电脑上，而对方有雇佣你的权力。你总希望发送过去的东西能帮助你得到这份工作。

应用范围

简历可以贴在：

- 你的网站
- 招聘网
- 协会、校友会或其他机构网站

用电子邮件发送简历：

- 回应网上的招聘广告
- 报纸、杂志或其他出版物上的招聘广告上有邮箱地址

- 对方要求你用电子邮件发送简历

内容要求

网站简历：

- 研究优秀网页设计的原则，多看贴出来的简历，然后再决定自己的简历怎么设计。
- 计算访客点击你网页的次数，该数字只对自己可见。这样你就知道你的简历被浏览了多少次。
- 考虑隐私。联系方式可以只留下电子邮件或手机号码。
- 研究招聘广告，创建搜索关键词列表（家装设计师、技师），这样你的简历才有被雇主看到的机会。你的关键词越准确，你通过搜索软件初审的可能性就越大。
- 在网站上传简历，要关注有没有特别要求。

电子邮件简历：

- 使用简单的文本档案，或采用与 ASCII 兼容的字符，使对方可以无障碍阅读。
- 不要有过多的文字处理元素，例如下划线、斜体、项目符号和黑体字体。
- 字体要简单，比如宋体。使用五号或小四字体。
- 使用连字符或星号（每行包含 60 个字符，包括空格）来创建水平线。
- 每一行的空白不能超过 65 个字符，包括空格。
- 如果包含或需要特殊的设计，请将简历扫描为 PDF 文件。

开始之前

- 尽可能多做一些调查。根据具体职位，根据有权雇佣你的对方，量身打造信件和简历。
- 如何处理电子邮件申请中的简历？是电子邮件内容的一部分，还是作为附件发送？这要看对方的要求。
- 关注对方，从以下两个角度来审视你的内容：对方需要知道的；对方想要知道的。

- 用word文档来编辑信件/简历，这样容易修改。

内容要求

- 如果认识收信人，开始的问候可以随意些；如果不认识对方，就稍微正式一些。
- 展示自己的动机和技能强项，说明你为何适合这项工作，措辞要热情。
- 只要有可能，就表明自己的能力可以解决对方面临的问题。
- 请对方参考简历，查看相关细节。
- 第一段就要表明写信的原因，是有人推荐、是看到了广告，或诸如此类的原因。如果是有人推荐，要在推荐人同意的情况下才能提及对方的名字。
- 第二段，给出应有的细节，最好与如何解决对方的问题相关。
- 第三段应是有力的结尾，应该说明你会如何后续跟进，申请面试的机会。一定要写上你的联系信息。
- 使用倒金字塔机构：最重要的信息放在最前面，细节跟在后面。用词精简。
- 邮件的主题要用心思。主题要言简意赅、准确、吸引人。比如，如果有人推荐你，你就在主题写上推荐人的名字。如果你和收信人同属于一个协会，就可以在主题栏亮明身份。
- 如果你有个人网站，可以在信件里给出链接。对方就可以看到你更为详细的简历，以及各种图形和文本的工作样本。

注意事项

- 主题不要全用黑体字。这样做就好比大喊大叫。也许会引起对方注意，但不一定是好感。
- "收信人"一栏留到最后填写，免得在编辑信件过程中，误碰发送。
- 不要从简历中复制粘贴内容到信件中。重复没有创意，会让人厌倦。对方不会产生好感。
- 任何商务信件中都不要使用缩略词或表情符号。这样做太过随意了。

第二十章

推荐信

　　证明信、评价信、求证信、推荐信这几个词经常混用。严格意义而言，**求证信**是这四个概念中最宽泛的，用于记录个人历史中的综合信息：就职状况（日期和职位）、信用状况和学业。

　　证明信也是记录综合信息的，比如就业日期、职位、信厓状况、学校地址、就业地址。这种信件通常会泛泛地说明一下被介绍人的性格。以前，如果员工离开某机构，该机构都以"敬启者"开头的形式写证明信。

　　现在，证明信并不是通行的做法，但往往会有雇主、未来的雇主或其他机构要求证明就业、学业、性格、信用状况的情况，这种时候就要有证明信。如果对方要求发送证明信，就根据本机构的介绍政策，提供对方询问的信息。

　　评价信的信息更为详细，包括个人历史的正面信息和负面信息。尽管在现今的法治社会中，个人负面信息经常是受限的或全然略过的。按照常规，这类信件是员工考核程序的一部分，放在保密的个人档案当中。

　　推荐信是向另一方推荐某个人。通常是应被推荐人的要求，由被推荐人的前主管、教授或老师写给另一方。

　　这几类信件的形式和内容都非常相似，因为推荐信最为常用，所以本章关注的是这种信件，但其中的大多数内容都适用于其他三种信件（可以参照本章末介绍信和推荐信的具体例子）。

　　要写出有效的推荐信，你必须要足够了解对方的能力、技能和表现，才能提供出具体的信息。

　　动笔之前，查看本机构的政策。有些机构禁止你提供前单位的员工或合伙人的信息。许多机构在这方面都有限制，只允许提供某些宽泛的、可证实的事实。如果你要动笔写推荐信，不要提及被推荐人的年龄、种族、宗教、婚姻状况、怀孕、犯罪记录、国籍、所属机构、精神和身体缺陷，除非这些信息与职位有明确的关系，而这种情况是非常罕见的。如果你并不了解对方，或你觉得不能推荐对方，婉拒就行［记住，对方在大多数情况下是可以读到你给他（她）写的推荐信的］。

应用范围

适用于下列情况：

- 前雇员，或与你往来的公司提出请求
- 推荐俱乐部、联谊会、协会、荣誉会员候选人
- 推荐工作、奖学金或特别奖励的候选人

内容要求

- 确定、核实被推荐人的要求。
- 你一定要了解被推荐人申请的职位，并根据这一职位的要求来写推荐信。
- 说明你与被推荐人之间的关系，清楚陈述自己的职位、头衔和其他相关信息。
- 清楚陈述被推荐人或被推荐公司的全名、职位或身份。其中包括就业或合作的日期、职位头衔、主要职责、职业或荣誉协会。
- 直接回复询问内容，回答具体提出的问题。
- 使用一段总推荐语来确立一封信的结构。语气要商务化，但也要做到友好、温暖和非正式。冷淡或语气过于正式的推荐信对被推荐人没有什么帮助。
- 最重要的细节放在前面，最不重要的放在最后。
- 你的推荐要清楚明白，有实质性的内容。泛泛而谈会疏远你与被推荐人之间的关系，没有说服力。
- 实事求是，把握好轻重。比如说，如果你要给出负面的内容，就要做到恰如其分，传达出事实本来的面目。读信人看到负面的内容时，往往会加重其分量，所以你在陈述负面的内容时，最好轻描淡写一些，或略过。

- 按照重要性的排序，具体描述两三个特点。"朱莉的能力出众"，这样的话就不要写了，可以换成"朱莉使用WordPerfect、Paradox、Harvard Graphics软件，一分钟常态输入110单词"。具体的例子不要超过三个，否则效果反倒不好。
- 被推荐人辞职或终止合同的理由、合作关系终止的理由，酌情证实。
- 重申并且总结你的推荐，欢迎读信人给自己写信或打电话询问。
- 在结束语中表达祝福。

注意事项

- 不要做得过火，不要写自己无法证明的话。
- 不要写"敬启者"这样的开头；要写给具体的收信人。如果没法写出具体的收信人，就采取备忘录的形式。
- 不要给读信人提建议。比如说，"你应该马上雇佣她"，或"不要错过他"。这样的话可能会起到相反的效果。
- 一定要先核实本机构关于推荐他人的政策，再写推荐信。

特别情况

有人请你写推荐信

- 使用主题句，直接点明被推荐人的身份及其请求，开门见山。
- 推荐某个公司或某个产品时，你应该只用个人的直接经历来陈述情况、举例，或者说明具体的应用和使用方法。在个人经历的框架下建构推荐内容。
- 因为动辄可能涉及法律问题，无论是推荐信、证明信或评价信，写下的内容一定要谨慎。有些机构无论是打电话，还是写信都不肯给出推荐、评价等信息。许多机构则只肯证实是否曾在此工作、工作期限和头衔的信息。在前雇主不愿披露前雇员曾被控告盗窃或其他问题的情况下，过失诉讼将接踵而至。
- 你写的推荐信可能成为呈堂证供，如果你不想出庭作证，就不要写。如果你推荐信中的内容可能会引发官司，在发送之前最好先咨询法律意见。

- 如果你不能诚实地推荐某人，就不要写证明信。

你请别人写推荐信

- 给对方提供具体的信息，有助于对方写出符合你具体要求的信件。比如说："吉姆，我在申请沃德尔创业公司新产品经理的职位。在你给我的推荐信中，如果能评价一下我负责 F–56 型号产品的职位和工作（整个开发过程，一直到上市）就最好不过了。"对方发出推荐信后，一定要表示感谢（参见第十二章"答谢"）。

模板

- 用有信头的信笺纸打印，这样看上去更专业。
- 公司内部的推荐、介绍和评价可以采用备忘录的形式。

词语

诚实可靠	出色	非凡	奉献	富有成效
高效	合适	活力四射	机智多谋	杰出
精力充沛	考虑周全	可敬	可圈可点	满载荣誉
模范	能干	人品好	认真尽责	胜任
特点	团队精神	无可替代	无可挑剔	显著
珍贵	正直	值得嘉奖	值得信赖	职业
忠诚	卓越	无懈可击	业绩突出	重要

短句

超过了岗位的要求	创新地找到解决问题的新办法
方方面面都是一流的员工	非常努力
负责人	高水平完成任务
工作出色	工作非常专业

工作上精益求精	很有信心地推荐
经历很有说服力	擅长团队合作
深受同事尊重	是杰出的榜样
是可以依靠的人	完全值得信赖
我毫无保留地推荐	我强烈推荐
勇于挑战新的职责	有很大的贡献
有序高效	真心推荐
正视问题，解决问题	

句子

句子要简明扼要。

朱莉娅·巴尔内斯赢得了同事的尊重。

四个月内，珍妮弗将1,100万未缴付的费用整理、存储到了相应的账户中。

用了七个月的时间，卡拉·格里夫斯将生产效率提高了17%。

麦伦·李成为人事部主任的第一年，员工满意率增加了30%。

齐克·马丁内斯提交辞职信的那一天，我们公司上下都很难过。

段落

埃希·瓦尔克辞职了，和她丈夫一起搬到凤凰城，我深感失落。十年里，她让我时刻做好准备，让我的行程表准时推进，我觉得自己再也找不到像她这样人品好又高效的助手人选了。

举几个例子：因为之前复印设备坏了，耽搁了时间，乔西整个周末都在加班准备全国销售会议的不同项目包，只有她一个人知道项目包里该装什么；她修改了人工检测程序，为公司节约了几十万美元；她从未错过任何一个行政人员的生日。

如果你还需要了解其他的信息，就联系我吧。请代我向罗伯特问好。

改，改，改

推荐要清楚简洁，有细节，这样才可信。

核实信

亲爱的格里斯沃尔德女士：

兹证明罗斯科·华莱士于2001年4月5日受雇于迪蒂公司的配送部门，受聘职务是信息处理员，雇佣关系持续了五年，直到他在2006年6月10日提交了辞职信，此时职务为程序主管。

华莱士先生在受聘期间没有任何纪律处分，他是主动辞职离开迪蒂公司的。

真挚的，
米尔德里德·欧文斯
人力资源部

总承包商推荐信

亲爱的比姆先生和夫人：

我很荣幸向您的定制房屋重建项目推荐总概念建筑工作室。特德和爱丽丝·赖利是工作室的所有人和负责人，八个月前，我雇佣他们完成了三个浴室、一个厨房、一个休憩室和一个门厅的修建，从重新设计到翻建，全部由他们一手操办。在整个翻建过程中，赖利夫妇为分包商安排了时间表，这样翻建的时候我们还能继续居住在家里。他们兑现承诺，精心处理了所有的细节问题。

整个翻建按时完成，没有超出预算，我们对每个细节的质量和工艺都很满意。同时，赖利夫妇提出的各种建议也非常合我们的心意，既为我们省了很多钱，也省掉了很多不必要的麻烦。

如果你还有什么其他想要了解的细节问题，或者你想看一看我们家翻建的情况，就给我们打电话安排时间吧（775-555-0123）。

真挚的，
迪伊·耶茨

公司内部升职推荐信

备忘录

日期：2005年9月5日
收信人：德里克·伍德沃
发信人：玛利亚·惠特莫尔，销售部副总监
主题：利亚·哈维的升职

利亚·哈维已经完成了在我所属部门的快速通道计划。虽然是销售部门最年轻的员工，但利亚表现出了很好的决策、解决问题和协商的能力。事实上，她是这一次的最佳表现者，在部门的参与者中，她用最短的时间（31.5分钟）达到了最高的成功率（76%）。

利亚想要成为地区销售经理，我认为她有能力成为其中最优秀的一员。我推荐她成为13号区域的销售经理。

朋友的个人证明信

亲爱的阿奇博尔德先生：

您5月18日给我写信，让我给索尔·贝尔维瑟写个人证明信。我认识索尔·贝尔维瑟已经11年了，他的父亲和我是同一家律师事务所的合伙人，他的母亲自从1998年开始就一直是我妻子的注册会计师。这么多年来，我们两家人经常在一起交往，索尔和我的儿子泰迪也是密友。

索尔人品端正。他一直在追求自己的道路，做什么都很出色，任务交给他，他总是坚持到底。

我当然是给索尔最高级别的推荐。如果您还需要进一步的信息，请给我打电话。

真诚的，
巴克利·维瑟斯

大学生的证明信

布拉德利·特纳特先生

人力资源部主任

布朗特公司

春天大道43号

俄亥俄州斯普林菲尔德，邮编45502

回复：凯利·瓦塞尔的证明信

亲爱的特纳特先生：

　　作为凯利·瓦塞尔的前任教授和前任雇主，我很荣幸地推荐她担任主计长的职务。我认识凯利·瓦塞尔已经四年了。最开始她是我两门经济学课程的学生，后来是我主持的富勒项目的实习生和研究助理。

　　凯利是个学业优秀的学生，分数远远超过了平均水平。她的平均分数一直保持在3.8分以上（4分为优秀）。鉴于她的学业水平，还有她在课堂上的主动性和参与度，我请她成为我主持项目的实习生和研究助理。她独立（在我允许之后）进行了工作，表现非常出色，她成熟、有创意，有能力承担责任。在富勒项目中，她参与了两项拨款的申请。她的报告和拨款申请写得非常好，很全面。

　　我强烈推荐凯利。她已经表现出了出色主计长的能力。

　　如果还有其他信息想要了解，请联系我。

真诚的，

詹姆斯·伊尔斯

经济学教授

为法律学院应届毕业生写推荐信

相关内容：你5月12日写来信件，要求推荐一位新律师

亲爱的乔治：

　　是的，我要为克劳塞律师事务所的这个职位特别推荐一个人。在斯坦福大学法律学院，我有幸在所授的三门课程有了尼尔·R.雷诺兹这位学生。他真的让人耳目一新。他不仅是班上的优等生，还在特别的团队项目中表现出了少见的领导力。尼尔有天生的正义感——真正的正义感——我曾三次目睹他用非常新颖的方式执行了正义，所有相关人都因之受益，所有细节历历在目。我是第一次看到这样能力的学生。这样的例子我真是举不完。

　　我本想把尼尔留在斯坦顿和格雷格事务所，但我们去年才新进了三个毕业生，而且我们执业的规模和方向都发生了一些变化。

　　我最高等级地推荐尼尔。如果需要其他信息，请给我打电话。

真挚的，

伯尔纳多·布莱克本

为长期客户所写推荐

相关内容：你4月15日要求我为西德尼·威尔士写一封证明信

雷·卡恩斯先生：

我们与西德尼·威尔士有业务往来已经12年了。我们有幸有这么一位优秀客户，他行事认真，令人满意。

这么多年，我们从来没有未解决的分歧，也从未有过催缴通知。要是所有的客户都是这样的，那该多好呀。

如果你还有别的问题，请给我打电话。

诚挚的，

塞缪尔·怀斯

为前雇员写推荐

亲爱的贝罗斯先生：

我强烈推荐罗伯特·莱文。他在总裁办公室工作了五年，是我的助手，同时也是统计员。他态度自信，能掌控局面，同时诚恳热忱。他的统计工作准确全面。五年的时间里，罗伯特只有三个工作日没有来上班。负责项目时，他从头到尾勤勉认真，即使要加班加点也不在乎。在我的记忆中，客户打来电话，他从未动怒过（我自己都生气过几次）。事实上，在我的办公室，罗伯特与客户和访客打交道的技能是非常出众的。

我当然要推荐罗伯特。如果你还需要其他的信息，请给我打电话。

诚挚的，

南森·内斯泰德

就业情况证明信

爱伦·杜莫斯

亲爱的杜莫斯女士：

就您询问亚历克斯·特里布斯曾在我方机构的就业情况，在我们的政策允许下，我提供以下信息：特里布斯从1999年6月5日到2003年3月10日在谢克斯公司就职，职位是机械师。就职期间，他的表现令人十分满意，之后他由于搬家缘故，离开了谢克斯公司。

我们不提供薪水信息，也不提供就职期间的其他细节信息。

如果我还能进一步效劳，请打电话联系我，号码：574-555-0123。

真诚的，

黑兹尔·纳特

人力资源部

为前研究生写推荐信

亲爱的克兰主任：

爱德华·A.迈耶博士是位非常优秀的学者，有能力的老师，他工作勤奋、不知疲倦。

迈耶博士在马奎特大学的平均学分为3.8（满分4分），在北卡罗来纳州立大学的本科学习也非常优异，这都展示了他的学术能力。他参加了我的两门人力资源课程，学习优秀，两门课的成绩都是A。他表现出了学术上强烈的好奇心，学习勤奋，争取优异。我认为这些素质有助于他在这一领域做出很大的贡献。

他博士论文的部分内容已经刊登在《人力资源杂志》和《管理者文摘》上面，我认为他已经开始了学术之路。

爱德华·迈耶举行的三次演讲，我都在场，每次演讲都非常精彩。两年里，他是我的研究生助理，我也多次观察了他课堂教学的表现。每一次踏进课室时，他都准备充分，保持一种考虑周到的学习氛围，适度地挑战学生的思考。

总而言之，我推荐爱德华·迈耶博士成为行为管理学课程的教师。如果您愿意打电话，我非常乐意提供更为细节的信息。

真挚的，

赫伯特·K.克莱恩博士

只陈述事实的推荐信

亲爱的奥特：

　　斯塔尔·雷森从2005年5月10日到2006年3月15日在史迪奇公司就职，职务是客服代表。在这一期间，她得到了两次提升，每次都有相应的加薪。

　　斯塔尔离开史迪奇公司，因为她要重返大学校园。

　　　　　　　　　　　　　　真诚的，

　　　　　　　　　　　　梅尔文·威尔斯

谢绝写推荐信的请求

亲爱的杰克逊：

　　我的助手告诉我，你在申请布利克斯公司的经理一职，请我为你写推荐信。

　　回忆我们共事的这些年，我认为我们的工作关系并不紧密，我无法在布利克斯公司需要了解的方面提供有价值的评估和推荐。但如果有人向我询问你在此的就职和薪金问题，我肯定会做出回复。

　　祝你前程似锦。

　　　　　　　　　　　　　　诚挚的，

　　　　　　　　　　　　斯坦利·布莱克

（参见第二十一章"拒绝申请者"；第二十七章"谴责"；第四十章"请求和询问"；第五十五章"信用申请被拒"；第十二章"答谢"。）

第二十一章

拒绝申请者

对于收信者而言，这是坏消息，而且收信者此时可能已经处在压力之下了，所以写这样的信要特别注意技巧。目标就是要传达出善意，在可能的情况下避免让对方产生敌意。

与此同时，你有必要表达出这是最终决议的意思，不需要给出理由。如果你说明了理由，收信人可能认为你会改变心意，就会做出努力再次争取（参见第二十二章"谢绝职位"；第四十五章"拒绝"）。

内容要求

- 第一句话要积极，态度中立。
- 感谢对方提出申请，尽量对对方的技能或资格进行积极正面的评价。
- 只需要告知本机构的要求，从这一角度拒绝对方的申请。
- 明确告诉对方本机构拒绝他（她）的申请。
- 结尾要祝福对方，提出建议或其他的可能性，或赞美对方。好的建议、推荐或赞美都能增强你的善意。

注意事项

- 不要说负面的话。
- 不要把对方与获得职位的申请者做比较。
- 不需要道歉，要让对方觉得这是最后的决定。

- 拒绝就是拒绝，不要说这是另一个人的决定。

特别情况

- 回复要及时，尽量减轻对方的失望。
- 从公司需要的角度回复，不要评价申请者资格不够。比如说，不要写"你没有达到要求"，而是写"这一职位至少要求十年的经验"。
- 如果对方用电子邮件提交了申请和简历，你也可以用电子邮件回复。

模式

- 由于这类信件属于商务拒绝信件，因此用普通邮件的形式回复的时候，应该打印在有公司抬头的信笺纸上。
- 如果对方用电子邮件申请，就用电子邮件回复。

词语

符合	回应	技能	经验
老练	考虑	评定	未来
谢绝	一致	展示	资质

短句

不能录用您	感谢您付出了时间和精力
感谢您提出申请	进行了细致彻底的考量
经过委员会的评定	目前没有别的职位
您有非常好的资历	请以后与我们联系
我们会保存您的简历	我们经过仔细的考虑
我们做出了艰难的选择	需要非常丰富的经验
选择的过程非常艰难	已经选出了最终的人选

周全考虑后　　　　　　　　我们得出了入选者的名单
许多出色的候选人之中　　　收到您的申请，不胜感激

句子

感谢您申请办公室经理这一职位。

委员会决定的人选在这一领域有大量的经验。

很高兴能认识您。

我们会保留您的简历六个月，看有没有合适您资历的职位。

段落

我们的决策委员会认为你在基因工程领域会有远大的前程，他们特别欣赏您在细胞分裂方面的想法。

我们在《销售新闻》4月版刊登了招聘销售主管的消息，感谢您发来简历。您有非常丰富的经验，但这一高级职位要求在这一领域从业至少15年。

我建议您联系雷·米勒先生，他在这一领域有很多职位资源。

在您允许的情况下，我们会保留您的简历，看以后有没有合适您的职位。如果有了职位空缺或出现新的职位，我们会首先考虑手中保留的简历。

改，改，改

尽可能地简洁，尽可能地传达积极的信息。

拒绝申请者

亲爱的杰克：

感谢您申请卡斯尔公司生产经理一职。您过去五年的成就给我和凯恩先生留下了深刻的印象。但是，生产经理这一职位要求有非常丰富的罗伯茨设备操作经验。

当然了，我们不会对外公布您的求职信息，您的简历会被保存在公司档案中，看接下来的六个月里有没有合适的职位。祝您前程似锦。

您真诚的，

杰克·伯恩斯

拒绝资历不够的求职者

亲爱的科提斯女士：

感谢您向梅森工程提出求职申请。您的工作履历和面试技巧给我们留下了很好的印象。然而，正如我们讨论过的，我们设计部的现状和手里的项目需要的是在这些专业领域有技能和经验的人。

我们会把您的简历和作品样本存档。大概六到八个月之后，我们可能要扩大设计部。到时候，我们会再次评估我们的需求。如果您符合我们的需求，我们会跟您联系，安排面试。

祝您前程似锦。

真诚的，

吉姆·桑德斯

因为内部变动拒绝求职者

亲爱的施耐德女士：

很高兴有机会见到您，并且与您一起讨论了总电视台行政主管助理这一职位。

您的技能和镇定自如的状态给我留下了非常好的印象。

面试之后，我们的机构有了一些变化，这一来聘请行政助理至少要推迟五个月再进行了。

我想将您的简历存档，届时将再次考虑，我也请您在四个月之内再次与我们联系这一职务。再次感谢您的参与。也许不久的将来，我们会再次有机会讨论这一职位。

真诚的，

萨利·温斯坦

写给自由作家的退稿信

主题：关于《野餐》的回复

亲爱的乔迪：

感谢您的投稿。我们的几位编辑拜读了《野餐》一文，觉得这篇稿子不符合我们现在的编辑需求。但《野餐》一文很有前景，我们非常希望您能再次赐稿。

祝好！

艾德·格迪

资深编辑

（参见第四十五章"拒绝"。）

第二十二章

谢绝职位

如果对方提供了职位，但你不愿接受，就需要写信表达拒绝，同时传达善意。表达拒绝时，不要含糊其词，但也要讲究措辞（参见第四十五章"拒绝"）。

内容要求

- 开头要友好，或者有中立的"缓冲"。
- 感谢对方提供职位。
- 陈述事实，如果合适的话，给出拒绝职位的解释。
- 基于给出的解释，明确、清楚、积极地表明你必须谢绝这一职位。
- 结尾要诚挚，表明或重申友好的态度。

特别情况

- 搞清楚回复时间，在规定时间内回复。
- 好说好散。
- 谢绝职位后，也要保持交流渠道的畅通。

注意事项

- 表明这是最后的决定，不用再商量。
- 你要说的并不是好消息，不要长篇累牍。

- 不要让对方觉得如果修改条件，你还可以再考虑。

模式

- 用个人信笺纸打印信件。
- 如果申请过程用的是电子邮件，谢绝职位时也用电子邮件。

词语

承认	感激	合适	回复	机会	决定	慷慨	考虑
困难	描述	目标	荣幸	提议	喜欢	谢绝	选择

短语

非常感谢您录用我	我在深思熟虑之后
艰难的决定	权衡了所有的因素
我必须谢绝	我不能接受
我不能接受这个职位	我当然是深感荣幸，但是
我当然是仔细考虑了	我的决定就是
我认为的确是不合适	我深感遗憾
我最后的答案是	感谢您提供给我

句子

昨天见到了您优秀的工程师团队，很是高兴。

您的质控系统有序高效，给我留下了深刻的印象。

感谢您精心策划了整个面试过程，感谢您给我提供营销经理的职位。

段落

过去一个月，威克里夫公司为工厂经理一职进行了面试和筛选，我很享受这一过程。

我相信您，布拉德·威廉姆斯，和丹尼斯·布莱德利组建了一个杰出的团队。

梅特卡夫公司给我提供了客户事务部门副总管的职位，我深感荣幸，这是非常好的机会。但是仔细考虑之后，我只能谢绝。

洛克哈特和温德尔公司慷慨地提出让我成为合伙人，12年来，这是我一直奋斗的目标。你、大卫和雅各布相信我有能力担任这一职位，我深感荣幸。可是，最近两天，我经常审视内心，也与妻子孩子们谈了很多，我必须拒绝这一职位。

很高兴认识您，还有克拉奇公司的其他人。你们整个部门都非常关注细节，这一点让我印象深刻。面试之后，您慷慨地给了我这份工作，我自然是深感荣幸。

改，改，改

你的终极目标就是简明地表达"不"，同时表达出友好。

因为有更合适的职位，谢绝对方	谢绝不合适的职位
亲爱的哈里森先生： 您给我提供了斯莫斯公司系统分析师一职，我深感荣幸。您的员工精诚合作，您对产品展现出的工艺也非常骄傲，这些都给我留下了非常深刻的印象。 然而，在斯莫斯面试后，我得到了另一个职位，更加符合我的职业目标，我已经接受了。 感谢您花费的时间，感谢您选择了我。请代我向鲍尔·韦斯特和大卫·温特斯致谢。很高兴认识了您，还有斯莫斯团队的其他人。诚挚希望以后我们还有见面的机会。 您真诚的， 瑞克·沃特斯	亲爱的本恩： 感谢您给我提供了斯卡格斯公司公共关系运作主管的职位。我评估了这一职位的所有条件，本想找到共同之处，可惜未能如愿。我不能接受。 祝您一切都好，希望您能找到合适的人选。 诚挚的， 格瑞·格拉夫

因为接受了更符合家庭需求的工作，谢绝这一职位

亲爱的布朗沃德先生：

我收到了您的来信。您增加了福利待遇，再次向我提供这份工作。感谢您的慷慨大方。

面试过程中您对我礼遇有加，特别是下班时间的面试安排，我对此非常感激。

我见到了治疗团队，非常高兴，我感觉您的项目非常重要，在接下来的几年肯定会朝着您设定的目标发展得非常好。

所有的这一切都让我的抉择非常艰难。最终我还是选择了接受在洛杉矶的另一份职位，那份职位不仅符合我的职业发展目标，还能顺应我妻子的职业生涯。

感谢您为我做的一切，我非常感激您的体贴。希望以后在各种各样的专业委员会上我们能有共事的机会。

诚挚的，

霍金纳德·麦克唐纳，

医学博士

第四部分

职场交流

用词准确就是你有力的经纪人。

——马克·吐温

第二十三章

职场通信

职场通信是一个大的范畴，而不是一种具体的信件类型。事实上，这本书中的其他章节已经覆盖了这一范畴内的很多信件和备忘录，但我们也要把这种通信看成一种记录雇主和雇员关系细节的通信种类，这一点也颇为重要。

职场通信反映了雇员和雇主的不同视角，反映了雇员与就职机构的关系，应该成为该雇员个人档案的一部分。

一开始，在申请者求职的时候，潜在的雇员和雇主之间会有数封信件往来。显然，对于申请者而言，能够尽可能多地与潜在的雇主进行得体的联系，最符合他（她）的利益。

比如，每一次的电话交谈，每一次的面对面会见，申请者都可以为自己创造出用便条、备忘录或信件跟进的机会。这些交流可以在展示申请者的写作技能方面起关键作用。如果申请者得到了这份工作，这些文本就会进入雇员的人事档案。受雇期间，雇主和雇员之间的书面交流记录了这段雇佣关系，将更为重要。

因为各种诉讼，档案中最重要的一部分内容是负面的信息，比如谴责、解雇，或辞职。这些文档都很重要，因此撰写的时候考虑要周到（参见第二十七章"谴责"；第二十九章"解聘员工"；第二十八章"辞职信"）。

应用范围

这一种类的信件、备忘录和其他文件可以用于：

- 回复工作申请

- 申请工作
- 与雇主交流
- 与雇员交流
- 成为记录雇主和雇员关系的文档中的一部分，有表现评价、薪水、加薪、假期、医疗保险、升职、谴责等等

内容要求

- 为申请工作者提供信息，为机构创造积极正面的形象。
- 写信通知表现优秀的员工，并形成惯例。这一做法能够传达极大的善意，通常会提高工作质量。
- 保留职场信件的备份非常重要：机构与员工之间的所有协议；头衔的改变，财务协议的变动；还有雇主和雇员之间的其他决定。以书面形式保存这些内容，在个人档案中要有备份。
- 不同的信件有不同的格式，除此之外，保证信件的内容清楚明白，切中要点。
- 信件要有主题；主题要清楚简短。
- 信件内的解释要有事实做后盾。
- 信件结尾要友好，或者积极向上。
- 所有的矫正举措都要有记录，并且要保存在员工档案当中（参见第二十七章"谴责"）。
- 在与员工的关系中，注意当前的法律要求，所有相关记录都要保存。

注意事项

- 撰写书面记录之前，查询相关法律、规定和政策，避免会引发法律纠纷的言论。
- 尽量不要写负面消极的内容。你想说的话，都可以用积极正面的语言表达出来。如果你很生气，私下处理愤怒情绪，不要把它们写到信件中。你写的所有信件都可能成为员工记录的一部分。
- 不要用书面信息避免口头交流。比如说，雇员的书面信息一般是面对面

谈话的记录存档。除非有机构政策允许，并且还是在安全的计算机系统的保证下，不要用电子邮件来交流人事事务。

模式

- 雇主和雇员的交流中，最常用的形式就是公司内部备忘录。除此之外，还有聘用、解雇和辞职信件。在这些情况下，要使用个人信笺或有公司抬头的信笺打印正式信函。

句子

从 2 月 17 日到 25 日，午夜到早上 8 点期间，没有值班的安全员。

你预约的全面体检日期是 7 月 5 日。

晋升你为科比特公司财务副总裁，于 2011 年 7 月 1 日生效。

到目前为止，你已经用完了 2011 年 4 月 1 日到 2012 年 3 月 31 日工作年度的带薪病假。

感谢你询问继续施行弹性工作时间的事务。

段落

正如之前我与你讨论过的那样，你为本部门制定的 2011 年 7 月和 8 月的度假安排有损公司的运营，造成了额外的开销，还可能导致两位客户的流失。其间，我们收到了 23 位客户重复收费的投诉，原因是付款没有及时输入电脑。另外，我们的员工还发出了 20 多起投诉，称你的部门没有人解答问题。

你提出了 2012 年 3 月 1 日到 7 月 31 日期间请假的要求，我已经进行了审核。请今天早上 10 点到我的办公室来讨论这一事情，并带上医生开出的请假证明。

得知市场部门出现了人际矛盾，我感到非常遗憾。我已经审核了你提出的调动申请，有三种可能的调动方式。请于星期五上午 10 点到我的办公室来讨论这一事宜。

改，改，改

　　去掉多余的话，段落安排要清楚，让对方读起来轻松明白。即便交流的内容并不轻松，也尽量正面积极地结尾。

性骚扰指控

［日期］

亲爱的丽莎：

　　现在我来回应你投诉上司艾伦·瑞克对你进行了性骚扰一事。正如我们上次在我办公室讨论的那样，我们公司致力于保证所有员工工作环境的积极正面，也就是说，我们不会容忍性骚扰。

　　我已经让生产经理莫特·詹森和人际关系部门副管珍妮弗·斯旺对此事进行全面调查。按你的要求，接下来一两天的时间内，他们中的一个或都会就此联系你。

　　我们会不遗余力，尽快公正地处理这一事件。如果你还有其他的问题或意见，请联系珍妮弗·斯旺或者我。

真挚的，

玛拉·德拉普斯

醉酒警告

［日期］

亲爱的拉斯：

　　今天早上我们已经讨论过了，这是你的第二次警告，也是最后一次警告——麦格劳机械不允许以醉酒状态工作。你的第一次警告通知发送时间是2011年5月15日，通报了你在2011年5月12日被发现处于醉酒状态（附上报告副本）。

　　明天上午9:30请到我的办公室，向职工委员会提出申辩，否则你将于2011年6月15日被解雇，当日生效。星期四，职工委员会将给出他们的决定。如果要继续在此工作，你需要提供一份戒酒治疗方案。

　　拉斯，我们都希望你能努力改掉这一习惯。我们不想你走。

真挚的，

约瑟夫·达顿

晋升被拒

亲爱的亚历克斯：

　　感谢你竞争99821号工作机会。整个抉择过程非常艰难，你是有很大机会的。但是，对21位申请者进行了最终的评审后，梅尔·布格得到了这一职位。

　　今天早上开会时，我向你宣布了这一让人失望的消息，很抱歉，但是我坚信，凭你的能力和出色的工作记录，在不久的将来，你就能得到同等的机会。

真诚的，

玛蒂娜·麦克菲

关于表现不佳的报告

备忘录

收信人：理查德·帕克斯

发信人：吉姆·福斯

主题：里克·哈森表现不佳

　　这个月，我第四次接到客户电话，说里克·哈森在分析客户账户时出现了严重错误。理查德，这些错误出现在我们最重要的客户账户中的四个里（请参看附上的报告）。

　　所有的这些客户都要求调换分析师。请你处理一下这个问题，然后在星期五告知我新接手的分析师，好吗？

解决徇私的投诉

收信人：尼克尔·拉萨尔，经理
发信人：桑德拉·路易斯，人事部主管
日期：2011年5月10日
主题：员工投诉

正如今天上午我与你讨论过的，我们已经收到了四起投诉，都是投诉你对待下属时有徇私情况的。

我认为你可以召开部门会议，解释一下提拔乔安·布尔斯做副经理的标准和选拔过程，以此来解决这个问题。

请在10月12日告知我这一问题是否在没有人事部门干预的情况下圆满解决了。

我会在10月17日与你联系，讨论这一投诉的解决情况。

推荐员工晋升

收信人：杰克逊·戴维斯
发信人：薇薇安·隆
日期：2011年1月10日
主题：丹尼尔·万德的晋升

我推荐丹尼尔·万德晋升为第四区域销售经理，于2011年7月1日生效。他过去18个月的表现符合晋升的标准，在某些方面甚至有所超越：

· 在第四区域，他的销售额是最高的。丹尼尔的销售额已经超出了既定目标11%。

· 他的客户通信中，98%的客户给出的评价是"非常满意"，显示出了他的管理能力。一起工作的销售人员对他也非常尊敬。

· 我必须高度评价丹尼尔制定的计划。今年，他设定了寻找45位新客户的目标，实际上，他找到了57位。他制定了直接邮寄广告的方案，回复率达到了12%，完成了既定目标。在他的跟进下，所有回复信件的人都成了客户，然后他又从最初的邮递列表中争取了另外10%的客户。他还表现出了根据公司变化调整计划的能力。

我的结论就是：在我们衡量能力和能动性的标准方面，丹尼尔得分都非常高。虽然他资格并不老，但我们还是可以让他晋升这一职立，以此作为对他的奖励。

第二十四章

介　绍

　　出于社交或商业目的，介绍一个人给另外的人认识，介绍信是为了这种颇为棘手的社交情况而诞生的。如今，社会流动性很强，在自信成风的商业和社交场合，我们有很多即时沟通的方式。因此，不同于过去，书面介绍信现在已经很少使用了。在商业场合，介绍信的人情意味很少，而社交场合的介绍信，其人情意味要多一些。

　　现在，介绍信更多地变成一种自我介绍的方式，比如开设网上课程的教授写给学生的自我介绍信；介绍信也用于介绍新员工或机构代表，比如产品经理或销售代表；或用于介绍新产品或新服务。

　　现在，介绍信的目的是证明、推荐和解释三合一。比如，教授开设网上课程时，他（她）会自我介绍，给出简短的个人简历、课程资料清单、课程简介、课程覆盖内容，还有对学生的要求。

应用范围

　　在以下情况中使用介绍信：

- 介绍一个人给另一个人认识
- 新员工
- 新产品或新服务项目
- 介绍一个服务项目或机构给另一个
- 介绍自己，对象是下属、客户、学生，或在商业社交场合要认识的人

内容要求

- 介绍信自然就带有被介绍人愿意被介绍的含义，你要真心诚意地介绍。
- 给出被介绍人的全名，还有一些背景信息。比如说，介绍新员工，就要给出此人的职位、起聘日期，在合适的情况下，还可以告知此人在谁的手下工作。还可以列出相关信息：新员工的经历、教育、专长、曾受聘于何处、主要的客户、特别项目和奖项。最后请其他员工欢迎新员工。
- 说明自己为什么要介绍双方认识。给出双方可能拥有的共同特点、兴趣和别的有用信息。
- 介绍信要友好而简短。
- 如果有可能，至少说出一两点共同之处。
- 建议见面的时间、地点和安排，但不要让收信人觉得自己有义务款待你要介绍的人。
- 介绍某人、某项服务，或加入某个机构时，告知收信人他（她）可能得到的益处。
- 要给收信人婉拒的机会。
- 感谢收信人。

注意事项

- 不要随意写介绍信。比如说，你觉得被介绍人不值得你介绍，就不要写。
- 不要想当然地认为收信人会迫不及待地想见到被介绍人。"我知道，你肯定会很高兴见到他"这样的句子，不要写在介绍信中。
- 不要过于唐突。你可能觉得你是在帮助你介绍的这个人，但即便如此，你也要为对方考虑。
- 即便你写了介绍信，也不意味着收信人就要款待你介绍的人。一定不要暗示这一点，也不要如此提议。

特别情况

- 在用介绍信给顾客或客户介绍新的销售员工的时候，也要遵守所有的原则。此外还要表达出你支持双方的意思，这一点很重要。

模式

- 在收信人是你的私人朋友的情况下，你可以手写信件。但一般情况下，介绍信应该使用有公司抬头的信笺、个人信笺，或普通信笺，并且打印出来。
- 如果要向数位收信人发送介绍信，比如向顾客或客户介绍新的销售代表或销售人员，就可以使用通函[①]的形式。
- 介绍他人进入俱乐部、团体或协会的介绍信，最好打印在个人信笺或有合适抬头的信笺纸上，但也可以手写。

词语

背书	个性	互利	伙伴	见面	建议	介绍	敬仰
利益	偏爱	同事	推荐	喜欢	有趣	愉快	支持

短语

不要觉得有义务	非常感激
非常合适	很多共同之处
很高兴介绍	介绍你认识
你也许会想要认识	如果你有时间
推荐你认识	我非常欣赏她
我非常尊敬	我亲爱的朋友兼同事
我是否可以提议	与她讨论一下，会有收获

---

① 具有固定格式，可以同时分寄多人的一种信函。——编者注

句子

如果你能拿出30分钟的时间见一下她，我觉得你不会后悔的。

我听你提过，说想要见一见艾伦·比尔德博士。

我敢肯定，你和詹妮弗碰个头，对双方都有好处。

亚历克斯·里弗斯是我非常要好的朋友，他下个星期会来旧金山一趟。

关于疾病控制的新理论，我给你提过琼·布鲁克斯东。

段落

詹尼·克莱顿是我非常要好的朋友。21号那周，她会到旧金山参加全国广告大会。我知道你在寻找冷却器广告的设计者，她平面设计的风格正是你需要的。

正如我在电话里说过的，爱丽丝·布拉德福德会在20号晚上入住市中心的帝国酒店。这之后，你可以给她留个消息。她说过，22、23号的午餐时间，她都没有安排。我们也讨论过了，我给她说过，你可能会给她打电话。

廷克是个很好的人，除了竞选工作与你相关之外，她还有好几个兴趣都与你相似：赛马、悬挂滑翔。我相信，你以后的项目可以用得上她，如果你可以见上她一面，这会实现的。

改，改，改

你要做的只是创造一个机会。保证你提供的信息直接、清楚、简洁，语气友好真挚。

介绍朋友

亲爱的克莱尔：

我在电话里也给你讲过，艾德琳·麦克杜格尔是利莫内的设计师。下周，她会到巴尔的摩参加妇女论坛，届时将入住市中心的费尔芒特酒店。我觉得你和她有很多共同之处。既然你也要出席妇女论坛，这正是见面的好时机呢。

其余的事情就都看你了。如果论坛的事情太繁重，你抽不出时间来，我和艾德琳都理解的，毕竟论坛才是首要的。

预祝论坛一切顺利。

真挚的，

斯特拉·戴尔

为朋友给俱乐部写介绍信

亲爱的德尔玛：

我和桑德拉有幸能给格林伍德乡村俱乐部介绍温恩和格洛里亚·斯蒂克勒夫妇。十五年来，斯蒂克勒夫妇一直是沙克高地乡村俱乐部的杰出会员。三个月前，他们搬到了丹佛。

十七年来，斯蒂克勒夫妇一直是我们生意上的伙伴，也是我们的私人朋友。他们都是非常好的人，为社区的肺病募捐做出了很大的贡献。

如果斯蒂克勒夫妇想要加入格林伍德俱乐部，为他们做介绍人将是我和桑德拉的荣幸（他们能帮助我们在网球混合双打中获胜，这一比赛我们的获胜机会向来渺茫）。

真挚的，

德克斯特·多德

为顾客介绍销售代表

亲爱的伯尼：

我写信是为了介绍史密斯&弗伦奇公司在第四区的新任销售代表内德·雷米克。下周三他会到瑞克公司拜访。

内德毕业于维多利亚学院，在新泽西州的约翰斯无菌产品部门工作了七年。在他们的医疗器械部门，他有五年都是年度最佳销售代表。

你会发现他对我们的整个产品线非常了解。他很有声望，是一位优秀而严谨的销售人员。

哦，对了，内德还是货运改装车赛手，也是B-52型轰炸机的粉丝。

请多拿出一点时间跟内德谈一谈。希望你也觉得他不错。

友好的，

乔治·柯德

介绍研究生

亲爱的罗德姆博士：

我写信是为了介绍艾奥瓦大学我们系的博士候选人凯文·B.德尔。正如我们之前讨论过的，你愿意让德尔看一看你的专注实验，我非常感激。我敢肯定，你也会觉得他非常聪明。他也准备好了与你探讨我们这边的相关工作。

如果我也能帮上忙，一定要让我知道。对我们的项目，你如果有推荐人选，我一定考虑。

星期三上午，凯文会给你办公室打电话，商量见面的时间。

祝好！

加尔斯·沃德

介绍生意伙伴

亲爱的肯奇塔：

很高兴能给你介绍玛格丽特·梅里特，过去十五年里，她一直是书虫公司的副总裁，负责书籍购买。现在因为家庭搬迁，她离开了我们公司，搬到了贝克斯维尔，对我们来说是损失，对你来说则可能是收获。

玛格丽特立刻就可以上手管理你的店，也许你就可以开始早就应得的无忧无虑的退休生活。

玛格丽特和她的丈夫吉姆会在本德待到25号，我想她肯定愿意见上一面。拨打电话号码555-0123，你就可以找到她。

收到你的信真高兴。请代我向拉夫问好。希望能收到你在世界各地旅游的明信片，这是你应该享受的生活。

祝好

乔·罗伯茨

介绍商业服务

亲爱的玛吉：

几个月前，我们谈论过找一家会计公司来做审计和提供其他金融服务。现在我想给你介绍亚瑟·Q. 斯莫尔，这是一家全能型的小型企业会计服务公司，就在我公司附近一座小城市的西南部。

玛吉，这个人真的很棒。他来到我办公室，拿走了记录（也可以在现场审查），第二天就给我送来了结果和完整的审计，以及我需要的其他服务结果。服务的质量、收费的低廉，还有他轻松就能完成工作的态度，我对这些真是非常满意。我一定要告诉你的是：他为我设计了一套新的记账程序，在我的委托下管理，到现在给我省下了很多钱。你可以看一看他的网页www.small.com，上面有完整的服务项目和收费标准。

如果你还在找会计服务，可以给他打电话，号码是555-123。

祝好

艾琳娜·布茨

作为教授，自我介绍

亲爱的学生们：

我想先做个自我介绍。我是丹尼尔·Q. 洛格特博士，是你们网上创意写作课程402.A：电影剧本写作的教授。

1988年，我毕业于艾奥瓦大学，获得文科硕士学位，随后进入科罗拉多大学法学院学习，于1991年毕业，并取得法学博士学位。我曾在赫伯特、雅各布斯和海斯纳特律师事务所执业，七年后，我回归了我真正喜爱的行业，为电影撰写栩栩如生的人物。业余时间，我在版权领域继续我的律师生涯。在过去的七年中，我写了七个剧本，其中的四个卖给了梦之野制作公司。这四部电影已经制作发行，分别是《不过是甜点》《愚人节》《军阀》和《庆祝》（如果你们给这些电影写了评论，你们将有机会在课堂上念一念）。

这门课的细节我都列在了我的网站上：www.isu.edu/screenwriting。课文、作业和时间安排也都贴在了网站上。大家需要参加网上聊天室的讨论，时间是星期二晚上7点到9点半。论坛的问题和评价可以发到邮箱cwlists@isu.edu。

如果有什么别的问题，可以联系我，或我的助手德纳·史密斯，电话号码：805-555-0123，电子邮件：drogett@isu.edu。

欢迎来到我们的电影剧本写作课程。这一学期你们上课会很辛苦，但是到了课程结束的时候，你们就该完成了第一个剧本的初稿。

真诚的，

丹尼尔·Q. 洛格特博士

（参见第二十章"推荐信"。）

第二十五章

备忘录

　　备忘录是所有机构的命脉，是机构内部成员之间非正式的书面交流。备忘录可以是简短的便条、报告，或者计划、分析或提议之类的长文件。同时，我们也会用备忘录与有联系的其他个人和机构交流。现在，备忘录通常以电子邮件的形式发送，但也并非总是如此。

　　备忘录的正式程度和长度都不尽相同，文体在语气上应该是对话性质的，专门针对收信人而写。有些机构仍然称这些备忘录为内部信件、办公室信件或组织内部报告，更多的时候，如果他们使用电子方式发送备忘录，他们就称之为"电子邮件"。

　　备忘录提供了决策和行动的明确记录，对于任何机构的成功运作都至关重要。除了记录决策和行动，备忘录还能提供信息、发出指示、发布消息、提出请求、发送文件。要知道，写备忘录的能力很重要，既可以在事业上助你一臂之力，也可能成为你的拦路石。备忘录写得好，有助于你建立良好声誉，也有助于你得到提升。

应用范围

　　策略地在以下情况中使用备忘录：

- 在整个机构传达信息
- 自上往下或自下往上地交流政策和规程
- 创建永久性的机构规划、决策、指示和行动记录
- 确认口头的讨论和决定

内容

下笔之前

- 了解你所在机构的备忘录政策和条款，特别是在汇报权限、规章和备忘录的储存归档方面。备忘录写给谁，副本发给谁，要按照规矩来办。比如说，在许多机构中，如果中层经理写了备忘录，收件人是自己的上司和副总，这就意味着这位经理有直接向这两位汇报的权限。在这个例子中，如果备忘录是抄送给副总的，可能意味着经理有直接向上级汇报的权限，同时也拥有向副总汇报的通道。在一些机构中，如果直接给副总发送备忘录，可能会被认为是越级上报。

- 想清楚为什么要写备忘录（肯定不应该是写着玩儿）。

- 确保自己已经掌握了所有需要的信息。如果还有疑惑，就进一步研究调查。

- 咨询相关人员，获得他（她）们的信息，然后再动手写备忘录。

- 完成必要的调查，拿到所有的背景事实和信息。

- 参考第一章"入门"的内容，应用其中的原则，写出好文章。

- 记住，一份备忘录处理一件事情。两件事情，就写两份备忘录。

- 如果发现自己找不到明确的立场，就再想一想自己为什么要写备忘录。

下笔之际

- 用简洁的中心句开头来表达主题。

- 写信的时候心里要想着收信人，选择最恰当的语言。交流要有对话感，让对方容易理解，同时也要有条不紊。

- 列出备忘录的要点，把要表达的内容分为开头、主题、结论、归纳和推荐的部分来组织你的语言。你可以选择时间顺序或因果顺序，看哪一种更有逻辑。恰当使用小标题、列表和数字，让你的表达更为清楚，更容易阅读。

- 使用主题栏，清楚明白地告诉对方这份备忘录要处理的问题。比如，主题：星期五安装新纽顿复印机（型号150）。请记住，主题往往也是备忘录归档的根据。更多的例子：

改前	改后
主题：表现评价	主题：罗伯特·莱斯，表现评价
参考：7月和8月的度假安排	参考：运输部门7月和8月的度假安排
主题：销售培训讲座	主题：5月10—25日销售助理的销售培训讲座

简洁明了，尽量使用积极正面的词汇和动词。

编辑修改

再次阅读，删掉非重点的内容，更有逻辑地安排信息。

问自己以下问题：

- 对方需要知道的所有事实，我都写下来了吗？
- 是否覆盖了时间、地点、人物、原因、事件和方式这些基本的问题？
- 是否按照逻辑顺序陈述了观点？
- 是否使用了小标题和数字来让表达更为清楚？
- 行文流畅吗？
- 段落之间是否有过渡转折？
- 我的备忘录是否有总结，或者是否指明了行动的方向？

注意事项

- 如果不能确定网络的安全、没有全面理解萨班斯–奥克斯利法案[①]和所在组织电子邮件的相关政策，就不要通过电子邮件发送法律、会计，或涉及隐私的人事信息。
- 如果要在备忘录中粘贴他人准备的材料，首先要获得对方的允许，并且要指出材料的来源。
- 不要含糊其词。直接、明确、具体。
- 不要使用专横的语气（比如说，"我命令""你必须""我们已经决定了"等等）。现在，大多数机构都不接受这样的语气。
- 不要在备忘录里指责他人或抱怨。

[①] 美国于2002年设立的法案，旨在保护投资者不受公司虚假财报的欺骗。——编者注

- 不需要铺垫。备忘录要开门见山。

- 不要使用备忘录发送"我也是"一类的信息，除非你是被要求表明建议或投票的。如果你不提供新的内容，可以发送"我同意"或"我不同意"。

- 如果能用简单的词汇，就不要用复杂的词汇。如果技术性词汇最为准确，而且大家都明白，就要使用正确的技术性词汇。

- 避免负面、指责性、命令式，或严厉的词语和短语。不应该在备忘录里表达你的负面情绪。如果有这样的词句，你就该换一换了：

➢ 你没能做到	➢ 我坚持
➢ 强迫	➢ 你忽略了
➢ 立刻传送	➢ 就是你的错
➢ 你犯下了不可饶恕的错误	➢ 你的失职
➢ 不接受任何借口	➢ 采取了错误的行为
➢ 工作拖沓	➢ 表现很糟糕

- 避免使用"最"这个字。事实、数字和数据更好。

特别情况

- 不要在备忘录中写下可能会被起诉的内容。备忘录中不要有种族歧视和性暗示的内容。如果你对备忘录的内容有疑惑，询问律师。

- 不要忘了，你写下的任何内容都可能被公开，成为困扰你的材料，即使你在备忘录上标注了"机密"，也是如此。你所谓的私人备忘录有一天也会被公之于众。

- 要给自己"思考时间"。也许到了明天，你就不想发送这份负面消极的备忘录了。事实上，每一份备忘录都要尽量写得正面积极。

- 排版要赏心悦目，这有助于传达你的信息。

- 措辞要有分寸，不要走极端。不要用"从来不"和"总是"这样的词，也不要选择指责性的表达（顺便说一下，之前的草稿也要销毁。废纸篓里的纸条或硬盘里的文档可能会出现在让你尴尬的地方）。

- 不要泛化。一定要把你写过的东西存档。

- 使用恰当的机构渠道。不要越级。

- 备忘录记录了信息来源。你的好点子应该以备忘录的形式发送，而且要存档。如果公司允许，还要在上司那儿存档一份。

- 如果你提出了问题，备忘录里也要提出解决方案，至少要提供将来行动的选择方案或计划。
- 如果是即将到来的会议的备忘录，注意以下几条：
  - ➤ 陈述你的目标。
  - ➤ 给出行动计划的大纲。
  - ➤ 分配好任务，保证参与者准备充分。
  - ➤ 谁、什么事、什么时候、在哪儿？这几个问题是否都能回答，检查内容是否齐备。
  - ➤ 给出举行会议的理由。比如说，这次会议是应谁的请求而召开的，指出来。
- 会议的日程：
  - ➤ 给出行动日程。
  - ➤ 给出列表，谁、什么事情、什么时间、在哪儿（怎么做和为什么可能是会议的目标）。
- 进度汇报：
  - ➤ 使用表示行动的小标题。
  - ➤ 使用动词。
  - ➤ 汇报要简洁而完整。
  - ➤ 总结行动。
- 公告：
  - ➤ 机构的成员都要通知到。在做出决定、产生重大变动前，应该进行讨论，考虑评价和反馈，斟酌其他的选择。这样，就能避免有人觉得受到侮辱或没有参与。
  - ➤ 口头宣布晋升、辞职和调动，然后再用书面的公告跟进。
  - ➤ 人事任命时，可以用一两句话提及此人的兴趣爱好。
- 坏消息的备忘录：
  - ➤ 确保本机构成员最先从你这儿了解到坏消息，而不是从外来的信息源处得知。
  - ➤ 尽可能用积极正面的句子开头。
  - ➤ 明确说明问题或坏消息是什么，机构打算如何处理这一问题。

> 对自己犯下的错误或误判负责，并清楚地说明是什么样的错误或误判，但不要卑躬屈膝。
> 说明对机构及其成员造成的影响。
> 说明具体的合作或行动。
> 有任何新消息，保证通知机构成员，而且要做到。

- 政策和规程备忘录
  > 具体说明为什么要执行这些改变，一定要给出时间、地点、人物、原因和方式这几方面的信息。
  > 从现状的角度解释改变的具体性质。
  > 要尽可能地给对方回复提供方便。
  > 使用表格、数字和小标题，帮助阅读者更轻松地领会到要点。

- 推荐
  > 推荐内容放在备忘录的前面。
  > 给出推荐的理由。
  > 简短地说明其中的好处。
  > 结尾重申推荐的内容，告诉阅读者下一步行动是什么。

例外情况

- 有些机构用备忘录与其他机构进行交流。比如说，公关公司或广告代理商经常使用备忘录与客户交流。这类机构发送给客户的"客户备忘录"或"联系备忘录"记录了决策，为做账提供信息。
- 有些机构依然在备忘录表格里手写信息给顾客，快捷方便。这种表格包含了几种表单和原始数据的副本，这份副本将与顾客回复的副本保留在一起。
- 某个机构下的从属机构也可能使用机构内部的备忘录。

词语

报告	大纲	发起	分配	分析	附上	更新
规程	行动	回顾	会面	截止日期	进度	开始
名单	确定	输入	顺序	提醒	提议	通知

信息   修改   宣布   政策   指导   方针   指示

状态   总结   撤销   建议

短语

我们所有的深度调查和讨论表明

所有的消息都过时了，以下是我们得知的

所有的事实表明

我认为这会有助于解惑答疑

感激你提供信息

我们初步的结论是

计划开始使用这一规程

请确认要参加

请通知大家这一信息

变革生效的日期是

提出了行动计划

总结昨天的会议

我们很高兴地宣布

告诉你一则好消息

你就会明白为什么会得出这些结论

句子

句子表达简单有力，言简意赅。删去不必要的单词。

感谢你推荐吉姆·伯克出任副主管一职。

你建议执行弹性工作时间的政策，我对此很有感触。

很遗憾，我不能通过你7月1日到15日的度假请求。

四月的生产数据比现有水平低4%。

我只是想告诉你，你是这一职位的候选人之一；选拔程序于12月7日开始。

生产数字第一次超过了预期。

我们会为生产主管们举行一次特别的性骚扰研讨会。

二级或之上级别，5月16-17日，早上9点半到下午4点（提供午餐）。地点：摄政酒店。

根据迪克·鲍尔的建议，我想请你发送一份2月7日关于P-14模型的备忘录给我。

段落

主题：德瑞克公司的新弹性工作时间促进了生产，减少了缺勤

根据德瑞克的系统数据，在二级人员中实施弹性工作时间后，过去六个月里，生产效率提高了16%，缺勤率降低了15%。我认为我们可以依据德瑞克公司弹性工作时间的方案进行借鉴调整，适应雷克斯公司的需求。以下是背景信息、优劣讨论（其中包括了对其他部门的影响）、财务影响申明、以及执行推荐。

主题：附件为费雪合同终稿

附件为费雪合同终稿，按照今天的电话会议进行了修改，请核查。如果有条款不符合必要的安全要求，请在今天下午4点前与我联系。以下是改动清单：

第7页，第4行

"相关人员"改为"生产线人员"。

第9页，第12行

"此合同有效期为7个月"改为"此合同有效期为9个月"。

主题：灰岩酒店了状态报告

我今天与乔·亚当斯见了面，完成了新的销售宣传册里插入页的核查。所有的内容都通过了。我在等他最后的数据，然后我们就可以进行排版、完成印刷。封面已经在印刷过程中。

改，改，改

使用简单明了、有力的词语。

理事委员会会议安排

主题：对理事委员会会议的安排

这次会议将于10月10日下午2点在董事主会议室举行。

发言人	议程	目的	时长	背景阅读
K. C.	生产	信息	10分钟	制造部报告
E. E.	开销分析	信息	10分钟	财政报告
A. M.	市场报告	讨论	45分钟	市场研究报告
S. B.	设备	信息	15分钟	操作报告
M. M.	长期规划	决定	45分钟	年度规划报告

请大家提建议

主题：人事手册建议，2月10日之前（含）

请大家给人事手册的修改提建议，截止日期是2月10日。手册的修改程序如下：

1. 请查看现行的手册，与部门人事讨论，在认为需要修改的政策上面标上符号。

2. 以书面的形式把这些建议发给我，截止日期是2月10日。

3. 我会把所有的建议汇总，整理成"关于手册的员工建议"，于4月25日发还给大家。

4. 在部门内讨论这些建议，将进一步的讨论意见反馈给我，截止日期5月1日。

5. 部门主管于5月10日上午9点半在会议室开会，做出最后的修改决议。

推荐

主题：推荐玛丽·特尼为媒体关系发言人

我推荐玛丽·特尼担任动感玩具公司的媒体代表。自从我们的新野牛比尔公仔发布后，媒体问题就出现了，玛丽能解决这些问题。媒体一直在采访那些离开了工厂的人，使公众看到的尽是不准确的信息，这也导致在公众的心目中，动感玩具的形象前后矛盾，甚至有时是负面的。

玛丽在媒体关系和新闻发布方面有经验，能胜任这一工作。我认为，她出任这一职务能够扭转我们的公众形象，还有助于野牛比尔公仔的推广重回轨道。

我建议我们在1月15日（星期五）下午2点半的董事会议上进行投票。请把这一项记入议程安排。

任命通告

主题：艾米·波塞出任市场部副总

很高兴向大家宣布，艾米·波塞将于4月1日成为我们市场部的副总。过去五年里，艾米就职于亚当斯电子系统公司，职位是副市场主管，在她的帮助下，亚当斯的年度总销量从2,100万美元增加到了3,500万美元。她非常了解我们公司，已经开始制定计划，准备扩展电路部门了。

艾米从麻省理工学院毕业后，首先在西海岸的太平洋系统公司工作了三年，是负责统一线路的区域主席。

让我们一起来欢迎艾米吧。

创建新项目

主题：创建住宅和商业地产教育/实习生项目

我想与你讨论一下在伍兹公司利用NACREE成员为客座讲师，创建住宅和商业地产教育/实习生项目的可能性。你能在4月23日（星期五）的下午2点到董事会会议室一下吗？我们花30分钟的时间讨论一下项目题目、具体人员和日期。

请在明天下午4点之前回复。

顾客备忘录

主题：城堡广告/"史蒂夫·沃森经典高尔夫"的赞助权

今早我和"史蒂夫·沃森经典高尔夫"项目的制作人谈过了，还在《经典节目》杂志上预订了四分之一页的黑白广告。这将使我们成为"球洞赞助者"，可以得到高尔夫锦标赛的两张入场券和宴会、早餐、午餐的餐券各两张。现在我们可以在三个选项中选择一个：

1. 将球洞赞助升级到全页四色广告（取代原本的四分之一页黑白广告），这将需要 1,600 美元。
2. 另外支付 250 美元，在"球洞赞助者"可以获得的权限中加入一位高尔夫球手。
3. 选择成为"合作赞助者"——将加入三名高尔夫球手——这需要 2,250 美元。在这一价格下，宴会、早餐、午餐将被取消，但我们可以在接待帐篷里主办一张餐桌。

我建议选择选项 1。这是最佳选择，可以让我们在刊物发行的小范围内发布广告（杂志将印刷 10,000本），同时这一刊物将作为纪念品留存。

请在 5 月 26 日前做出决定并告知我。

新规程

主题：新计算机备份规程

在周五，接待室发生了火灾，因此，我们的保险承保商斯特公司要求我们在计算机文件备份方面进行规程变动。尽管这一次麦格公司没有损失任何文档，但因为一直以来我们没有要求每个部门备份计算机文档，也没有要求将备份文件储存在线下，损失是有可能发生的。

经过集思广益和细致的讨论，新政策制定如下，今天开始执行：

· 使用计算机工作的员工负责备份、更新文件，每小时一次。每个部门进行具体的安排。
· 如果你的工作是离线完成的，记得要在公司的计算机系统上备份。
· 每个星期，玛格丽特·威利会检查重要信息线下备份的情况。各部门与她进行协调。

请在今天下午四点前回复，表明你所在的部门已经做好了所有的安排。如果有问题或意见，请给我打电话。

客户的流失

主题：美国陆军电话服务客户的流失

我很遗憾地通知，美国陆军电话服务的新合约签给了动感系统公司，从 11 月 1 日开始生效。这一合约相当于我们今年业务的 35%，将削减 TTI 约 42% 的总收益。

显然，这会影响所有的部门。在 11 月 4 日，CFO（首席财务官）吉姆·哈里森结束他的计算云，我将发布这一事件所带来的影响的全部细节信息。

我有重要的一点需要说明，那就是 TTI 的职员对美国陆军客户的表现非常好，服务承包商的更换也是例行程序。这并不表明客户有任何不满意的地方。

同样重要的是，销售与市场部门正与三个潜在客户对价值 2,400 万美元的投标进行最后协商，这些合同将从 1 月 1 日起生效。该部门还另外进行着 4,500 万美元的投标，合同的开始日期在 2 月到 5 月之间（销售与市场部门在过去 2 年里取得了将近 65% 的客户投标）。

很快，陆军客户的流失将导致 8 位服务技术人员、4 位总部客户职员和 8 位兼职人员的无薪休假，他们都已经得到了通知。同时，市场副理事职位将被取消，这一职位曾由亨利·马蒂森担任，他将在周五离开 TTI。除此以外没有任何的人员缩减。

我会随时通知你们新的进展。在接下来的过渡时期，我需要你们通力合作，帮助 TTI 渡过难关。

（参见第三章"公告"；第三十四章"非正式报告"；第二十四章"介绍"；第二十章"推荐信"；第三十六章"技术报告和技术写作"。）

第二十六章

会议通知、议程和记录

会议是所有机构的动力来源。会议要开展得好，就应该有与会人员都知道的明确目标和计划。要记录、保存会议的过程和内容，以便没有参加会议的人了解。正因为这些原因，我们才有了会议通知、会议议程和会议记录。

会议通知给出会议的地点、日期、具体时间，以及会议的目的。通常会要求相关人士回复，有时会要求投票。

会议议程也会写明地点、日期和具体时间，但它主要的功能是列出会议要讨论的议题。

会议记录按照时间顺序准确地书面记录会议上发生的事情。会议记录可能是简洁的大纲，或既定的详细表格。会议记录不仅记录了会议，记录这一行为也有助于指导会议进程的方向。有了记录，缺席者和其他不参与会议的人就可以了解到会议的内容。

会议报告与会议记录不一样，并不覆盖所有的内容。报告（参见第三十四章"非正式报告"）呈现的内容是总结、推荐，有时是要点和讨论内容的总结。

内容

会议通知

- 有时会议提前很久就开始通知，有时又是临时才通知。不管怎样，都要通知到数量足够多的与会者来开展会议内容（决定事务需要多少人投票？缺席投票或代理投票是否行得通？这要查询本机构的规章制度或当地法律）。

- 书面通知必须包括日期、地点、具体时间和要进行的会议事务。要给出谁、哪儿、什么时候、干什么和为什么这些信息。
- 要求与会者回复。如果有可能，也可以给出会议议程，做会前安排或提出要求。
- 信息要齐备，这样与会者才知道会议要讨论什么。
- 如果机构的规章制度允许，附上缺席投票或代理投票的表格。
- 如有不能到会者，在会议开始之前询问他们的意见。

出席回复

- 确认要参加，就说自己要参加；确认地点、日期、具体时间和交通安排；确认你会完成会前任务；就议程项目内容给出意见。
- 谢绝出席，明确给出不出席的会议的名称；给出不能出席的理由；讲一讲自己准备如何跟进（阅读会议记录、派人代为参加、电话联系出席会议的人，等等）；给会议内容添砖加瓦、自己的赞同、投票的权利、评价、建议等等，都会有助于会议的成功举行。

日程

- 确定日期、地点和开会的具体时间。是否有发言人、进餐或其他项目。
- 按照逻辑顺序安排议程内容。可以给每一项议程列出具体的时间。顺序通常是：宣布会议开始、陈述上一次会议通过的会议记录、行政官和委员会的报告、以往的商务活动、新商务、通告和休会。

会议记录

- 记录会议内容是一件难事。记录者不仅要对整个会议的状况了如指掌，还要了解所谈内容的来龙去脉。记录者通常是秘书，他（她）必须客观地总结与会者的推理论证过程。记录者很重要，要慎重选择。
- 列出会议的日期、时间、地点和类型，以及与会者、缺席者。
- 根据本机构的规章制度，选择简要记录或全部记录。但都需要包括下列信息：
  - ➢ 列出与会者、代替出席者或宾客。
  - ➢ 上一次会议的记录是否通过，做出了什么样的修改。

➢ 提及会议的报告或写出报告的梗概内容。可以附上报告的复印件。

➢ 主要提议的最终版、提议的人、附议的人，这三点必须列出来。每一项提议的决议也要写下来。

➢ 按照时间顺序来记录。

➢ 会议记录下面列出记录者的名字和签字。

- 会议记录的撰写和通过：

➢ 如果需要正式的会议记录，会议过程需要录音。

➢ 会议结束后，尽快整理会议记录。

➢ 确保日期、星期、名字和议程准确无误。

➢ 最后编辑会议记录前，尽量请其他人审查记录，做出修改。

➢ 吸收、校对审查者的改动。

➢ 分发会议记录。

➢ 通过上一次会议的记录。

➢ 永久存档、保存会议记录。

注意事项

- 去掉讨论总结和常规公告。
- 注意避免个人评价或观点。确保会议记录的绝对客观性。

模板

- 模板由机构规定。如果会议记录、通知和议程不仅通过电子邮件发送，还需要打印出来，那就需要有机构抬头，注意打印字体，两边留有至少一英寸的空白。
- 使用大小标题、数字、缩进等排版形式。会议记录看起来应该赏心悦目，阅读起来应该轻松。

会议通告

亲爱的迪兰：

　　既定于7月7日下午2点到4点召开制片人会议，在主楼会议室4B。你能来吗？

　　我们需要决定《最后的骑士》最终的细节、费用因素和配角人选问题，还有制片席位的问题也需要解决（参见我附上的问题和候选人列表）。

　　如果你时间上有冲突，请马上告诉我；如要参加，也请马上告诉我。请准备好你的选择和建议。我们需要你的参与。

真挚的，

杰夫·汤姆森

确认参加

亲爱的德克斯特：

　　我当然会参加9月15日在科罗拉多举行的会议。是的，四天上午的时间，任务是挺重的。

　　我很高兴能有机会做"销售误区"的报告。考虑到会议安排，我以互动的形式来讲述。我需要一个黑板，一个投影仪，还有一个随身话筒。是否可以请你所在部门的协调人员安排这些东西呢？

　　请通知我入住的酒店，14日当天我会晚到。我最早能在晚上10:45到达。

　　期待这次会议，看起来阵容非常强大呢。

真挚的，

西德尼·巴特斯

会议通知和议程信件

亲爱的艾伦：

　　3月12日在行政酒店的兰花房间举行区域销售代表的季度会议，上午9点到下午5点（请打印下面的议程以作参考）。如果你无法参加，请发电子邮件告诉我。

　　我们会就新产品线举行细致的培训。

上午9:00-10:30	客户画像	达琳·方达
上午10:30-12:30	"你是一位销售"	罗格·格林
中午12:30-2:30	午餐	
下午2:30-6:30	大销售研讨会	克林·彭哥斯，弗兰克·迪肯斯，埃里克森·桑多
	分组讨论	詹妮弗·弗德斯，玛瑞霖·道奇

到时候见。

真挚的，

罗伯特·基文斯

新分会会议通告

亲爱的奥德丽：

　　我终于得到了一些ARRF校友会的消息，这次会议要在大平原召开。到时候会议将于8月6日晚上6点至8点在布朗宫殿的摄政厅举行。

　　这次会议的目的在于促进校友的互相了解，以及决定是否要建立新的地方分会。校友会洛杉矶分会的常务董事爱德华·科菲尔斯将做30分钟的报告，报告内容是洛杉矶分会正在进行的事务。他也会回答有关地方活动的问题。

　　全国有超过30个ARRF地方校友分会，拉尔夫·韦纳将用15分钟的时间，对这些地方分会为成员和社区做出了什么贡献做一个概述。

　　如果你将参加这次会议，请回复，并告知你对这一分会是否感兴趣。如果你有任何疑问，请拨打818-555-0123联系麦伦·米克尔。

　　期待在6号见到你。请早一些过来，大家可以互相熟悉一下。

真挚的，

拜伦·班纳特

会议日程

绿色田野业主协会董事会会议

2011年，1月11日

晚上7—9点，俱乐部

欢迎住户

议程

宣布开会

上一次的会议记录

管理报告，哈利·斯图普&大卫·派普

财务报告，杰夫·巴鲁克

旧事务

　　调查，比尔·怀特

　　回收利用，比尔·怀特

新事务

　　景观/园艺建议，凯瑟·克林

财务委员会提议，杰夫·达姆

　　审计

　　现金管理政策

　　储备金/会费

管理合同竞标审查

杂项

散会

会议记录（简洁版）

AARD会议

记录

会议时间：2011年9月14日

与会的委员会成员：杰里·霍尔德、简妮·约翰森、比尔·维森、大卫·威利斯

与会的员工：大卫·韦弗、达尼·贾斯丁、沃特·斯泰尔

缺席的员工：琼·卡明斯

　　AARD委员会的常规会议，宣布开会时间：2011年9月14日星期三，晚上7:05。地点：凤凰城河边大道3400号总部会议室。总裁主持，秘书在场。

　　8月会议的记录在杰里·霍尔德的动议下及比尔·维森的支持下被阅读并通过了。

　　财务总管提交了财务报表，截至9月1日，收支余额为455,655.76美元。

　　新事务讨论中，大卫·韦弗提议"任命一个小组委员会，审查投资委员会的基金以谋取更大金融回报的可能性"。

　　达尼·贾斯丁提出议案：举行像去年那样的年度野餐。委员会投票后，决定举行野餐会，简妮·约翰森担任野餐会小组组长。

　　审查了新的表决规程，晚上9:35散会。

记录人：简妮·约翰森（秘书）

第二十七章

谴　责

员工犯下错误，或有意违反规程和惯例做法后，上司可以给该员工发谴责函。规范的谴责函针对具体行为，不针对人，只处理行为、纠正问题，目的是让对方服从，或促成积极的结果。

可以采取直接或间接的方式（参见第四十五章"拒绝"）。具体采用何种方式，要依据你对相关人的了解。如果对方是工作场所的直接下属，通常而言，直接方式是最好的选择。

应用范围

你可能需要在以下情况发出谴责函：

- 雇员犯了错误，或有意违背公司规则
- 会员、合伙人或学生有冒犯行为或违反了合同的规定
- 与你方有关系或有合同的机构违反了协议

内容要求

- 了解与这一具体事件相关的法律、条例和机构政策。
- 记住，你的目的是要让对方在行为上做出积极正面的改变。
- 为了让谴责有效，你要先处理好愤怒情绪，才能做到客观。
- 了解所有的事实。进行必要的调查，按照时间顺序记录准确的细节。整个

过程不要牵连其他人，要做到客观。当然了，调查到的所有信息，要保密。

- 对方犯错后，你要尽快写好谴责函。但是，谴责函也不能代替面对面的交流。谴责之后，应该有跟进的记录和改正通知。
- 谴责之前应该有个缓冲。如果对方是第一次犯错，可以先正面地评价一下他（她）的整体或过去的表现。
- 谴责函的内容要精简。引入问题，陈述问题，简洁、有建设意义地提出批评。
- 谴责要具体，焦点集中在行为上，而不是人。
- 列出可以采纳的纠正行为。
- 设立现实的、可以达到的、可量化的提高目标或纠正行动，并给出时间表。
- 正面评价这个人，以及他（她）的正面表现。列出改进的具体目标。
- 让对方有机会回应。
- 表示鼓励，或语气友好地结束。
- 请另一个熟悉公司政策和相关规定的人阅读写好的谴责函，确保其客观性，并且符合规章政策，然后再发送出去（但是不能违背保密条款）。
- 如果可以，请法律顾问审查这封信。

注意事项

- 不要人身攻击，只处理事情。
- 不要长篇累牍地解释，这会削弱谴责函的力量。
- 关于纠正行为这一点，不要说得太多。
- 不要苛求，也不要用贬低性的评价语言。
- 绝对不能用电子邮件发送谴责函。

特别情况

- 如果对方的错误涉及另一位员工，比如性骚扰，这种情况就要咨询专业法律顾问。可以指明要施行的惩罚和教育。机构也应该指明要采取的法律行为。该机构必须采取适当的纠正措施，并且记录在案。如果对方没有纠正行为，就应该解雇这位员工。应该请专门从事性骚扰、性别和种族歧视问题的律师审查这些措施。

模板

- 大多数谴责函都用有公司抬头的信纸打印，但有些机构也会使用特制的表格。

词语

行为	告诫	终止	审查	纠正	要求
根除	立刻	违背	改革	条例	停止

短句

停止及终止	表现出行为的改变
根除这样的违规行为	推荐的纠正步骤
很遗憾不得不采取干预行动	扭转消极负面的走向
寻求必要的帮助	违反公司政策

句子

我期待你呈现出新的工作态度。

接待工作，准时至关重要。

我们不会容忍对安全条例的漠视。

你的行为与你的个性不相符合，我很担心。

这一次的拖延与你平时不错的表现大不相同。

改，改，改

在发送谴责函之前，一定要给自己时间，再看一眼信件的内容，确保客观。谴责函中可以采取任何必要的转变，只要这种转变能帮助对方改正错误，并使犯错的雇员恢复生产效率。

违反规则

亲爱的杰克:

你知道的,公司有规定上班时间不准睡觉,重复违规就会有以下处罚:(1)口头谴责;(2)发谴责函;(3)无薪停职三天;(4)开除(参见员工手册43页)。7月10日凌晨2点10分,你在员工休息室睡觉。当天凌晨1点的安全检查,你不在岗,锅炉压力到了警戒值。

7月21日,凌晨3点21分,你在餐厅睡觉。当天凌晨1点的安全检查,你不在岗,锅炉压力到了警戒值。

这是书面谴责函,下一步就是停职。你知道没有履行职责的严重性,这会给其他员工,还有周围的居民区带来安全危害。

请于7月23日(星期四)凌晨2点到我的办公室,告知我你准备如何纠正这一问题。

真挚的,
J.K. 隆德

不恰当的行为

亲爱的萨希:

我收到了瑞克公司丹尼斯·西蒙先生对你的投诉。7月11日,你下单的时候,他告诉你,原定7月12日送货的安排可能要推迟,你使用了辱骂性的语言。对方没有兑现承诺,我们明白你心中的郁闷。丹尼斯给我打电话的时候,威胁说要取消发货。因为延误,就将事态恶化成这样,这是我们不能接受的。

我已经与丹尼斯解决了这一分歧,但你还要继续自己的工作,在这之前,你需要想个办法与他相处。我们与瑞克公司的合同还有八个月。

你也知道的,我们与瑞克公司的关系对我们公司的运营和盈利非常重要。请明天上午8点半到我的办公室来,讲一讲你计划如何解决你和丹尼斯·西蒙之间的摩擦。

真挚的,
雅各布·伯勒

迟到问题

亲爱的玛丽:

过去的三个星期里,你有五次迟到,晚到时间从30分钟到1小时不等。玛丽,你们部门的工作需要你按时上班,公司政策清楚地说明了所有的行政人员上午8点开始上班。

如果迟到背后有什么原因是我需要知道的,请与爱丽丝安排时间,在星期五之前和我讨论。否则,我希望每天早上你能在8点准时上班。

希望你能配合解决这一问题,非常感谢。

真挚的,
朱莉·亚当斯

犯下错误

亲爱的阿尼:

安娜·盖博太太已经72岁了,寡居10年,上周到我们科室做PB3测试。她刚才给我打来电话,说她收到了测试报告,报告说她处于"妊娠第三阶段,毒性水平略高"。真的?

过去的五周内,这已经是第三位收到错误报告的病人了。不能再犯这样的错误了。

明天下午3点半,请交给我一份全面的报告,解释在邮寄报告中怎么出的错,以及你会采取什么样的措施来保证不会再有这样的错误。

真挚的,
迈克·麦克菲

工作时间进行私人事务

亲爱的达拉：

在今年八月之前，你的工作一直非常出色，但这之后，我收到了三起关于你的投诉：（1）同事一直没有收到你的定期报告；（2）有六到七次，你擅离工作岗位，每次数小时，詹金斯先生都不知道你去哪儿了；（3）工作时间，你在办公室几次举办政治竞选委员会的会议。达拉，你知道的，这些都违反了公司的政策（参见员工手册4.15-4.32）。

我希望你在志愿者工作方面做出调整，回归之前良好的工作状态。请于星期三下午3点到我办公室，告知我你将如何改进。

真挚的，
桑德拉·莱顿

迟交费用报表

亲爱的杰瑞：

财务部门通知我，你的费用报告三个月之前就该交上去了。现在，他们没法完成部门费用和经常性开支的报告，而我们所有的部门都需要这些报告才能正常运作。

如果有我需要了解的原因，请星期五来找我。

从星期五开始，你必须每个月的第一天就上交上一个月的费用报告，并且要按照要求附上所有的证明文件。

谢谢合作。

真诚的，
西德尼·雷德

第二十八章

辞职信

辞职信本质上是拒绝信件（参见第四十五章"拒绝"）。根据情况，可以直接或间接地传达这一不好的消息。无论你使用何种方式，都应该尽量积极正面，使用艺术的、阳光的语言。尽量不要把辞职的原因归于他人身上，并且给出合理的理由。

应用范围

- 你接受了其他机构的职位。
- 你所在机构要求你辞职。
- 你决定开始自己的退休生活。
- 核查过该机构的政策，决定了辞职的时间、步骤和相关问题。
- 口头上提出辞职后。

内容要求

- 辞职信的开头要友好。
- 开头之后，有逻辑、清楚而肯定地提出辞职。
- 明确说出你辞去的职位，给出生效日期。
- 明确地给出你辞职的理由，实事求是。
- 结尾要友好，表示对这段经历、接受的培训和这段关系的感激之情。也许，还可以提一提你所在公司、所处同事的积极方面。

注意事项

- 言辞不要愤怒。你的辞职信会放进你的档案，可能会成为日后的不利因素。
- 不要忘记在辞职信中写上几点与公司关系的积极正面的话。

特别情况

- 仔细查看本机构与辞职相关的政策，特别是要了解辞职信应该递交给谁。
- 仔细考虑辞职信的内容。为了在最好的条件下离开公司，你甚至可以做得比公司的标准要求还要好，提出培训将要接替自己工作的人。
- 大多数情况下，人们都是面对面地提出辞职，辞职信只是跟进的后续行动。
- 通常，按照机构政策的要求，辞职信要以备忘录的形式呈交。遵照这些要求。
- 也许不太讲人情，一些机构可能会希望递交了辞呈的员工立刻离开本机构。要知道有这种可能性。

词语

宝贵	成长	辞职	递交	发展	感激	感谢
机会	建立	培训	强烈	受益	享受	有效
增长	崭新					

短语

朝新方向进发	改变了职业方向
很好的学习经历	获得了宝贵的技能
继续新的挑战	开阔了眼界
受益良多	特别的同事情谊
提供了成长的机会	喜欢我们的团队

新的成长机会　　　　　　　　寻找新的挑战

句子

在高尔特公司，我获得了无可替代的经验。

这些年在迪特斯公司，我学到了很多东西，终生难忘。

作为刚毕业的学生，海滨公司给我提供了优秀的事业发展机会。

非常感谢您给了我这个机会，能够与疤疹团队在一起工作。

我在里格斯公司就职18个月，这一期间学到的东西胜过了我在大学和研究生学院六年的所学。

我会永远珍惜在这儿的时光，我是骄傲的基特森公司的一员。

我在这里工作了三年，事业上有了发展，我很珍惜这段时光。

段落

我非常幸运，在这里工作了三年的时间。这一经历给了我真正意义上的职业价值。这将是我永远的美好回忆。

再也不能在凌晨5点半与吉姆·格里利见面了。再也不能在下午5点半与吉姆·格里利见面了。再也不能在晚上10点半与吉姆·格里利见面了。我会想念你们每一个人的，这一部门的五位工程师，我都会想念的，你们都是我在这里工作过的珍贵记忆。

在这里工作非常愉快，可我不得不结束这份工作了。我在这里的财务部门工作得非常愉快，也学到了很多东西，但是现在我需要跳出自己的舒适区，离开这里。

感谢您让我成了巨人公司的一员。再也不会有另一个更让我愿意开始职业之路的地方了。五年前，在那个阳光明媚的五月上午，我来到了奥索事务所，那时我是多么的青涩呀。你们都是那么耐心。感谢你们这些年的教导。

现在，我要离开这家机构了，但我不会忘记这里所有的朋友。我还会在运输行业，会和大家保持联系的。

虽然我们之间有过各种分歧，但我非常感谢公司让每个员工都有机会表达想法的做法。感谢这一成长的经历。

模式

- 通常都是先口头提出辞职，然后再进行提交辞职信这一正式手续。
- 使用本机构的标准模板。可能是有机构抬头的备忘录，也有可能是有机构抬头的信件。

改，改，改

辞职信是你留给这个机构的最后印象，并且这个印象会持续一段时间——此外，辞职信还会进入你的个人档案，所以每个句子都要恰如其分。

备忘录——为了新职位辞职

收信人：凯西·沃尔特斯
抄送：多琳·瑞哥斯
写信人：杰克·斯特雷特
日期：2011年5月5日
主题：从"酷儿"辞职，生效日期2011年6月1日

在酷儿公司的四年是我一生中学习强度最大的时期，我得到了很好的职业发展冲刺机会。我来的时候还完全是个新手，你和多琳·瑞哥斯给了我专业的关怀。感谢你们对我学术技能方面的指点，还有在真正的商业实践方面的教导。

现在要离开了，我很难过，但是我知道，你是理解的，是时候了，我应该进入新的领域，发展另外的专业技能。

我会想念你们每一个人的，对于你们给予我机会、让我成为酷儿员工的感激也将一直怀抱心中。祝你们万事如意，希望酷儿越来越好。

接受新职位后辞职

部门主管：亚历克斯·章
亲爱的亚历克斯：

正如我提出来的那样，现在我递交上我的辞呈。我已经接受了米德公司提供给我的工作。你也知道的，这是为了协调贝丝和我的工作而做出的家庭决议，也是为了给我们的孩子马德森和本恩创造最好的学区环境。

谢谢你的理解。我肯定会想念团队中的每一个人的（还有我的冠军垒球队）。祝愿每一个人前程似锦。也祝愿勒夫公司越来越好。

真挚的，
丹·维瑟斯

备忘录——因失去职位而辞职

收信人：R. R. 比姆斯

写信人：泰德·韦斯特

日期：2011年3月6日

主题：从"精选"辞职，于4月1日生效

　　我在本公司的职务结束了，但这段专业经历给了我美好的回忆。这段经历很棒。

　　感谢您给我在这里工作的机会。祝公司越来越好，每位曾经一起工作的同仁前程似锦。

重组后辞职

辛德主任

亲爱的主任：

　　这有点像抢椅子游戏呢，不是吗？现在我没有可以坐下的椅子了，但在这里工作真的是很棒的经历，也是非常好的学习机会。

　　感谢您给我的所有帮助，特别是帮助我联系其他工作机会。祝您万事如意。我敢说奎斯特公司会蓬勃发展起来的。

真挚的，

拉夫·博格斯

第二十九章

解聘员工

　　解聘书不能像晴天霹雳那样，凭空而降。只要有可能，就应该先面对面地口头通知解聘，解聘书只是后续的书面文件。如果对方是因为自己的行为或失败而受到解雇的，那之前应该给予纠正行为的机会。

　　在写解聘书时，一定要保证符合相关法律、制度、机构政策和规程。解聘书必须直截了当，写明解聘的原因。最后也要尽量保持积极向上的口吻。

内容要求

- 一开始要表示遗憾。
- 清楚地表达解雇对方的意思。
- 给出解雇生效的日期。
- 诚恳地给出解聘对方的原因。
- 提出帮助，比如职业建议或工作移交等。
- 如果合适，表达出友好。
- 最后要诚挚友好地，或鼓励性地结尾，但不要虚伪。
- 如果可以，给出询问人的名字，以备对方还有些问题没有处理好。

注意事项

- 不要表现出负面情绪，也不要有敌意。
- 解雇的消息要传达无误，不能让对方还觉得有迂回的余地。

- 不要怪罪其他人或其他事。
- 绝不要用电子邮件来发送解聘书。

调查清楚

- 了解相关的法规。
- 在合适的情况下，可以请你信任的上司核查解聘书，然后再发送出去。
- 如果可以，咨询法律意见。
- 如果公司政策允许，可以向对方保证你不会在解聘书中提及负面信息。

词语

行为	取消	结论	决定	生效	在职	结束
最后	立刻	后悔	断绝	解聘		

短语

使……结束	立刻生效
终止雇佣关系	彻底中断我们之间的关系
全面考虑之后	雇佣关系将于……起结束

句子

非常抱歉发送这样的消息，但是我们必须终止与你的雇佣关系，此决定即刻生效。

不得不发送这样的消息，我很难受。因为你不遵守公司政策，这一点在3月15日和5月7日发出的信件中已经指出来了，我们必须终止与你的雇佣关系，解聘于6月1日生效。

很不幸，合并之后，列治文仪器公司出现了职位重复的现象，我们不得不裁掉很多岗位。

段落

还是直说吧，你被解雇了，6月15日生效。由于公司现在的财务危机，我们必须取消你所处的职位。

我们必须终止你与格林公司的聘用关系，解聘于7月1日生效。人力资源经理举行了听证会，指出你于2011年6月15日晚上7:07在生产区域盗窃三台电脑，被当场拿获。

所有的事实，以及你违反了的公司政策都附在后面供你查证。6月6日举行的聘用关系听证会上也用的是同样的文件。

改，改，改

解聘书不应该有任何含糊不清的表达，而结尾的口吻还是要尽量做到正面积极。

表现不佳被解聘

卡西迪·林赛
桦木小巷433号，邮编20852
马里兰州罗克维尔市
亲爱的卡西迪：

很抱歉，我们必须终止你在骑行者公司的聘用关系。在几次与你商讨（参见附上的备忘录复印本）、三次考核你的工作后，你的表现都没有达到公司的要求。

虽然从公司离开不容易，但这往往对大家来说都是最好的解决方案。仔细考虑所有的事实后，我认为我们也应该这样办。

我向你保证，之后的任何工作证明，我们都会严格按照骑行者公司的政策来办：

关于你任职的情况，我们只会透露你在此的在职时间和你的职务，如果你已经告诉了对方你在此处的薪水，我们也会加以证明。

祝你前程似锦。

真诚的，
唐娜·罗兰

因为精简而解聘人员

亲爱的雷切尔：

正如我们之前讨论过的那样，由于克利夫兰市场对高飞公司产品需求减少，我们决定关闭区域办事处。很遗憾，你的职位被裁掉了。

我们将在2011年7月1日终止与你的聘用关系，你会收到相当于三个月薪水的遣散费。公司会继续支付你的医疗保险，一直到今年结束为止。你已经同意一次性接受26,000美元作为年终奖金替代。你的退休金关系将继续保留在我们公司，直到你有进一步的安排。人事部门会给你发函，告诉你具体的数字。

雷切尔，我们会想你的，但我们肯定，凭你的能力，你很快就能找到很好的工作。如果未来的雇主需要证明，请他（她）联系我。

真挚的，
玛丽卡·拉甫斯

因为裁员而解聘

亲爱的詹妮弗：

我们都希望永远不要有这一天，但是因为不断丧失市场份额，我们不得不终止你与云空公司的聘用关系，并于2011年6月15日生效。

我们的后续服务会给予你全力的支持，我已经做主安排了你与人力资源部门的瑞克·海姆斯见面，以启动这一过程。瑞克还会与你讨论遣散补偿的细节问题。

感谢你过去五年在云空的贡献。我们祝愿你前程似锦。

真挚的，

爱丽丝·邦克

因为醉酒而解聘

马丁·梅

雷斯街道3223号

科罗拉多州丹佛市，邮编80223

亲爱的马丁：

因为你在工作期间的醉酒行为危害到了金柯公司雇员的安全，我们必须终止与你的聘用关系，于2011年4月4日生效。附上2011年3月28日事故报告的复印件，另外还有更早的两份报告。

你是知道的，这一问题最初出现的时候，你同意完成纪律处分规定的项目，但是你没有。你继续醉酒的行为威胁到了其他员工的安全，因此，我们别无选择。

你最后的工资会邮寄到你的家庭住址。

真诚的，

肯尼斯·培根

因为旷工被解聘

梅尔文·雷诺兹

射手大道433号

佐治亚州亚特兰大，邮编30345

亲爱的梅尔文：

作为工厂助理经理，你因为旷工没能履行你的职责。我们最后一次见面讨论此事是在9月15日，那是我们第三次为这件事见面，当时你表示会纠正这一问题。正如你知道的，我们已经三次仔细核实过这一问题了。

我们将于11月1日终止你与维克斯公司的聘用关系。你最后的工资支票会邮寄到你的家庭住址，同时还会有其他的人事细节文件一同寄去。

祝你前程似锦。

真挚的，

玛利亚·林格

第五部分

提案和报告

尽可能简单，但不要过于简单。

——阿尔伯特·爱因斯坦

第三十章

提　案

　　提案本质上就是做事的计划，其目的在于劝说。它是一种销售沟通，通常是<u>应邀</u>提出需求或愿望的解决方案，但也不一定如此。有时，提案也是主动提供的，或投机性质的。

　　你的提案可能短得只有一句话，也有可能很长，有数卷的内容。提案可以是非正式的，比如只用公司内部的备忘录提交，或口头展示；也可以正式而复杂，比如以政府文件的形式发表。

　　提案要直截了当。不论是主动提交还是应邀提出的提案，无论篇幅长短，无论正式与否，提案都要条理清晰、内容完整。在提案的开始就应该将提案读者的需求转化为提案撰写人的目标。提案应该包括背景元素、对拟定计划的完整描述、细节（时间要求、时间表、费用、选择性因素、绩效标准等等）、执行能力、限定性条件、收益，还有总结或概括。

　　所有的这些信息都应该指向撰写人的建议——这是提案的焦点。

提案的类型

- 内部提案通常是针对你所在机构的内部提出改变的建议。

- 对外提案是给非本机构提出的建议。

- 销售提案、技术提案或预算提案通常都是向顾客推荐产品或服务。

- 主动提出或投机性质的提案就是对方没有要求时，你主动发出的那些。但首先也要进行询问，看对方会不会考虑你的提案。

- 应邀的提案就是收到对方的请求（征求建议书）之后才提交的提案，或参加竞标的提案。

- 招标文件细目或指导方针就是客户给提案撰写人或竞标者提出的要求，必须要遵守。
- 废标，就是说投标者没有遵守招标的具体要求。

内容要求

初步行动

- 取得参加提案过程的资格。许多政府、私人或以盈利为目的的提案过程都是以受邀–竞标，或征求建议书（RFP）的形式进行的。你必须经过初步的资格审定程序才能获得递交提案的机会。
- 调查。透彻了解客户的问题、需求或愿望，这一点非常关键。如果找得到以前的提案（特别是被选中的提案），考查这些提案，这也是调查的一部分。
- 了解、研究提案的读者。要劝说对方接受你的观点，你就必须知道对方在这一领域的知识水平、他（她）的偏好、他（她）可能会接受的例子、以及他（她）最能接受的说服方式。

内容的顺序

- 开头要清晰简明，抓住读者的注意力。
- **介绍部分**，要精心制作。一开头就要说到读者的需求或问题，然后陈述这一提案的目的。如果提案是应邀提交的，这一点也应该在此处说明。如果提案是主动提交的，你必须抓住读者的注意力，在这一部分克服所有阻力。
- **背景信息**。详细地描述对方的需求或问题。比如说，在一个关于公司重组的提案中，这一部分就应该讲述这一公司的起源、发展，然后解释重组的必要性。
- **需求描述**或**问题陈述**。提供背景信息之后，很自然地就会谈到需求或问题的陈述。如果提案的篇幅非常有限，可以在没有背景陈述的情况下给出需求陈述。
- **行动计划**。这是提案的核心部分，必须条理清晰、清楚完整。必须提出读者眼中有效的解决办法。

- **细节**。提案必须有足够的细节，这才能应对读者可能有的问题和反对意见。如果提案篇幅长，这一部分可以包含时间表、材料、费用、要求、性能标准、质量监控等等。
- **资格、资历**。列出自己的资历资格。合理地解释为什么你（或你所在的机构）是执行这一提案独一无二的合格人选。这可能要给出个人资历，比如简历、工作证明、操作程序和财务报表。
- **收益**。讲明如果执行你的提案，会有什么样的正面效果。
- **力荐**。这就是你写出最具说服性陈述的时候，最好能首尾呼应。提到开头说的话，比如："这一计划能实现你15%回报率的需求……"
- **概述和结论**。提案如果篇幅长，就有必要简要地概述一下其中的要点。如果还有额外的信息，也要在这一部分说明。结论必须呼吁行动。

其他考虑

- 如果读者兴趣不大，就把最要紧的内容写在前面。如果对方很感兴趣，就把最要紧的内容放在后面。
- 选择读者认识的人或案例来证明自己，或者可以提及这些人或例子。
- 尽量根据读者的态度和理念来量身打造提案。
- 标题、小标题和段落划分要条理清晰。
- 给出有效的结论，这才能吸引读者。

注意事项

- 不要用耸人听闻的言论。坚持使用读者认知范围内的例子。
- 不要提出你无法支持或兑现的内容。但是，你要记住，仅仅靠提供信息，你是无法改变读者的态度的。
- 凡是与中心内容关系不大的材料，全部删掉。
- 不要使用僵硬的文体和行话。
- 凡是要提及人或者案例的地方，都要仔细考虑读者对此的反应。

特别情况

要拿到政府工作或一些以盈利为目的的招标资格，可能会时间漫长且过程艰难。要尽早开始。

凡是可以找到的相关成功提案，你都要仔细研究。

模板

- 非正式的提案通常使用备忘录的形式，通过电子邮件发送。这种一般都是简单、常规的提议。
- 正式提案的形式就要复杂得多。你要精心安排材料，读起来要容易，要让人感觉有意思，有说服力。
- 采用列举例子、取小标题的形式，这样的表达有力、清楚。

正式提案的模式：

Ⅰ.目录

Ⅱ.介绍

Ⅲ.需求 / 问题

    A.构想

      1.目标。整体的目标和具体的成就。给出基本的原理。

      2.途径。清晰地列出工作计划和阶段。

      3.材料、工作和方法。陈述细节和你要使用的方法论。列出你的专长和困难。

      4.时间表、计划表或阶段性成果。分阶段陈述。

    B.资格资历

      1.经历。总体背景，具体和类似的经历。

      2.人事。资格 / 简历。给出负责人的名字和分包合同资源。

提案的内容

提案包括以下部分或全部内容：

封面材料

　　附信或送文函

　　扉页

　　目录

　　插图或图版目录

　　摘要或概括

　　介绍材料

　　介绍

　　目的陈述

　　提及与该机构的关系、与问题的联系

　　问题或需求

　　（问题的）背景

　　需求分析

　　解决方案陈述

　　解决方案带来的收益

　　方法论

　　方案可行性

　　人事安排或人员安排

　　团队的构成

　　资历、资格

　　任务安排或具体职责

　　时间和工作进程表

　　测试

　　评估步骤

　　进度报告或核查

管理

　　项目组织和管理

　　管理层次

　　管理政策

　　成本核算方法

　　工资、计时方法和规程

　　信用证明和评级

　　设施设备

　　质量监控和质量保证指导方针

　　分承包方和人员资格

　　经历

　　金融资质和资源

　　机构支持

预算

　　直接成本

　　间接成本

　　分包

　　合同的拟定和期限

　　付款方式和时间表

　　逾期罚款

结束

　　概括

　　总结

　　呼吁行动／推荐

附件

　　证明信

　　推荐、佐证书和"奖状"

　　关键人员的简历

　　适用的政策声明，等等

改，改，改

　　提案在最终定稿之前，肯定会经历数次的重写和改写。最终成果一定要清晰明白，有说服力。请教你尊敬的专业人士，请教有资格审核提案的人，集思广益。你还可以雇佣专业的编辑。核查事实、评论的内容，检查语法错误和打印错误。

（参见第四十一章"附信"；第四十章"请求和询问"；第十七章"简历"。）

工作提案	
玫瑰设计公司 密苏里州，奥克兰西大道200号，邮编64101 （660）890-7600	
提　案	
［日期］ 水晶湖业主协会 密苏里州，奥克兰东步行大道5200号，邮编64101	
写给：塞耶·阿帕伍德主席 相关事件：景观翻新 提案内容包括：［日期］前完成下列工作。如接受，在附页的一般条款上签字。	
	费用
1.彻底准备好施工场地，包括但不局限于下列内容： 　　a.清除并处理现有的刺柏。 　　b.拔去梨树的残根 　　c.修剪现有树木低处的枝丫	935美元
2.提供并安装5码的堆肥区	440美元
3.提供并安装110英尺的镶边	145美元
4.提供并安装石板石阶。	290美元
5.重建车库西边已有的石墙	430美元
6.清除和处置现有的外露废弃料	460美元
	总计：2,700美元

该提案的格式最为简单，提供了对方需要知道的所有信息。如果对方同意，这一提案就成了双方的合同。这就要求提案必须非常透明清晰，最小的细节问题也要说清楚。

提案/水晶湖业主协会/[日期]/共2页，第2页

一般条款

不可预见的现场条件

承包商已经做出了合理的努力，准确估计完成项目所需的材料和劳动力成本。然而，承包商可能需要根据"不可预见"或"突发"的情况，在项目进行的过程中修改合同。如果出现任何"不可预见"或"突发"的情况，承包商应将处理情况所需的额外估计费用以工程变更通知单的形式通知业主，并获得书面授权。

材料数量

合同中规定的材料数量是适当的数量，可上下加减10%。如果需要额外的材料来完成这项工作，承包商应将所需的额外费用以工程变更通知单的形式通知业主，并获得书面授权。如果工程需要的材料少于合同中规定的材料数量，费用将返还给业主。

工程变更通知单

合同条件外的所有额外工作，应附加额外费用，并相应调整合同价格。除非有业主签发的书面授权（工程变更通知单）通知继续进行此类工作，并且包括该工作的价格，否则承包商将不承担额外的工作。

地下公用管道设施

承包商应负责勘察出所有地下公用管道的所在处。

许可证、税收、法规、准则

承包商有义务获取并支付为完成这项工作所必需的所有许可证、执照、证书、检查和其他法律费用。

保险

整个施工期间，承包商应负责所有的一般责任和工伤赔偿保险。

清理

工程完成后，承包商绝不能留下任何废弃物和多余的材料，要带走所有废渣、垃圾、多余的材料和设备，保持施工工地干净、完整，以供业主充分使用。

分歧/仲裁

任何因本合同而产生的争议或索赔，或与本合同有关的任何争议，均应根据美国仲裁协会的建筑行业仲裁规则或科罗拉多相关的景观承包商仲裁委员会的程序，以仲裁方式解决。仲裁应具有约束力，本协议的任何一方都可以申请仲裁程序。

植被担保

所有的植被（不包括一年生、鳞茎和移植的植被）应保证在种植日期一年后仍能存活，并处于令人满意的生长状态。任何认定为死亡的植被应由承包商免费更换，次数限定为一次。一旦任何植物表现出死亡的迹象（例如：变黄、萎蔫），业主应立即通知承包商。承包商不对承包商控制之外的因素或环境影响的植被负责，这些因素包括但不限于：一年中的严寒冬季或不寻常的温度波动，龙卷风，人为破坏，动物损坏，不当使用化肥或杀虫剂，缺乏或施以过量的水分。

灌溉系统保修

灌溉系统的所有组成部分应保证在安装日期后的一年内无缺陷和工作状态正常。本保修不包括因严寒天气条件而导致的系统受损。灌溉系统不能暴露在低于0摄氏度的条件下，这是业主的责任。

业主 _____ 日期 _____

承包商 _____ 日期 _____

提案的第二页签字后就成为了双方的法律合同。

第三十一章

合同（协议书）

协议书列出两人或两方协议之间的限制和细节，能够非常有效地避免冲突和纠纷。两人或双方签字后，这份协议就成了两者之间的法律纽带。如果合同涉及了复杂的细节或大量的金钱，就应该将合同书（或协议书）交给这一领域的律师审查。你需要预测这项工作或事务的进行当中会发生什么事情，并写下来使其生效，所以你需要仔细考虑（参见第三十章"提案"；第五十二章"订单"；第四十六章"投诉和抗议"；第四十八章"谈判"；第四十九章"和解"）。

应用范围

- 聘用协议
- 在你家进行的项目，或公司的项目
- 家庭协议
- 私人贷款
- 现有合同的变更（变更通知单）
- 修改遗嘱（遗嘱修改附录）
- 租赁
- 授予访问权限，或使用许可
- 易货贸易

内容要求

- 彻底调查这项事务，了解自己的权利和法律义务。

- 周全地考虑整个事务，列出双方的职责（查看相关的合同；只要有可能，就要让专家审查你的合同）。

- 在撰写合同的过程中，要将合同双方看待为搭档——每一方都非常关键。公平竞争、合理期待、适当选择，这样就能保证双方都满意。

- 要预测各种可能影响合同履行的情况和因素。

- 列出所有要点：各阶段的完成时间，比如"6月10日之前清除所有旧漆""谁支付材料的费用，谁供应材料，从何处获得材料等等""从……获取建筑许可证""检查将由……进行。"

- 为使合同能够圆满地执行，合同中应为双方提供可供选择的措施和潜在的资源。

撰写方法

- 使用简洁的语言。

- 尽早准确地陈述目标，比如："涉及项目：东扬街1200号房子内部粉刷"。

- 一开始就阐明你的协议："本合同规定了［甲方］和［乙方］之间的协议……"

- 接下来，写出双方完整的名称、地址和双方在协议中的角色，比如说："［甲方，地址］，屋主；［乙方，地址］，粉刷工人……"

- 完整地陈述每一方要做什么、拿出什么、提供什么、接受什么、付款多少等等。

- 要包括执行条款，比如规格、开工日期、付款和到期日、完成日期等等。

- 提供谈判或合同可能被任何一方取消的条款，例如，"如在2011年7月1日之前未能完成工作，合同将被取消……"

- 具体制定出执行合同的最后期限，例如，"本合同必须由［甲方］在［日期］前签署寄回，才能生效。"

- 在合同的最后为双方提供签字和日期的划线或空间（还可以加上传真号码或电子邮件地址）。

注意事项

- 不要把对方看成敌人；应该把双方看成为了同一目标而努力的合作伙伴。
- 避免长篇累牍，凌乱无章。用清楚明白的语言列出双方的具体职责，避免以后出现问题。
- 不准确的语言或条款会造成冲突，因此尽可能使用可量化的绝对标准，量化每一件事情，比如说："新漆刷两次，测量厚度为……"

特别情况

- 最好的办法是制定好协议，执行到位。不要等到起了冲突，双方有了敌意后再起草协议。
- 即便对方是亲密的朋友或家人，也要有合同书，而不是口头上的协议。签订合同书，就是确保大家都同意其中的条款，避免与朋友、家人的关系破裂。
- 即使对方认为没有必要，也要请对方表示他（她）知道并且同意协议的内容。比如说，你与学校的管理者达成了协议：这一学期，孩子因为受伤或过敏，不上体育课。"请在这封信的最后签上您的姓名，并寄回给我。"这一来，你就有了一份记录，在日后有可能成为关键的证据。
- 借贷和还款合同，一定要具体写明还款日期、金额，以及其他重要的细节信息。

模式

- 提案可以包含签名和签署日期的部分。双方签字并写下日期后，提案就变成了合同，此时不再需要额外的合同。
- 同上，备忘录也可以转为合同。
- 使用标号和小标题的方法，让合同容易理解、容易阅读，清晰明了。
- 很多小企业可以采用现成的合同格式。如果符合你的需求，尽可使用。
- 采用信函的模式来撰写合同，打印在有公司抬头或个人抬头的信笺纸上。

词语

安排	保证	背书	补救
不满意	步骤	承诺支付	担保
担负	付款	估计	规定
合伙人	合理	核实	获得
交易	解决	考虑	明白
赔偿	取消	缺陷	确认
申诉	疏忽	索赔	谈判
提议	条件	条款	调解
同意	退还	玩忽职守	违反
无据	协商	延迟	义务
约束	责任	证据	证明
执行	遵照	期限	保障

短语

安装不当	彼此满意
补偿性赔偿	不迟于
不合格的产品	不讲信誉
成功后的酬金	从……开始执行
第二意见	法律行为
符合标准	工作有误
获得所需的批准和许可证	讲信誉
精工细作的方式	可接受的标准
偏离之前的协议	请将签好姓名和日期的信件在［日期］之前寄回
请签上姓名和日期	全面考虑
全面执行本协议	如下所列
如下所描述	生效日期
实质绩效	书面记录
司法费用	所使用的技术

特定条件	完全了结
完整执行本协议	危险状态
违反法律	未通知的变化
相互的利益	小额索赔法庭
协议条款	延误的后果
严重过失	于……完成
在……条件下	专家意见
最大的努力	作为回报，你同意

句子

我在此列出了本协议的所有要点。

这反映了本协议的完整程度。

在2011年5月15日前收到签署好姓名和日期的合同，则该合同为有效合同。

本协议即为粉刷这座房子外墙的合同。

请注意我在合同第15条做出了修改，而且已经在空白处签上了名字。

这是艺术家玛丽·格林和房主琼·洛奇之间的协议，执行项目为餐厅墙面的手绘装饰性壁画，具体细则如下。

这份合同规定了爱丽丝·格林（底特律格兰德大道2040号，管家与私人看护）照看米尔德丽德·摩尔（底特律雷德福德路1010号，客户）时的职责与酬劳。

段落

通常，合同只有一两个段落。

贷款和还款的条款非常简单：我，比尔·巴克斯于2011年6月1日借给杰克·施蓬格15,000美元；分期还款从2011年12月1日开始，每月还款1,000美元，连续还款，一直到总借款额15,000美元还清为止。于2013年3月1日，另外支付1,500美元的贷款费用，这笔款项支付之后，本合同执行完毕。

作品《完美世界》的修改应该保持现有作品的风格，修改后的内容要有大约30%的新材料，其中有关于合同、遗嘱、网站和博客的章节。关于这部作品，你会收到50,000美元的预付款，分两次支付，每次25,000美元。第一次于本合同开始执行之际付款，第二次付款于2012年5月1日提交了满意的修改稿之后。

我们在电话里已经讨论过，而且已经达成了统一意见，现在我们准备好了文件（参见附上的医生证明），我们的女儿格蕾丝·克莱斯，就读于五年级亚当斯太太的班级，因为过敏，这学期无法参加体育课的训练。此文件则是证明我们达成了协议，我的女儿将在物理理疗师的帮助下进行体育活动，而这一活动将于下学期开学之初就开始。请在这一协议上签上姓名和日期，返还其中一份给我们。

改，改，改

修改合同要毫不留情，一定要写到最清晰明白，做到最好。显眼的错误当然有损于你表达自己的意图，但冗长繁琐的文字造成的危害更大。

除雪服务的合同

唐宁街的住户（贝丝和杰里·阿夫尔、朱迪和乔治·斯利特、玛丽和史蒂夫·斯利默）与丹佛市格兰戴尔街2022号的本·赖特签订合同，从2011年11月1日到2012年4月15日，本·赖特将为唐宁街35号到37号房提供除雪服务。当降雪量累积超过1.5英寸时，本·赖特负责清扫积雪，转移到指定的区域。本·赖特同意使用卡车和扫雪车；作为独立承包商，他还负责科罗拉多州所要求的必要的责任保险。签署本合同的唐宁街居民以每小时65美元的价格支付除雪费用。

本合同是否生效，取决于是否能出示指定的责任保险范围。请提交保险的证明，并附上已经签好姓名和日期的合同，于2011年10月1日前寄回给我们。

本合同可由任何一方无理由取消，但要提前三十天书面通知另一方。

我们期待着这一季的再次合作。

签字 ＿＿＿＿＿＿＿＿＿＿＿＿＿＿＿＿＿＿＿＿＿ 日期 ＿＿＿＿＿＿＿＿＿＿

签字 ＿＿＿＿＿＿＿＿＿＿＿＿＿＿＿＿＿＿＿＿＿ 日期 ＿＿＿＿＿＿＿＿＿＿

签字 ＿＿＿＿＿＿＿＿＿＿＿＿＿＿＿＿＿＿＿＿＿ 日期 ＿＿＿＿＿＿＿＿＿＿

签字 ＿＿＿＿＿＿＿＿＿＿＿＿＿＿＿＿＿＿＿＿＿ 日期 ＿＿＿＿＿＿＿＿＿＿

互换服务的协议

亲爱的加比：

这份合同规定我们如何交换服务：辛西娅·卡夫，公关公司总裁，为绿湾设计提供每月25小时的公共关系服务（写新闻稿，安排专题报告，组织特别活动，争取媒体和博客的采访机会）；作为交换，乔迪·克鲁斯，绿湾设计的总裁，为公关公司提供每月25小时的服务（设计、更新和网站代管服务），发布在MyWay.com上。

合同条款：这一合同生效时期为三个月，或者说辛西娅·卡夫为绿湾设计服务共计75小时，交换乔迪·克鲁斯为MyWay.com服务75小时。

程序：乔迪和辛西娅分别向对方提交一份合同期内的总体工作计划。每个星期，每一方都要与另一方进行"客户"协商，在此期间，双方都将描述这个月的项目目标，以及迄今为止的工作和进展。每周结束的时候，乔迪和辛西娅向对方报告本周的工作和结果，并讨论"客户"所期望的策略的改变。

辛西娅·卡夫和乔迪·克鲁斯都不会为对方提供的服务付钱，而且双方各自负责（需要事先批准）本机构履行服务项目所承担的任何费用。这些费用可能包括获取网站名称的费用、宣传册印刷的花销、特殊事件费用、邮资等。

本合同的执行时间为2011年6月1日至2011年8月31日，在此期间任何一方都可以无理由终止合同，但要提前30天发出书面通知。

签字：

辛西娅·卡夫＿＿＿＿＿＿＿＿＿＿＿＿＿＿＿＿　日期　＿＿＿＿＿＿＿＿

乔迪·克鲁斯＿＿＿＿＿＿＿＿＿＿＿＿＿＿＿＿　日期　＿＿＿＿＿＿＿＿

第三十二章

商业计划书

　　商业计划书就是路线图，写方案就是一步步地筹划目标，创建出前进的途径。应该经常修改、更新你的方案，使企业与时俱进，维持活力和健康。

　　写商业计划书的目的在于劝说，劝说别人支持你的想法。对方可能是潜在的投资者、银行家或本机构的行政人员。你需要劝说银行或投资者提供资金，或劝说本机构的行政人员提供支持、资源，甚至热情。你也需要别人提供评价、其他想法或咨询意见。商业计划书通常会在小范围内发送，以保证机密性。

内容要求

- 商业计划书包括简短的对机构的愿景：任务、目标、策略，并将这些内容总结为几句简单的陈述。一些计划书可能只有一页的长度。
- 对于机构外的读者，你需要将计划书的受众确定为一个准确的接受者，例如你的银行。
- 研究你的读者，来确定他希望看到哪些要素。比如，银行家要求有确凿的数据，例如资产负债表、损益表、现金流量规划、花销计划、收支平衡点等等。
- 计划书中分部分展开：
  - ➤ **管理团队成员**。列出管理团队的成员，描述成员的专长领域。也要列出重要的支持团队成员，比如外面的咨询人员、会计、律师、保险代理机构和销售专家，他们已经承诺和本机构一起工作。介绍他们的专长，列出他们的部分证明信（也可以在附录部分列出他们的简历）。也可以列出未来可能加入的机构名单，以及分段计划和扩展计划。

> **市场分析**。这一部分是方案的重点，可以展示出你对市场的理解。分析竞争对手的机构、产品或服务，然后展示出你的产品或服务的竞争力和成功的方式。

> **营销计划**。这一部分必须要有布局，需要列举出具体的步骤，来说明你将如何运用不同的推广手段、广告和公关技巧去推出你的团队。需要包含具体到每个产品、每块市场的受众信息。

> **财务分析**。这份分析必须展示出如何在财务上获得成功。要包括所有的投资和启动资本，还有债务。财务增长的预测必须包括强项和弱项的讨论、成本控制措施和潜在的问题领域。展示出你准备如何处理这些问题。要有资产负债表，损益表，短期、中期和长期的现金流量规划。通常而言，规划时段有六个月、一年、两年和三年。

> **附件或支撑文件**。这些都是支撑你方案的材料：团队关键成员的简历；顾客、客户合同或订单；这一领域专家的支持信件；市场研究或焦点小组的回应；产品或服务的正面评价；专利或许可证；公司文档、名称权、其他特有的法律文件；产品或服务需求的申明。凡是有帮助的东西，都可以精心分类、引用，放在这一部分。

特别情况

- 商业计划书总是需要不断地修改，不要持有"我已经写好了终稿"的态度。
- 检查进度，内部的商业计划书至少一个季度更新一次。

模式

- 注意排版，要做到赏心悦目。
- 对于打印装订好的精装（平装）计划书，准备好封面页；如果有需要，准备好目录；如果可以，还可以准备好图表目录。
- 各种图表的准备和打印要专业，选用颜色也要专业，要突出计划书的要点。

- 尽量面呈你的方案。尽量使用视频的格式来"展示"你的计划书。带上真实的产品或服务样本。演练计划书的介绍环节，做到没有瑕疵。推测关键问题，准备好答案。

商业计划书

新趣公司商业计划书
（2012年和2013年）

前景　新趣公司从事代售业，拥有顶级设计师零售商店的吸引力；基本信念是：再循环是一种美丽时尚的生活方式。提供：
　　　　·最新款的鞋子、手提包、皮带、珠宝和方巾
　　　　·按照顾客需要进行改动
　　　　·着装咨询

任务　按照预算价格，为走在向上人生路的女性提供设计师品牌的配饰；服饰可以量身改动，提供着装咨询，装扮后完全可以出入董事会场合。

目标　到2012年配饰的销售达到150万美元。
　　　　·改动和着装咨询销售达到175万美元。
　　　　· 2012年达到45%的利润率。
　　　　· 2013年第一季度的总销售额增加20%。
　　　　· 2013年第二季度增加20%；第三季度增加25%；第四季度增加28%。
　　　　· 2013年开始"古着风"时尚秀。

策略　利用推特、脸书等社交媒体来寻找设计师品牌配饰，再次出售。
　　　　·在女性俱乐部、水疗中心、沙龙、健身房和干洗店建立关系网。
　　　　·在高端设计师商店和百货公司宣传阿萨和瓦莉的定制改动服务。
　　　　·吸引剧院和戏服的改动和搭配服务。

计划　与代售方建立4/6分成的机制。
　　　　·雇佣阿萨、瓦莉和四名销售人员。
　　　　·发布春季店内时尚秀的邀请函。
　　　　·邀请地区设计师和百货公司的服装销售人员参加时装表演。
　　　　·建议在水疗中心、健身房和社交俱乐部举行时装秀。
　　　　·雇用两名实习生来学习改动技术。

第三十三章
正式报告

　　正式报告收集、分析数据，汇报信息。我们用报告达到提供信息、分析、推荐和劝说的目的。报告的顺序往往并不直观：展示、分析信息、得出结论、做出推荐。正式的报告通常会非常复杂，装订起来就像一本书［《9-11委员会调查报告》（*The 9/11 Commission Report*）就是典型的例子，参见本章末］。在生意场合，非正式的报告通常都是内部资料，而正式的报告则分发给股东、顾客和大众这样的外部受众。正式的报告往往都是关于某个主要项目的书面描述，涉及的项目可能是新科技、研究或实验结果、公司搬迁的地址分析、年度报告、年末本领域发展回顾等。精心组织报告的结构，引导读者读懂材料。若要保持读者的兴趣，良好的写作能力和精湛的编辑能力都很重要。

　　报告的内容主要分为三大部分：预备材料、主体和补充材料。每一部分可以根据需要分为若干小部分。

预备材料

　　封面页

　　授权书

　　送文函

　　摘要

　　目录

　　图形列表

　　表格列表

　　符号或缩写列表

问题陈述、摘要、大纲或总结

前言

引语

主体

　　执行总结介绍

　　正文（有恰当的标题、小标题）

　　结论或总结

　　建议

补充材料	文献
证明	词汇表
附件	索引

预备材料

这一部分描述报告的目的，提供综述、列出具体的内容。

- **封面页**。列出题目或主题，范围和目的；列出作者、作者的头衔或角色，以及隶属的机构；签发日期（阶段，比如季度、年度）；委托机构的名称。这一页不显示数字的页数，标记为第 i 页，这一页的背面为空白页，同样不要显示数字页码，标记为第 ii 页。
- **授权书**。列出委托这一项目和报告的发起机构（或人）。
- **送文函**。这一部分是附信，指明发送报告的一方，以及接受报告的一方。也可以指出特别的部分或目标点。
- **摘要**。给出报告中的要点。
- **目录**。按照报告内容出现的先后顺序，列出主要部分或标题，以及这一部分的起始页码。
- **图形列表**（如果有五份图形或更多，就要给出列表）。给出图形所在的页码。
- **表格列表**（如果有五份表格或更多，就要给出列表）。给出表格所在的页码。
- **前言**。前言这一部分，应该由作者之外的人来介绍性地陈述，给出背景知识，也许还有本报告与这一领域其他报告之间的比较。前言作者的名字写在最后，加上日期。
- **引言**。作者关于这一报告内容、原因、时间等因素的陈述。

主体

这一部分包含了报告中所使用的方法、步骤、测试和比较。也包含了结果、分析、结论和建议。

- **执行摘要**。综述，比之前的摘要要详细一些。
- **介绍**。表明本报告的目的、范围和其他信息。

- **正文**。详细地写出研究、调研和调查进行的方式，以及最初的发现。
- **结论或总结**。对发现和结果进行萃取加工，提出推论。
- **建议**。这一部分可以与结论结合起来。通常是提供行动的方向，或给出结果，表明需要下一步的行动。

补充材料

列出资料来源、文件和支撑材料。

- **附件**。这一部分支撑性的信息因为过于详细，或会影响行文，不便列在文中。
- **文献**。按照字母顺序列出报告中所有的资料来源。
- **词汇表**。按照字母顺序列出词汇和定义。
- **索引**。按照字母顺序列出报告中所用的术语、主题或名字，以及所在的页码。

结构要求

决定好报告的主要部分，就要开始用大纲的形式组织材料（参见第一章"入门"和第二章"平面设计和排版"）。

可以用传统的大纲方式组织报告：

I. 一级标题

  A. 二级标题

    1. 三级标题

      a) 四级标题

        1) 五级标题

          i. 六级标题

也可以按照进位的系统来安排：

1.0 一级标题

  1.1 二级标题

    1.2.1 三级标题

      1.2.2.1 四级标题

除了上面的大纲模式，还可以采用下面的形式：

I. **一级标题**

　A. 二级标题

　　1.三级标题

　　　a.四级标题

标题也可以没有数字或字母：

一级标题

二级标题

三级标题

　　四级标题

内容要求

- 记住，大多数**正式报告**采用的都是非直接的方式（非直接方式的信息顺序是：以中立色彩的信息或解释作为"缓冲"陈述，然后才进行负面消息或问题的陈述，最后总结，提供正面消息或解决方案）。这种方法先引入问题，然后给出事实（如有需要，分析事实），再概括给出的信息。

- 非正式报告的方式更为直接，先提出结论或建议，再陈述事实，通常事实都要简洁得多（参见第三十四章"非正式报告"）。

- 首先回答为什么需要这份报告的问题，再具体陈述问题。可以是传达信息、分析数据或推荐行动方向。

- 问题的陈述要涉及读者。比如："我们的销售代表需要知道竞争对手产品 X、Y 和 Z 的销售额胜过我们的产品 A 的原因。"这类问题的陈述要关注具体的目标或目的。可以用问题、说明句，或不定式短语来表达：

  ➢ **问题**：竞争对手产品 X、Y 和 Z 的销售额胜过我们的产品 A，关于这一点，我们的销售代表需要了解什么？

  ➢ **说明句**：我们的销售代表需要了解竞争对手产品 X、Y 和 Z 的特点，才能成功地卖出产品 A。

  ➢ **不定式短语**：为了成功地卖出产品 A，我们的销售代表需要了解竞争对手产品 X、Y 和 Z 的特点。

- 将整个报告分成若干组成部分，在陈述目标的内容中使用小标题。

- 如果是信息类的报告，比如报告实验结果或列出关于某个主题的书籍，报告应该按照逻辑顺序组成结构，平铺直叙。要以事实为基础，确保报告的客观性。这样做能避免观点和偏见。

- 如果你要在报告中进行分析、总结或提出建议，你可能需要仔细安排一些其他的元素。用我们刚才的产品例子来说明。明确了产品X、产品Y和产品Z就是小标题后，你可能需要针对竞争对手的产品完成初步的观察或调查。为什么产品X、产品Y和产品Z卖得比产品A好？面对这样的问题，你可以给出以下的答案：

1. 产品X和产品Z比产品A便宜。

2. 产品Y和产品Z有多种颜色可以选择；产品A没有。

3. 相较于产品A的包装，产品X、产品Y和产品Z有便携包装袋，消费者更喜欢。

你需要研究产品A一些能作为卖点的优势。你可能会发现：

1. 虽然产品A的价格更高，但是比产品X和产品Y更好用，更耐用。

2. 产品A走的不是时尚路线，颜色与性能无关。

3. 产品A是整体产品，没有可拆卸的部分，更大方，更方便，不需要便携袋。

与此同时，基于你的观察和调查，你可能会得出有关自己产品的理论或猜想：

1. 我们应该降低产品A的价格，以提高与产品X和Z的竞争力。

2. 我们应该增加产品A的颜色选择，提高与产品Y和Z的竞争力。

3. 我们应该给产品A开发出便携袋，提高与产品X、Y和Z的竞争力。

- 要验证自己的猜想。猜想有可能是部分为真，或者为假。如果你的猜想被证明为假，你就需要提出其他的猜想，再进行验证。在产品A的例子中，也许调查会显示价格低、颜色有多种选择、配有便携袋是购买者首要考虑的三大标准。

- 如果对解决问题有实质性的帮助，可以在小标题下再细分小标题。

- 收集所有的信息。这可能需要研究、数据收集、调查或者实验。商业问题通常需要调查，而科学上的问题需要实验。信息类的问题可以通过在图书馆查阅资料解决。使用客观、适当和彻底的方法，避免得出无效的解决方案。

- 检测你收集的数据：

  ➢ 是否客观？保持开放的心态，方方面面考虑周到，判断信息来源是否公正全面。提防偏见。

> 其他人是否赞同？集思广益，请别人质疑、挑战你的理解。

> 是否合理？用逻辑思维核查结论，利用相关事实支持自己的结论。

> 是否站得住脚？故意给自己唱反调，看结论是否站得住脚。在报告中公正地展示它们，提供支撑性证据。

> 对于很多报告而言，统计和解读数据都非常关键。在报告这一类信息的时候，必须做到科学的准确和学术的坚守。引用这一类信息之前，要彻底地核实。

• 按照报告的模式组织信息，准确记录信息的来源。

• 写出初稿。

• 时态要前后一致。现在时或过去时都可以，但前后一定要一致。

• 视角也要一致。可以用第一人称指代，也可以用第三人称指代。对此，不同的机构和专业各有偏好。通常非正式报告会使用第一人称指代，而正式报告会使用第三人称。

• 每个段落的开头，要有效使用转折词。这有助于抓住读者的注意力。

• 有效利用各种图表来表达观点。

• 利用有效、有力的动词，使行文生动，但是要把握分寸。

• 修改。不重要的部分，删掉。看有没有用词不当、使用行话、前后不一致、冗长、逻辑错误等现象。泛泛而谈、抽象或模糊的陈述，删掉。在这一过程中，注意以下问题：

> 介绍部分有没有确立报告的范围和使用的方法？

> 主体部分是不是充分展开、叙述了介绍部分的所有要点？

> 是否有逻辑地全面展开了各个要点的叙述？

> 有没有什么观点或部分可以合并起来，或重新安排位置？

> 对于陈述的问题，是否有清晰的解决方案？或者是否进行了全面的讨论？

> 观点和事实之间的关系是否清晰？

> 报告的整体架构是否遵循了一定的内在逻辑？

> 是否为读者提供了理解所需要的完整信息？

> 观点是实事求是地得出的吗？

> 所有的事实是否都反复核查了？

> 标题和小标题是否恰当地反映了内容？

> ➤ 还有没有语法错误和错别字？

- 尽量多请其他人来审核、校对。
- 写好报告后，放置几天，然后再重新审读一番。

注意事项

- 不要为了支持某一点而去加工润色事实、脱离上下文引用，或曲解事实。
- 引用资料时，要明确出处。
- 不要得出错误的或不符合逻辑的因果结论。记住：报告不一定非要给出结论。有些事情就是不确定。是什么样，就是什么样。
- 不要因为证据不足，就得出相反的结论。不一定如此。
- 不同种类之间不要进行比较。数据的本质必须要具有相似性，才有真实的比较意义。
- 错误的跑题内容、与主题关系不大的材料，删掉。这些东西很容易就会让报告跑题。

模板

- 选择符合本机构报告要求的模板。
- 脚注、参考书目等参考信息要使用一致、已被认可的规范，例如《芝加哥格式手册》（*Chicago Manual of Style*）[①]中的范式。
- 所有的图表制作都要赏心悦目，帮助理解。
- 报告的打印和装订要专业。

改，改，改

- 请相关专家来审查报告，核实其中所有的事实。
- 请专业的校对员来检查语法、时态、措辞和其他的问题。
- 使用拼写检查和校对程序，不要有打印错误。

[①] 一个适用于美式英语的格式指南。——编者注

正式报告——目录

第三十四章

非正式报告

非正式报告的功能是告知、分析和建议，通常采用备忘录、信函，或非常简短的内部文件报告的形式，比如每月财务报告、每月活动报告、调查和发展报告等等。这一类报告在长度和形式方面都与正式报告不同，格式则通常遵照本机构的要求，一般包括介绍、主体、结论和建议部分，通常情况下没有预备材料和补充材料部分（参见第三十三章"正式报告"）。非正式报告的语言更口语化，一般仅在机构内部流传，受众的范围比较窄，往往只处理日常问题。

参与式管理减弱了非正式报告的作用，但是计算机又让非正式报告重新兴旺起来，尤其现在管理团队的成员经常不在同一地点办公。一般情况下，非正式报告写得很快，完成之后用电子方式发送。

应用范围

有多种非正式报告：

- 进度报告
- 销售活动报告
- 财务报告
- 可行性报告
- 文献回顾
- 推荐与建议
- 接受或否决提案

内容要求

- 非正式报告一般都没有介绍性材料，但在有必要的时候可以加入。

- 一开始就问自己："关于这一主题，我的读者真正需要知道的是什么？"用一句话清楚明白地回答这个问题，这就是目的陈述。如果你使用了备忘录模式，这就是你的主题句。

- 直截了当，在开头呈现最重要的信息。对于大多数常规问题，这通常是结论和建议。一开始就提供最重要的信息，采用大纲模式，这样最能节省读者的时间。比如说，你觉得复印机应该更换了，主题句可以是"建议更换复印机"，然后再给出提出这一建议的理由：

  - ➢ 上个月修理了12次。
  - ➢ 需要专门人员来操作。
  - ➢ 每分钟复印的纸张数很少。
  - ➢ 过了保修期。

- 你也可以使用间接的方法。一开始给出总的信息，审查事实，结尾再提出建议。如果要使用这种非直接的方式，你一开始的主题句可以写：新复印机性能优越。

- 到底要选择直接方式还是间接方式，可以参照下面这条原则：如果你预测读者喜欢你的结论或建议，就直接说出来，然后再给出支撑它的事实。如果预测读者反对你的结论或建议，或对方对此知之甚少，甚至一无所知，就先给出事实，最后提出结论和建议。

- 列出小标题，在小标题之下组织、安排信息。

- 在本机构允许的情况下，使用私人化的写作方式，用我、我们、你、你们、他、他们这样的词。

- 反复修改，让报告有趣、简洁、行文流畅。

- 即便是在重复自己开头的主题句，你的报告到了最后也要有总结句、概括句或建议陈述。

- 一定要完全回答或解决你提出的问题或主题陈述。

注意事项

- 要了解读者的认知水平，不要想当然。
- 使用直接方式的时候，也需要列出所有的事实。要有逻辑地列出你的支撑事实。
- 仔细、客观地再次检查后，再发送报告。
- 报告不要太长。长篇大论往往是结构不佳的标志。一个简单主题的篇幅应该限制在一页纸之内。
- 不要一写报告，就自动采用直接方式。在事实或证据并不清晰的情况下，别人可能会认为你看问题偏颇、任性或自以为是。如果大家并不太看重这一主题，也许采用间接方式的效果会好些。

模式

可以采用备忘录、信函或报表格式的形式。非正式报告通常用电子邮件来发送。

改，改，改

- 反复核查所有信息，保证信息的正确和完整。
- 尽可能请别人核查你的报告的草稿。
- 要给自己一些反思的时间。如果时间允许，写好报告后，将它搁置一段时间，再返回去阅读，修改到自己满意为止，最后再发送出去。

非正式报告——内部备忘录

收信人：员工和医生
发信人：约翰·艾伦，总裁兼CEO
答复："与健康牵手"活动
日期：2011年11月22日

流感季来到，好撒玛利亚人医院发起"与健康牵手"活动，致力于保证内布拉斯加州中部地区的健康。

好撒玛利亚人医院发起了"与健康牵手"活动，提醒小孩和大人：常洗手是防止病菌扩散的最好方式。我们得到了奥马哈市雷德斯通公司的支持，该公司为这项活动提供了地区广告和公共关系服务。

为了配合12月5日至11日"全国洗手意识周"的活动，好撒玛利亚人医院会到学校、企业和餐馆，展示正确的洗手方法，并分发洗手包和海报。这项运动已得到内布拉斯加州健康福利系统的认可，会一直持续到明年2月。

此活动将于12月6日，星期一开始，重要活动如下：

· 在电视节目和电台节目的固定栏目中播出洗手主题的歌曲、洗手主题的海报和洗手包（包含正确洗手的说明，一块肥皂和一本涂色书）
· 向地区新闻媒体宣布这次活动
· 科尔尼中心的客座专栏
· 在社区开展洗手活动（12月到2月）

我想感谢所有的员工和医生，感谢你们在工作、家庭和社区中一直遵守严格的洗手规程。我们的社区信任你，我，以及好撒玛利亚医院所有的人，信任大家开展的"与健康牵手"活动。

请大家帮忙宣传"与健康牵手"活动，与家人、朋友、邻居和社区的其他人分享这一消息。关键点有：

· 常洗手是防止病菌扩散的最好方式。
· 要用上肥皂和温水，大力搓擦至少20秒，这样才能清洗掉病菌。
· 准备食物前后、过程中，还有吃东西之前，都要洗手，这一点特别重要。
· 如厕之后一定要洗手。在公共厕所，洗手后，用纸巾关上水龙头和打开厕所门。妥善处理使用过的纸巾。
· 如果没有肥皂和热水，含酒精的一次性湿巾或免洗洗手液也是很好的选择。
· 除了经常洗手，还有另外四个好习惯可以帮助我们预防感冒和其他的病毒感染：
  ▷打喷嚏或咳嗽的时候，用手捂住口鼻。
  ▷不要用手去接触你的眼睛、鼻子或嘴。
  ▷生病了就待在家里。
  ▷避免与病人近距离接触。

如果您需要更多消息，或者愿意成为洗手规范示范员，或有任何建议，请联系宣传部，电话是555-0123。

第三十五章

可行性报告

　　可行性报告明确说明需求或提议，并进行分析、比较，然后建议行动路线。比如说，你所在的机构在考虑新的选址、进一步扩展或购买新设备，这时候就必须仔细考察哪一种行动路线最佳，这一路线是否可能成功。开始写报告之前，应该考虑以下问题：

- 成本是多少？
- 会有利润吗？
- 分别有什么利弊？
- 会有什么影响？
- 法律方面需要考虑什么？
- 实际吗？
- 人员、培训和技能方面需要考虑什么？

结构

　　可行性报告由介绍、主体、概述或总结，还有建议部分构成（参见第三十二章"商业计划书"；第三十三章"正式报告"；第三十四章"非正式报告"）。

- **介绍**。给出提议、报告的目的、背景、范围、限制因素、得出建议的方法和规程。
- **主体**。提供详细的评估和分析。比如，给出可能的其他解决方法、产品，以及评价这些选择的标准。

> **结论**。概述结果，以帮助决策者做出最好的决定。

> **建议**。作者自己认为应该选择的行动路线。

内容要求

- 目的陈述。这一陈述要尽可能的具体。如果研究和报告是因某个问题而做的，这一部分就应该包括问题陈述。同时陈述必须清楚地给出这一报告的目的和范围。比如说：

  > 我们目前的安装技术需要大量人工，而且服务年限太短。这份报告比较了四种新型的安装技术，建议我们的安装人员使用其中的一种。

- 给必须回答的问题列表。召集相关人员集思广益，让提出的问题更全面。以上文的安装技术为例，可以考虑以下问题：

  > 每一种新技术的材料成本是多少？

  > 每种新技术有什么样的培训和技能要求？

  > 每种新技术的时间需求有多长？人工要求是什么？

  > 每种新技术在可服务性和服务年限上有什么提高？

  > 每种新技术会给销售带来什么样的影响？

  > 要实现新技术，设备成本是多少？

  > 如果使用新技术，预测在后续维修中可以节省多少成本？

- 把这些问题转换成各个选择之间比较标准的陈述。

  > 技术A、B、C和D之间材料成本的比较。

  > 技术A、B、C和D之间培训和技能要求的比较。

  > 技术A、B、C和D之间时间和人工需求的比较。

  > 技术A、B、C和D之间服务年限的比较。

  > 技术A、B、C和D对销售影响的比较。

  > 技术A、B、C和D之间设备成本的比较。

  > 技术A、B、C和D之间后续维修成本的比较。

- 要有预备研究和报告大纲。

- 完成信息收集、测试、调查、事实收集这几个环节。

- 拿出最后的报告大纲。

- 写报告的过程中，可以配上有视觉效果、能体现比较结果的各种图表，让信息的表达生动易懂。报告的介绍部分应该简洁准确地陈述问题、目标和范围；主体部分详细评估各种选择；结论部分概括评估所有的选项；最后给出建议。

- 改写、编辑、审核。也请别人审核你的报告。最后的报告一定要完整、漂亮、易懂。

模板

- 使用标题、亚标题和小标题来引导读者，使报告清晰明了，易读、易懂。
- 排版注意留白，做到赏心悦目。

（参见第三十三章"正式报告"；第三十四章"非正式报告"。）

第三十六章

技术报告和技术写作

无论写作的内容是什么，是技术类或非技术类，写作的原则都是一样的。如果报告（或其他材料）的主题非常专业，目标群体是懂得并且使用专业技术的"内行"，这一写作过程就可以称为"技术写作"。

许多行业都需要专业语言。和所有的写作一样，决定技术写作内容的是受众、明确的目的、特定的专业或行业。对这一类的报告，许多机构都有非常严格的原则和规程，并且一般都会有法律上的要求。

比如说，设备生产商的调研部门需要写检修报告，撰写者需要在这种报告中列出准确的症状或问题的可能原因。这类报告会描述症状或问题，提出测试方法，然后提出可能的解决方案。这类报告的读者可能是外勤工作人员或在该领域受过培训并且使用这一设备的顾客。报告的受众和目的决定了报告的内容和格式。

技术报告和技术写作的共同之处就在于，两者都强调受众、明确的目的，也强调规范的格式，这一格式反映了报告所在行业的需求和惯例。撰写者不仅要了解"报告文化"，还要了解本机构的规则。查询你所在机构、行业和专业过去和现在的报告。

（参见第三十五章"可行性报告"；第三十三章"正式报告"；第三十四章"非正式报告"。）

应用范围

这种报告形式可以在下列情况中使用：

- 调查发现

- 事故或事件
- 新的事实
- 解决问题
- 评估
- 陈述问题
- 进度
- 现状

内容要求

- 查看本机构、本行业、本专业的报告，明确公认的格式。
- 开始之前，一定要了解受众。确定你的受众是专业人士后再动笔。
- 找到并彻底了解相应的术语。
- 提出详细的问题，找到报告要处理的问题、目的和范围。
- 写一份预备大纲，请相关人员审核你的提纲。
- 完成对信息的收集、调查、检测，详细记录笔记、数字和信息来源。
- 写出大纲的定稿。
- 根据大纲撰写报告，你要完整地回答或解决问题，或兑现你在介绍部分写下的承诺。
- 改写、校对、检查。请别人帮忙检查，确保报告的客观性和全面性。

特别情况

- **进度报告**强调的是继上一次报告之后的这段时间内发生了什么事情或发生了什么样的改变。其中最常见的例子之一就是销售报告。但进度报告使用非常广泛，格式也迥异，可以使用在政府项目、政治竞选、广告活动、建筑和其他很多行业上。这一类报告就是一份给他人提供信息的记录，采用直接报告信息、最低限度地比较的形式，通常是写给小范围的受众的。
- **标题**要有力，陈述要简洁。介绍部分应明确指出涉及的项目、负责人和项目目标，简短概述上一份进度报告的内容；主体部分列出进度、问题、评价、显著的特点、预算考虑；预测下一阶段的进度；最后总结整体进度。

- **现状报告**。这一类报告强调的是项目现在的状态，给出现状的详细信息（而非发生了什么样的变化）。报告的具体结构视需求而定，如果仅针对小范围受众，作者需要给出详细的观察和一定程度的评估。

- **出差报告和事件报告**。一些机构会要求提供这类报告，为的是给其他员工提供信息并建立永久记录。这一类的报告篇幅简短，重点放在新的信息上；通常采用备忘录的形式，发送给作者的上司并抄送给其他人；主题句列出目的地和日期；主体部分说明此行的目的，见到的人，办成的事情；只涉及重要的事件，用小标题来标明这些事件；最后给出结论和建议。

- **故障报告或事故报告**。这一类报告通常都是内部备忘录，处理的是事故、设备故障、突如其来的停工，或者其他类似问题。这些事件需要正式的记录，给小范围的受众提供信息。管理层也要利用这些报告来确定事情发生的原因，寻求改进，避免同类事件再次发生。通常这些报告会用于保险或法律目的，因此，报告中的信息要尽可能地准确、完整、实事求是，不要主动陈述观点。

  主题句应该明确地列出所针对的问题，并在主体部分描述这些问题。一定要回答以下问题：

  - ➢ 是否有人受伤？
  - ➢ 发生事件的准确地点在哪儿？
  - ➢ 发生了什么？
  - ➢ 准确的时间是什么时候？
  - ➢ 财产有没有遭到破坏？什么遭破坏了？
  - ➢ 有没有停工？
  - ➢ 谁目睹了这件事情？记录完整的信息。
  - ➢ 记录准确的时间、日期、地点、伤势处理、财产损失、目击证人的名字和地址、目击证词、设备损坏程度，以及其他重要信息。只要有可能，就用照片、绘制图画或图表的形式来记录事件。语气要客观，不要指责。结论部分给出已经采取的行动，还有以后将采取的措施，以保证这类事件不再重演。

- **调查报告**。这一类报告提供调查、市场研究、产品评估、文献调查或步骤调查的结果，目的在于根据调查主题进行明确分析，并提出建议。

- 一开始，就陈述目的。主体部分在一开始要明确调查的范围。比如，与人群相关的调查就应该说明调查对象的数量和分布，给出他们的年龄、教育背景、地域分布、职业、收入、兴趣、观点和其他可能影响信息的因素。明确指出调查技术带来的局限，然后汇报在此基础之上的发现及其意义。在结论部分给出建议（参见第三十九章"问卷和调查"）。

- **文献调查和注释文献**就是针对具体题目，对指定时间范围之内的文献或印刷资料进行总结。这一类的调查要提供完整清单，并附上评价，为之后的进一步研究提供资料来源。比如说，某一份文献调查给出了近五年来所有关于电子邮件的资料的清单。文献调查或注释文献也可以是大型报告的一部分。

  ➤ 文献调查有助于工业、医学、学术和其他领域的专业人士了解他们所在领域的最新情况。

  ➤ 可以根据时间顺序来排列信息来源，也可以根据所覆盖的亚标题来排序。

  ➤ 在标题或简介部分，说明所覆盖主题的范围、来源（书、杂志、期刊文章、网上来源等）、出版日期或发表日期。在主体部分提供准确完整的列表，这样读者就能轻松地找到文献的来源（遵照像《芝加哥文体手册》这样的规范手册）。每一份清单，都要给出作品的范围和对读者的价值。要做到简洁明了。

- **摘要**。长篇幅报告或书的概要。描述性摘要定义了报告或书的目的、范围和使用的方法；信息性摘要提供信息、结果、结论和建议。摘要应该关注重要信息。

- **员工报告**。这一类报告是用来记录、分析问题的，有时还要提出解决方案。通常机构都会提供这类文件的标准格式，使得这类报告可以在电脑软件中大量合并、存储。员工报告也可以使用备忘录模板，内容可以包括问题、总结、相关因素、事实、讨论、结论和推荐等。可以在软件程序中设置标准回应，这样就只需要填入特定的细节。这一类的报告可能会在某些法律诉讼或雇佣纠纷中起作用，所以必须有准确而简明的详细信息。如果这些报告要进入员工的档案，通常会要求涉及其中的员工进行审核并且签字。这类文档涉及机密，需要认真对待。因此，如果要在网上发送，就必须在安全的系统下操作。

- **执行概要**。可以是单独的简短文档，也可以是长篇幅报告的一部分。结构上与摘要类似，但通常篇幅要长一些。这类文档的目标就是简短地覆盖正式报告的所有要点：目的、范围、方法、结果、概要、结论和建议。这类报告给出了足够的简要信息，使读者不需要阅读全篇报告，就能了解到所有的内容。

  这类概要应能独立成文，并根据原报告，按比例覆盖所有关键的信息。不要请读者参考执行概要中没有出现的图表；根据读者的水平，酌情使用专业词汇。一般情况下，执行概要中不出现图表，不可或缺的图表例外。

  （参见第三十五章"可行性报告"；第三十三章"正式报告"；第三十四章"非正式报告"。）

第三十七章

图书方案

　　图书方案是销售工具，用书面文字的形式劝说出版社的编辑购买你的非虚构类图书（小说通常在完稿后就卖出了，但是图书方案也可以用于作者的第一本小说）。出版公司出书有财务风险，而且有太多的人想要得到出版公司的青睐，因此你需要让出版商相信你的想法独一无二，你是写这本书的最佳人选，此外还要告知出版社谁会购买这本书，这本书怎么才能成功销售，达到财务上的盈利。

　　你的图书方案要考虑到这些因素，要有很好的调查基础，而且要写得好。

应用范围

　　图书方案可以在以下情景中用来说服他人：

- 请专家投稿或合作一本书
- 请专家同意给你的书写书评，或给你的书写腰封推荐语
- 文学经纪人为某图书项目找出版商
- 编辑代表某图书项目，面对他（她）所在出版社的编委会
- 向图书制作人作选题推荐
- 图书的特别销售渠道
- 某机构为某个图书项目提供拨款或赞助金
- 图书代表向书店等大买家售书

内容要求

成功的图书方案要包括以下内容：

- 独特的想法，独特的呈现方式。
- 用与众不同的方式来处理主题。
- 文字清楚明白、没有瑕疵。
- 思路清晰，结构严谨。
- 你在这一主题方面很有发言权。
- 清楚明白地界定你的读者群，并且知道如何接触到这些读者（这一部分就应该包括你的"平台"和特别资质方面的内容）。
- 提供样章，展示你的写作技巧。

想要方案出挑，需要注意：

- **书名页**（参见本章最后的例子）。在上面列出你的书名、你的名字、地址、联系方式，或者你文学经纪人的名字、地址和联系方式。
- **目录**。图书方案的目录，列出方案的各部分以及起始页。
- **综述、介绍或概念综述**。简短有力，囊括本书的构想，指出其市场。这必须是你最有力的销售综述，必须要让编辑有兴趣读下去。通常不超过150个字。
- 关于**此书**。这一部分是概要的扩充，回答关于此书的内容、缘由、时间和费用方面的问题。完整的方案一定要包括以下信息：
  - ➢ 说明你这本书要回答的问题，或要满足的需求。
  - ➢ 列出此书其他的优点。
  - ➢ 提供或引用支撑数据。
  - ➢ 你的书会采用什么样的独特视角？
  - ➢ 列出书中的所有特色，包括照片或插图。
  - ➢ 列出此书读者得到的最终结果，或者读者能够享受到的最大利益。
- 关于**作者**。在这一部分详细列出作者的资质，证明自己是此书独一无二的作者人选。根据你的教育、职业、专业、经验、调查、人际关系、知识，或别人不知道的信息，有理有据地证明自己是最佳作者人选。

- **作者的"平台"**。要出版商做出购买的决定，最大的卖点就是作者的"平台"。说白了，平台就是作者已经建立的、可以联系到那些可能购买此书的人的渠道。通常表现为作者拥有活跃的网站、博客（阅读博客的人数，或者每天、每周或每个月的点击率）；作者有能力利用社交媒体进行销售——他（她）有多少脸书好友；他（她）社交媒体更新的频率如何，每次更新有多少人互动等。通常你需要开发别人对此书的兴趣，展示出这本书的潜在市场，才会有人愿意购买。

- **关于市场**。这一部分要明确说明谁会购买你的书，你怎么才能接触到目标购买者。如果你仔细考虑过市场上对你的选题的需求，那界定目标读者和考虑如何接触到目标读者就容易得多了。写出你计划采用的直接销售方式，比如你的营销演讲（如果合适，配上根据已有记录得出的预测数字）；也可以写出你特别的销售想法，比如在南北战争博物馆的礼品店销售你有关南北战争的书；在你已经调查过或安排好的机构销售；辅助销售；你安排好的或计划的合作销售等等。在如今的售书过程中，这一部分也非常关键。尽量使用确凿的数字、姓名和联系网络，这有助于出版商预测这本书的销量。

- **关于竞争**。这一部分内容要进行透彻的调查，得到完整且最新的信息。收集确凿的事实，越多越好；审查所有有竞争关系（或有部分竞争关系）的和即将上市的图书；做出准确的比较，提供这些竞争性图书的销售量。你的目标是：展示你的书是有市场的。接下来，你就需要指出为什么你的书能够超过其他同类书的销售，怎么样才能办到这一点。慎重地指出其他书的优势和劣势，要说明为什么你的书能卖，怎么才能卖。

- **关于书的制作**（可选）。关于这本书的大小、颜色或版式，如果你有确凿的、有意思的想法，可以列出来。书的外观设计在竞争当中往往是有一席之地的。你也可以选择在竞争部分讲这一点，比如说，你可以建议此书的大小和价格，使它成为一本有竞争力的礼物书籍。

- **宣传**。雇佣宣传人员或公关公司来让大家了解这本书。在这一方面，你有什么计划？如果有可能，给出宣传人员的姓名、明确的计划，以及你计划投入的钱。除此之外，你应该列出你与媒体的关系，以及你计划如何宣传这本书。

- **目录**。列出你的章节目录。

- **章节概述**。概述每一章节。如果章节中有特别好的段落、趣闻或让人难忘的材料，可以摘选一部分，放在概要中展示你的写作技巧、语气和角度。

- **样章**。在合适的情况下，尽可能像出版商要求的那样提供样章，尽管出版商并不总是会这样要求。样章要达到定稿的要求。大多数作者会提供第一章作为样章，除非有特别的原因，才会再提供另一章节的内容。
- **附录、书目或资料来源**（可选）。如果你的资料来源很强大，有权威机构的许可和推荐，或其他独家的协议，那就列出来。对于学术性的图书，这一点更为重要，因为彻底的调查是这一类图书成功的关键。

特别情况

- 虽然出版商可以改动书名，但书名是你方案的卖点之一。你要考虑到方方面面，再决定书名。研究畅销书榜单上的图书、出版商主推图书、同类竞争性图书的书名。提出这样的问题：为什么这些书名起得好（或不好）？和其他作者一起头脑风暴，或询问读者和书店的工作人员，看看他们如何看待你的书名。最好的书名往往来自意想不到的地方。
- 一般而言，图书方案的长度在25页到40页之间，但也不一定，长度差异非常大。
- 图书方案一般以附件的形式用电子邮件发送。
- 通常编辑们都是在“闲暇”时间阅读图书方案的，所以你的方案一定要赏心悦目，而且易读。比如，在关于此书部分，使用带有项目号的简洁陈述，黑体字，然后再辅以简短的解释性段落，就能引诱编辑多读一些内容。这就是你的目标。
- 可以在图书方案后附上电视采访的DVD，网上采访、博客、帖子等的链接，你撰写的、或被里面的文章引用了的相关杂志和报纸文章的复印件，也可以再附上你为这本书制作的特别促销小件的样本。你可以把图书方案装进有两个袋子的文件夹，把名片装进文件夹外面的标签槽口中。如果你有代理人，文学代理商通常会准备好这种文件夹。

注意事项

- 不要一冲动就把你的方案发送出去了。如果方案没有做到家，很快就会被拒的，你就再也没有机会给同一位编辑或代理人发送改进后的方案了。

找一位或几位可靠的专家核查你的方案。即使在你发送给专家看之前，也要把自己的方案放置一段时间，然后再以客观的、崭新的角度重读你的方案，尽全力做最后修改。优秀的图书方案可能要花上数月的时间来撰写，有时甚至会花上数年的时间。

- 选择合适的代理商或编辑，选择不当的结果就是被拒绝，还浪费了你的时间。仔细调查，了解代理商或编辑偏好的图书种类。然后简单地发送一封询问信函，或打个电话，简单地陈述你的想法，询问他（她）是否有兴趣看你的方案。

- 不要忽略小出版商。他们在宣传图书方面通常会更用心，发行的时间也会更长。

- 你有了意向中的出版商后，可以去找与之合作过类似图书的作者，了解该出版商会做什么，了解你需要做什么才能保证书卖得好。

- 除非你或你的代理人有充分的理由只选择一位出版商，否则一般可以向多位出版商提交方案。可以在精心选择之后，同时提交。一般而言，最初可以提交给三到四位出版商（你心目中第二梯队的出版社也可以包括在内），收到他们的反馈后，看其中有没有共同之处，可以就这些反馈对你的方案再次做出修改。修改好之后，再把方案提交给你最心仪的选择。

词语

必读	成功	从不	第一	独家	读者	发现	非虚构
风格	革新	故事	价值	流行	目的	目前	前所未有
趋势	审视	声音	市场	事实	调查	吸引	戏剧
想法	崭新	新鲜	需求	需要	直截了当	抓住	资源

短语

不为人所知的实证	创意方案
从未讲述过的故事	首次发布
独一无二的体验	革新的想法
竞争优势	来源于生活经历

普遍的观念	亲身经历
让人欲罢不能的故事	深度审视
戏剧化的故事	新的方法
新颖的想法	叙述性故事
研究新发现	隐藏至今
有竞争力的题目	有力的例子
找到观众	最好的资源

句子

这本书将证明作者的猜想。

还没有类似的图书覆盖过这一重要的主题。

与大众的看法恰恰相反，这本书证明了其反面观点才是正确的。

这是一个引人入胜的故事。

市场急需这样的书。

段落

段落要干净利落。第一句话点明主题，接下来进行解释、展开详述，或审视这一主题。

段落不要长：平均五到六个句子。时刻记住你的目标读者：他们是忙得晕头转向的编辑。你的书讲的是什么？是如何呈现的？你为什么是写这本书的最佳人选？你为什么认为这本书有市场，怎么才能盈利？他们希望一目了然地找到答案。他们会立刻查看样章，看你是否有写这本书的技能。

改，改，改

你的方案是否有力量取决于你的编辑和修改。这一部分，不要走捷径。最终可能是对方接受与否的区别。

请多位专家和编辑帮你审稿，检查结构、事实、废话和打印错误。舍得花时间和精力，你就会有好的回报。

图书方案样本

桑德拉·E.兰姆
街道地址4567号
城市，州，邮编98701
电话：510-555-0123
传真：510-555-0124
电邮：sandy123@email.com
网址：www.sandralamb.com

非虚构类/礼物图书
大约250页

私人便条：如何应对各种场合，由衷写作

桑德拉·E.兰姆
图书方案

[注意：通常方案都不使用第一人称，这里因为这一方案的性质，使用了第一人称]

综述

我们精疲力竭的疯狂生活中又有了新的现实：人与人之间越来越疏远、人越来越孤单。为什么？

我写过一部《实用写作完全指南》（由十速出版社出版），读者最大的反馈就是："我最喜欢私人便条这一部分，但是这部分内容还不够，远远不够，我还想要更多地了解这一部分。"这是读者、书评人和记者普遍的感想，甚至电台和电视节目的采访者也常常会提一些关于这方面的问题。私人便条往往需要情感的倾诉，而不仅仅是堆砌词句（参见附件：《丹佛邮报》的采访；我为《家庭圈子》写的关于道歉便条的稿子；我的作品《好朋友遭遇到不幸》，刊登在《职业女性》上；《健康之友》11月刊上，我关于私人便条的短文）。

《实用写作完全指南》这本书关于私人便条的部分，我收到的典型评价是"太棒了"；我给《家庭圈子》的编辑提议再写一篇这样的文章，编辑回应说："正是我们需要的文章，现在我们都不知道怎么说，怎么写，特别是在悲伤的情况之下……你要说的是什么？你写什么？"

《私人便条》这本书会帮助你体验、处理自己的情感，然后再帮助你写出内心的感受，与对方沟通。

这本书还有另外的惊喜，你从这本书中可以了解到历史人物和当代著名人物的个人情感和他们的便条，他们的便条就是书中的一部分内容。从中我们也可以看到私人便条的重要性——从古至今，我们心目中的英雄人物也非常看重这一点。

关于这本书

为什么这是一本及时的书

· 与我们的祖父母一辈相比，我们写便条表示感谢、感激、想念和随手写写的时候比他们少了75%—80%。

过去二十里，我的朋友珍妮一直给她的侄儿侄女制作手工圣诞卡，然后又给侄儿侄女的孩子们制作手工圣诞卡。最开始是7张，后来变成了52张。接受这些贺卡的人从4个月大到42岁，但他们从来没有给珍妮寄过一张感谢便条。我们应该重拾手写的私人便条形式来表达我们的感谢。

· 最近的学习成果报告显示：我们的孩子在阅读和写作方面落后了，比标准水平落后了两级。为什么会这样？

因为我们的社会不像我们祖父母那一代那样写私人便条了。甚至不像我们父母那一代。孩子们肯定是没有写便条的，因为他们没见过自己的父母这样做，也没有人教他们这样做。写作，特别是私人便条的写作，已经成了失传的艺术。这并不是好消息。我们花了数个世纪才养成了至关重要的礼节和社交分寸，而现在，其中的一部分正在流失之中。因为我们写作，我们才存在。

我们需要重新建立写作的价值和艺术。作为父母，我们需要拿起笔写作，我们要教会我们的孩子为什么他们需要写作，教会他们如何用文字向他人表达自己。

· 工作进入了家庭，我们生意上的伙伴也越来越多地成了社交场合的熟人和私人朋友，工作和私人生活的界限正在变得模糊。

以前我们在面对家人和朋友的时候才采用的社交礼仪和私人便条，现在也同样要用于生意上的伙伴了。

这些新型、多面的关系维护起来更为复杂，也让私人便条的写作变得更为重要了（参看附件中的《好朋友遭遇到不幸》，刊登在《职业女性》上）。

· 电子技术的进步在逐步让我们失掉人情味。如今，我们在网上进行的是一种亲密、即时、匿名、删减交流的混合体，这种微妙的交流方式正在取代我们原来交流当中的人情味。

我们拿起笔，在纸上写下我们的想法，这一过程中有非常情感化，非常人文的方面，电子技术无法复制出这一行为。手写出来的内容分量更重，含义更深刻。手写便条是我们维持感情的重要方式。

· 我们都太忙了，没有时间写东西。身处疯狂的快节奏社会，我们不再有时间表达我们的情感。

用笔来写作，是一种治疗方法，有助于保持理智，帮助我们理解自己的内心。

· 讽刺的是，我们的电子移动社会只让我们感到了与人隔绝。我们普遍缺少人与人的接触，缺少人与人相处的时刻。

没有人——无论他如何尝试——是一座孤岛。事实上，在与人隔绝的情况下，大多数人的状态都很不好，心中会出现孤单、分离、孤寂、抑郁这样的字眼。我们需要与他人联系，这本书就是教你如何与他人联系的。

· 我们心中新的"精神意识"已经觉醒，我们想要与他人联系。

我们的生活需要私人便条，需要这种人与人之间真正的交流、联系、交谈，现在正是提供这种写作指导的时机。

目录

第三十八章

研　究

　　如何写通常取决于如何做的研究。写作过程中最有趣、最激动人心的部分可能就是做研究了。要深度了解某一选题，需要一些特别的技能，不能缺斤少两；调查也好，研究也好，就是让你写出来的东西有真实和权威的感觉。在哪儿进行研究，如何进行研究，这取决于你的选题和你从何处着手。有时，你是从一般到具体，有时又是从具体到一般。

　　获取自己需要的信息，有两种基本的方式：第一手研究，和第二手研究，或者说非直接研究。第一手资料的来源包括未出版的资料和原始资料，比如机构记录、你自己的观察、实验和调查。第二手资料来源是出版的作品，比如百科全书、年鉴、指南目录、各种各样的出版物、期刊、图书和数据来源。

以第一手资料开始

　　所有的写作项目都应该以第一手资料为开端，其中可以包括你的亲身经历。遵循以下部分或所有的步骤，完成开始的工作：

- 你想要读者了解什么？准确地写出来。
- 和大家一起头脑风暴；采访他人，确定你写作的必要性、范围和目的。
- 做实验，做调查，收集第一手信息。
- 制定并执行你自己的系统性观察，可以通过讨论组、论坛、电子邮件询问的方式进行网上调查。
- 通过样本读者的调查来测试你写好的东西，看看信息和架构方面有没有问题，然后再完成终稿。

谨慎选用第二手资料

相比第一手资料，第二手资料更容易找到，花费也更少，而且更完整。第二手资料有出版书籍、文章、报告、网上讨论、通信、备忘录、小册子、操作说明书等。你可以通过网络和图书馆找到这些资料。

现在社会飞速发展，一定要确定信息是最新的，这一点非常重要。第二手资料研究要从最新的、与主题相关性最强的资料入手，准确寻找你所需要的信息。

利用网络进行研究

- 利用搜索引擎进行研究。
- 使用限定词来限定你的搜索，比如"和""或者""没有"。把你要研究的短语放在引号之内进行搜索，以表示这是一个搜索单位，比如"机械工程"。
- 使用高级搜索功能。
- 利用多个搜索引擎，确保得到最佳的结果。

网络资源

公共图书馆和大学图书馆都在网上有目录和数据库，可以加以利用。另外也可以用各种搜索引擎查找资源。以下是一些常见的搜索引擎，尽管这个名单经常有变化：

- 机器生成的数据库，使用爬虫和自动程序搜索网页寻找信息，其中包括：
  www.google.com
  www.altavista.com
  www.excite.com
  www.webcrawler.com
- 人工生成的搜索引擎,索引的页面要少些，但能提供帮助组织内容的目录树：
  search.yahoo.com
  lycos.com

search.msn.com

www.bing.com

- 混合搜索引擎，既搜索互联网，也搜索自己的数据库，提供其他地方找不到的索引。其中有：

www.hotbot.com

- 学术性的研究，可以尝试以下的网址：

infomine.ucr.edu（学术资源）

www.vlib.org（万维网虚拟图书馆）

scholar.google.com

- 元搜索引擎。这种搜索引擎利用数个搜索引擎来搜索网页，但一定要仔细定义和限制你的搜索。

www.metacrawler.com

dogpile.com

- 要寻找网上的商业和政府资料，从此处开始：

dir.yahoo.com/Business_and_Economy（雅虎的商业资源）

www.fedstats.gov

www.lib.isu.edu/gov/index.html（联邦政府机构目录）

- 评估网上资源的权威性、准确性、原创作者、偏向性和时效性。以下是域名后缀的列表：

  ➢ aero——航空业
  ➢ biz——商业
  ➢ com——公司或个人
  ➢ coop——商业合作
  ➢ edu——大学、学院或教育资源
  ➢ gov——政府
  ➢ int——国际组织
  ➢ mil——美国军方
  ➢ name——个人
  ➢ net——网络供应商
  ➢ org——非盈利组织
  ➢ pro——专业人士，比如律师或医生

利用图书馆进行研究

- 制定研究策略，列出你需要的资料。
- 联系这一领域的图书管理员，告诉他（她）你的目标，咨询意见。一般情况下打电话就可以完成这一步。这样做效率更高，很快就能找到你所需要的资料。
- 查询图书馆的网页，进入目录、文章的数据库和其他资源。一般情况下，只有图书馆的会员才能进入其数据库。
- 研究之初，查询主题、作者或标题。
- 利用图书馆的网上数据库调查其他资源。
  - ➤ InfoTrac，数据库集合，拥有商业、医疗和综合领域的资源，提供摘要和全文。
  - ➤ ProQuest，数据库提供商（整合者），出售数据库给图书馆。其中有生物学、护理、心理学、有历史意义的报纸、分类学术索引、专业索引等。
  - ➤ EBSCOhost，系统全文网络数据库，服务范围广泛。
  - ➤ FirstSearch，专业数据库，集合了许多图书馆的收藏，展示了其中部分收藏的全文和摘要（其中就有WorldCat和ArticleFirst）。
  - ➤ Lexis/Nexis，数据库集合，特点是有商业、法律、国会和其他文档，提供全文和摘要。

图书馆资源

一开始，你就可以利用图书馆的网上资料、文本资料或微缩胶卷，寻找最好的资源。图书馆的各种资源可以分为以下几类：

总则

《参考书目指南》（*Guide to Reference Books*）

百科全书

《美国百科全书》（*The Encyclopedia Americana*）

《不列颠百科全书》（*Encyclopedia Britannica*）

《职业与职业指导百科全书》（*The Encyclopedia of Careers and Vocational Guidance*）

《格罗里埃的美国学术百科全书》（*Grolier's Academic American Encyclopedia*）

《麦格劳－希尔科技百科全书》（*McGraw-Hill Encyclopedia of Science and Technology*）

杂志和专业出版物

《商业期刊索引》（*Business Periodicals Index*）

《〈泰晤士报〉索引》（*Index to the Times*）

《杂志索引》（*Magazine Index*）

《〈纽约时报〉索引》（*The New York Times Index*）

《心理学文摘》（*Psychological Abstracts*）

《期刊文献读者指南》（*Reader's Guide to Periodical Literature*）

《社会科学索引》（*Social Science Index*）

《〈华尔街日报〉索引》（*Wall Street Journal Index*）

《妇女研究摘要》（*Women's Studies Abstracts*）

更多信息

《美国历史原始资料》（*American History Sourcebook*）

《美国统计索引》（*American Statistics Index*）

《专业图书馆与资料中心指南》（*Directory of Special Libraries and Information Centers*）

《协会百科全书》（*Encyclopedia of Associations*）

《官方博物馆名录》（*The Official Museum Directory*）

电话簿

传记类目录

《美国传记词典》（*Dictionary of American Biography*）

《美国名人录》（*Who's Who in America*）

《美国东部名人录》（*Who's Who in the East*）

《美国中西部名人录》（*Who's Who in the Midwest*）

《世界名人录》（*Who's Who in the World*）

年鉴和地图

《世界年鉴》（*The World Almanac and Book of Facts*）

Encarta 世界地图（Microsoft® Encarta® World Atlas）

贸易目录

《美国企业家族》（*America's Corporate Families*）

《企业隶属关系目录》（*Directory of Corporate Affiliations*）

《百万美元目录》（*The Million Dollar Directory*）

《托马斯美国制造商目录》(*Thomas Register of American Manufacturers*)

政府出版物

《美国政府报告公告与索引》(*Government Reports Announcements and Index*)

《美国政府月度出版物目录》(*Monthly Catalog of US Government Publications*)

统计资料

《美国统计索引》(*American Statistics Index*)

《美国统计摘要》(*Statistical Abstract of the United States*)

其他资源

- 图书馆提供的馆际互借服务。
- 协会、报纸和公司的图书室资源。
- 寻求公司、医院和协会的公关人员的帮助。
- 法院、监狱和其他公共实体的公共记录。
- 通过 www.peoplefinders.ws 在网上调查人与人之间的联系。
- 图书管理员、私人调查者或调查机构的有偿服务。

内容要求

做研究是写作的第一步：

- 关注读者，确定写作的必要。
- 准备好目的陈述，限定写作的范围。
- 进行必要的额外研究。
- 组织结构，撰写草稿。
- 修改、编辑、打磨文章。

第三十九章
问卷和调查

有时，询问是获得信息的最好方式。但是，问什么问题？向谁提问题？你需要有一套调查方法，然后设计调查问卷，如果你需要个人态度、观点或评价这样的信息，就更是如此了。

首先，你需要确认自己需要的信息，然后决定是否需要进行调查来获取第一手资料。如果你需要进行调查，你就必须选定有代表性的人群样本，然后决定问题的格式和发放方式。是面对面采访？电话采访？还是打印、发放问卷？或者是通过电子邮件或在网上采访？选择最好的方式，以得到最多的反馈。

问卷和调查这两个经常混用，但严格意义上，调查一般是简短的民意调查，而问卷往往需要被调查者给出详细的反馈。两者都可以是纸质、电子邮件或网络答卷。这些方法的优势在于：同一时间向多人提问，并且得到格式统一的答案，省时省钱。也可以提供匿名答卷，有利于得到更为诚实的回答。其他优势：被调查者回答问题时，有思考的时间，答案更为全面；被调查者不会受语气或面部表情的影响。

可能的劣势：回复问卷调查的人可能会更为刚愎自用一些，而其他的人群则不回复；答案无法提现细微的区别；没有进一步的即兴提问；有时候，问卷调查也耗时间。

有些调查，你也需要面对面采访或电话采访。

应用范围

你需要特别的信息，而你研究过的资料都无法提供这些信息，这时你就需要进行调查或发放问卷。

内容要求

- 选择具有代表性的人群样本。选择过程要科学，确保最后结果的有效。
- 根据你需要了解的信息编写问卷。
- 问题要一目了然。
- 问题要与事实相对应，尽量要求可以定量的反馈。
- 版面设计要赏心悦目，留出足够的空白来回答问题。
- 在测试小组测试你的问卷，如有必要，根据反馈做出合理修改。
- 确定评定结果的方法。得到了问卷调查的反馈答案后，你的解读要客观，

结果要完整清楚地呈现出来。

避免错误信息

- 不要问有诱导性的问题。
- 问题不要触及个人偏见或成见（除非你需要的就是这一类信息）

业主委员会问卷调查

森塞特业主

　　森塞特董事会有意创造更多的机会让我们的住户参与社区的各种活动。为了了解大家的喜好，请仔细阅读后填写这份问卷，每户一份。

名字（可选）＿＿＿＿＿＿＿＿＿＿＿＿

房号（可选）＿＿＿＿＿＿＿＿＿＿＿＿

1.有关森塞特事务的决策过程，我们：

　□ 对现有的决策过程感到满意，董事会遵循了《社区生活准则规范》。

　□ 希望有更多的民主参与，我们也愿意通过投票积极参与决策过程。

　其他：＿＿＿＿＿＿＿＿＿＿＿＿＿＿＿＿＿＿＿＿＿＿＿＿＿＿＿＿＿＿＿＿
　＿＿＿＿＿＿＿＿＿＿＿＿＿＿＿＿＿＿＿＿＿＿＿＿＿＿＿＿＿＿＿＿＿＿＿＿

2.根据《社区生活准则规范》关于社区整洁的2.3条，我们（填写"同意"或"不同意"）：

　— 在晚上收进住户家中的前提下，便携式篮球架可以摆放在屋门前。

　— 外观良好的篮球筐可以固定在车库的门框上。

　— 考虑到安全因素和美观因素，任何篮球筐都不允许出现在住户家门口，它们距离街道太近了。

　— 只能在社区俱乐部打篮球。

　其他担心：＿＿＿＿＿＿＿＿＿＿＿＿＿＿＿＿＿＿＿＿＿＿＿＿＿＿＿＿＿＿
　＿＿＿＿＿＿＿＿＿＿＿＿＿＿＿＿＿＿＿＿＿＿＿＿＿＿＿＿＿＿＿＿＿＿＿＿

3. 在生活质量这方面，下列设施我家的使用频率（请填写"经常"——每周超过一次；"不常"——每月一两次；"很少"——每月不到一次；"从不"）。

— 游泳池 　　　　　　　　 — 网球场

— 按摩池 　　　　　　　　 — 俱乐部

— 运动设施（在俱乐部内） 　 — 公园区

— 晚上时间段，不准外部交通进入的小区部分

我们希望保留的其他服务和设施：＿＿＿＿＿＿＿＿＿＿＿＿＿＿＿＿＿＿＿＿＿＿＿

我们希望改变或增加的服务和设施：＿＿＿＿＿＿＿＿＿＿＿＿＿＿＿＿＿＿＿＿＿＿

4. 我们希望在以下方面增加投入（用数字表示重要性，1代表最重要，5代表最不重要）：

— 游泳池开放时间延长

周一到周五：＿＿＿＿＿＿到＿＿＿＿＿＿

周六、日：＿＿＿＿＿＿到＿＿＿＿＿＿

— 美化公园区

— 在公园区增设棒球区域

— 俱乐部增设运动设备，包括：＿＿＿＿＿＿＿＿＿＿＿＿＿＿＿＿＿

— 在入口处增设引导标志和景观照明

其他：＿＿＿＿＿＿＿＿＿＿＿＿＿＿＿＿＿＿＿＿＿＿＿＿＿＿＿＿＿＿

5. 节假日灯饰

□ 现有的就很好

□ 在入口处的树木上增挂灯饰

其他：＿＿＿＿＿＿＿＿＿＿＿＿＿＿＿＿＿＿＿＿＿＿＿＿＿＿＿＿＿＿

6. 增加以下活动，我们的态度是（填写"同意"或"不同意"）：

— 节假日社区聚会（□ 十一月；□ 十二月）

— 森塞特园艺俱乐部

— 在俱乐部举行书友会

— 俱乐部开设健身课堂

— 游泳池开设游泳训练课

— 夏日家庭野餐会（□ 六月；□ 七月；□ 八月）

其他：＿＿＿＿＿＿＿＿＿＿＿＿＿＿＿＿＿＿＿＿＿＿＿＿＿＿＿＿＿＿

7. 我们愿意组织或志愿服务于 ＿＿＿＿＿＿＿＿＿＿＿＿＿＿＿＿＿＿＿＿＿＿＿

我们有另外的建议和评价：＿＿＿＿＿＿＿＿＿＿＿＿＿＿＿＿＿＿＿＿＿＿＿＿

请填写好调查表，放入物业委员会的信箱中，或寄给：亚利桑那州凤凰城特鲁利街东2400号45单元，萨拉·E.福斯特。

第六部分

询问与反馈

你不知道的是，你的心中住着一位艺术家。

——贾拉尔·阿德－丁·鲁米

第四十章

请求和询问

请求函的重点是有效地表达出你需要什么。你请求对方给你发送你需要的信息，或帮助你得到信息的指引。信件的内容应该简短有效，最重要的是要有礼有节。你的目标是让对方愿意帮助你。

请求函的内容可以非常简单，比如询问价格或申请免费宣传册；也可以非常复杂，比如询问竞标产品的具体规格。询问这个词往往带有法律意味，给人以调查的感觉，有时会用于更为正式的信函："我想询问……"或"关于贵方的询问……"（一封询问的信件也有可能被错认为请求函。一位作者去信出版商询问是否能出版他的作品，比起请求函，这封信更偏向推销函）。

如果你询问的是常规信息，信函的内容就要尽可能地准确简短。但是要做到清楚、有礼貌。当然了，这一类的信件是商界的中流砥柱之一。对方会通过这些信件了解你或你所在的机构。商务请求函通常通过电子邮件发送，如果是常规邮件，请用有公司抬头的商务信笺纸。

应用范围

寻求以下信息时可以发送请求函：

- 建议
- 预约、面试、会议
- 商务或私人援助
- 竞标、咨询、提案、估算

- 状态改变：差异或分区变化，名称变化，婚姻状况的变化，等等
- 捐赠、捐款
- 信息：信用报告、文件、医疗记录、说明书的复印件
- 采访
- 贷款（参见第五十七章"提供调整"；第五十三章"信用查询和提供信用信息"；第五十六章"请求付款调整"）
- 就业机会

内容要求

- 动笔之前，想好自己到底要询问什么，清楚地表达出来。
- 提出请求之前，了解自己需要满足什么样的要求。比如说，你请求对方给你发送你的信用报告，你就必须符合信用公司的具体要求，其中通常包括证明自己的身份、寄去一份陈述和申请信用报告所需的费用。申请服役记录、医疗记录或类似的信息，你都需要满足特别的要求。提前搞清楚这些要求，你就能尽快拿到自己需要的信息。
- 如果对方机构要处理大量的、各种类型的请求，给对方写信就要在主题栏注明自己需要的内容，帮助对方确定你需要的信息。例如，主题栏：申请2011–B报告。
- 如果你有多项内容要询问，把最重要的排在最前面，最不重要的放在最后面。列表编号也能减轻对方的工作量，方便对方检查。
- 准确详细地传达自己的请求，这样能确保你得到自己想要的信息。比如说，你在招标，这一点就至关重要，如果你没有提供完整的规格要求，对方就无法回应。你也要提供进一步信息和截止日期等所有资料。
- 尽可能地给对方回复提供方便。比如说，提供使用版权材料的许可表格；产品样品；你的电子邮件地址；你的电话号码；已经写好回复地址、预付邮资的信封；明信片；传真电话号码。为对方着想，尽可能地让对方的工作变得轻松，你也会因此受益。
- 如果你的请求比较复杂，需要占用对方很多时间，或有截止期限，或有时间表，提前给对方打电话联系，然后再发送请求。
- 如果你的请求超出了常规请求的范围，你就需要自我介绍。

提出请求

- 一开始就清楚明白、有礼有节地陈述自己的请求。
- 请求要尽可能地具体。
- 在合适的情况下，给出你请求的理由，并且告知对方你将如何使用得到的信息。
- 给出一个让对方有兴趣回应的理由。
- 让对方知道发送信息的地址（和方式），有问题该怎么与你联系。
- 在合适的情况下，如果对方有问题，邀请对方与你电话沟通。
- 最后用一两句话总结陈词，如果你的请求内容复杂，就简短地重申一下自己的请求，感谢对方的合作。比如："所有的具体规格和参考内容都在11页到18页中列出来了。我们感谢贵方对这一项目的兴趣，希望能在4月7日之前收到您的竞标书。我们会在4月15日公布我们的决定，以及决定的理由。谢谢。"
- 期待对方合作，并表示感激。

注意事项

- 不要用命令的口气。"回复邮件，给我发送你的A–510报告"，对方看了这样的话，可能会生气。
- 也不要用抱歉的语气，或者那种觉得对方不会回应的语气。"非常抱歉打扰您，但我真的需要这份报告来筛查糖尿病"；"如果你没法给我发送报告的复印件，我也会理解的"。这样说，就太软弱了。
- 你请求的内容一定要清楚地罗列出来。不要写："请寄给我型号75–74、型号610–66、型号774–23、吸量器566–43、分析器511–10的宣传册。"为了让对方清楚地看到你需要什么，你应该这样写：

  请寄给我以下的宣传册：

  ☐ 型号 75–74

  ☐ 型号 610–66

  ☐ 型号 774–23

  ☐ 吸量器 566–43

☐ 分析器511-10

- 含糊其词的请求很有可能得不到回复，或者根本就不会得到处理。要提前做够研究，明确地提出请求。谁有可能给你提供帮助，就尽可能地找到他（她）的姓名。

- 结尾的时候一定要表示感谢，进一步推动对方帮助你。"感谢您处理我的请求。""非常感谢您的帮助。""我可以在3月15号之前拿到这份信息吗？谢谢您的帮助。""期待收到这份材料，谢谢您。""提前表达我的感激，谢谢您。"

特别情况

- 所有的申请都要书面表达，表达要明确清楚。像"寄此信以确定艾克斯公司5月13日在博尔德酒店举行会议的预定"这样简单的一句话是行不通的。在这种情况下，你的请求函要包括：客人的数量，预定客房的数量；所需会议室的数量和时间段，会议室的具体布置安排；客人到达的时间；就餐的人数、时间、菜单和服务。如果可以，就使用酒店的申请表。如果对流程不熟悉，就向酒店或会议中心要一份类似会议的申请样本。

- 请求引用的信函里应该附上有全部相关信息的表格，留出对方签字的空白处。填写好的表格内应该有你要引用的部分——"我请求得到引用以下内容的允许：……"，还要列出准确的来源，其中要包括书名、作者、页码数、以及你要如何使用引用部分的完整信息。还需要的信息有：出版社/出版日期、价格、引用部分与整本书的关系。

- 回复请求引用的信函时，要签署许可函。

- 请求改动地址时，要列出新旧地址：

  > 请改动我的地址记录。
  >
  > 原地址：密歇根州底特律南樱桃街315号，邮编49334
  >
  > 新地址：科罗拉多州丹佛东林荫路776号，邮编80220

- 申请把医疗记录的复印件发送给另一位医生时，需要签署特别同意书。做好调查，免得浪费时间。如果你通过电子邮件、传真传送或手写请求，应该有这么一句话："我以此授权某某将我的医疗记录（或副本）发送给……"

- 请人来演讲，在做到准确的同时也需要一些特别的技巧。在发出请求之前，一定要调查这位演讲者的表现记录。发出请求时，要提供全部信息：日期、时间、地点、场所、听众人数和组成、会议的主题、分配给演讲的时间，合适的情况下，也可以附上推荐题目的列表。如果演讲者的题目与会议主题不符，那就再尴尬不过了，比如作家相聚的宴会上，你本来提议讲一讲"如何售出自己的书"这一主题，却眼睁睁地看着一位"著名"的演讲者抓住这一机会，大谈与会议无关的政治言论。

- 向政府机构提出申请时，首先要了解提出申请有哪些要求。这样做，既能事半功倍，又有助于得到想要的回应。比如说，你要申请重新评估你的财产税，你就要给出合法的地段编号、描述性信息，以及你临近地段类似房屋的价格。这类申请通常要提供单位面积的价格。

- 在给政府机构或行政单位写请求函时，记得提供明确的号码和名字："请寄给我一份555–543号账单的副本：城市犯罪，5月21日，由Q. K. 杰克森参议员签署。"申请政府信息时，如果可行的话，在你提出的请求下列出所依据的法律条款也很重要。例如："依照《联邦信息自由法》……"

- 在请求政府对政策、规划区域、惯用法等做出改动之前，要先进行调研。比如，你需要了解区域划分的详情，因为规划的失当和请求的合理性是你提出这一请求的根据。为了提交正规的请求函，以及取得有关人员的同意，你可能还需要遵守一些必要的条件。调研相关问题，遵从提交的形式和内容要求，这将提高你的请求获得同意的几率。

模板

- 简单的私人请求，比如索取销售资料或免费样品时，可以发送电子邮件、手写明信片、折叠便条，或个人信笺纸。篇幅长、内容复杂的请求，也可以发送电子邮件，或打印在有抬头的信笺纸上。

- 公司之间的常规商务请求可以发送电子邮件、打电话、填写预制的明信片、预制的表格或使用有抬头的信笺纸。如果请求函篇幅长、内容复杂，就应该打印在有抬头的信笺纸上。如果时间有限，可以打电话咨询对方，看是否可以发送电子邮件、打电话或传真请求函。

词语

帮忙	帮助	感激	回复	回信	回应	立即	请求
时间表	提交	谢谢你	信息	询问	要求	援助	答复

短语

非常感谢您的合作	回复邮件
会是极大的帮助	请尽快
请给我打对方付费电话	请您帮忙寻找
如果还需要我提供别的信息	如果还有别的问题
是否可以协助	是否可以提供
我的电子邮箱地址是	我写信是为了
我需要以下	我需要在……之前得到这份信息
希望您能告知	寻求您的帮助

句子

按照 R. 罗伯茨先生的指示，我要申请一份病患看护 145 的副本：医疗改革。

我想预订一间四楼、禁烟的双人房（大床），如果这类房间还有空余。日期是 4 月 2 日，星期四。我的到达时间是下午 3 点 10 分。

我觉得我们应该进一步讨论这一账户的战略问题。时间初步定在 14 号或 15 号下午，不知你哪一天能抽出一个小时的时间。决定之后，请告诉我，我来安排。

杰克·亚当斯在岗位描述方面的工作非常出色，请你在方便的时候，尽快给我发一份他的报告副本。

改，改，改

写好之后，放置一段时间，然后再次修改。看自己是否回答了事件、原因、时间、地点和费用的问题，表达是否清楚、简洁。

询问信息

亲爱的杰克逊女士：

我非常喜欢您在盖茨网球俱乐部的演讲，这次写信是为了询问网球集训在如下时间段的价格：

4月12日—4月22日

6月17日—6月27日

8月15日—8月25日[1]

请您告知，对参加的学员而言，每个时间段各自的优势[2]。按照美国网球协会标准，我现在是5.0级选手，想要参加集训的目的是提高到5.5级。非常感谢您的帮助，期待您的回信[3]。

真诚的，

哈尔特·吉尔

1. 要具体。2. 要诚恳。3. 让对方想要回复。

申请样品

亲爱的罗比：

请发给我8月8日大量生产的AA-345垫圈8个。同时请附上这批产品拉力测试结果的复印件。

我们计划在下周三做测试。我会在下周五发给你测试结果，你可以把我们的测试结果加到你的月末报告中。

谢谢。

诚挚的，

艾德·巴特斯

申请报告

亲爱的威廉姆斯先生：

上次的亚特兰大水资源理事会上分发了一份报告，乔布斯女士让我来申请一份这份报告的复印件。报告的主题是对2006年水资源利用率的预测。

如果能在15日前收到这份报告，她将非常感激您。

您真诚的，

珍妮特·雷姆

咨询工作机会

亲爱的杰克：

很高兴在纽约的全国产品经理协会大会上见到你。听说西蒙斯在大会上得到了一个长期的项目，真是好事呀。

这件事你得替我保密，我想要在医药器械行业寻求产品经理的职位，希望这个公司氛围积极主动，雇员能获得快速提升。你做的是咨询工作，消息灵通，不知道你有没有什么职位可以推荐。当然了，我也会保密的。

如果你能给我一些指引，我会非常感激的。我一定也会继续给你推荐咨询客户。如果有消息，请发送到我的个人电子邮箱地址：tbcttoms@bigbottoms.com。

祝好，

提姆·博顿斯

申请城市信息

亲爱的塔格斯先生：

我和一些普雷斯科特的居民谈过，他们都对您所在的这座城市赞誉有加，并大力推荐退休后在这生活。因此我想了解普雷斯科特的一些相关信息，包括可供挑选、低维护成本的新房屋，城市中这些房屋住户群体的组成，以及面向新近退休人士的优惠手段。

我和我的妻子将在 18 个月后退休，想找一处城外的住所。我们对这个地方的要求是能步行到高尔夫球场和社区服务场所。我们都有 55 岁了，希望邻居各个年龄层都有。我们想购买的房屋是具有牧场风格的一层平房，心理价位是 250,000-300,000 美元，同时我们希望这栋房屋是全新的。

谢谢您。附上一个回邮信封供您回复。

您真诚的，

利亚姆·拜厄斯

申请处理雇员记录

亲爱的斯奈普先生：

像我们今天早上讨论过的那样，请处理正式雇员杰克·江珀的文书和以下事项：

· 删除其 2A 的职称

· 一份电话信用卡

· 家庭医疗保险

· 生产部门的办公室钥匙

江珀先生的正式雇佣日期是 8 月 14 日，但他在 8 月 13 日有一个需要出城的工作指派。我希望能在这周拿到他要签署的文件，并希望他在 8 月 12 日前能拿到他的正式员工文件包。

如果无法照办，请立即联系我。感谢您在这一工作上所做的努力。

真诚的，

丹尼斯·戴弗

询问订单状态

[日期]

相关内容：订单 3234 号[1]

亲爱的鲍勃：

我们于 4 月 29 日提交的固定架订单，出现了一些问题[2]。你办公室的玛吉·斯蒂奇告诉我们公司的路易斯·科尔，说你们没有我们需要的 4 号、6 号和 7 号。请在明天给我一份书面的订单状态报告，传真到我的办公室，号码是 440-555-0123[3]。

下个星期三之前，我们必须拿到这三个型号的产品，否则生产就无法继续[4]。

真诚的，

吉姆·赖泽

---

1. 具体信息。2. 给出需要的时间。3. 给出回复的方式、时间和地点。4. 情况允许下，告诉对方事情紧急。

申请信用报告

亲爱的艾伦先生：

正如我在电话里说的那样，4 月 10 日克鲁勒斯银行拒绝了我的贷款申请，随信附上报告的复印件。客服代表杰西·加西亚先生指出贵方开出的信用报告上显示我有数次逾期付款和其他信用问题。然而，这些都不是事实。

随信附上了写好地址、预付邮资的信封。请按照我们讨论的结果订正之前的问题，并寄给我一份最新的信用记录副本。我急需这份报告来纠正这一错误。

真诚的，

李·格莱姆

（参见第五十四章"信用审批通过"；第五十五章"信用审批被拒"；第五十三章"信用查询和提供信用信息"；第五十八章"催款"；第四十二章"回复"。）

第四十一章

附　信

附信或送文函的作用简单直接：让对方查看该信函覆盖的内容。此类信件只提供所附内容的目录和结构。

如果附信的内容附带报告，首先就要告诉对方这一点，然后列出报告的目的，给出授权。

简历的附信稍微不同。这种附信要介绍"所附"的内容，还要更为积极地劝说对方阅读简历（参见第十七章"简历附信"）。传真的附信要列出：传真的收件人、发送人、日期、发送人的传真号码、传真的主题、传真的页码总数。

应用范围

在发送以下内容时使用附信：

- 报告、提案、合同、协议和其他文件
- 申请手稿
- 说明书/小册子/宣传单
- 捐赠
- 样品、产品原型
- 没有附上发票或声明副本的支票
- 传真

内容要求

- 写给个人。
- 交代随信附上的内容，或另一个信封里的内容。如果是回复对方的请求函，给出对方的名字。
- 在合适的情况下，给出附件的数目，或列出内容的项目。
- 内容的目的，及其授权人。
- 如果有必要，解释如何使用附上的内容。
- 你完整的联系信息。
- 在结尾处表达美好祝愿、感激，或者告知下一步的行动。

注意事项

- 要言简意赅，不要大段重复文件里的内容。附信的长度不能超过文件长度的八分之一。胜在简洁。
- 附信的内容与文件的语气要一致，格式也要一致。

特别情况

- 报告的附信要给出报告的题目、写这份报告的原因、授权人、撰稿人，然后再简要地给出概述。
- 发给出版商或代理人的手稿附信写作难度很高。出版商往往会要求作者用一个短段落来描述他们的作品，这样编辑就非读不可了。如果能用一句话描述，那就更好了。
- 常规文件是不需要附信的。发票、付款单、发货单或其他专门信件就属于这类文档。
- 样品或销售文案的附信要有特色，要起阐释作用（参见第五十九章"直邮广告"；第六十章"销售跟进"）。
- 简历附信需要激发对方的兴趣，促使他（她）阅读你的简历（参见第十七章"简历附信"）。

模板

- 标准格式是用有公司抬头的信笺纸打印信件。
- 如果非正式的电子邮件是你和对方日常通信的方式，并且附信是为电子传送的文件而写的——通常这些文件就是电子邮件的附件——那么就可以使用电子邮件发送附信。
- 如果是公司内部，用电子邮件或公司备忘录都可以。不同机构，但有工作关系的客户和同事也可以使用这两种方式。
- 附信的格式应该与邮件的内容一致。如果目的是销售，附上的内容是样品或礼物，最好使用能吸引对方注意力的便条形式。

词语

附上　　细节　　文件　　随信　　检查　　包括 说明　查看

短语

帮助你检查　　　　　　　　查看图表

附件的清单　　　　　　　　感谢您对……的兴趣

结果让人惊讶　　　　　　　您会注意到

您马上就会看到　　　　　　您也许会想看一看

请给我打电话：5550-0123　　请您注意

如有其他问题，尽管问我　　实验的细节

送上样品　　　　　　　　　随信附上支票

我附上了报告　　　　　　　正如之前的承诺

句子

关注两件事：一是你发送的文件；二是你的目的。这两件事的陈述都要简明扼要。

按照您的要求，我附上了四张支票的复印件，标号分别为346、754、332、987。

这是一份初始报告，非常期待你能给出反馈意见，感激。

你可能会用上关于这一地区变化的443号报告，现为您附上复印件。

送上免费的文档复印件。

实验的细节信息在第15页。

段落

我现在将垫片样品归还给您。我们在弹性氯丁橡胶屋顶安装测试中使用了这些垫片，发现它们无法承受风的浮力。我们把最终报告一起提供给您，里面包括了安装细节、测试条件和各阶段结果。

附上你申请的实验结果。我相信你会很感兴趣的。

随信附上我的图书方案：《退休使用手册》，我们讨论过的幽默礼品书。方案里包括了章节大纲和样章。期待你的反馈。

这份新的A-40员工手册是为科瓦尔现存的差异性问题设计的。请仔细地阅读每一个章节，特别是总结部分。若有任何反馈意见请于4月10日前告诉我。

现在终于有奎尔特来对付那些总在"咯吱咯吱"叫的物件了。在最困扰你的噪声源上使用这个样品后，你再也不会回头去用那些毫无作用的润滑剂了。

你觉得创可贴都贴不牢？下一次的小伤口，试一试我们的新邦佐吧！

感谢您来申请格斯补助计划。请填写附上的表格，寄给我们，截止日期为9月1日（含）。

按照您昨天在电话里的要求，我随信附上坏掉的抽屉手柄，以及有手柄的书桌照片。

改，改，改

简明扼要。最有效的附信往往只有一两句话。

报告的附信

亲爱的埃布尔先生：

您请我们在8月15日进行了调查，现在向您提交一份销售人员报告。根据我们的观察，我们在新的销售全面培训方面提出了一些具体的要求。

9月，按照您同意的流程，我们把这些需求加入了修订后的课程计划当中。11月10日，我们会把课程计划提交给你的培训主任吉姆·培根。我们相信这一课程有助于填补贵方销售人员技能层面的缺陷。

非常高兴有机会为您服务。期待星期四与您一起审查细节信息，在此之前，如您有任何问题想要讨论，请给我打电话。

真挚的，

罗伯特·伯克

年度报告的附信

亲爱的米勒女士：

这是我们最新的年度报告。希望您能从中找到您需要的公司目标与成功的相关信息。详细的数据和比较在5—12页。整个报告完整地展示了卡多公司的发展和成长。

感谢您对我们公司的兴趣。如果还需要进一步的信息，请给我打电话。

真挚的，

维克多·维斯

特许经营申请的附信

亲爱的比默先生：

随信附上的是特许经营申请书，我已经按照我们之间的讨论修改过了。请仔细审阅修订条款Ⅲ、Ⅵ、Ⅶ，这些条款分别在第4、5、9和11页[1]。

我相信这份协议体现了与宠物母公司之间公正、平等的关系，我也相信这将为亲吻狗狗有限公司开创利润丰厚的前景。

若有任何的疑虑和问题，请给我打电话。如果没有异议，请在四份副本上签上名字并寄给我。随信附上额外一份副本供您保存入档[2]。

谢谢您。

您真诚的，

迈克尔·比尔斯

发货的附信

亲爱的贝茨女士：

随信送上新的宣传册。另外，按照您的要求，450份宣传册已经在分别包装后发货。四色印刷非常漂亮，使用秋天的照片做封面是正确的决定。这本册子在您的宣传促销中肯定会排上大用途的。

450份宣传册会在星期四早上送达总公司。如果还要给分公司送货，给我打电话就行，我们立马就能办到。

期待再次合作。

真诚的，

斯坦利·巴克

1.标注内容的位置。2.提供明确的信息。

第四十二章

回　复

回复函，商务性质也好，私人性质也好，如果立刻回复，花费时间少，是一种高效的工作方式。另一关键因素：要关注对方询问的信息。

立刻回复、完整地提供信息，这是公司成功运作的基本原则。这样的回复函给顾客传达出这样的信息："我看重您，我明白您的需求，您是我的重要客户。"所以回复一定要及时。遵遁这一原则，私人回复函也能传达出同样重要的信息。

应用范围

什么情况下使用回复函？这取决于常识和公司规矩。许多公司的规定是：外来信函一律要求书面回复；内部信件通常只要求口头回复。下列情况可以书面回复：

- 邀请函（参见第十章"邀请"；第四十五章"拒绝"）
- 通知
- 礼物（参见第十二章"答谢"）
- 询问
- 投诉（参见第四十六章"投诉和抗议"）
- 请求
- 捐赠（参见第十二章"答谢"）
- 付款
- 信息
- 慰问（参见第七章"慰问"）

- 道歉（参见第五十章"道歉"）

内容要求

- 一开始就说明你为什么回复。说明你收到的信息："感谢您7月12日的来信，询问345号订单的发货时间。"
- 在保证信息完整的同时，尽量使内容简洁。
- 确保完整地回答了对方的询问。有时，你可以按照对方提供信息的顺序来回复，比如说，"您来信的第一段提到了……"
- 如果信息复杂、内容多，要注意排版，灵活使用缩进、项目符号、破折号，注意留白，从而让你的回复清楚明白。
- 重复重要的信息，比如会议的日期、时间和地点。
- 在合适的情况下，可以提供其他的信息来源。针对对方询问的信息，你可以提供别的联系人、号码和地址。比如说："我们没有您询问的产品，但艾维克公司有您需要产品的所有型号，地址是休斯敦咯蕾丝大街332号，或者您可以访问他们的网址everyproduct.com。"
- 即时应答是回复过程中的第一步，也是最好的行动。回应对方发出的询问、请求或投诉前往往需要做一些工作，才能给出全面、有意义的回答。所以，可以先表示你收到了对方的信息，告诉对方你正在准备给他（她）更为全面的答复。
- 回复顾客信函时，尽量提供增值服务。许多公司在回复信函的时候特别注意加上相关的研究报告或发送有价值的产品样品，建立了强大稳定的顾客群体。但要注意的是，如果信封里装得满满的，回复的却全是不相干的信息，这就没人喜欢了。而且不能回避对方询问的内容。
- 邀请函的回复应该与邀请函匹配。比如说，如果邀请函是第三人称，回复也应该是第三人称："亚历克斯和玛布·威尔伯洛夫很高兴地接受弗兰克和埃德娜·埃德蒙的邀请，将前往参加6月12日，星期四，晚8点举行的晚宴。"如果有RSVP（请回复）的请求，你就应该尽快回复；按照邀请函的要求，或书面回复，或电话回复。如果邀请函上写了"若不能参加请回复"，在你决定前往的情况下就不必回复了。然而，如果邀请了两个人，其中一人不能出席；如果你不得不迟到；或者还有别的特别情况，应该及时打电话或写回复函告知主人（参见第十章"邀请"）。

- 在合适的情况下，邀请对方做进一步的回复。

注意事项

- 回复不用画蛇添足（但是如果你为对方提供了有价值的信息，有时也可以打破这条规矩）。
- 一定要回复信函。礼貌回复总是不会出错的，即便对方无礼投诉，或对方发错了，或对方的请求荒唐可笑，也要如此。
- 回复绝对不能粗鲁，要体谅对方的心情。如果对方经历了不好的事情，或失去了什么，绝对不要出言不逊，或在道德上批判对方。
- 你的回复函不要这样开头："很抱歉我没有尽早回复，但是……"如果回复晚了，正确的处理方法是："我花了一些时间调查您提到的问题……一旦……我就联系您……"

特别情况

- 投诉要立刻回复。针对对方的问题，表示某种程度的同意，或感谢对方来信。告知已经采取的行动（或正在采取的行动），在结尾表示祝福。
- 处理威胁信函或侮辱信函时要特别谨慎。如果对方提及或暗示了诉讼，最好把这件事情告诉律师。如果语气很具威胁性，就要把这件事情告诉相关部门。如果对方只是表示愤怒，那就尽可能客气并且客观地回复，安抚对方的情绪。
- 回复请求捐赠的信函时，开头就要给出你捐赠或不捐赠的理由。如果对方提供了表格，就填好表格寄回；如果有你纳税方面的需求，就请对方提供发票。如果你不想再收到对方的信函、电子邮件或电话，只需要简单地回复"请不要再给我发送此类信息"就够了。
- 生日派对、纪念日活动或受戒仪式等邀请需要回复。即使你不参加，也应该用市面售卖的卡片写上一句话。是不是要送礼物，取决于你与对方的关系。
- 对那些表示慰问和安慰的信函，要书面回应：（1）写便条；（2）可以在市售的感谢卡上手写几句话，用来回复那些与离世、生病、受伤的人关系亲近的人；（3）在地方报纸上刊登对公众人物的感谢。这些回复要简短，可以交给直系亲属外的人士处理。回复需要在收到信函后的六个星期内发出，或等受伤或生病的人恢复之后开始写（参见第七章"慰问"）。

- 回复面试的邀请，可以采用非书面的形式，但也可以发送确认函，这样会让对方觉得你熟知商务礼节，有利于你接下来进行富有成效的面试。可以用这样的句子作结尾："期待与您讨论我在克洛普的经历。"

- 如果对方写信道歉，回复时，表示你收到了对方的来信，（在合适的情况下）接受道歉，感谢对方。在恰当的情况下，你还可以表示期待与对方以后的交往。

- 如果对方发来贺函，回复的开头要写"谢谢你"。在一两句事情的后续发展之后，再次表示你的感谢。

模板

- 商务的回复需要打印在公司的信笺纸上。

- 正式的邀请函需要正式的回复函。使用相同的格式打印，说明对方询问的信息。

- 如果对方发送电子邮件，就同样以电子邮件的形式回复。让你的回复看起来真诚、个人化——尽管它可能来自一个样板。

词语

承认	感激	检查	确认	追踪	通知
调查	告知	收到	回应	感谢	跟进

短语

感谢您的周到	感谢您来信
跟踪调查的现状是	很高兴收到您的来信
回复您的	立刻调查此事

请通知我们   我会密切跟踪此事

我会再次给您回复   我们会跟进

我们会就此事给你进一步的答复   我们继续调查此事

我们就您的投诉做出以下回复   我们收到了

我们下一步会处理   我随信附上了

下一步措施   一有消息，就会通知您

仔细评估   真是好消息

句子

如果还有其他的问题，请随时给我打电话或发送电子邮件。

您于 10 月 5 日购买的钓鱼竿不合心意，我们对此感到抱歉。您可以选择全额抵免、全款退回或换货。

如果还有任何不解之处，请给我打电话。

非常抱歉，给您发送的一月账单有误，敬请谅解。

您的账户余额还有 45.87 美元。

您是我们的重要客户，我们会尽全力解决这一问题。

根据您的要求，我们送上宣传册，解释绿化的过程。

段落

这份是纽约牛奶污染的调查报告。一旦有了后续报告，我们就会通知您。

现在由我负责您对恩格尔伍德商店客服问题的投诉。目前，我正在调查这一事件，两周内我会跟您再次联系，告诉您调查的结果。对于您在我们商店不愉快的经历，我很抱歉，我会尽全力解决这件事情。

您多收到了一台 C-120 监控器，我太惊讶了。非常感谢您把它退还给我们。随信附上您所付的邮资，另外送上一张优惠券，供您下次购买毕利克拉布产品时使用。

感谢您来信告知您在退货过程中遇到的问题。我会用接下来两周的时间调查这件事情，然后再次与您联系。在此，我代表我们公司对您不愉快的经历表示诚挚的歉意。

您来信告知餐具送达时有两个餐盘已经破损，对此，我们表示歉意，现在补送上两个餐盘。三天之内您应该可以收到。

是的，我们当然会兑现自己的承诺。感谢您来信告知，我们这才知道有销售人员对此政策不知情的状况。请把电池寄给休斯敦格蕾丝大街332号31号店的史蒂夫·华生，他会处理好这一问题的。

这是您要求的提案。对于您列出的A至K的需求，请见我以下的答复。

感谢您写来道歉信，我接受您的道歉。事实上，这封信让我恢复了对贵公司客服的信心。

感谢您提交简历申请经理职位。我已经把简历递交给了招聘组，接下来两周的时间内，会有人与您联系。

得知你的好消息，我真是特别高兴。你的书出版了，而且还要在斯达特签名售书！我们肯定会在最前面排队等候的。

刚刚收到了你邀请我们参加你毕业典礼的请帖。我们正在调整安排，希望能够前往。就这一两天的时间，等我确定了就告诉你。

我们已经收到了您的小说，正准备拜读。这一过程需要八周的时间，我们计划在7月1日给您回复。感谢您对我们的信任。

我们已经处理好了您的订单，准备今天发货。货物预期在星期四到达。感谢您惠顾布克公司，期待再次为您服务。

改，改，改

表达清楚，结尾积极正面。

祝贺信的回复

亲爱的鲍比：

感谢你的祝贺[1]。多年来，你一直关心、支持我的学习。现在我呢，是宾夕法尼亚大学2005届的优秀毕业生，加入了失业战线！（当然这并不是你的错。）

每天，我都发出大量的简历，还在10个招聘网上做了登记[2]。我已经有了两次面试的机会，一次在芝加哥，一次在旧金山（都还没有通知最后结果）。等到我加入了有薪阶层，我就通知你。非常感谢你对我的关心[3]。

罗比

---

1. 感谢对方。2. 提供信息。3. 诚恳结尾。

对求职被拒的回复

亲爱的鲍勃：

您在艰难的选择后，挑选了另一个人去领导长生鸟小组，对这件事我并不嫉妒。当然没有得到这个工作我是失望的，但同时我也意识到，即将就职这一职位的新经理如果不具备其他一些关键的技能，就不能解决他要面对的巨大挑战。

我想感谢您在这件事上所花费的时间，还有面试中与我交换的那些想法。我还想感谢您把我的简历放在了关注名单中，如果贵司的其他管理职位有招聘需求，我很乐意做一名候选。

我会打电话告诉您那场高尔夫球赛的消息的。我想您也许会愿意参加我们在沙笼这里的小小课程。

祝好，

萨姆·希默

对顾客不满的回复

亲爱的林肯太太：

很抱歉，黄色房间的窗帘不是您预想的样子。当然了，我们肯定要和您一起找到满意的解决方案。我们的室内装潢师已经查看了房间，他提出三个建议：

1. 我们重新粉刷房间，在您原来选择的颜色中加入白色。
2. 在窗帘上方加上用设计师面料制作的短幔，让墙壁和窗帘的颜色能够相得益彰，让整个房间更加协调。
3. 改造这幅窗帘，用于其他房间，并重新为这个房间设计窗帘。

我将于星期四带上窗帘样品到您家里，让您对这些选择有直观的感受。罗伯茨先生认为，三种选择中，总有一种会让您满意的。

真挚的

格洛里亚·凡·得·布鲁姆

回复募捐请求

山姆：

很遗憾，今年我无法捐款，但我很乐意在健康日这一天做志愿者。

请把这封信转交给相关的负责人。我在早上九点到中午十二点这段时间有空。

感谢您为这一活动做出的贡献。

真挚的，

罗比·戴恩

对发生错误的客户的回复

亲爱的威利夫人：

　　您之前要求我们对您的支付计划做出改动，很抱歉这一改动出现了操作失误，让您收到了通知您账户违法的信件。现在我仍在调查此事，调查清楚后再向您解释。

　　我已经解决了其他相关问题，有关合同已经传真给您，延期的条款、您未来将支付的金额，详细信息都在合同里。请您查阅，有疑问的话请给我打电话。

　　您是我们珍惜的客户，感谢您与我们一同努力，解决这场不幸的误会。

真挚的，

迈克尔·克林顿

回复投标书

杰克：

　　刚刚收到了你的投标书，我很快地看了看，觉得很不错。现在，我们收到了五份合格的投标书，你的是其中最好的。

　　詹尼·克拉姆是这一项目的工程师，她会在本周与你联系，问一些跟进的问题。

　　感谢你的投标书。上周五见到你真是太棒了。

祝好，

吉迪

调价请求的回复

吉米和鲁迪：

　　感谢您的来信。信中列出了斯德特曼街1010号房屋中需要维修的物件，目前有两个方案，您可以选择其中一个：（1）要求房东维修；（2）估算维修所需的费用，列表并得出总额。我们会协商在您应付款项中扣除相应的金额。

　　再次感谢您的机警，很高兴能与您合作来解决此事。我有一些维修事项的估价材料，您可以利用来完成您的估算。

　　我会在明天打电话来了解您的决定。

祝好，

罗恩·莫

对换货要求的回复

亲爱的布罗凯特先生：

　　您向我们要求更换德克多克电锯的马达，这一要求已经转交给了您购买此产品店铺的服务部门，部门经理弗雷德·马梅特将在见到您的弓锯后做出最后的决定。他说您可以在周一到周五的早上9点到下午5点之间打电话给他，这样你们可以安排时间解决这件事。

　　很抱歉您遇上了这样的问题，我们会配合您解决这一问题。

祝好，

麦克·博尔斯特

（参见第四十六章"投诉和抗议"。）

第四十三章

告知和确认

告知函是一种记录工具（通常是为了法律目的而采用的）。其作用就是记录，表示"是的，我收到了你发送的东西"。

确认函也是一种记录工具。主要目的是给对方复述已经采取了什么行动，重申做出的决定和同意的条款。确认函也有一些次要的功能，其中包括告知、建立好感、表示感谢，以及有法律意义的承诺和文件存档。

应用范围

这些信函可以在以下场合使用：

- 告知收到了材料、文件或物件，或确认已经进行了讨论
- 重申已经做出的决定
- 确认有关会议的信息或表示要参加
- 确认预订信息
- 建立记录

内容要求

- 确定口头讨论中对协议或合同的修改内容时，需要提及之前的协议，然后再明确所修改的部分。
- 写确认函的时候很容易混杂进别的内容。当发信人要与客户确认某个会

议上做出的决定时，可能需要解释做出这一决定时的立场、相关讨论和导致的改动。

- 常规的告知或确认往往会套用标准信函，用电子邮件很容易就能实现套用格式。可以简单地按照样本文件的陈述撰写，也可以准备一张有关事项的列表，寄出前可以对照检查。

- 也可以附上发送给自己的告知或确认函，对方只需要核实是否正确或写简短的回复就行了。比如，作者可以附上一张写好地址、付了邮资的明信片，出版商收到后就可以立刻寄出这张明信片，表示书稿已经寄达了。申请拨款、寄送法律文件或其他的通知都可以采用这种方式。邮政服务也可以提供类似的收条：送达通知。

- 给出确认内容的上下文：讨论、采取的行动、收到的消息、日期、时间、地点等等。最好能做到简短而全面。大多数告知信函只有一两个句子；确认函也可以这么短，或者长一点。

- 给出所有的相关身份信息，如果有必要，提供联系方式。

- 结尾要表示友好，感谢对方的付出。

- 如果这封信会成为法律协议或合同，留出签字行。

注意事项

- 不要用高人一等的语气和对方说话，比如说："务必记住带上日程表……。"信息要简短，并且客观。
- 不要给人以过分简单化的感觉。
- 不要超过确认信息的界限。
- 不要列出未来的、不相关的行动项，也不要试图劝说对方。

特别情况

- 预订酒店、汽车旅店、剧场，以及筹款的确认可能具有以下含义：无论之后使用与否，你都同意付款。做足功课，确定自己明白收费的条款。这种确认往往是打电话的，有时需要提供信用卡号码。涉及付款，或预定特别的准备或食宿安排，可能就需要书面的确认信函。这种情况下，日期、到达时间、逗留期限、价格、食宿、特别安排和条款、具体的设施、入住人数等内容一定要具体。

- 收到客户的订单、协议、更改或特别要求时，要确认。告知信函要简短、友好。如果接收人无法做出回复，而对方又要求发送告知函，该怎么办呢？遇到这种情况时，就可以指派某人发送简短的收条，告诉对方：指定的接收人会尽快回复。

- 如果发出邀请函的主人请求发送确认函，那也可以用确认函回复请帖。这种情况下通常会使用非正式的折叠便条卡片形式（参见第十章"邀请"）。

模板

- 电子邮件、明信片、便条或信函都可以用来告知对方你已收到了手稿、文件、请求、包裹等。如果你寄出了重要的手稿或文件，想要确定它的安全到达，可以请对方给你发送邮件，表示已经收到稿件。或者你可以随信附上写好地址、预付邮资的明信片，这样接收人就能很方便地给你回复。比如说：

  敬请告知：

  □ 我们已经收到了你的提案。

  □ 我们会在大约 ＿＿＿ 周内给你回复。

- 商务上，可以通过电子邮件或有公司抬头的打印信件发送告知或确认函。查看公司规定。

- 内部的告知和确认可以通过电子邮件或简单的预制备忘录表格来完成。

词语

保证	发送	返回	告知	核实	回复	接受	确认
收到	收条	通知	同意	显示	赞同	遵守	

短语

按照约定	协议如下

这些改动反映出我们的讨论　　　更新合同

我方在此确认　　　　　　　　　这导致的变化有

句子

感谢您的来电。

期待我们下周的会面。

五箱电脑零件刚刚已经用航空快件。

以此确认我们的协议，贵方将在4月1日（星期一）开始翻新的工作。

今天早上，我们收到了杰克逊的报告；我们将于星期三对此报告开会审议。

收到了。

段落

我们在通电话时已经达成了协议，在韦伯斯这件事情上，朗德尔和朗将会代表你出席。我已与比尔·韦伯斯确定了见面时间，定在10月7日（星期四）下午两点，地点在我的办公室。见面后，我马上就与你联系。

我们已经收到了您想加入"衰老研究"的申请。目前，我们收到了很多的申请，在原来既定时间的基础上，还需要两周才能处理好这些申请，选出参与者。请耐心等待，我们大约会在三周后与您联系。

我们已经收到了您发送的项目基金申请书，感谢您的参与。我们会在7月15日宣布获胜者，所有按照要求提供了回复明信片的申请者会立刻得到通知。

改，改，改

内容要简单、清楚，同时信息要完整。

大变动的确认

简：

对，我们将改用3.25英寸宽的维多利亚风格枫木来铺设地板，这将让我们的竞标价增加33%。

祝好，

雷蒙德

收到了手稿的告知函

[寄信方寄出的写上了地址、预付邮资的明信片，对方签名后寄回]

是的，邦德和斯克鲁奇收到了你的手稿，并放入了潜在畅销书的待看名单中。

（签名）_____

我们将在_____周内回复。

确认并记录协议

亲爱的波维斯先生：

我写信以确认今天早上我们在电话里达成的协议。是的，你可以通过我的私人道路前往你的牧场，前提是不要影响该道路旁牧场上的牲畜。

真诚的，

比尔·霍尔顿

确认收到了资料

亲爱的洛根先生：

我们已经收到了您的抵押贷款申请。鉴于您申请中信用证明、雇主和前放款人的数量，请给我们两周的处理时间。

如果您有任何问题，请打电话555-0123联系伯尼·麦格雷戈。

真挚的，

山姆·布洛克

确认雇佣协议的口头修改

亲爱的古普塔女士：

今天早上我们在电话中就您的雇佣协议做出了修改，现特此确定修改的内容。我们将：（1）把您的年薪增加到165,000美元；（2）受聘一年之后，您的年假增加到14天；（3）您的红利比例增加到7%。

请在合同中做出相应的修改，签字，并寄还给我签字。

欢迎您成为我们中的一员。您肯定会收获满满的。

真诚的，

贝比·克里斯夫

确认任命

亲爱的爱丽丝：

如果你同意成为下一届的副主席，我就接受下一届主席的任命（有人可能会说我这是要挟）。

如果能够与你共事，那就太棒了。期待中。

真挚的，

瓦莱利·佐沃

演讲的确认函和协议

亲爱的李：

　　6月5日我们将在桃树酒店举行今年的大会宴会，得知您同意作为首席演讲者出席，我们《商界女性》非常高兴。

　　我们的所有会议都是非正式会议。首先是下午六点半的鸡尾酒酒会，地点在鲜花房间。晚宴时间是晚上七点半。晚上八点半时，简妮特·罗曼会介绍您上台，然后就是您半小时的演讲时间，接下来是十五分钟的问答时间。

　　您前来演讲，《商界女性》会支付您2,500美元的酬金，另外我们将负担您来回的飞机票（经济舱），两晚的酒店住宿费用，以及6月5日的就餐费用。

　　届时将有400名与会者，都是专业人士，对性骚扰问题非常了解。我认为，他们的问题会集中在以下方面：案例和裁决、对原告的经济赔偿、以后的法律趋势。我们会为您准备好投影仪和佩戴式话筒。请您准备好发放的材料，去年复印就是个问题。按照约定，您可以在会议现场销售您的书。如果您愿意，我们还可以安排一位志愿者负责售书事宜。

　　您的航班是美联航221号，抵达亚特兰大的时间是6月4日晚上七点半，届时来接您的是鲁迪·维克斯，他会举牌接您，牌子上是您的姓名。如果您的计划有变，请打电话555-1023联系鲁迪。

　　我会在6月4日下午四点左右到达桃树酒店。我已经为您预定了433号房间。您到达后请给我留个口信。

　　如果您的演讲还需要别的设备，请尽快联系我们办公室的萨里·戴斯，分机号256。

　　非常高兴您今年能够前来。请在下面签名，确认同意以上条款，并发一份传真给我，号码是550-124。

真诚的，
萨蒂·霍克

李·罗德斯 _____

日期 _____

第四十四章

表示接受

　　表示接受晚宴的邀请，写个便条或写封信，这很容易。你只需要感谢对方的邀请，如果要去，就说"好"，然后表达对这件事情的期待。回复邀请，最基本的原则就是格式的匹配。如果你收到了正式的邀请函，可能还要简单一些，因为对方一般都附上了 RSVP（请回复）卡片，你只需要填好，寄回就行了。

　　接受工作或接受成为讨论会发言人的邀请，就要麻烦一些。也许你的回信会是协商条款的唯一记录文件。考虑清楚自己是否接受，然后及时回复，语气要热情。

应用范围

- 参加婚礼、宴会、派对、会议、讨论会、研讨会，或接受对方的邀请，前往做客
- 工作机会
- 提案、竞标、合同，或者其改动
- 特殊的捐款或捐赠
- 对方提供帮忙，或者推荐
- 会员资格的承认，或邀请你加入俱乐部、协会、组织、委员会等
- 发言邀请函

内容要求

- 要考虑到邀请发出人的心情，特别是收到晚宴或派对的邀请时，要表达

出你的愉快和热情。

- 你写信的对象是发出邀请、发送文件等等的这个人。
- 感谢对方的邀请。
- 表示接受，表达出接受的愉快之情。
- 在合适的情况下，确认时间、地点和细节。
- 表达出你的期待之情（如果你觉得自己没有任何期待，也许可以考虑婉拒邀请）。

注意事项

- 不要提及不相关的事务。
- 避免提出你接受的条件或限制。比如说，你不能给主人提条件或额外的要求。

特别情况

- 时机很重要。在一天之内发送表示接受的信函，或者尽快发出。
- 如果有问题，打电话给主人或指定联系人询问。
- 如果对方邀请的是夫妇，但你只能一人前往，在合适的情况下，就要询问主人，单独前往会不会给对方造成不便。
- 接受电话采访或讨论班发言邀请的时候，一定要搞清楚对方的要求和细节问题。你可以先表示接受，接下来再确认细节：具体时间、日期、地点等；还应该包括要提前处理好的各种问题。一定要用书面文字确定采访的主题或演讲的题目。就没有"开放式"采访这种事情。
- 在比较早的时候就开始教孩子如何写接受函。
- 如果你接受邀请后有意外的事情发生，立刻给对方打电话解释。但不要忘了，一旦接受了，就相当于签订了合同——你要守信。

模板

对方邀请函用什么格式，你表示接受时就用什么格式。对方发送电子邮件，你就用电邮回复。对方用有公司抬头的信笺纸打印邀请函，你也需要如此。如果只是非正式的手写邀请，你也可以非正式地回复，通常打个电话就行。如果对方送来的邀请函是镌版印刷，却没有附上回复卡片。那你就可以在卡片或折叠便条上手写回复，记得要采用邀请函的格式和措辞方式：

奥拉西奥先生和凯特琳·菲尼女士

高兴地接受

彼得先生和南希·科瓦尔斯基女士

热情的晚宴邀请

于12月10日，周六

晚八点举行

词语

参加	高兴	欢迎	回复	接受	确认	荣幸
问候	相信	愉快	愿意	乐意		

短语

按照您的要求	当然了，我肯定会来的
对您的提议非常满意	很高兴得到邀请
接受您的邀请	期待这次机会
是的，我很高兴	同意列出的条款
我觉得很荣幸	我们非常乐意
我们能够满足所有的要求	愉快地接受
真是非常高兴得知	真是绝妙的想法

句子

是的，我很高兴接受你的邀请。

我同意你列出的条件，接受这份工作。

非常荣幸能成为发言人，我接受您的邀请。

我接受这份工作，很高兴能成为达斯丁客栈的经理。

承蒙邀请参加国宴，非常荣幸，定欣然前往。

好的，我很高兴在3月12日下午2点半于贝尔威举行的投资者会议上发表关于"股市监控"部分的发言。

我会参加1月12日下午7点在俱乐部举行的董事会会议。

我们肯定不会错过"老虎杯"的开赛，并且接受您的邀请，参加下午2点的停车场野餐派对。

期待与您共事。

我们同意协议的修改部分。

没错，我们一直都同意这一点。

您对收费出错一事表示道歉，我接受您的道歉。

段落

很高兴得知我被选入商界女性名人堂，这真是我的荣幸。期待2月15日晚上7点于特纳中心举行的宴会。

我们很高兴地通知您，在这次竞标体育中心房顶翻新项目中，贵方获得了这一项目。这是董事会今天下午刚刚开会的决定。请给我打电话，安排个时间，我们一起坐下讨论工程开始的时间和其他细节。

我和詹尼很高兴参加你万圣节的化妆派对。我打赌你会认不出我们的。

改，改，改

语言简短清楚。表示接受的信函，最好的写法就是：篇幅要短，语气热情，要说到点子上。

接受临时安排的比赛

吉姆：

　　算我一个，我愿意替代杰克参加星期四的比赛。就下午4点半公园见。

　　准备好吧。

鲍勃

大学录取通知

亲爱的拜伦：

　　祝贺你！我们很高兴地通知你已经被索姆斯大学录取，秋季入学。随信附上了全部的入学指南。

　　你的大多数同班同学会于8月28日早上到达。我们要求所有的新生直接到哈姆礼堂报到，届时你可以确定与导师见面的时间。

　　期待与你在索姆斯大学见面。

真诚的，
吉姆·戴斯

接受提案

亲爱的希尔先生：

　　恭喜！你提交了一个为名人网球锦标赛提供公关建议的提案，这个提案被接受了。

　　因此我们希望修订一下我们的合同，在其中增加我们讨论过的宣传册、新闻稿、年度报告和其他书面沟通等内容。

　　公共事务部门将负责信件与电话调查。具体管理这些事务的是科里·凯特尔先生，他也是你日后汇报的对象。

　　请在合同上按以上提及的内容修改，并打电话给我以安排一个会面时间。我们都很期待能与你一起工作。

真诚的，
多纳休·布格尔

接受邀请，出席电视采访

亲爱的安妮：

　　感谢你邀请我做"商界访谈"的嘉宾。我非常乐意前往。

　　我会按照你说的，在6月5日下午1点到运4号新闻演播室，做好录像的准备。我知道这次谈话的主题是"创业"，并且会做好准备。我会带来五个彩色图表；准备好回答与在我们社区创业相关的会计、法律咨询、银行业和咨询资源的问题。另外，我想知道另外两位嘉宾的姓名和所在机构，以及他们负责的话题。

　　我的着装指导告诉我，不要穿白色衣服或有大面积图案的衣服。如果这方面还有其他的注意事项或化妆方面有什么小窍门，请联系我的秘书贝蒂·布林德尔。

真诚的，
丹尼斯·科波菲尔

接受结婚纪念日庆祝会的邀请

亲爱的萨奇：

　　我和雷切尔非常高兴收到你的邀请，一定会前往参加你父母詹姆斯和黛米·惠特曼的25周年结婚纪念日庆祝会，时间是7月7日下午4点，地点是格兰奇礼堂。

真诚的，
达雷尔·戴斯

受邀两人，其中一人接受正式晚宴的邀请

凯瑟琳·波尔
愉快接受
罗伯特·Q. 博斯和丽萨·辛普森的晚宴邀请
时间为8月10日，星期五，晚上七点
很遗憾
哈沃德·斯特不能前往

同意为对方写推荐信

亲爱的达林：

　　我当然同意给你写一封推荐信给鲍恩斯中心的主任。而且我马上就要写。

　　我会为你祈祷好运，也很想知道你申请的结果怎么样。当然了，我可能从来没说过，但你永远都是我最喜欢的学生之一。

诚挚的，

伯尼·希尔

接受非正式商务会议的邀请

亲爱的梅尔文：

　　很高兴接到你的电话和邀请，我将前往参加于9月16日在丹佛的摄政厅举行的首场午宴会议，并为病菌吸入委员会服务。我会在前一天的晚上到达，并在摄政厅过夜（我的秘书会做好安排）。

　　届时我将带上12份喷嚏报告的副本和塔霍会议场所的相关信息。

　　感谢您对这首次会议的安排，我很高兴，也很期待参加这个重要的项目。

真诚的，

康拉德·格里夫斯

有条件地接受非正式邀请

亲爱的妮娜：

　　感谢你邀请我代表尼克尔斯公司参加于纽约举行的年度消防员宴会，时间是10月10日。但是我也和你讨论过，我要把你定的"吸入的趋势"这个主题改为"新世纪的设备"。上周我在洛杉矶做了一次展示，我把这次展示的文档副本附上一并寄给你。

　　我很乐意做一个40分钟的演讲，你8月12日的来信中列出的设备我都需要。你所说的食宿安排都很好。

　　有任何额外的细节请打电话告诉我。我很期待参加这次宴会，相信听众听闻我描绘的新发展将会非常高兴。

真诚的，

埃兹拉·纽顿

（参见第十章"邀请"；第四十五章"拒绝"。）

第四十五章

拒　绝

　　写信表示拒绝有两个主要的目的：一是说"不行"，二是要进一步表达友好。告诉对方坏消息之前，可以先说点积极正面的东西；或者，如果你知道对方喜欢直截了当，或者是能正常处理坏消息的人，那就直截了当。不管用哪种方式，最后都要表示友好。

应用范围

　　这类信函可用于拒绝以下情况：

- 大学录取
- 会员资格
- 信贷申请（参考第五十三章"信用查询和提供信用信息"、第五十五章"信用申请被拒"）
- 对方请你捐赠、参加志愿者活动、写推荐信、贷款、竞标、筹集资金、任命、参加会议、接受面试采访
- 调整（参考第五十六章"请求付款调整"）
- 提案或竞标书
- 提供工作机会
- 邀请签订合同
- 退货
- 礼物

- 促销
- 邀请参加社会活动、晚宴、筹资活动、婚礼等（参考第十章"邀请"）

内容要求

- 首先，一定要理解对方的请求或问题是什么。
- 尽可能及时回复。
- 在合适的情况下，感谢对方提供的机会、邀请、准备提案付出的努力、申请或送出的礼物。例如："谢谢你，邀请我一起创建一个给年轻作家的奖金。"
- 拒绝的解释或理由要有逻辑，与此同时要理解对方的心情。
- 开头先行铺垫。可以表示感谢；可以在某一点上同意对方的观点；可以将同意和道歉结合起来。这有助于你给这封信定一个正面的基调，赢得对方的配合。或者，给对方的请求做中立的回复，来过渡到下一句："你为建立年轻作家奖金而做出的努力值得赞扬。"
- 如果你使用间接的方式，对方在读到你的拒绝之前，就了解到了你拒绝的逻辑或理由。这就能让对方更加理解你拒绝的理由。比如说："我们支持年轻作家，这就是为什么每个财政年我们会拿出百分之五的利润来做这些事情。"
- 正面积极地表达你的观点，对方会更容易接受："这一年的资助基金已经发放出去了，但我们会将您的请求存档，列入来年的考虑之中。今年12月请再次与我联系，并提供最新信息。"
- 你的拒绝要清楚明确、不能含糊，但也要积极正面。
- 讲究策略，即使对方的请求让人出离愤怒，你的拒绝也不要有人身攻击和比较。
- 如果可以，可以提出反对意见、折中方案或建议。比如说："苏珊·斯隆女士是一位资深演讲者，曾在演讲方面获得数次奖项。她是出色的人选。"
- 结尾要表达友好，比如祝愿或相关的赞美："祝愿年轻作家资金计划今年能取得成功。我期待能在12月听到你的好消息。"如果你担心对方可能会采取法律行为，请在发送拒绝信件之前咨询律师。

注意事项

- 不要说负面的话。
- 不要找借口。
- 要言之有理，不要给对方机会与你进一步申辩或争论。
- 语言要温和。
- 不要让对方觉得你的拒绝还有商量的余地，还可以再努力争取。
- 撒谎不是好方式。
- 不要把拒绝的原因怪在别人头上。

特别情况

- 如果你受到邀请，拒绝对方往往需要表达歉意（参见第十章"邀请"；第五十章"道歉"）。
- 拒绝邀请时，信件或便条应发送给RSVP（请回复）下方列出的人，或者列出的第一位主人。
- 拒绝邀请时，应该如何解释？这取决于场合、参加人数、你与主人的关系和你在这一场合的作用。如果是大型会议、研讨会，你甚至都不必回复，或者只需要简单的一句话："我无法参加……。"如果你一开始被安排、并且也接受了以主题演讲人的身份参加2,000人的国际性宴会，现在又要拒绝，这就需要详细地给出理由。当然了，这只能是因为出现了严重的意外事件，而不应该是你又有了更好的选择。而且这种情况下，你还应该建议或安排替代你的人。
- 如果你婉言谢绝帮助别人，比如写推荐信、介绍信或主持会议开幕式，你不必解释。
- 信用调整的拒信应该以客观的陈述开头，为你随后要说的话提供铺垫，同时又不会暴露你的决定。随后的陈述语句应当是积极的、有事实依据的，同时解释你的立场或理由。你应该清楚地拒绝对方，如果可能的话，提供一个备选方案。记住要让你的陈述积极向上，以问候式的、鼓励性的或乐观的语句结尾。
- 如果你采用直截了当的方式，开头务必要有问候语或中立性的语句。比如："感谢你5月20日来信邀请我做童子军团长的志愿者。"如果是朋友之间，开头就可以随意一些，比如说："收到你的来信，很高兴。"然后正面地表达你的拒绝："今年，我所有的闲暇时间都用于'安全邻里'项目了。"

- 务必要完整地说明你拒绝的是什么，给出这一项目、日期和时间的基本信息。
- 把信直接寄给恰当的人。
- 不要忘了，你拒绝对方提高信贷额度的请求，其目的在于保住这一顾客或客户。尽量给出其他的选择或反提案。你的解释一定要有逻辑，要让对方感觉到公平合理，这一点非常重要。语气也要坚定而积极："我们提高信贷额度的条件是在这一地区的运营时间超过一年。我们邀请您在十一月再向阿尔伯特·格林先生申请，参考材料见随信附上的表单。我们衷心希望届时可以与太阳屏幕达成合作。同时，请考虑在第一银行的'一个系统计划'开办贵司的支票业务，这一预先举措将使您在提升信贷额度上具备一些优势。"拒绝对方给的好处和礼物时，可以先表示感谢，然后再给出拒绝这些东西的严格政策要求。
- 拒绝对方的竞标书时，要在适用规章制度允许的范围内，尽可能地给对方提供帮助和信息。对方为了得到这笔生意，很有可能花费了很多时间、精力和金钱。你应该给予对方礼貌和支持。而且，不要忘了，对方今后可能也会是机会的提供者。列出对方没有满足具体规定的地方，在允许的情况下，还可以告诉对方获胜方入选的理由。结尾要积极向上。
- 不要在拒绝信件中责怪任何人。终止商务或个人关系的时候，提供客观的信息和参与者各自负起相应的责任都是最好的方式。原则就是诚恳、有分寸和友好。避免详细地解释也是明智的选择。你应该清楚、坚定、简短地陈述自己的决定。

模板

- 拒绝对方提供的工作机会时，可以先口头回复，然后再发送正式的书面拒绝。
- 私人事务的拒绝信件通常都是手写的。
- 商务的拒绝信件应该打印有合适抬头的信笺纸上。

- 格式化的拒绝信尽量也要有个人特点。
- 拒绝邀请时所用的格式应与邀请函一致。

词语

表示	不幸	否决	鼓励	欢迎	机会	结论
拒绝	决定	决心	考虑	评估	申请	无法
谢绝	邀请	遗憾	再次拜访	再次申请	最终	

短语

别无选择，只有拒绝	不符合要求
承蒙邀请，实属无奈，无法前往	感谢你提出申请
很抱歉，不得不表示拒绝	很抱歉给你带来了坏消息
很遗憾，我们最终的决定是	很遗憾地通知你
列入来年的考虑名单	你的想法很不错
期待下一次机会	如果你愿意来年再次提交申请
我必须告诉你，我们无法……	我必须谢绝
我建议你和……联系	我们的申请时段已经结束了
我们可以请你再次申请吗	我们评估了您的
我们无法参加	我们无法邀请
无法帮助	无法参加
现在不接受	研究、比较之后决定
因为其他的事务	仔细考虑之后
这件事情很有意义	这是我们最终的决定
这一次是不行了	祝愿你前程似锦

句子

尽量用有力、积极的动词开头，谨慎地组织句子。

我不得不取消我的会议预定。

现在我的志愿者时段已经排满了。

感谢你邀请我参加跳伞俱乐部。

根据合同期限中现场施工的人数，我们选择了更符合我们具体要求的标书。

请明年给我打电话。

感谢您为克莱顿提案所做的准备工作，非常优秀。

以后还有更适合你们规模的项目，期待你们的参与。

段落

感谢你提交方案申请维兰德项目。我们觉得你们的制图非常强大。

5月10日您前来哈珀公司面试产品经理一职，与您交谈，非常愉快。25位申请者都非常优秀，我们的抉择过程很艰难。

收到您邀请我前往农场主协会演讲的邀请，非常荣幸。我知道，农协一直致力于对大家有利的事情。

感谢您3月19日来信告知您与高尔夫俱乐部之间的问题。是的，凡是销售上的问题，我们都想要了解。

您6月7日来信描述了睡袍的问题，我已经对此做了仔细的核查。您是我们马科斯长达12年的用户，您一定知道我们一直致力于让顾客感到满意。

来信已经收到，得知您无法参加马丁威尔会议第二天的日程安排。因为食宿的费用都是一样的，按照规定，我们不得不收取与会者会议费用的全款。

改，改，改

信中的内容清楚明白、立场坚定，结尾要友好。

谢绝成为俱乐部管理者

鲍勃：

　　大家觉得我能做好弗丘斯俱乐部主席的工作，我深感荣幸，但是我已经接受了童子军小联盟的邀请，明年实在是没有多余的时间了。

　　如果来年还有机会，我一定考虑。感谢你们的信任和投票。

真挚的，

道格拉斯·威特

拒绝应聘者

亲爱的马丁：

　　之前，你来面试巴斯克公司的销售经理一职，与你见面交谈，非常愉快。你的领导能力特别强。然而，你的能力与我们的职位要求并不相符，我想你也会同意这一点吧。我们在这里——杰克·马森、琼·洛克汉姆、爱丽丝·卡尔顿，以及我——都希望你能找到合适的职位。

　　感谢你的时间，祝你前程似锦。

真挚的，

乔·瓦格纳

拒绝志愿者邀请

亲爱的罗宾：

　　被邀请在作家俱乐部的项目委员会中帮忙真是对我的一个赞誉，但我今年的志愿时间已经被其他几个委员会占据了。

　　我相信项目委员会是作家俱乐部中一个非常重要的组成，等明年，如果你们还需要我，我很乐意考虑加入。

真诚的，

埃莉诺·奎因

谢绝社交邀请

亲爱的杰克和琼：

　　感谢你们邀请我们参加6月10日为苏珊举行的招待会[1]。很不巧，就这晚的时间，我们已经答应去盖里的青年共和党人派对了[2]。苏珊与我们非常亲近，错过了这样特别的场合，真是太遗憾了。

　　请代我们向苏珊问好。期待见到这位新毕业的大学生[3]。

真诚的，

玛丽和杰克·布罗斯

1.一开始就表示感谢。2.解释。3.结尾正面积极。

拒绝顾客退回已损货品

亲爱的惠特莫尔太太：

　　感谢您四月来信描述了这件红色晚礼服的问题。您知道的，竭力让顾客满意是我们贝茨公司的一贯宗旨[1]。

　　4月10日，您将晚礼服送回店里后，我们客服的三个人检查了这一问题。我也与生产厂家的代表进行了讨论，想要找出解决方案[2]。

　　这件晚礼服已经穿过，而且已经变色了，我们当然是无法再作为新衣出售的。正如生产厂家解释的那样（随信附上），这一变色问题是蚕丝的特质，并非设计或生产的瑕疵[3]。

　　现在，我寄回您的晚礼服。我和生产商觉得您可以联系埃文斯顿的莱切染坊，看一看他们是否可以为您的晚礼服重新染色[4]。

　　您是我们长期的顾客，我代表贝茨附上25美元的优惠券，来年可以在任何一家店面使用。

　　期待今后继续为您服务[5]。

诚挚的，

乔迪·沃尔夫

1.给出正面积极的信息。2.考虑周到。3.解释。4.给出可行的方案。5.结尾友好。

回绝入学申请

亲爱的鲁宾：

感谢你申请哈德逊学院的本科教育。现在招生委员会已经结束了他们对哈德逊2012年秋季入学申请的评估，我们遗憾地通知，你的申请被拒绝了。

我们希望你考虑申请你所在城市的阿伯特社区学院的秋季入学，在明年春天再来申请入学哈德逊。如果你在阿伯特社区学院顺利完成全日制的第一学年，并取得3.4GPA，这将使你有机会取得哈德逊二年级转学生的资格。

我们祝愿你在学术道路上取得成功。

真诚的，

珍妮弗·施蒂费尔

招生理事

回绝投资机会

舒拉：

谢谢您来找我联合投资投币自动售货机。我听说这个领域现在非常热门，你的计划听上去也很可靠，或许还会有丰厚的回报。

但是不幸的是，我的资金在未来两年里都被另一个投资绑住了，我很遗憾不能和你一起投资了。但这确实是个很好的机会。

请在20个月后联系我，如果那时候你还打算找人一起投资。

祝好，

班比

因为过去的信用问题拒绝供应订货

亲爱的维拉斯先生：

感谢你在3月10日因3423号订单致信马克工具。

您可以回顾您2010年的最后一笔采购，这次采购导致了我们不得不按照催收条款对您的应付款项采取催收措施。

为了建立起新的工作关系，你需要先为当前订单支付总计1,582美元的款项。此后我们会在48小时内立刻回应，迅速将工具送到您手中。

感谢您再次考虑购买马克工具，我们期待尽快得到您的回复。

真挚的，

霍利·帕克

第七部分

问题、敏感事务和解决办法

写作的不是人的手，而是人的理解力。

——米格尔·德·塞万提斯

第四十六章

投诉和抗议

　　写信投诉或抗议就一个目的：用积极的方式解决问题。要达到这个目的，你应该站在对方的角度，看自己有没有清楚简单地列出你的问题，以方便对方明白你的意图或采取改正措施。写这一类信件，需要组织好事实、直截了当、用有说服力的语言、给出解决方案或进一步行动的建议。最后，还是要表示友好。在这种情况中，思考什么样的表达能让你合理地得到赔偿经常是个有用的方法。

　　简单的投诉或抗议可以打电话，或发送邮件到网上客服的邮箱里。如果事情细节多或复杂，或涉及法律诉讼，就需要发送电子邮件或信件作为书面记录。

应用范围

- 货物发送出错、物品损坏、次品、发货太晚、变质货品、零配件缺失、没有说明书或没有保修卡
- 邻里问题
- 学校问题
- 宠物问题
- 社团、俱乐部和社区问题
- 账单、订单、财务报表、会议记录或收款程序出错
- 涉及雇员的报酬、生产、态度、不称职或性骚扰问题
- 可能涉及法律的问题
- 欺骗或虚假广告等非法行为
- 歪曲

- 立法问题或分歧
- 侵犯人权
- 商业政策和惯例分歧

内容要求

- 通常而言，一开始就书面投诉不是最佳选择。比如说，邻居家的狗叫了一晚上，相较于写上两页的投诉书，你最好先打个电话。事实上，大多数问题，最开始的投诉办法都是及时打电话。

- 收集并审查所有的事实，这样你才能做到心里有数，时间顺序清楚。做笔记，这样你就能在打电话和写信的时候做到快速、准确地覆盖所有内容。

- 如果是有关社团、个人、宠物、孩子和学校的问题，你最好态度平静、讲究分寸地与当事人面对面交谈来解决纠纷。首先要了解规章制度，指出对方违背了哪些条款，建议改正措施或解决方案。

- 客观地强调解决方案或改正措施。避免使用"我想""我觉得""我需要"这种用"我"开头的句子。用类似"为了纠正这一问题……"的表达。

- 投诉过程中，每次有新的信息，就书面记录下来，内容包括事实、人、联系地址、电话号码。这样你就能做到准确和全面。信息要包括日期、时间、与之对话的人、谈话的内容和结果。

- 保存所有的原始文件，发送信件的时候，使用复印件。接下来的通信和文件都要保存在一个文件夹里面。

- 尽量提供证明信息，比如破损商品的照片。

- 及时写信。当然，你需要平复愤怒的心情后再写信，但一旦有了证明问题的事实，就应该马上写信。及时写信会让你的投诉更有力量，问题得到解决的可能性也更大。

- 以积极正面的口吻开头，比如说你是因为这一产品的声誉，或者是因为你是长期顾客等原因才购买的这一产品。要满怀期待地表达你希望对方采取改正措施的愿望。

- 原则上是一封信，投诉一个问题。比如说，你投诉百货商店服务不好，你给出了上一次去这家百货商店时发生的三件事作为例子，这些例子应该非常简短利落。如果你想抗议你所在地区的参议院支持的三个不同政策，你就应该写三封信，分别抗议。

- 即使你已经与对方交涉过这件事情，对方已经有了一些了解，你也应该全面的讲述这件事。你可以这样开头："我们已经交谈过了，我收到了……"记住，对方也可能把你的信转给机构内部的其他人。

- 收信人应该是真实存在的人。这就需要你打电话找到对方的姓名。

- 只要有可能，你投诉的信件就应该发给有权采取改正措施的人。否则，你会浪费很多时间和精力，而且找错人可能会恶化原有的事态。与对方交涉，一定要询问对方的姓名和职位，并且完整地记录下日期、时间和人，以及你们交谈的内容。

- 在合适的情况下，给出"参考"或"主题"栏，让对方注意到这一问题。在这一部分或开头描述你的问题。

- 具体、直截了当地说出你的问题。

- 清楚简洁地陈述事实，为对方提供参考日期、人名、发票号码、货物号码、订单号码、价格和具体规格。按照逻辑顺序或时间顺序陈述事实。

- 利用缩进、标号来强调自己的观点，这也让对方阅读和针对问题做出回应更容易。如果事态的发展可以按照时间顺序列出，这种做法会更为有效。

- 告诉对方为什么他需要帮你解决这一问题。

- 列出你希望的具体调整、改正措施或行动。如果可以，列出两三个方案供对方选择。

- 注意礼貌。处理信件的人往往不是引发这一问题的人。

- 如果需要客观的看法或评定，引用第三方专家的说法，并在信中提及这一专家。如果第三方专家提供了书面观点，附上复印件（在你的信中要提到附上了专家意见这一点）。

- 给对方一个采取纠正措施的时间表。

- 结尾的口吻要积极正面，同时也要坚定。表示你相信对方会按照你建议的方式来处理这件事情。

- 提供完整的联系信息：你的姓名、家庭以及电子邮件地址、工作/家庭/手机号码。

- 附上相关文件的复印件。

- 如果你怀疑对方在没有催促的情况下不会及时处理问题，就询问对方，你应该在什么时候再次联系对方。

注意事项

- 不要有严厉、指责、讽刺、侮辱、责备的语言或词汇，这些可能会让对方认为你在人身攻击。
- 不要纠缠枝节问题或不是问题的问题。
- 不要含糊其词。
- 不要让对方决定采取什么样的改正措施，或何时回复你。
- 不要威胁起诉。更好的做法是发送邮件的时候抄送一份给你的律师，并在他或她的名字后面标注"法律律师"来暗示诉诸法律手段的可能性。当然了，如果可行而且你也准备这样做，你可以说，如果在具体期限内得不到满意的答复，你就会到小额索赔法院起诉。但是，在起诉之前，要尽量协商解决。
- 不要提出不合理或过分的改正措施建议。

特别情况

- 很多投诉都需要一定的格式。首先要给对方机构打电话，找客服索要投诉的表格或号码。找到处理投诉的人的姓名和职务，把投诉发送给这个人。投诉要包含必要的信息，还有你与之交涉的人的姓名。典型的例子就是信用报告书有问题时的写信投诉。
- 用信用卡购买的商品出现了纠纷，必须立刻通知信用卡公司购买出现了问题。首先拨打在你信用卡上的电话，确定自己遵循了对方的投诉程序。
- 投诉航空问题时，给出航班号、起飞和降落的地点、时间、问题出在哪里、什么时候出的问题、问题描述、相关航空雇员的名字、目击者的名字和联系信息，以及你希望的改正措施。
- 通常情况下，投诉方和被投诉方都有不对的地方。承担你自己的责任，在合适的情况下，表示歉意，尽量提出对双方都有利的解决方案。
- 一个问题通常会有数个可行的解决方案，做好协商和折中的准备。

- 对政治人物和公司的投诉或抗议活动应该是个人行为；也就是说，由个人单独发送投诉或抗议的信件。在有些情况下，也可以采取另外的行动，也就是发送一份多人联名信件或请愿书。还可以采取其他的投诉行为，比如给地方报纸的编辑写信、联系地方电台和电台的新闻频道报道这件事情，或进行其他类型的政治活动。
- 如果由第三方的送货商负责运送的商品，到达时商品破损了，你应该立刻通知送货商，通过他们的程序来投诉。
- 通常而言，最有效的方式是采用列表的格式，说出哪里不对，简单陈述事实，只需要给出足够的细节让对方采取行动就行。给出相关信息，比如日期和相关人员，还有相关文件的号码。
- 如果你因为某个问题而愤怒，有必要等恢复了平静客观的心态后，再写信。或者你可以写一封愤怒的信，大声读出来，再撕成碎片扔掉。等发泄完之后，再重新写一封真正的投诉信。
- 任何相关的文件，寄出的都应该是复印件，留下原件。如果有数份文件，你应该在信中提及这些文件，并且给它们编号。

模板

- 你的投诉或抗议应该给人以正式的感觉，打印在有公司抬头的、有个人商务抬头、个人抬头，或高质量的信笺纸上。
- 你通常会被要求填写投诉表格或申请表。在填写之后打印。
- 如果你必须手写这类信件，字迹要清楚干净。

词语

保修	保证	不满	出错	处理	次品	错误
登记	分歧	负责	估计	过错	合理	换货
监督	接受	解决	经历	抗议	满意	明显
难过	判断	赔偿	评估	清楚	情况	事故
损坏	替代	调整	投诉	完整	误解	希望
协商	引用	折中	真实	注意	准确	

短语

把这一项加入进去　　　　　　　包裹里缺少部分零件

产品是次品　　　　　　　　　　订单被耽搁了

非典型错误　　　　　　　　　　给您造成了不便

令人满意的解决方案　　　　　　没有达到贵公司常有的客户服务水平

请检查你们的记录　　　　　　　请立刻给我换货

请妥善解决这一事情　　　　　　特地告诉你这件事情

恢复我对贵公司的信任　　　　　我期待继续

我想要退款　　　　　　　　　　我知道贵公司想要纠正

我注意到了……的错误　　　　　与广告宣传不符

造成了工作损失　　　　　　　　这不符合你们一贯的优质服务

作为贵公司的客户，我一直觉得很好

句子

我给您写这封信，事关您于2010年5月17日开出的1664型号适配器的7556号发票。

我的建议是，您可以从这两种方式中选择其一来解决这个问题。

我们一起工作已经有五年的时间了，我肯定是不愿意这个错误成为其中的污点的。

请在周五前就这部分回复我。

我建议，你们干脆给邦德斯公司500美元的购买额度，作为破损零件的补偿，来解决这件事情。

请于5月20日前寄来更正后的发票。

我们可以在6月14日之前解决这一问题吗？

我请求更换设备，我想你也会同意这是一个合理的解决方案的。

我认为这一问题很容易就能解决，你在数据库里给我记录下30美元的购买额度，我用以抵消下一次的购买款项。

同一款项，你的会计在我的账户上收费两次。

我们可以解决这一纷争，我对此很有信心。

我聘请了你网站上推荐的一位独立古董评估师来估算我法国皮革屏风的替换费用，随信附上估算报表的复印件。

对于这件事情，我对你们的立场表示不满，希望记录在案。

你最近在国会的发言没代表你所在选区的观点。

这违背了基本的人权。

我的主要目的是确保这一情况不会再次出现。

关于狗叫的问题，有数个解决方案，也许你愿意列入考虑范围。

段落

其中有三十六个陶制的黄色大黄蜂，我并没有下单购买，现予返回，请返回额度。

请参见我附上的3210号订单，上面列出了三个陶瓷大黄蜂和二十四个小狐狸。

我的秋季销售将于9月20日开始。我必须在9月15日前收到更正后的订单。

我们订购的纸袋第四次晚到了。你知道的，我们店里必须要有纸袋。

4月10日我给您发了电子邮件，至今我还没有接到电话回复（复印件已附上）。

齿轮公司提供的组装线齿轮没有按照规格运行。

请您立刻回复，解决这一问题。

每天，我们的生产效率降低20%。

改，改，改

写信时要保持冷静，内容要清楚，这才能占上风。

退货退款

亲爱的施塔克先生：

现在我退回"奇妙新身材"装备，并且要求全款退回49.95美元。你在广告中声称："只要不是百分之百满意，就可以全款退回未使用部分。"

我已经使用这一产品两周了，体重一点儿也没有下降。

请把49.95美元的支票寄到以下地址：埃伦·沃辛顿，科罗拉多州立托顿东特鲁利特街223号，邮编80223。

谢谢。

真挚的，

埃伦·沃辛顿

投诉工程质量

主题：户外颗粒状人行道的铺设，太阳俱乐部度假村，5月15日

亲爱的贝里先生：

两周之前，你们为我们铺设了户外颗粒状人行道，我们的维护人员报告说这些地方已经出现了一系列的裂缝。我让他检查了厚度。他报告说，整个150码的人行道，大多数地方厚度是2英寸，其他地方是3英寸。

规格要求的（参见附件，第15行）是统一的6英寸厚度，因此我要求予以更正，并且提出以下两种方案：

1. 马柯混凝土公司将已有的户外颗粒状人行道全部拆除，然后在我们维护工程师泰德·沃克的监督下按照规格重新铺设新的人行道。

2. 马柯公司立刻返还我方14,500美元的付款，并且额外支付8,000美元的拆除费用。

请于4月15日前打电话告诉我你们的决定，这样我们能避免寻求法律手段。

真诚的，

M. B. 麦克德莫特

投诉多收费，要求退款

亲爱的罗斯：

正如我们在电话上已经讨论过的，因我8月15日的年度体检，贵方向保险公司多收了1,000美元[1]。我已经通知了保险公司，我也把这封信复印了一份给保险公司。

感谢您立刻处理这一问题，请把多收的1,000美元退款给友邻保险[2]。

真挚的，

卡罗琳·桑巴罗

1.说明问题。2.请求采取行动。

退回发错的商品

亲爱的泰迪：

我在电话里已经说过了，今天收到包裹后，我一打开，真是震惊万分。送来的丝质裙子不仅颜色不对（我订购的是灰绿色，收到的却是橙黄色），而且是18号大小，不是我的8号。我也已经说过了，这很麻烦，下个星期六，我必须穿这条裙子。

请立刻寄出我定下的那条裙子，而且免去我的邮费。今天，我就会寄回手里的这条裙子，保留原来的包装以及吊牌。

感谢。

真诚的，

西西莉娅·舒克

投诉，并提供两个选择方案

主题：清风空调

　　　1755A 型号

　　　系列号 3745

　　　购买订单号 6654[1]

亲爱的瑞克斯先生：

　　我 4 月 1 日从清风公司购买的空调运行不正常（参见附上的购买和送货文件）。我打了您的 800 号码，贵公司的瓦力·克莱姆森先生上门检查了这一空调。他认为是空调内部的密封圈有问题，他建议换货（附上他给出的报告）[2]。

　　4 月 20 日我给您的办公室打电话，威廉·卡特先生说您已经没有了存货，在秋季前也没有生产计划。他告知我您还有几台 3755A 型号，需要再支付 500 多美元。

　　天气已经开始热起来了，我建议我们选择以下两种方式之一来解决这一问题[3]。

　　（1）清风公司为我安装 3755A 型号空调，并且不再额外收任何费用。

　　（2）贵公司拆掉我家房顶的这一空调，并且立刻全额退款。

　　请在 5 月 15 日之前回复我[4]。

　　谢谢。

真挚的，
吉姆·毕利

1.明确问题。2.之前的处理或事实。3.给出解决方案。4.给出回复时间表。

投诉邻居的狗

巴克斯先生：

　　我几次在你的电话答录机上留言，现提笔给你写信。正如我之前已经说过的，你的狗邦克几次跳过栅栏，跳到你的院子之外，表现出非常凶狠的个性，我真的很担心我们孩子的安全问题。因为你的狗叫得非常凶狠，而且它拼命想要跳出栅栏的那份劲儿把我五岁的女儿凯伦吓坏了，她不敢从你的院子前经过。

　　请在下午六点半之后给我打电话，我们安排一个时间讨论一下这个问题。我想，我们真的需要立刻一起来关注这件事情，你一定也是这样想的吧。我们肯定可以找到合适的解决方案。

真诚的，
安妮特·克斯兰德

抗议账单明细上的收费出错

相关内容：银行信用卡

卡号：34-34456-4445

到期日期：2009 年 5 月 12 日

亲爱的客服经理：

　　这一次账单明细上的第 23 项，收费 95 美元为错误收费（随信附上明细账单），我因此提出异议。

　　请你看第 24 项收费，是我在飞剪美发沙龙的消费，金额为 78 美元。我做了头发，收银员多收取了我的费用，因此重新打了消费单，但显然没有撤销错误的输入（这两次收费的日期和时间都一样）。

　　请你联系飞剪美发沙龙，更正这一错误，返还消费额度。非常感谢。

真诚的
布兰达·沙克

投诉多收费以及提出解决方案

吉姆：

　　正如我在电话里说过的，我觉得这是一个小问题。我作为酒吧俱乐部的成员找到你设计网站，当时的协议是会员有特别打包价，总价是1,500美元。所以，收到3,200美元的账单时，我特别惊讶。

　　我知道，网站需要日常维护更新，我也想继续与你合作。我们也都达成了一致，现在，我寄来1,500美元的支票。网站很棒，感谢你。

真诚的，

苏珊·韦伯

零件已经返回，退款却未到账，表示抗议

相关内容：19778账号

詹妮弗·A.沃茨，华高

亲爱的卡尔文女士：

　　10月30日的月账单明细依然显示了计算机零件（数量：三打）的收费款项，编号为33。但我已经于8月10日退回了这些零件。随信附上零件退回收据的复印件，上面有贵公司比尔·邓森先生收到退回零件时的标注和签名。

　　请更正账单明细，要显示出我已经收到了89.99的零件返款，并且发送给我。之后，我再给你发送所欠的余款。

　　感谢。

真诚的，

苏·艾金森

损坏投诉，请求解决

相关内容：9月15日搬家，上午10点到下午5点，科罗拉多州利托顿市，从西街110号搬到落日山大道2340号，用户沃特和玛丽·汤斯

亲爱的利奇曼先生：

　　正如今天我在电话中说的那样，西进公司在这次搬家过程中出现了数个问题[1]：

　　1. 装箱单显示了原本没有的擦痕和凹痕（附上两张装箱单的复印件）。

　　2. 古董书橱丢失了一个抽屉（参照照片）。

　　3. 中国屏风被压坏了，表面受损。

　　4. 白色的锦缎沙发上面有了数处污渍，清洁顾问科拉迪·奥斯先生说，这些污渍无法清除[2]。

　　正如我告诉您的那样，这些损坏的费用达到了12,000美元（请参见我附上的原价、维修、清洁和估算青单复印件）。同时，我也随信附上两位古董专家的证明，西进公司包装古董家具时他们在场，并在之后审核了损害的程度。

　　请把贵公司的索赔表格发送给我，我会立刻填好，今天内发还给您。希望在10月15日之前我们能达成公平的解决方案，这对我们双方都有好处[3]。

　　谢谢。

真挚的，

梅·米歇尔·莱利

---

1. 提出问题。2. 陈述事实。3. 请求行动。

（参见第五十章"道歉"；第五十六章"请求付款调整"；第七十章"评论和致编者函"。）

第四十七章

分歧和纠纷

任何一种关系都会有分歧。我们需要在分歧演变成大纠纷之前解决它们，这不仅需要交流技巧，还是对相关人员道德标准和性格的大考验。在没有情绪和自我意识干预的情况下，使双方都满意的解决方法往往很简单。有了分歧后，要杜绝情绪因素的干扰，设立好解决问题的平台，其中有一点很重要：平静而清晰地表明你一定要找到公平公正的解决方案。真心诚意地表明这一点。

应用范围

- 各种各样的书面合同（就业协议、合并、委托、客户协议、租赁、购置房产、承包、分包、作家经纪人、出版等等）
- 口头协议（合同）
- 订单和销售
- 提供服务或产品
- 付款时间表
- 雇员、雇主关系
- 政府要求和政策
- 土地使用和地界线
- 邻里生活
- 朋友关系
- 家庭事务和继承

调查研究

- 核查原协议的条款。
- 收集可能会对该协议产生影响的其他信息（比如：之前合同的条款、相关法律、现行惯例、解决方案、各种观点和决议；法律文件，比如说产权边界等）。
- 体察并且研究对方的观点。

内容要求

- 如果情绪很大，可以用写出来的方式发泄自己的情绪。
  - ➢ 坐下，拿起笔，不需要列举观点，把自己的情绪写出来。"我很不高兴，因为……"你觉得自己受了冤枉、受了伤害，这件事给你带来了什么感受，统统写出来。
  - ➢ 独自一人在办公室、别人听不到的时候，大声读自己写的内容（如果喜欢，可以声情并茂）。
  - ➢ 读完之后，把信撕了。
  - ➢ 深呼吸，如果还不能平静，散一会儿步，或者做点高兴的事情。
  - ➢ 等你平静下来，可以客观地看待问题了，从对方的角度来理解这一问题。
- 重新开始。不带情绪地与对方交流。如果有必要，告诉对方，你正在调查/考虑这一事情，可以定一个时间再联系。
- 一旦情绪平复，可以客观看待问题时，就要及时回复。
- 开头要正面积极："吉姆，我们肯定都想要解决这一问题……"或者"迪克，我知道你是非常公平的人，我们肯定可以一起解决这一问题……"
- 指出你们意见一致的部分："我知道，我们都同意最开始设定的灯泡数量……""我们肯定都想要同样的结果：一个公平的解决方案。"
- 表明你的观点、立场，或你的态度和你想要的结果，完整地给出相关的佐证事实、文件、资料、法律依据和任何相关信息。态度要平静、要理性、要实事求是。
- 只要可以，也请对方给出看法："这是我的看法。我也想知道你的看法……"

- 提出解决方案——如果可以，就给出数个选项。如果双方都能做出妥协，这一步就更可能被双方接受："简妮，我们似乎可以从这几个方面来解决问题……"

- 要给对方留面子，要让对方看起来大度、有力量、有风度、愿意协商或愿意妥协："只需要你一句话，这件事情就能解决了。""你愿意解决这件事情吗？""你有什么建议？"

- 给出一个日期，告诉对方到时候再联系："我星期三再与你联系，方便你考虑各种方案"或者"等你决定之后，星期三再与我联系"。

- 在结尾表示友好，希望大家将来还是友好关系："我们都是通情达理的人，我敢肯定，我们可以协商出解决方案，并且让我们互利互惠的关系在将来继续下去"或"你公正合理的处理方法给你带去了声誉，我相信你会将这件事置于同样的考量之下的"。写好之后要检查:（1）放置一段时间，然后大声读出来，听听语气;（2）请这一领域的专家客观地读一读你的信（如果可能会有法律后果，请律师来审读，给你意见）。

注意事项

- 要记住，你最终的目标是达成协议，解决问题。你不是为了报复或算账。不要用激烈的词语，比如：**非常愤怒、错误、荒唐、不可接受、侮辱、离谱、不公平、没门儿、坚决说不**。

- 不要在谴责的语句中使用人称代词，比如说："你说的，总共的费用是……"或者"你的行为不专业"。相反，你应该尽可能正面积极或者中立地陈述事实："在第二页，规定的费用是……"

- 集中关注客观陈述的事实和解决方案。比如说，不要使用这样带"我"字的短句："我认为这不公平"或"我受到了不公平的对待，其他人也同意我的看法"。

特别情况

- 有些情况下你不想妥协或协商。这种情况下，陈述你的立场，然后语气柔和，诉诸对方的公平感："我请求550美元的全额退款。我想，你也会同意这是合理的解决方案吧。"

- 我们的社会好诉讼，因此写信必须小心。要知道，你写的东西有可能会成为呈堂证供。如果你不想在法庭上为之辩护，就不要写。如果对方可能会起诉你写的内容，在发送信件之前咨询律师的意见。

- 什么时候分歧会走到不可挽回的地步？危险信号包括：指责、供认或威胁采用法律行为。这时就该寻求法律咨询或要求第三方仲裁（通常是双方都同意的独立第三方）。不幸的是，这种情况通常还掺杂有私人事务，比如家产分割、婚姻关系解除、生意关系解除、孩子的监护权、被抚养人或被赡养人的监护，或一方威胁采取法律行动的情况。

- 如果你要给报纸编辑写信，表明你不同意某个政治立场、公共政策、法律提案或社会事件，最有效的方式是引用对方公开的声明和资料，然后再理性地表达自己的反对观点，并给出支撑材料。也可以在讨论这一立场、政策、提案或事件的网站/社交媒体上直接贴出自己的观点。

- 给政策制定者写信表达自己的观点，有效的方式是：引用公开的政策和资料，用精心收集的文献资料清楚、客观地表达出你的反对观点。

- 创建自己的博客，在社交媒体上创建自己的主页，吸引与你持有相同观点的人。利用这一平台和电子邮件来通知大家相关公共政策的讨论、即将产生的决策或法规，请求大家一起写信呼吁。如果要发出自己的声音、改变某个公共政策，或者发起集体诉讼，这样做很有效。

模板

- 一般情况下，不要通过电子邮件发送财务、私人或人事性质的信件，除非通过有安全保障的某机构网上系统，并且有规定政策的允许。否则你应该用挂号信来进行此类交流。

- 个人事务的分歧和纠纷最好采用手写信件的形式。是写在信笺纸、有抬头的信笺纸还是便条卡上？这就取决于事情的性质和你交流内容的长短（便条卡意味着更为私人和日常的交流；一张小尺寸的有抬头的信笺纸也带有非正式的意思；而全尺寸、有抬头的信笺则更为正式）。

- 商务或法律上的分歧或纠纷，用有抬头的全尺寸信笺纸打印，并用挂号信、标准信封寄出。

词语

请求　　妥协　　决定　　发现　　讨论　　协商　　客观

提议　　建议　　坚决　　满意　　解决方案

短语

避免进一步的分歧　　　　　　达成协议

贵方一贯公平的声誉　　　　　努力达成和解

请考虑以下事实　　　　　　　请务必考虑以下内容

商定的解决方法包括　　　　　适合双方

双赢的解决方案　　　　　　　我不否认这一事实

我们以后共同的利益关系　　　我是这样理解这件事的

我愿意解决这一事情　　　　　也许你不知道这一事实

有待解决的几点　　　　　　　有争议的地方在于

一个公正的解决方案　　　　　有助于问题的解决

我估计的损失有　　　　　　　得到彻底、完全的解决

我们都同意彻底解决这一事情　双方都接受的折中办法

句子

我敢说我们能够达成和解。

我愿意负担部分订单换货产生的费用。

换货还需要工作时间，这一部分我愿意忽略。

我知道你是非常讲道理的人。

我们完全可以解决这一问题，还是朋友。

我不想让这件事情影响我们的友谊。

我认为，为了解决这一问题，我们双方都会愿意稍稍做出一点让步。

请双方都认同的独立第三方来仲裁这一问题，我非常愿意。

如果你同意接受这些条款，也同意彻底解决这一事情，请通知我。

我愿意就你列表中的其中三项进行协商。

如果你同意支付返工产生的 5,200 美元费用（见附上的发票），我愿意解决这一事情。

我们可以从以下这几方面来解决这一问题。

请看附上的复印件，我记录了事情的整个过程。

似乎我们已经陷入僵局，所以我将找你的上级拉夫·苏特先生来解决这件事。

你提出的解决方案，我只有一条不能同意。

段落

我们立刻解决这一事情吧。我把索赔金额降低 5,500 美元，你把赔偿金额提高 5,500 美元，最终我立刻得到 10,500 美元的赔偿金额。这不仅公平，而且明智。这样，我们双方都不用请律师，一旦请了律师，我们的花销更大，而且满意度更低。你怎么看？

我们依然是朋友，我的建议是：双方把这次租车撞毁事件看成"人生中不幸的意外"，并均摊巨额账单。我觉得，我们无法就过错的分配达成统一意见，也就无法决定谁应该多分摊账单，因此这是唯一解决分歧的合理方案。

如果我们不能尽弃前嫌，不像个负责任的成年人的样子，就无法承担起抚养照顾阿莉莎的责任。这对我们双方都没有好处，而她肯定会是损失最大的一方。所以，为了阿莉莎，我决定不再继续争取单独监护权。我提议共同监护权，而且我已经尽可能公平地安排了时间表。请仔细查看这份时间表，如果你同意，或者有什么调整意见，请通知我。

好的，雷切尔，我明白你的意思了。我们现在有两个方案，一是按照你建议的，我们走法律流程；二是我们可以达成和解，马上解决整件事，我更倾向这种方式。我已经全面咨询了个人伤害方面的三位顶级律师，我也附上了与他们讨论的内容。请仔细看一看，然后我们再来讨论这件事。但是，我必须提一下，我认为这一和解金额的数额是公平的，而且我也不愿意进行这类消耗感情的诉讼。

阿奇，这真是太疯狂了。我们合伙做了十年的生意，谁还记得最开始是哪一个人带来的削笔机呢？如果你觉得是你拿来的，那就拿去吧。我建议这样处理剩下的办公用品：我们请人来评估每项东西的价格，然后我们轮流选择自己想要的东西（双方得到的东西价格尽可能趋于一致）。最后剩下没人要的，我们就卖了，然后平分得到的钱。

我们还是不要让分歧升级吧。我建议请吉姆来投决定性的一票，选择爸爸的财产该怎么投资。吉姆是这方面的专家。我完全反对在这时分割财产，然后每人拿一半投资的做法，这是你的建议。如果用这笔钱做合适的投资，得到的回报还可以用于照顾爸爸。你说呢，比利？

罗斯，你说妈妈的房子应该卖出更高的价格，你应得的部分应该不止65,000美元。之前，是你想要我负责出售这栋房子以及房子里的东西，我也尽了最大的努力。就这一点，我不打算再跟你讨价还价。

家里就剩下我们了。请告诉我，你觉得你应该分得多少，我就给你开多少的支票。

你完全正确：你765美元的支票的确被登记在别的账户下了。我们已经纠正了这一错误。请在网上查看你的账户余额。

有您的协助，我们才能这么快地解决这一纠纷，非常感谢。我们出错了，给您带来了不便，请接受我们的道歉。

您是对的。您寄回的书的确是我们仓库发出的，我们已经处理了有分歧的账单，把数额归还到了您的账户上。对不起，这件事情是我们出错了。请接受随信附上的50美元优惠券，可用于下一次在布林德图书公司购书。

雇佣纠纷

亲爱的基特森女士:

正如上个星期我在信件里说的那样,我对上个星期的薪水数额持有不同意见。雷德·布特可以为我证实,我的加班是经过认可的,因此我有权得到30个小时的加班费,是正常薪水的1.5倍[1]。总额是1,500美元(每小时45美元,一共30小时)。请在今天给我开出支票[2]。

真挚的,
杰克·博克斯

1. 清晰地陈述分歧。2. 请求行动。

租赁纠纷

亲爱的杰克:

正如我在电话里说的一样,我们在2011年7月1日签订了科罗拉多州达比温切斯特3222号房子的租赁协议,规定的是我们购买油漆,雇佣工人,粉刷室内墙壁,花费1,500美元,到租赁合同结束之际,这笔钱应该和2,500美元的安全保证金一起返还给我们,一共4,000美元。

随信附上租赁协议的复印件,还有一年前由漆和人工费的发票。如果在下周末之前还未收到你开出的4,000美元的支票,我就会在小额索赔法庭提起诉讼。

真挚的,
金杰·科佩菲尔德

家庭分歧

亲爱的吉姆·鲍勃:

收到你的便条,看到你担心爸爸妈妈,很是感谢。是的,现在爸爸已经确诊了阿尔茨海默症,为了他和妈妈的安全,他现阶段的症状已经显示出看机构的必要性。他们的生活安排需要立刻做出改变。

他们的生活环境必须改变了,这一点,我是同意的。但是,我们需要插一手,为他们做决定,接管他们的财务,并且把他们搬到辅助生活的社区,这样的看法,我坚决不同意。

虽然爸爸没有做决定的能力了,但妈妈在这方面还是完全有能力的,她也表达了自己做决定的意愿(我记得她的原话是"少管闲事")。在我看来,我们应该做的是尽量给予她情感上的支持和行动上的帮助,帮她度过这一非常艰难的时刻(当然,对于我们所有人来说,都很艰难)。

在妈妈想要居住的区域里,我同她一道调查了所有适合爸爸生活的机构。真的是没有几个。我们选择了最好的,明天爸爸就会入住格兰德平地的"树荫草地"。妈妈会拿出他们的积蓄支付费用。

妈妈想要卖掉他们的房子,然后在距离爸爸入住机构几英里的范围内选择一座合适的排屋居住。整个过程,我都会帮她的。我也会帮妈妈联系一家搬家公司,帮着打包东西,帮着搬家。

我也给妈妈提议,因为距离问题,我帮不上忙的事务,她可以雇佣家政公司。我们也说好了,因为长久没有开车,她会报名驾驶课重温开车技能(这周我就把这事确定下来)。

至于财务方面的问题,妈妈还真是比我们持家节俭。我们可以听一听她的预算建议,或许还能从中受益呢。

这些事情,都请你仔细考虑。我已经和妈妈说好了,她如果需要帮助,一定要开口。我非常确定的是,现在这边我已经打理好了事情,在可见的将来,一定不会出岔子。

祝好
谢丽尔

保修索赔

相关内容：B&H 涂漆问题，索赔号 45562[1]

亲爱的山姆：

我觉得，我们双方都想尽快解决这一纠纷，都不想再继续谈判了。你已经对我们最初的索赔要求做出了回复，我们也对此讨论过了，觉得不可接受。以下是我们的要求。

首先，我再回顾一下我在电话中已经陈述过的事实[2]：

我们外墙所用的 B&H 涂漆颜料不稳定，南面墙体的涂漆已经褪色，而且严重腐蚀。

B&H 的保修单声明（参见所附复印件中的证据 1），如果涂漆出现问题，产品和人工费都由 B&H 公司负担。

B&H 的代表来检查了我们的外墙，同意提供涂漆和支付再次粉刷南面外墙的人工费用，或者支付 2,500 美元的赔款（参见证据 2）。

但粉刷了 B&H 涂漆的其他三面外墙也出现了褪色的现象（只是褪色和腐蚀的现象没有南墙那么明显），所以我们要求 B&H 提供四面墙的全部涂漆，而且提供共计 9,900 美元的人工费（参见证据 3）。

B&H 的代表罗恩·格瑞来检查之后，告诉我们，B&H 只支付 2,500 美元的人工费，同意提供全部涂漆（参见证据 4）。

我们也想解决这一问题，所以同意接受 7,500 美元的人工费，还有足够粉刷四面外墙、两层涂抹的涂漆，而且事情解决的时间不能迟于下周五[3]。我们与房屋保险代理核实过，他说我们提出的要求"很是大度"（参见证据 5）。

之前我们也同意了，请你们咨询委员会成员。我会在星期二给你打电话，如果你们同意我们的条件，我们想要在 2011 年 4 月 5 日，即下个星期五之前收到你们 7,500 美元的支票和 45 加仑 B&H 最好的外墙涂漆[4]。

真挚的，

史蒂夫和苏西·斯维顿

---

1. 指明纠纷。2. 清晰地陈述问题。3. 提出解决方案。4. 请求行动，给出时间表。

（参见第五十章"道歉"；第四十六章"投诉和抗议"；第四十五章"拒绝"。）

第四十八章

谈　判

　　谈判往往就像是打扑克牌一样，但谈判不应该为了得到自己想要的、让对方损失而吓唬对方。谈判更多的是为了双赢。你的目标应该是考虑所有的因素，然后达成解决方案，尽量让双方都满意。

　　谈判很多时候都是口头上进行的。通常到以下情况才会书面写下条款：（1）谈判的要点很清楚了。（2）已经明确了可能的解决方案。（3）提出或请求可能的让步。（4）正在考虑、讨论、记录最后的条款和细节问题。

　　通常而言，最终的谈判结果会以信函的形式出现，其中包含拟定条款（随后是对案）。谈判的最终协议可能是：一封简单的信件，陈述所有的细节；一份正式的协议；一份合同，或事件处理的法律文书（参见第四十七章"分歧和纠纷"；第四十九章"和解"）。

应用范围

　　任何时候，谈判技巧都很重要。常见的有重要后果的情况有：

- 签订协议的条款
- 销售、购买和付款条款
- 产品订单和送货日程表
- 工作安排
- 邻里生活
- 修改订单

调查研究

- 尽可能多地收集对方的相关信息：强项、弱项、财务状态、过往类似谈判及其结果，等等。
- 调查类似交易的方方面面，找到处理自己情况的最佳方式。
- 在谈判过程中保持开放的心态，要有让步的准备。

开始谈判

- 在这一阶段，列出你想要达成的最好条件，只是为了给自己查看；然后，再列出这张表的可接受版本。
- 请对方列出他（她）想要的基础条件（可以口头列出，也可以书面）。
- 如果谈判停滞不前，或变得对抗性十足，提议请双方都认同的人（独立第三方）来仲裁。
- 仔细倾听（或阅读）对方的要求，如果有不解的地方，请对方解释。
- 重述对方的要求，表明你已经听到（或者已经理解）对方。
- 表达友好，表达希望双赢地解决问题的愿望。
- 陈述你的最理想条件或者可以接受的基础条件（一般情况下，在最开始谈判的时候，只陈述你最理想的条件，除非你已经知道这些条件会让谈判陷入僵局，或完全停止）。
- 请对方一起头脑风暴，提出新的选择或解决方案。
- 提出让步，也请对方让步，可以是口头的，也可以书面表达。
- 讨论有争论的地方，保持互让的精神。
- 双方妥协之后达成互相同意的条款，谈判结束。
- 如果有必要，给双方一些时间，仔细考虑同意的条款（有时候一封由双方签署条款的信件是较为妥当的）。

注意事项

- 在谈判过程的早期阶段，避免使用缺乏弹性的词汇，比如说：**坚持、无商量余地、不能通融**的条件。

- 严厉的态度或负面攻击，通常没有效果。比如说："你不肯让步。"
- 最后通牒的言论，比如说"这是我的最终条件"，可能会事与愿违。
- 尽量避免使用点燃对方情绪的语言，比如说："只有我一个人在让步"或"你一点儿诚意都没有"。

特别情况

- 情绪升级的情况下，可以冷静几天或一周，然后再继续讨论。但务必要定下再次谈判的时间。
- 如果谈判陷入僵局，或讨论变得火药味十足，就请入第三方仲裁者。

模板

- 即使有政策允许发送电子邮件，含有财务、私人或人事信息的电子邮件也要在得到应有授权后，在机构安全系统内发送。
- 在对方同意的情况下，才能通过传真发送交流信息。
- 商务或法律谈判应该打印在有机构抬头的信笺纸上，用挂号信发送。
- 私人性质的谈判可以手写，使用私人的小号信笺纸，或者使用有个人抬头的正规信笺纸。

词语

接受	同意	选择	妥协	让步	考虑	平等
公平	获得	提供	合理	满意	解决方案	替代
建议	评估					

短语

达成令人满意的条款	对我们双方都一样重要
更好的解决方案是	公正的安排
可能的解决方案有	满足了双方的要求

请考虑这一选择　　　　　请仔细考虑这一点

双方最后都能满意　　　　双赢的解决方案

就这些条款进行协商　　　做出以下让步

句子

我相信我们能达成公平的和解。

感谢你提供了让步的清单。

我觉得你做出了非常慷慨的让步。

我认为我们双方都想找到很好的解决方案。

我想要双方都对协议满意。

只剩下一两个条款需要协商了。

我们就快成功了。

我想建议几种我们可能会达成满意协议的方式。

段落

如果这次母狗萨里下崽，你让我挑选其中最好的一只，我就可以免去你的配种费用，不知道你同意不？

我非常希望你能允许我们家按周支付瑞切尔的午餐费，而不是按季度提前支付。我想，我已经解释了为什么我们需要这种不同的支付方式。

你发送来的协议，其中的志愿者条款，我不能接受。但是，我可以志愿在星期二和星期四的课后项目中驾驶学校巴士接送孩子们。我已经在协议上做了改动，并签上了姓名。如果布朗先生愿意在这一基础上雇佣我，请告知。

如果你愿意把基本年薪增加到 15,000 美元，我可以接受新墨西哥州、犹他州和亚利桑那州这几个新增区域。在这样的安排之下，最初合同中的销售红利提成比例不变。如果马斯特·奎克先生同意这样的安排，我想我们就达成了双赢的协议。

　　吉姆，我们也想通情达理，但你想要用500美元解决我们保险索赔的事情，这是不公平的。我们损失了书橱、书桌和中国屏风，随信附上了价格估计表格，同时附上了评估者的资历：书橱价值4,500美元；书桌，750美元；中国屏风，9,500美元。总价值是14,750美元。如果我们能在4月15日之前收到全额赔偿款，我们愿意接受14,000的总额赔偿。

对邻居的私人回复

亲爱的迪克：

　　我和苏珊想要做到公平合理，与你达成协议，但是你提出我们每天下午四点关掉空调，这样你和爱丽丝在平台坐着的时候就没有空调吵闹的声音，这一点真是不可能呢[1]。下午四点正是房子里热度高，需要开空调的时候。

　　我们充分考虑了这件事，也咨询了几位专业人士，提出下面两种可能的解决办法：（1）我们愿意在空调周围安装隔音设备；或者（2）我们建议你在你的平台安装隔音隔断[2]。

　　随信附上安装计划（参见500美元的出价表）。我们愿意投入500美元来减少空调发出的噪音。

　　期待听到你的回复[3]。

　　问好。

泰德和苏珊

1.表明你愿意谈判。2.提出可能的解决方案。3.正面积极的结尾。

共用栅栏

亲爱的乔伊和特里克斯：

　　分隔我们院子的栅栏需要更新了，这一点，你们肯定也看到了。我们想和你们商量一下安装新栅栏的事情。

　　我在电话里也跟你提过了，我们找到了三份投标，来更换整个院子的栅栏。我们两家院子共用部分的栅栏需要1,200美元（我们拿到了更换材料的样品，与现在的栅栏一模一样，也拿到了更换方案，如果你想看看，都可以）。

　　因为是我们提出的更换栅栏，所以我们的提议是，我们出700美元，你们支付500美元。直接付款给承包商，付款期限是4月1日，届时他们会送来材料，开始施工。

　　请在3月2日之前告知你们是否愿意，这样我们就可以安排安装工人了。

真诚的，
巴克和爱迪

年老母亲的照顾安排

亲爱的索列尔先生：

如果我们能够就以下几点达成协议，我母亲就在"宁静之家"预定一个两卧室的套间：(1)每天上午10点到11点，一位女性护理员来帮助她个人卫生的洗漱、穿衣、吃药和早餐准备，不收额外费用；(2)"宁静之家"免除她每个月250美元的套间清扫费，因为我母亲在城里的亲戚会来帮忙打扫卫生；(3)我们支付200美元的安全保证金，允许我母亲养猫。

此外，我母亲想要"宁静之家"免除她每天必须在餐厅就餐一次的要求。

期待你的回复，希望我们能够达成双赢的协议。

问好

梅森·本特

薪酬和福利

亲爱的米奇先生：

对于你提出的销售经理薪酬和福利的建议，我有不同的意见，整理如下。我想你会同意的，这对我们双方都有好处。

· 公司每年支付我115,000美元（而不是提议中的90,000美元）。

· 我放弃公司提供的医疗保险。

· 每年的净销售额，我另外增加2%的提成红利。

我认为这样的方案能够让公司和我从雇佣关系中获得最大的利益。希望能得到你和鲍勃的同意，这样我们就能最后签署雇佣协议，开始工作关系。

我和我的家人期待你们的回复。我非常渴望成为公司的一员。

真诚的，

麦克·格莱德

（参见四十七章"分歧和纠纷"；第四十九章"和解/成交声明"。）

第四十九章

和解 / 成交声明

　　和解协议或声明是一种达成交易、避免进一步讨论或诉讼的好方式。这通常是充分谈判之后的结果，明确了最终的款项或财产的分割。和解的意思就是这件事情已经了结了。通常和解协议中都有"最终并完全解决了"的字眼，为的就是让事实清楚了然（参见第四十八章"谈判"）。

应用范围

　　这一类协议通常用于解决以下情况中产生的纠纷：

- 同居
- 商业合作失败
- 家产继承
- 保险索赔
- 未偿还的债务
- 婚前协议
- 不动产交易（成交声明和结束声明通常是一份不动产交易中列出了所有费用细目的文件，并在其中指明卖家或买家是否支付这些费用）

调查研究

- 审查原来的协议。

- 收集所有可能对协议产生影响的信息。比如：相关法规和限制、现行做法、法律文件、相关债务和开支、对方的违规之处等等。
- 就相关限制或要求咨询律师或当地和州官员，评估自己的法律权利和责任。

内容要求

- 你应该先思考、评估局势，并且让自己释放了悲伤或愤怒、损失的情绪之后，再和解。如果你要释放情绪，最好写下来，私底下进行查看和评价。
- 如果情绪升级，一定要冷静下来后再继续起草和解协议。
- 撰写和解协议一定要慎重。不要忘了，你这份协议可能会成为呈堂证供。如果没有把握，就咨询律师。
- 要客观，才能有公正的和解。有时，涉事的双方都无法做到客观。这个时候，就需要请中立的第三方前来协助。

注意事项

- 要达成和解，就要放弃报复的念头。（不要忘了，如果你能为一份棘手的协议或关系画上句号，你就已经赢了！）
- 不要使用任何重燃战火的煽动性词汇。

特别情况

- 如果你是债权人，不想再谈判了，你最好给出少于未清余额的报价，了结此事。这种情况下，你可以提出：如果对方按照你的时间表还款或在某个日期前全额还款，你就免除债务的利息，甚至减去一部分本金。这样你至少还能拿回一部分钱，免了以后的托收费用。
- 如果你是债务人，无法全额还款，你也可以提出和解方案。这样你的信用就不会继续受损，如果你是生意人，你还可以继续买卖。这种情况下，只要有可能，就需要给对方提供有价值的东西。

模板

- 在机构的安全网络系统中、双方都同意的情况下、现有政策允许的情况下，可以使用电子邮件。否则，请用挂号信。
- 私人和解方案可以手写，使用个人信笺纸或正规、有抬头的信笺纸。
- 商务或法律上的和解通常使用正规的、有抬头的信笺纸或法律文件用纸打印出来，用挂号信寄出。也可以用电子邮件或传真。

词语

同意	仔细	整体	考虑	决定	分割	公正
最后	完整	谈判	解决	和解		

短语

充分考虑……之后	公正地分割资产
结束我们之间……的关系	解除合作关系
完全解决这一问题	深度谈判之后
双方同意不泄露这一和解协议的细节	双方同意不泄露这一纠纷的细节
双方同意彻底解决这一问题	最终的处理是

句子

我认为这是公平且公正的分割余下资产的方式。

财产清算后，各方平均分割。

各方平分红利。

以下是这一纠纷的全部和解内容。

余下资产的分割应以各方拥有的该公司股份为基础。

这份协议在充分考虑到投资份额的基础上，分配了各方在米凯马达公司剩余资产中所占的份额。

所有应付、未付费用结清之后，再执行最后的和解方案。

我愿意以4,445美元的总额最终达成和解，前提是：你在2011年3月24日、星期五上午8点之前，把这一数额的保付支票送到我办公室。

段落

我们多次协商之后，最终达成以下协议。三位继承人，即威廉、卡里和詹姆斯均分900股股本。每位继承人得300股。

斯奎斯公司的未清债务为10,500美元，最终的解决方案如下：查尔斯·贝克支付给奇克斯公司6,500美元；琼·戴斯支付给瑞斯公司4,000美元。

以下是多利熟食店现有设备处理的最终完整解决方案。

解除同居生活的协议声明：露丝·安·比托斯和鲍比·瑞·艾菲尔同意以下物品的已定分配方案，双方签字后生效。这一协议代表了解除同居生活中所有索赔和财产的相关问题。

第五十章

道　歉

写信道歉时，要拿起笔，要有悔恨和勇敢的心，要有正面改进自己行为的愿望。文明社会的协议基础是不要互相伤害。但是，我们有时会伤害到自己周围的人——无意或故意之举。要想弥补这些伤害，恢复之前的关系，我们需要好好道歉。

真正的道歉是出于道义的举动。它需要个性的力量。你必须要有悔悟的感受，必须要承担冒犯别人的责任，表现出共情，愿意弥补你对别人的伤害。要道歉，就是说你承认自己的弱点、失败，你犯了错或做了不好的事情。也许，你还要表达出内疚、羞愧和悔悟，这样对方才有真正原谅你的可能性。

书面道歉比口头道歉更为有效，给了双方更多的时间去思考、理解、仔细考虑，然后再做出反应。书面道歉强调了你的诚意，有助于你避开高涨的情绪，让你有机会完整地表达歉意。

应用范围

需要道歉的冒犯事件可能非常小，也可能非常严重。其性质可能是私事、社交事件，或商务或公共事件。有些甚至需要采取法律行动。

日常的冒犯包括：

- 没有及时回复邀请或请求
- 心安理得地接受了别人提供的意见或观点
- 不公平地对待了对方（有意或无意）
- 犯下的错误影响了别人（账单、信用、发货、记账等）

- 损害了别人的财产
- 举止粗野或冒犯对方
- 散布不准确信息，影响了他人
- 发表了败坏别人声誉的言论
- 发表侮辱性评论，或者没有顾及别人的感受
- 不实地指控他人
- 超越了个人边界
- 对他人行为不当，或者有侮辱性行为，包括：语言、身体、性等
- 对别人撒谎

如何交流，何时交流

- 如果你冒犯了他人，道歉开始之际，你必须要有真正的悔悟，要有想要纠正过错的愿望。
- 及时道歉——一般是立刻道歉——不要把小事变成永远的恩怨。但是，有时也有必要等待一段时间再道歉，这样的道歉才有应有的分量。或者，有必要等待对方有机会表达这件事情对他（她）的影响，这样你才能完全理解对方的心情。
- 道歉要与你做的事情及其后果相匹配。
- 小小的过失，比如说在交谈中没有介绍朋友，在人行道上撞上了别人，或对老年人没有礼让，或在对方说话的时候打断了对方，立刻口头上道歉，这样的做法最好、最妥当。
- 在社交和商务场合，比如忘记（和错过）晚宴邀请，在别人家做客打坏了别人的东西，或弄错了顾客的账单或征信，就需要书面道歉，手写或打印都可以，还需要有纠错行为。比如说，错过了晚宴邀请，可以手写一份道歉信，再送上一束鲜花。如果在对方家里做客打坏了花瓶，你就需要补上一个相同价值的花瓶，或用其他的方式来弥补。
- 商务上，如果你没能按时退款，你需要发送打印的道歉信，并且附上退款。也许你还得立刻给对方打电话，承认并且更正这一错误，或者给对方一定赔偿，比如日后购买东西打折，或者表示友好。
- 如果是严重的错误，道歉的内容还应该有纠正这一错误的举动。比如说，

某一顾客的银行账户在几年前被清空，那就不仅需要归还账户中的数额，还应该赔付这段时期应得的利息。也许还需要其他的行动，视情况而定。

- 有时，书面道歉可能会有懦夫之感，因为你避免了与对方见面的尴尬局面。如果是这样，也许有必要当面道歉。或许可以先口头道歉，然后再书面道歉。
- 道歉的分寸应该与冒犯的程度相匹配。不多也不少。

内容要求

冒犯别人相当于贬低对方、剥夺了对方的力量。道歉则是把力量归还给对方。第二次的交换使情感的弥补得以开始。

- **把你道歉的内容写出来。**在写的过程中，你就可以审视你怎么冒犯了他人，怎么能够让人感受到你的悔恨。你用文字表达你的后悔和弥补过错的愿望，这是性格成长的机会。读到你书面的道歉，对方也能处理被冒犯的事情。
- 真诚的道歉也可能是解决方案，它可以消除问题，可以提供与对方修复关系的机会。
- **承认冒犯了对方，为之负责。**
  - ➤ 指明自己的过错，以及在哪方面违反了道德标准，比如说："莱克斯，昨天你做的蔡司宣传册，吉姆认为是我的功劳。我本应该立刻纠正他，但是我没有……"
  - ➤ 负起责任，不要给自己找借口。"我这样做是错误的。"
  - ➤ 承认你在哪一方面伤害了对方（有时需要请对方说出自己受了什么样的伤害和影响），表达出共情。"没有立刻纠正吉姆，就是夺去了你优秀工作的功劳。"
- **解释。**如果的确事出有因，就说出来，但不要为自己找借口。"事情是这样的。当时，吉姆和我正在他的办公室说话，他正等着与芝加哥的罗杰·格拉哈姆连线。他刚因为你的工作表扬了我，罗杰就上线了……"
- **表达抱歉。**这是关键。一定要表达出你的焦虑、难过、内疚和羞愧。"我很羞愧自己没有立刻发邮件或打电话纠正他错误的印象。当然了，我当时完全没有意识到他会在员工快讯中对我提出表扬。我想，我在某种程度上是嫉妒你这项工作做得这么好，所以，别人误认为是我做的，我就没有纠正。莱克斯，我已经给吉姆打了电话，告诉他，整个册子的创意、撰写和执行都是你一个人的功劳。而且，我也写了一份快讯修正稿，下个星期就会发送给大家。"

- **做出赔偿**。冒犯对方，那就是你欠对方的，需要弥补。通常而言，这一类的弥补都是象征性的，道歉本身就是部分或全部的赔偿了。但有时候，为了平复伤害，你需要真正地弥补，或做出其他的补偿："莱克斯，这束花代表我真诚的道歉，请接受。我也推荐你做里弗的项目，在蔡司册子上，你真的体现了创意和对产品的了解之间的微妙平衡，这正是这份工作所需要的。"

- 大的过错——不忠、长期酗酒、虐待、盗窃等等——需要制定严格的计划来改变行为，道歉中必须包括重建部分。道歉人应该拿出步进式的方案，对方（受伤害的人）应该拿出整体方案。双方的方案中都应该有纠正性的步骤，道歉人必须执行这些步骤才能达成可能的全面和解，如果受到伤害的人愿意和解的话。道歉人需要成功改正了行为，才能修复关系。

- **挥舞橄榄枝**。在你提出道歉，对方接受道歉后，如要重建关系，道歉人应该率先表现出友好的行为。找个新的或中立的话题，重新开始交流，或邀请对方参加某个活动。这些方法有助于消除残留的尴尬。有时，重塑关系之前，可能会需要一段时间。

注意事项

- 不要找借口。这会让你的道歉逊色，或者会降低道歉的效果。
- 不要假意道歉，把责任转嫁给其他人。比如说：
  - "抱歉"。这样就是告诉对方你想结束讨论，或者立刻结束这一话题，却不想承担责任。
  - "你觉得心烦意乱，我很抱歉"或"你有那样的感觉，我很抱歉"，这样的话都是在避免承担责任，而且直接把责任放在了对方的肩膀上。这些话的含义是：对方显然是太敏感了。
  - "你知道，我不是故意的"或者"你就是想让我觉得内疚"。这样的话就是想要对方负起责任。

> "我把你当作朋友。我绝不会故意伤害你"。这样的话就是想让对方
> 觉得,他(她)觉得受了伤害,那是他(她)自己的错。他(她)脸
> 皮太薄,产生了误解,或自认为别人有不良动机。

> "如果你没有……我不会那样……"这就是在找借口,你想要逃避
> 责任,把过错怪在对方身上。

> 类似"我知道你的感觉""我知道你是怎么回事"或者"我正在想办
> 法改正……"的说法,如果只是说说而已,这些说辞也是逃避责任。

• 如果对方告诉你他(她)觉得受了冒犯,你不应该否认,不要往小了说,
  也不要觉得自己的行为没有什么。相反,你应该听对方说完,如果你的
  确做了不应该做的事情,就表达出你的歉意。

• 道歉不要过度,也不要不合时宜。如果你只是自动道歉,或你在没有责
  任时也道歉,那你的道歉就没有价值了。也许你只是想要讨好别人或者
  息事宁人。在商务关系中,过分道歉可能会给自己贴上无能的标签。

特别情况

• 私人犯错后的道歉过程就是两个人之间的动态交易。结果是什么,没有
  人能担保。有时道歉成了谈判。你要坚持,才能最终解决。

• 如果你的行为或话语影响了不止一个人,你应该对所有涉及其中的人都
  道歉。"提姆,我粗鲁地批评了盖尔斯处理费希尔问题的方式,我知道
  你也听到了。我这样做是不对的,说出了这样的话,我觉得自己很糟糕。
  我道歉,一是为自己做出的评论,二是因为自己一开始就没有掌握所有
  的事实。以后,我一定不要这样吹毛求疵,而且看问题要更全面。"

• 在商务场合,为了准确记录发生的事情,往往会要求道歉函中有完整的
  解释。

• 有时,如果事件涉及顾客,本来是顾客的错误,你没有什么错,这时也
  需要道歉。比如说,如果顾客收到了五条一样的波点裙子,而不是一条,
  她勃然大怒,你确认这一错误是因为她自己下了五次单,但你可能需要
  这样写:"很抱歉订单出了这样的错。您是对的,我的确应该给您打电话
  确定一下你需要的裙子数量。"在这种情况下,你道歉后,还应该解释一

下正确的下单过程，然后在结尾表示友好，比如说："我们期待再次为您服务，为您提供最新款的衣物。"

- 给顾客道歉，要有效地使用打折卡、购物赠品、特别减价销售入场券、贵宾赠品或其他的项目。"请接受我们的道歉，随信附上八折卡，以供您下一次购物使用。"

- 如果你的孩子冒犯或伤害了他人，或者损坏了他人的财物，你和你的孩子都应该道歉（对于孩子而言，道歉方式要适合孩子的年龄和当时的情况）。"温特斯先生，很抱歉，妮可骑着自行车冲过了你的花床。她还没有完全掌握骑行的技巧，我当时在她身后几步之远的地方，等我意识到她要冲出人行道的时候，已经太晚了。我试着给你打了电话，但是打不通。我们可不可以在星期五下午三点半，带上矮牵牛花来重新给你种上，这样妮可也能当面向你道歉？"

- 有法律后果的过错，比如酒驾、造成了事故、盗窃、可能会解释为性骚扰的言论等等，这种道歉，你需要首先咨询这一方面的律师，然后再动笔。你要仔细措辞，不仅要表达歉意，还要表示你会纠正自己的行为，不再重犯。

要求道歉

- 如果你被冒犯了，而且想要改善、恢复与对方的关系，你需要要求对方道歉。

  > 首先，给自己一些时间，仔细想一想，或者冷静一下。

  > 写信告诉对方你的感受（不要指责）。

  > 请对方解释或者道歉。"我很看重我们的友谊，我想解决这一问题""你愿不愿意想一想，然后再跟我讨论？""我觉得你欠我一个道歉"，或者"我想讨论一下这件事，了解一下到底怎么回事，也避免我有什么误解……"

  > 请对方道歉，没有必要回避。让对方继续冒犯你，也就是告诉对方你很软弱。你应该巧妙地告诉对方你的感受："你说……，我觉得受到了冒犯。"或者"你说的话让我很不舒服。你说……，不知道你具体的意思是什么？"

  > 如果对方不道歉，不讨论，想要就这样算了，你可以决定终止这段

关系。记住，不道歉的常见原因有：（1）骄傲（害怕耻辱）；（2）以自我为中心；（3）害怕对方报复；（4）害怕被拒绝；（5）害怕对方要求做出赔偿。

➤ 你的行为要体面大度，要富有同情心，要公平。

模板

- 在商务场合，如果道歉信函要发给顾客、雇员、客户或商业伙伴，最好打印出来，使用有机构抬头的信笺纸。
- 私人道歉，可以用私人便笺纸或信笺纸，手写。现在市面上也有道歉卡片了，这在某些场合中是较为合适的选择，但是一定要在卡片上用自己的话道歉。

词语

接受	认识	承认	道歉	麻木	犯下	结论
坦白	决定	没能	过错	错误	冒犯	纠正
弥补	偿还	负责	恢复	笨拙	考虑不周	

短语

保证彻底改正	承担……的责任
对自己的行为深感懊悔	纠正这一错误
请允许我改正	如果可以重来
如果有什么可以安慰你	如果再遇到同样的情况
我不找借口	我承认
我对……感到内疚	我非常懊悔
我后悔告诉你	我会悔恨终生
我冒犯了你	我想要为此道歉
我应该为……而道歉	我再也不会
我责备自己	无法合理解释

无法解释这样的行为　　　　　无法相信自己做出了这样的事情

想要补偿你　　　　　　　　　想要给你换一个新的

想要弥补　　　　　　　　　　以此作为赔偿

真心后悔　　　　　　　　　　希望你能原谅我

我对此负有责任　　　　　　　我当时本意是……

句子

当时自己做出的反应非常糟糕，我真是无法合理地解释。

对不起，我对你的态度太粗鲁，我决心改正。

非常抱歉，我感觉太迟钝，没有照顾到你的感受，可以告诉我你是怎么想的吗？

很抱歉，我的行为给你带来了这样的痛苦。

很抱歉，在考虑这件事情的过程中，我忽略了你的角度。

可以给我一个改正的机会吗？

请不要放弃我。

请接受我的道歉。

如果我当时大度些，事情的结果就完全不一样了。

深表歉意，希望得到您的原谅。

是的，你是对的，账单的数额应该是534美元。

是的，如果我是你，我也会觉得受了冒犯。我很抱歉。

是的，我儿子非常过分，我道歉。

完全没有任何理由这样粗鲁。

我保证今后一定多照顾你的感受。

我的行为非常不得体，就此道歉。

我非常后悔自己的行为。

我计划这样纠正这一错误。

我肯定会纠正我们的错误，把欠你的钱还给你。

我们非常抱歉，希望以后还有机会为您服务。

我们一定会重视你的投诉。

我完全是出于妒忌；我道歉。

我一定会改正的，一定。

我以后一定会征求你的意见，不会让你失望的。

我占取了这一功劳，是我不对。

我真诚地道歉。

我真诚地向你道歉。

我知道，只是一句"对不起"，可能太简单、太无力了。

我做出了很糟糕的行为，为此我道歉。

我做出了这样的行为，你生我的气，这是应该的。

这全是我的错，我道歉。

这完全是我的错。

之前对你不公平，我决定这样加以纠正。

知道自己冒犯了你，我非常抱歉。

我知道自己伤害了你，感觉非常羞愧。

段落

大多数情况下，道歉信都只有几个句子。多说无益，言简意赅更有力量。

是的，阿丽西亚，我的确是发表了粗鄙的言论。我承认，我的考虑实在是不周到。我的话给你造成了很大的伤害，我深怀歉意。请接受我真诚的道歉，我保证以后要多照顾别人的感受（我也向泰迪道歉了，他也听到了我说的话）。

我们看到了您的投诉。仔细调查之后，我同意，我们的确没有兑现保证，东西在运送中损坏，我们应该补发新货。对此，我真诚地表示歉意，请您放心，明天上午9点到11点之间，您就会收到新浴盆。

这错误太离谱了，请接受我们诚挚的歉意。这不是我们一贯的送货水平，我们将与您一起纠正这一错误，让您满意。

罗杰，你肯定也知道，这对我而言很困难，但我还是希望发自内心地道歉，很抱歉我没有在定好的时间和地点与大家会合，没能前往我们的滑雪之旅。我按下闹钟的延时按钮，翻了个身，想再睡一小会儿，结果醒来已经是上午9点半，大家都回家了。我知道，这次我们五个人的滑雪之旅让我给毁掉了，非常抱歉。我肯定是得到了教训（我给每个人都写了道歉便条）。我知道，自己没法弥补这件事情，但是一定要让我做出补偿，下个星期六，我来开车，我来付大家的缆车票钱。

是的，你应该得到零售价33%的折扣。账单出错，我深表歉意。我忘记通知财务把折扣算给你了。请接受我的道歉，还有987美元的退款支票。

特鲁迪，昨天午宴的时候，我的评论非常小气，对此，我非常抱歉（感谢你把自己的真实感受告诉了我）。请接受我的道歉。

我知道，人只有一次机会给别人留下美好的初次印象，我搞砸了。本恩，我非常抱歉，我感觉自己就是个彻头彻尾的混球。我知道你一直想把我介绍给茉莉亚，到现在我也不知道自己为什么会那样。我道歉，请求你的原谅。我向你保证，你的哥哥我再也不会这样了（附上给茉莉亚的道歉便条，请代我转交）。

首先，我必须为这次的错误负责。我应该仔细检查规格表，确保所有的零件都在，然后再发货的（如果还有需要，我可以向您所在机构的其他人陈述这一事实，如果我还给其他人带来了不便，请把这封信给他们看）。我道歉。

改，改，改

- 如果还有疑惑，就先粗略地写出道歉的草稿。
- 再次读自己的道歉信，做出修改。
- 放置一会儿。
- 大声读出来，看有没有问题，然后再发出去。
- 先口头道歉，然后再寄出去，除非迫不得已，不要使用电子邮件。

特稿出错

亲爱的埃尔德小姐：

我们周末版的《太阳》刊登了您的特稿，却漏掉了您的名字，我真诚地向您道歉。作为编辑，我没有在报纸付印之前发现这一问题，是我工作的失责。这一错误的出现，是为了将就版面有限的空间，并非有心之举。

在下个星期天的版面上，我们会登报道歉，写明您是这篇文章的作者。

请一定再次就学校问题或任何问题给我们赐稿。我们期待您的文章，下次一定不会再出现任何错误。

真挚的，
伍德·比勒

因冒犯性言论而道歉

最亲爱的克利科特：

再也没有比老糊涂更糊涂的了，如果有，那就是一个老糊涂在自己侄女的桥牌午餐会上信口开河。现在我意识到（太迟了）你当时很窘迫，我非常抱歉。

很抱歉，我与你文雅的女性桥牌朋友大谈自己的政治观点（显然是不受欢迎的观点）。回想起来，我当时说自己想要回到刀枪说了算的时代时，看见周围的人一脸惊骇，现在我知道，我出格了，没有考虑自己所处的环境。（我在家附近的酒吧这样说话，不会有任何人惊讶。）

请原谅我出言不慎。如果下次打桥牌需要人，而且你露丝婶婶又抽不出时间，我希望你还能信任我，找我去打桥牌。说好了，我再也不会说这些歪门邪道的话（我给在场的女士们都送去了道歉信）。

我送来了鲜花，表示我的悔悟，请收下（如果你还愿意，能给你露丝婶婶说一下吗？请她再次开口跟我说说话）。

被责骂的叔叔布拉萨德

发货出错

亲爱的克利斯皮先生：

感谢您打电话告知您没有收到我们发送的433A型号消毒器。您是对的；这台消毒器本应于今天上午八点运达您位于佛罗里达州奥兰多市沃克街445号334号套房的地址。

我已经彻查了这件事情，得出的唯一结论是：在午夜时分，有人从我们的发货点偷走了这台消毒器。我们已经报警了，警方正在展开调查。

感谢您联系我们，让我们得以及时追踪失窃机器。

我也非常抱歉，您的订单没能如约到达。正如我在电话中说的那样，我们今天就重新发货，明天上午消毒器就能到达您的办公室。这次发货的机器不是您定制的那种，但是我们两天之内就会派安装人员上门为您现场安装定制的部分。

我们的商业关系已经有五年之久，期待这份合作能够继续下去。我个人期待不久之后再次为您服务。

真挚的，
罗伯特·韦尔蒂

工作失误

大卫：

我知道，我承诺了的，要在星期五下午两点之前完成班尼特进度报告，并且交给你。我也意识到，这影响了你向萨特斯·菲尔德的报告。星期五上午，我的报告没能完成，我却没有通知你，更加重了这一问题。我清楚，这让你的处境非常尴尬，我真的非常抱歉（如果你愿意，请把这封信转寄给萨特斯·菲尔德）。

星期五的时候，我应该尽早通知你，我没能找到所有的数据，这些数据今天才收集齐。因为罗利的暴风雨，现场的人没法收集到完整的数据。事实上，我也是刚刚才收到所有的数据，我今天结束之前就能把报告交给你。

今后，如果出现了什么问题，我无法按时完成任务，我一定及时通知你。如果有什么其他可以弥补过失的方式，请一定告诉我。

真诚的，
乔治

家庭矛盾

我最亲爱的妹妹：

我给你写信，你虽然不再跟我说话，但希望你还是会读这封信，考虑一下我真心的道歉。

贝贝，我真的感到很惭愧。你希望婚礼预演晚宴上所有的客人都穿着曳地长裙，我却没能满足你的愿望。我穿了短裙，因为自私、因为反叛，我自己做出了这个决定，其根源是童年早期残留下来的嫉妒。我知道自己伤害了你，我非常抱歉（我不知道婚礼派对上会有专业摄影；等看到了照片，我才意识到你的要求非常明智；我是唯一一个作鸡尾酒派对打扮，穿着过膝短裙的人）。我非常惭愧。

你之前已经把自己的愿望说得非常清楚了，而我还如此顽固不化，我也知道，自己的行为造成的结果是无法弥补的；但是我希望你能真心地原谅我。

等你和马赫什度蜜月回来之后，我想在丹佛给你们举办一次小型的接待会。随信附上了客人的名单，接待会在乡村俱乐部举行，或者如果你更喜欢的话，也可以在我家里举行。这一次，我会完全按你的喜好来办。

请考虑一下，给我一个答复。贝贝，你是我最珍惜的人，我最希望的就是我们姐妹之间的情谊能够恢复，永远都是最好的，永远都有爱。

索尼娅

辜负对方的信任

最亲爱的丽塔：

我要坐下来写信给你道歉，告诉你我非常悔恨自己的行为。是的，是真的：我的确是辜负了你对我的信任，你非常信任我才告诉了我那些事情，我却把你的隐私告诉了别人。正如我昨晚说的那样，你肯定觉得我背叛了你，你想说什么都可以，把你的感受告诉我吧[1]。

对自己的行为，我没有任何合理的解释。当时，我与斯奎布说着知心话，不知不觉中，我就脱口而出了[2]。

我知道，也许你需要时间才能消化我辜负你的行为，才愿意同我谈论这件事。但是，我真的想要告诉你，我非常、非常地抱歉。我很后悔自己告诉了斯奎布，我现在再次请她保密，不要告诉其他人[3]。

我真的很希望你能真心原谅我。我希望我们能回到从前那样，如果能够恢复你对我的信任，我什么都愿意做[4]。

我想要请你出来吃午饭，探讨一下这件事情，讨论一下你愿意谈一谈的方面。或者让你冲我发一发脾气。你想好以后，随时都可以给我电话[5]。

极为懊悔的，

凯蒂

---

1. 承认责任。2. 在可能的情况下解释。3. 道歉。4. 在有必要的情况下，请求原谅。5. 在合适的情况下，提出弥补。

收到邀请，没有回复

金妮：

正如我在电话上说的那样，我很抱歉，收到了湖畔大舞会的邀请之后，我没有按时回复。

我是懂得这一程序的。事实上，我也做过这项工作，因为要给宴会筹办者确定的人数，如果要一一打电话确认，那肯定会忙做一团。很抱歉，还害得你给我打电话确认，我的行为非常没有礼貌。

感谢你让我弥补自己的过错，接下来的确认电话由我来打。我们说好了，星期三我就把RSVP的回复名单发电子邮件交给你。

祝好

雷切尔

行为粗鲁

我亲爱的切丽：

我就是想在电话之外再次表示歉意。今天早上，我太粗鲁了，冲进去冲出来，没有打招呼，也没有时间与你的室内装潢师见面[1]。我知道，你本想让我看看她提供的选项，再给出我的意见[2]。当时，我一门心思就想着怎么在十二点之前分别再逛三个地方，只为自己想了！我很粗鲁，对不起，再次请求你的原谅。

星期四下午，你来喝茶怎么样，给我看看你打算在家里做的改变？我保证全神贯注，尽全力给你提建议[3]。

真挚的，

马科斯

---

1. 承担责任。2. 与对方共情。3. 改正。

因为宠物的行为而道歉

亲爱的奈杰尔：

正如我在电话里讲的一样，今天下午，尼佩尔咬了你的猫克罗斯，我们非常抱歉。你一定非常难过。

我们从来没有遇到过这样的事，芭比·安妮一直都是牵着狗绳遛狗的，每天如此，已经有一年了。我们觉得芭比可以控制住这条狗，但是之前她还没有遇到过猫靠近狗的情况。

当然了，如果你决定带克罗斯去看兽医，我们肯定会支付账单的。尼佩尔所有的疫苗都打过了，而且都在有效期内，这一点我也说过了。格鲁夫大街动物屋的本·莱特是我们的兽医（电话号码：312-555-0123）。尼佩尔的角膜有一处严重的刮伤，身上被咬了几口，我们正在处理当中。

日后，我们不会让芭比·安妮在你那一侧的街道遛狗，希望能够借此避免猫狗冲突的可能性。

真诚的，

梅维斯·穆尔

坦白小谎言

亲爱的佩特：

我得说，我内心实在是不安。我对你撒了一个"小谎"，这种罪恶感让我凌晨三点在家里走来走去。

我认同你对真实的执着，然而我却对你（对所有的人）撒了一个谎，一个非常傻，非常世俗的谎。我感到非常惭愧。我没有参加罗斯科的派对，原因很简单，我只是不想去。是的，这个周末我不在旧金山。

我也不知道自己为什么要撒谎。我知道，我们说过要在派对上见面。我希望自己的行为没有让你不舒服，我只是不想出门，没有心情参加派对，感到泄气。

请你一定要原谅我。以后，我一定遵守我们都认同的真实标准。

你的，

格里戈斯

第五十一章

原　谅

我们经常从宗教的角度来审视原谅，是的，我们需要原谅伤害了我们的人。原谅通常与道歉的过程相关（参见第五十章"道歉"），是和解的最后一步。

别人伤害了你，否认、愤怒或报复是自然的反应。决定放弃这些反应，然后原谅对方，需要你改变心态和心意。这不是立刻就可以办到的。

选择原谅，是一种撤销对方债务的动态方式（债务产生于对方的冒犯行为）。你赠予对方原谅，你也有所得：减少了愤怒、压力，甚至减轻了头疼、牙疼、感冒和其他生理疾病的程度。

写信请求对方原谅，或原谅对方，你和对方都会因此受益，你们处理了不和睦、改变了心境，改变了不好的行为，并且开始走向和解。

应用范围

冒犯者

- 如果你伤害了别人，你可能想要立刻道歉，请求对方的原谅。"巴兹，我的确是说了爸爸想要在吉姆家待着。当时，我没有意识到这句话会给你带来伤害，但是我要澄清一下，爸爸没有说过这话。当然，我现在知道你为什么会受到伤害了。感谢你告诉我。请原谅我的口无遮拦和无动于衷。我保证以后不会这样了。"

- 如果对方不回你的电话、信件或电子邮件，对你感到愤怒或恼怒，你也许会想要询问是不是出了什么事情。或者，你想问是不是自己在哪方面得罪对方了，想要对方告诉你，如果是自己不对，就道歉，请求对方原谅。

- 如果对方告诉你，你做了冒犯他（她）的事情，那就请他（她）告知原因，如果是自己不对，就道歉，请求原谅。

被冒犯者

- 如果你对某人心里窝火，你应该审视自己的情绪，找到自己生气的原因。撇开情绪，整理出原因。实事求是地告诉对方自己为什么不高兴。
- 相较于自己的情绪，如果你更看重与对方的关系，想要关系继续发展下去，可以请对方一起讨论这一问题，这样你能全方面地看待问题。在合适的情况下，请对方道歉，然后原谅对方。
- 一开始就表明自己的感受。"简，当时你说我的报告没有达到标准水平，我觉得受到了伤害。我想要私下与你谈一谈，为什么你觉得我的报告低于标准呢？""詹妮弗，我现在觉得非常失望，或者我误解了你的意思？我记得上周你说过，我可以拿到爵士乐表演的支票了。"

内容要求

冒犯者

- 考虑自己的行为。自己做了什么，仔仔细细地写下来，这样你的理解就会更加透彻。
- 把自己的道歉用文字表达出来，以便进一步思考（可能你想寄出一份道歉信，也可能不想）。然后再道歉（参见第五十章"道歉"）。
- 请求对方原谅。

被冒犯者

- 平静下来。
- 仔细审视自己的愤怒，以及愤怒给自己造成的影响。写下来，可能会对你有很大的帮助。
- 决定不报复，而是原谅。
- 好好想一想，然后问自己：我是否可以在不攻击对方的情况下，与对方好好谈一谈他（她）给我带来的伤痛？对方是不是可以做到客观？是不是没有处于防御状态？

- 站在对方的角度想一想，重新认识对方。要知道人人都是有缺点的。问自己："当时他（她）是不是遇到什么事情了？""他（她）是不是处在压力之下？"
- 接受已经发生的事实，不要反击对方，或转怒于他人。
- 往前看。也许你决定与对方（如果对方愿意）找到解决方案，走向和解。或者，你决定限制或中断与对方的交往。不管选择何种方式，都要在心里原谅对方。
- 在原谅对方的行为中，完全释放自己。

注意事项

- 不要以为自己会忘记被冒犯这件事，也不要请对方忘记这件事。你肯定会永远记住这件事的。忘记不是原谅的一部分，也不是原谅的目标。
- 如果性质严重（虐待、背叛等），不要立刻寻求和解。要等到冒犯者经历了全面的治疗，已经长时间地表现出行为改正之后，才能谈及和解。
- 不要为冒犯者的不良行为寻找借口或者宽恕对方。对方依然应该对自己的不良行为负责，而你作为被冒犯者却将之一笔勾销了。
- 做出弥补，并不意味着你是弱者。相反，这是力量和道德勇气的象征。
- 不要指望立刻就能解决。你有决心解决这一问题，同时也要知道解决问题需要时间。要有耐心。

特别情况

- 受到冒犯时，感到愤怒是自然反应，最开始，这一感受还具有激励作用。但是，愤怒慢慢就会变成阻碍你的怨恨，让你成为它的囚徒。原谅对方，消除心中的怨恨，摆脱怨恨的控制。
- 原谅是一个动态而复杂的过程。你需要花时间走过愤怒、失落和悲伤的阶段。如果是性质严重的虐待、死亡或犯法行为，无论对方有没有受到法律的制裁，你都应该一步步走完原谅的过程。
- 不能强迫自己原谅。真正的原谅是强迫不来的，只有准备好了，你才能真正地原谅对方。
- 有时双方都冒犯了对方，或者一方因为受到另一方的冒犯，做出了报复行为，使冒犯的后果更为严重。这种情况下，双方要等到足够冷静了，再来讨论各自的行为和角色，这对达成谅解非常有帮助。双方都需要对自己的行为负责。把自己道歉的话写下来，即便你不交给对方，也会对形成谅解非常有帮助。

- 冒犯者给你道歉后，即使你知道对方是真心实意道歉的，你的骄傲和固执也可能会妨碍你原谅对方。你应该认识到这一点，为了自己，要做到原谅对方。你甚至没有必要告诉对方。

模板

- 如果是错过了别人的生日这类小的伤害，有些问候卡就是为这些情况特别设计的。如果你自己写上几句话请求对方的原谅，承担不当行为或不作为的责任，就可以用这类卡片。
- 仅用简短的几句话请求对方的原谅时，可以用便笺卡片，再装进与之相配的信封。
- 请求对方原谅时，如果篇幅比较长，可以使用个人信笺纸。
- 因为商务上的事情请求原谅时，或者使用有企业抬头的信笺纸，或者用安全的企业电子邮件。

词语

承认	愤怒	乞求	相信	改变	承诺
勇气	决定	原谅	宽恕	和解	忏悔
后悔	负责	信任	表达		

短语

不会再说	不应该说出……
都是我的错	对……负责
没有任何借口	我的行为非常糟糕
我冒犯了	想要坦白
需要说出实情	只有我一个人应该受到责备

句子

冒犯者

我希望你能原谅我。

我冒犯了你，这是我的错。

我保证，再也不会有这样的行为。

我行为粗鲁，没有任何道理可言。

我的行为非常糟糕，很抱歉。请原谅我。

我只能说，非常抱歉，请你原谅我。

请原谅我。

我的话很难听，你绝对有理由生我的气，但我也希望你能考虑接受我的歉意，原谅我。

是的，我那样的反应不对。冒犯了你，我很抱歉，请你原谅。

被冒犯者

是的，我原谅你了。

我和你一样，也不想这件事影响我们的关系。我们应该讨论一下这件事情，达成和解。

今天开会，你发表了那样的言论，我觉得你应该向我道歉。你的歉意将会对我得以原谅你产生极大的帮助。

我要说的是，你说的话让我很不舒服。但是我们讨论之后，我想要说，我原谅你了，希望我们朝前看。

你完全没有如实描述，我想，在我走出原谅你这一步之前，我们需要讨论一下这件事。

请检查你自己的行为，我感受到了极大的冒犯。

你必须向我道歉，我才可能原谅你。

我试着理解你为什么选择在这件事情上撒谎，觉得需要与你讨论一下，才能决定下一步怎么走。

我选择原谅你，但同时我也做出了决定，我们之间的关系到此为止。

你背叛了我，我的确有过怨恨，但我已经选择原谅你，因为原谅了你，我也摆脱了压抑自己许久的愤怒情绪。

段落

冒犯者

谢谢你，你强调了，虽然我做了不好的行为，但并不代表我人不好。感谢你原谅了我。我保证，以后一定要多为别人考虑。

我在爸爸生病的时候，缺心少肺，请原谅我。你承担起了照顾爸爸的主要责任。我本应该，也本能够多做事的。可是我没有。我终于意识到，自己扔了很重的担子给你，我真的为自己感到羞愧。现在太晚了，已经不能帮上爸爸了。但是以后，我会做一个好妹妹，更多地参与家庭事务，更关心别人。

我希望随着时间的流逝，你会原谅我。

请一定原谅我。当时情急之下，我骂了你，说了很多难听且不实的话。现在，我觉得自己可恶至极。我忏悔。以后，再遇到我们有分歧的情况，我一定只讲自己不同的意见，再不会出格，再不会进行人身攻击。

杰米，请务必考虑一下我的建议，我们一起坐下来谈一谈，好吗？这样你可以告诉我，我的行为是怎样伤害到你的。我非常抱歉，我相信如果我能好好了解一下你真实的感受，我以后就不会重复这样的错误了。

被冒犯者

我现在还无法原谅。我还处在情绪的处理当中。但是，就这一两天，我会给你打电话的，我们找个时间坐下好好谈一谈。

是的，我当然原谅你。我的确希望我们能够成为"安全网朋友"，有了问题，都可以找到对方，知道对方会倾听。

这一次，我觉得，要原谅你，不容易。我知道，之前我们也有过这样的状况，我只能说，处理这次伤害，我还需要多一些时间。我会尽快给你打电话。

我们已经到了这个年纪，必须尽快原谅对方。我们没有时间，也没有精力再心怀怨念。我知道你最近承受的压力，我也知道，很多时候，人们在压力之下会出言不逊。我爱你，我的确是原谅你了。

改，改，改

写信原谅对方，有助于你处理被冒犯的事情，走向原谅。写好之后，放置一段时间，然后再次阅读，编辑，最后才发送出去。或者，你也可以选择写原谅信，然后为了自己再读，但并不发送。不管是哪种方式，你都能从中获得原谅带来的治愈力量。

原谅对方说话考虑不周

莫特：

你请我原谅你？你真是的。多少次，我还得请求你原谅我呢？次数多得我们都记不住了吧。你是我亲爱的兄弟，我永远都不会怪你的。

艾尔

原谅对方在派对上造成的损坏

亲爱的马克：

是的，我相信客人们在派对上过得很愉快（很多人打来电话，写来便条，说派对的亮点就是看到你顶着灯罩站在那里）。

我接受你的道歉。当时你只是想把灯罩安上去，结果落了下来。257.50美元的支票够支付修理的费用了。

爱丽丝

没有遵守承诺，请求对方原谅

亲爱的巴基：

我郑重承诺了要做的事情，却没有办到，我非常抱歉。

我已经告诉了你其中的缘故，我深感着愧。深深伤害了你，想到这一点，我就很崩溃。现在，我只能请求你原谅我，我再也不会这样了。

你能原谅我吗？我知道自己不该被原谅，但请考虑一下，好吗？

你的表妹

露丝

网上人身攻击对方，请求原谅

[面对面道歉之后]

亲爱的拉兹：

正如我今天说的那样，我看了自己的帖子后，认识到了自己在网络匿名环境下的放肆，我必须当面向你道歉。我的帖子言辞不当，刺耳苛刻。我称呼你为"蠢货"，这是人身攻击，我没有任何借口可以这样做。我应该针对你的观点发表言论，不应该针对你本人。对此，我真是非常抱歉。

我想，你也看到了我在网上发表的道歉；也表示要考虑我当面的道歉。我并不认为你是"蠢货"，我也不应该这样说。

我保证，以后我的评论只针对观点。请原谅我。

悔恨的，

查斯

愤怒爆发之后请求对方原谅

[口头道歉之后]

亲爱的邦奇:

我必须再次请求你的原谅,当时你给出了自己对饮酒的立场,我立马发飙了。显然,我们的观点不同,但是绅士会做到冷静和包容。我两样都没有做到,非常抱歉。

送上花束,代表我的懊悔,请原谅我面红耳赤的咆哮。我承诺,再也不会有这样的行为。

带着真正的悔恨

伊万

质疑雇员,请求原谅

亲爱的雷琳:

今天早上部门会议的时候,我不恰当地质疑了你报告中的数据。我不应该那样做,而且,你的数据是正确的。我是错的(这封信我也誊写给了今早与会的所有员工)。请原谅我的错误。

今后,我会先做调查研究,如果有问题,我会私下联系你。

真挚的,

弗兰克

失礼,请求原谅

亲爱的姐姐:

是的,我在你晚宴上的表现真的是很没有教养。我提出了钱的问题后,看到大家惊愕的表情,听到大家倒抽一口凉气,之后一片沉默,我才意识到自己失态了。

原谅我吧,我很愿意去听你的礼仪课101A。(如果你再次邀请我,我肯定会在衣服上贴上一个大牌子,上面写上:"我是女主人的弟弟,没有礼貌的土狗,家里的害群之马。如果他胡乱嗷嗷叫,请不要理他。")你要我做什么样的补偿,只要你觉得合适,我都会听你的。

我亲爱的姐姐,你能打心眼儿里地原谅我吗?

悔恨的,

连尼

长期酗酒,请求原谅

我最亲爱的女儿:

接下来六个月内,我将会进行集中治疗,如果我要把这些年因为酗酒对你造成的伤害一一列下来 我记录下来的内容肯定会比你的日记多好多倍。

为什么我会做出这么多可怕的事情?我已经决定了,一定要自己找到答案,这样才能做出改变,才能彻底重新找回我的生活。让你遭遇了这么多的痛苦,我万分抱歉。你一定要清楚:我做过的事情,完全不是你的错,也不是你的责任。

如果请你马上与我和解,我知道这是不合时宜的。完全不合时宜,完全是错的。我必须——而且我会——让时间证明我已经忏悔了,证明我已经做出了改变,不是立刻改变,也不是奇迹般的改变,而是从现在开始不再饮酒,保持清醒。

请你原谅我,这样你就能继续往前走,疗愈过去,得到你应有的幸福。我想问问你,是否愿意与我开始通信对话?我要忏悔过去20年对你造成的每一处伤害。考虑一下吧,然后告诉我答案。

期待我努力争取到与你和解的时刻。

所有的爱,

爸爸

没能遵守约定，请求原谅

亲爱的安东尼：

　　我们之前说好的，一定要保守秘密，但我却和詹妮弗讨论了我们写书的构想，我绝对不应该这样做。我同她讲了之后，还郑重其事地让她保守秘密，不要同任何人讲这件事，真是讽刺呀（她遵守承诺的时间只有三分钟，五分钟？我这样说不是为了自己开脱，我的确没有遵守承诺。我说出来，只是想证明自己的荒唐，没有理性，头脑不清楚，发晕了）。

　　之前道歉的时候我也解释过，詹妮弗方面，我做了跟进工作，让她签署了一份保密协议，主要是为了巩固她的承诺。我也不能冤枉了她，（她说）她没有同别人说过，只是给你打了电话讨论，因为当时找不到我。

　　我非常理解你的愤怒。我完全能够感受。如果换作我，我也会有一样的反应。

　　唯一能够作为解释的就是，我当时想着有机会可以同凯瑟琳出版社的高级编辑谈一谈我们的想法，但是那时我联系不到你，没能来得及征求你的同意（你应该还记得，为此我在你的手机上留了一条讯息）。当时我想的是你肯定会同意我去抓住这个机会，但是现在我意识到，我不应该在还没取得你的同意的情况下采取行动（现在回想起来，其实我应该问一问詹妮弗，我们可不可以用电话会议来讨论我们的构想。但在当时，我没有想到这一点）。

　　请原谅我。我真的非常看重自己的承诺，违反协议的事情，我绝对不会再做了。

真诚的
达西

（参见第五十章"道歉"）

第八部分

订单、信用和催款

理性是所有事情的情人和女王。

——西塞罗

第五十二章

订 单

    无论是通过电子邮件、电话、填表，还是面对面的方式，下订单都要求信息具体清楚。现在仍然存在着买东西时必须提交订单信件的情况。成功下订单的关键：简洁明了。说明你想要什么，你以何种方式付款，列出订单的条件，提供联系人的姓名和运送信息。

    下订单之后，可能会出现很多问题，需要你写信解决。要解决问题，最好的方式就是使用简明、清楚和完整的信息，还要随时通知顾客订单的状态。

应用范围

- 下订单
- 确认收到的订单
- 解释流程、产品、断货/无货、付款方面的改变
- 请求提供额外信息
- 做出调整
- 取消或改变订单
- 询问订单状态
- 解释付款问题
- 接受或拒绝改动
- 拒绝或返还订单

内容要求

- 下订单时，要开门见山。
- 根据商品信息排列货品：数量、货号、名字、描述、单位价格、颜色、大小、特别信息（比如镌刻或刻名），以及总价格。
- 如果没有使用网上表格，你的订单要注意排版，如下：

3 本

梅尔文·巴特，《清晰的思考》，第二版本，2010 年出版，单价29.95 美元

总价：89.85 美元

- 明确说明你订单的所有条件。比如说，你必须在某个日期之前拿到货，或者你不接受其他的同款产品，这些条件必须明确地写在你的订单上。
- 包含信息还要有：纳税、运送、时间表、特别要求、付款方式。
- 确保提供完整的联系信息：全名、送货地址、电话号码、电子邮件地址、传真号码。
- 尽量写一句友好的评论。

注意事项

- 不要在订单上啰唆不必要的信息。
- 你的目的只有一个，不要谈其他生意。
- 不要用一段话来下订单。
- 如果你要订的是特别商品，要先咨询对方，确定对方可以办到后，再下订单。

特殊情况

- 如果你接受其他商品做替代，要明确指明这一点。
- 不能通融的条件，一定要强调。比如说，你要求对方在15号之前送货上门，否则订单就不作数，你要这样说清楚："在保证1月15日送到货的情况下，此订单才有效。"
- 如果你是在订单丢失后再次发送订单，一定要强调这是订单的副本，因

为原订单依然有被找到的可能性。

- 如果信件与已经提交了的订单有关，一定要完整地提供订单的日期、订单号或查询号、确认号。如果还有订单副本，也可以转交一份。

- 如果要取消订单，一开始就要明确表明自己要取消订单。打电话时，确认帮你取消订单的人的姓名。重复所有的相关信息。如果你用支票付款，请对方退款。如果订单有调整，请对方修正信用卡或账号上的信息。然后再发送电子邮件或取消订单的信函来跟进。

- 如果你必须改动订单，一开始就表明这一点，并提供原来订单的信息。应该先打电话，然后再发传真或电子邮件。

- 确认订单。电话下单，特别是那种涉及一定钱款数额的复杂订单，供货方应该写信确认订单。如果订单耽搁了，或必须延期交货，供货方应该给顾客打电话，然后发送邮件说明这一事实。延期交货的信函里应该有因给对方带来不便而道歉的部分，结尾简短，表示友好。现在这种情况更多的是发送电子邮件，或者传真。

模板

- 正式、打印的订单表格最好。如果使用的是网上订单，你应该打印一份出来。如果是写信下的订单，一定要有顾客的姓名（职务）、企业名称、送货和账单地址、邮政编码、客户订单号（如果有）、客户编号（如果有）、联系电话、传真号码。订单信息应该有：货号（如果有）、下单商品描述、货号（如果有）、大小、颜色、类型（设计、主题等）、数量、单位价格、总价格。还应该提到销售、运送和手续费、送货的地点和方式、付款信息——记账、货到付款、信用卡或支票支付。如果有条件或限制，一定要写明并且强调，比如送货的最后期限、是否接受同类产品的替代。

- 如果是网上订购或邮购的订单，一定要要求对方回复确认，以确保对方收到了你的订单，并且开始处理订单。

- 可以用有公司或私人抬头的信笺纸打印订单。手写订单如果看得清，也可以接受。

供货方通知顾客，商品到货

［日期］

亲爱的克瓦特先生：

　　这辆车真是太漂亮了！之前你通过我们慕尼黑欧洲送货项目购买的BMW735i已经到货了，我们已经做好了保养，你可以提车了。请给我打电话：310-555-0123，我好给你安排个时间来完成所有的手续。我的工作时间是星期一到星期六的早上9点到下午6点。

　　考虑到交易手续，还有你可能会有的调整需求，我们大概会需要二十分钟的时间。你需要带上购买时给你的文件夹，里面装着所需的纸面文书，另外就是有照片的身份证明（行驶证）。

　　期待你的电话。开着这辆车，你就是恩格尔伍德的焦点。

　　　　　　　　　　　　　　真诚的，

　　　　　　　　　　　　　乔治·科洛佛

　　　　　　　　　　　　　　客服经理

供货方通知顾客延迟送货

［日期］

亲爱的哈森博士：

　　我们于1月10日收到你购买高压灭菌锅的订单（订单号9984），延迟交货。现在我已经通过航空邮件给你发出了货品（送货号44-C-1390），将于13日到达你的办公室[1]。

　　感谢你的耐心，正如我在电话里说的那样，我们的客服代表会给你打电话，安排时间到你办公室彻底检查这一灭菌锅的运行情况。

　　期待为你服务[2]。

　　　　　　　　　　　　　　真挚的，

　　　　　　　　　　　　罗纳德·D.斯诺

1.完整的鉴别信息。2.友好结尾。

供货方部分执行订单

［日期］

亲爱的特劳特女士：

　　感谢你的订单（3455号），我们会在48小时内执行，但你订购的65双连指手套，我们现在只有33双，其余部分延迟交货，期限两周。

　　五天之内，你会收到第一批货物，我们会附上发票；其余部分会在三周内到达。再次感谢。期待再次为你服务。

　　　　　　　　　　　　　　真诚的，

　　　　　　　　　　　　　奈特尔·沃克

顾客确认订单

［日期］

玛丽·曼纳斯，销售经理

亲爱的玛丽：

　　此信是为了确认我的电话订单，订单号是44553，订单内容为435株50厘米高的杜松灌木，单价20美元，总价为8,700美元。

　　正如我们达成的统一意见，如果第一年有灌木枯死或长不好，你们负责免费更换。

　　你们也同意了，订单成立的前提是所有的灌木必须在3月15日运到以下地址：

　　　　东达特茅斯大道8220号55号房

　　不接受任何替代品。

　　感谢你的帮助。

　　　　　　　　　　　　　　真诚的，

　　　　　　　　　　　　　亨利·维克斯

顾客订货

[日期]

茉莉·弗劳尔斯，销售经理

亲爱的弗劳尔斯女士：

根据你6月15日的价格清单，我订购以下商品：

20盒	尼纳仿羊皮纸	
	纸张，鸽子灰色	
	8.5×11英寸，20磅	
	单价15.50美元 ·················	310.00美元
14盒	尼纳仿羊皮纸	
	信封，鸽子灰色	
	20磅，10号大小	
	单价35.00美元 ·················	490.00美元
5盒	打印墨盒，20A号	
	黑色	
	单价22.50美元 ·················	112.50美元
5个	斯坦纳电脑架	
	1233号，型号K，黑色	
	单价298.99美元 ·················	1,494.95美元
	总价 ·················	2,407.45美元

请贵方支付运费，送到以下地址：

　　内布拉斯加州林肯市，邮编：68514

　　东大街540号，7号套房

货款的收费就按照平时的2/20,60条款，记账在贝克账户34456号之上。

我们已经快没有货了，希望能够尽快发货，谢谢。

真诚的感谢，

琼·斯瓦特

顾客订购服务

[日期]

马丁·沙因，总裁

亲爱的马丁：

从你12月15日的预算案中，我想订购以下项目：

1. 准备场地，包括但不限于：

　　a. 移除并处理现有的杜松。

　　b. 拔除梨树桩

　　c. 清除现有南欧黑松最低处的枝丫 ················· 935美元

2. 提供并且完成堆肥 ····································· 440美元

3. 提供并且安装110钢边 ····························· 145美元

4. 重建车库西边的岩石墙 ······························· 430美元

5. 移走并且处理现在露出来的混凝土 ··················· 460美元

6. 移走并且处理现有的鹅卵石 ························· 460美元

7. 提供并且安装花岗岩的石阶 ························· 290美元

　　共计 ··· 3,160美元

我同意你预算案中的支付条款：施工开始支付百分之五十，竣工满意之际支付余款。你施工的"一般条款"也将列入我们合同的条款。你提出，如果立刻开始施工，就有百分之十的冬季折扣，我愿意接受，并省下316美元。

我们商量出来的竣工时间为2月15日，如果超出这一期限，则按照每天25美元的罚金从工程款中扣除。

期待贵公司完成工程的那一天。如果还有其他问题，请给我打电话。

真诚的，

格拉迪斯·庞德斯通

作者查询延迟交货的图书

[日期]

朱莉：

5月16日我到了芝加哥的大狗书店，准备签名售书的事宜，可是负责购买图书的简妮特·琼斯告诉我，这些书延迟交货已经数月了，她一直没法从经销商英格兰姆那儿拿到书。

3月1日到5月10日期间，我查询了6次，经销商都保证说，4月1日这些书直接从圣詹姆斯的仓库运送出去，会于5月15日抵达。

我不知道怎么会出现这么大的篓子。请查一下这件事，明天中午给我打电话。我下一场签名售书是在5月29日，我们得在这之前解决这个问题。

问好，

梅尔维尔·邦德

顾客收到破损的商品

[日期]

理查德·蒙奇，客服

亲爱的蒙奇先生：

我刚刚打开了两个定制的扬声器，型号ZZXε，音响部分，7月2日送到我处。两个扬声器的隔膜都有破洞。按照你在电话中的指导，今天我把损坏的扬声器寄回，以维修或替换。

正如我们商量好的，我希望扬声器能于7月15日返回我处。感谢你处理这一问题。

真诚的，

杰克·雷诺兹

建筑项目订单中的数量出错

[日期]

杰里：

今天，"杜兰戈"打磨洞石铺砖已经运到，我们对外观很满意，质量看起来也不错。但是，正如我在电话里说过的，铺砖的数量搞反了。现在到货的数量是：18英寸的铺砖，500平方英尺；4英寸的铺砖，1,500平方英尺，正好与订单相反。

我们在电话里也商量好了，卡普斯公司负责运送来1,000平方英尺的18英寸铺砖，然后从建筑现场拉走1,000平方英尺的4英寸铺砖，不收取费用，不晚于4月5日，即星期一完成。对于这一错误，我们不支付任何其他费用。

感谢你迅速处理这一问题。

祝好

查理·费多

（参见第五十章"催款"；第四十六章"投诉和抗议"；第四十三章"告知和确认"；第五十七章"提供调整"。）

第五十三章

信用查询和提供信用信息

处理信用信息，无论是你自己的，还是别人的，都必须直接、明确、得体，以及保密。电脑记录快速高效，但也给信用安全和保密带来了前所未有的新挑战。如果信用信息处理不当，你的财务，以及与你有业务往来的人的财务，都会受到损害。采取一切预防措施来保护你自己和他人的信用信息。

应用范围

信用查询用于：

- 常规检查自己的信用等级和记录
- 了解为什么信用被拒
- 了解某企业或某人的信用信息
- 清理信用污点
- 纠正信用报告上的错误信息

内容要求

在请求信用信息的时候：

- 首先打电话了解为什么信用被拒，并确认处理信用报告的机构。
- 联系征信机构，获得信用报告的副本。

- 直截了当。
- 给出所有必要的身份信息：名字、地址、电话号码、购买日期、商品、购买数额、账户号、购物地址等等。
- 咨询另一个人或另一机构的信用信息时，引用这一方的请求，给出所需身份背景信息，表明会对所有的内容保密，结尾表示友好和感激。
- 查询个人信用报告时，你需要写信给征信机构。有三大征信机构：

  益百利

  邮箱号 2002

  得克萨斯州，艾伦，邮编 75013-0036

  （888）397-3742

  www.experian.com

  环联公司

  客户关系部

  邮箱号 2000

  鲍德温 2 号广场

  宾夕法尼亚州，切斯特，邮编 19022

  （800）916-8800

  www.transunion.com

  艾奎法克斯信用信息服务

  用户援助部

  1600 桃树街 NW

  邮箱号 105069

  佐治亚州，亚特兰大，邮编 30374-0241

  （800）685-1111

  www.equifax.com

　　根据《公平准确信用交易法》，每年你可以从这三大征信机构获得一份免费的信用报告。你只需要通过 www.AnnualCreditReport.com 进行申请（如需更多信息，可在 www.ftc.gov 上查看）。如需额外的报告，就要给每家机构支付 5.95 美元，三家机构一共 25 美元。一定要使用官方的安全网址。

　　信用审批被否之后，60 天之内，你还有权得到一次免费的信用报告。如果有疑问，你可以打免费电话咨询，然后寄出你的申请，附上被拒信函的复印件。无论有没有问题，每年至少要申请一份信用报告，这应该成为你的习惯，频率高一些更好，以此检查信用记录是否准确。如果你使用普通邮件申请，请在信封内附上填好地址、预付邮资的信封。

词语

保证	储蓄	贷款	担保	否决	付款	核实	欢迎
基金	记录	建立	借贷	满意	批准	平衡	评级
申请	特点	信用	展期	债务	证明	证实	偿还

短语

按时支付所有的款项	当前未清余额
贵方的信用政策	还款记录
还款记录显示	核实就业情况
很高兴批准你的申请	考虑到你现有的信用状态
列出了过期未付的金额	没有拖欠付款的记录
能够确立信用额度	你的信用背景
请在……之后，再次申请	申请……的信用额度
申请已经收到	拖欠付款记录
我们很乐意考虑这一信用额度	我们现行的信用政策要求
希望在……开账户	现金收付
现在的经济条件	因为……我的信用有了拖欠记录
优秀的还款记录	仔细考虑之后
证实还款记录	

句子

我希望申请200,000美元的信用额度。

我申请125,000美元的短期贷款，望批准。

所罗伯·贝塔先生列出您为他的信用求证人。

我们想要查询苏西·奥特在联邦银行贷款的还款记录。

我想开通商业账户和信贷额度，求见小型商业信贷员。

汤姆·杜勒福与这家公司的信贷记录非常优秀，我们推荐他为信贷顾客。

马克·帕兹的还款记录中有5次逾期，都超过了30天。

若能提供有关你们的顾客马修·蒙特斯的信用信息，不胜感激。

模板

- 所有在网上的询问和答复，都要严格遵守联邦、州和所在机构的安全要求。
- 如果写信咨询，请用个人信笺纸或有抬头的信笺纸。申请个人信用报告，可以附上手写地址的回复信封，字迹清楚。
- 给信用查询和回复用词创建标准（样板）的陈述。这能让你快捷地申请信息，或检查、回复信用查询要求。

改，改，改

这种信函的一大挑战是在清晰、直白、合法的表达基础上给出所有的必要信息。

公司信用查询

[日期]

艾伦·阿历克斯，信用经理

亲爱的艾伦：

　　正如我在电话里已经解释了的那样，高地花木公司下了很大一份订单，要求这个月就发货。他们的采购主管鲍比·阿德勒列出你们公司作为信用证明人。

　　我知道这家公司才成立不久，我想了解他们在贷款展期方面的信息，以及你的意见，非常感谢[1]。你提供的信息将会被严格保密[2]。

　　非常感谢你的帮助[3]。

诚挚的，

内森·斯珀特，销售经理

1.提出要求。2.给出需要的信息。3.表达感谢。

查询他人的信用报告

[日期]

德尔波特·多纳文

经理，信用部门

亲爱的多纳文先生：

　　瑞吉·麦克斯，账号4456，申请开通信用账户，并列出贵商店作为她的信用证明人。敬请提供麦克斯女士在贵处的以下信用信息：

- ·建立信贷关系时间的长短
- ·每月和每年的账单金额
- ·还款记录

我们会对信息保密。

附上回复信封。感谢您对这一请求的及时关注。

真挚的，

哈罗德· M.迈泽

信用经理

标准信用查询格式

[日期]

关于 _____ 的信用报告

亲爱的 _____：

为了完成上述个人/机构的信用申请，我们需要以下信用信息：

_____ 贷款、还款记录

_____ 标准信用回应表

真诚的，

约瑟夫·怀特

申请公司信用证明

[日期]

米尔弗瑞德·伯勒菲先生，信用经理

亲爱的伯勒菲先生：

位于斯普林菲尔德银匠路500号的西尔弗斯公司在我处申请账号，贵公司为他们列出的证明人之一。

他们第一份订单的金额是64,500美元。贵公司能够提供他们在贵处的信贷条件、借贷限额和付款记录吗？

贵公司提供的信息，我们将会严格保密。请使用随信附上的信封，这封信会直接送到我的办公桌上。

感谢您的帮助。

伊芙琳·史密斯，新客户中心

申请本人的信用报告

[日期]

B. 金德先生，信用经理

亲爱的金德先生：

9月21日，我在达拉斯西街540号第一银行申请开通账户。我得知自己的信用报告上有三项负面内容，因此客服部的吉姆·鲍比·阿瑞斯先生拒绝为我开通账户[1]（随信附上被拒信件）。

我住在达拉斯洋槐街245号已经有五年了。在这之前的九年里，我居住在达拉斯的西温德森大道434号。自从2002年开始，我就一直在达拉斯长号街200号的孤星制图公司工作[2]。

请发送给我一份我个人的信用报告。如果有任何问题，可以打电话214-555-0123找我[3]。

真诚的，

苏珊娜·理查森

1.直截了当。2.给出所有必要的信息。3.提出请求。

更新与前客户的信用关系

[日期]

梅布尔·巴格女士，总裁

亲爱的巴格女士：

我在准备贵公司的信贷机密文件，以增加贵公司在我处的信用额度，下周我们会前往贵公司的工厂参观。我注意到，贵公司的财务报表和证明都是两年前的。要增加信用额度，我们的政策要求对方提供目前的信息。

请更新以下信息：

·上个季度的损益表

·五份当前的信用证明

·当前账户的银行归属

所有的信息都会被严格保密。

请在星期三之前将回复传真或用次日送达邮件寄给我，这样下周我们就能按约行事了。

期待与贵公司像过去一样真诚合作。感谢，如果有问题，请给我打电话。

真诚的，

梅布尔·卡琳

要求公司提供信用证明

［日期］

马尔科姆·米克先生，总裁

亲爱的米克先生：

感谢下单订购我们的SXZ型计算机系统。在我们最后完成销售之前，还需要一些信息。请用传真或次日送达邮件的方式将以下信息发送给我：

· 上个季度的损益表

· 公司注册证的复印件

· 公司高管的名单

· 请填写随信附上的A-345表格，列出信用证明和银行归属。

当然，所有的信息都会被严格保密。

等你补齐了信息，我们就会审核你所有的申请文档，决定你的信用额度。

期待评估你的申请。感谢你对戴西系统的信任。

真诚的，

杰克·阿梅

信用回复，正负面信息兼有

［日期］

辛普森·亚历山大先生

信用经理

亲爱的亚历山大先生：

以下是您的信用申请人约翰·罗比的证明，来自沃斯堡市西伯丁街777的平地人公司：

· 从1997年6月开始为我方客户。

· 贷方余额：4,520美元。

· 去年6月到11月还款速度慢。

· 评价：这一期间，该公司失去了一部分顾客，现金流转缓慢，但已经恢复了立刻付款。

现在我们与平地人公司的生意往来状态良好。

真诚的，

乔伊斯·埃尔斯

信用经理

正面信用证明

［日期］

大卫·延森

信用经理

亲爱的大卫：

此信回复鲍比·亚当斯7月8日的询问，现提供底特律阿代尔大街870号BYK公司的情况：在过去七年的时间里，我们与BYK一直是互惠互利的关系。

这家公司一直按时支付款项，我们与这家公司的信用额度从最初的每月5,000美元增加到了现在的每月25,000美元。BYK每年的购买金额从大约4,500美元增长到了225,000美元。

如果你还需要其他的信息，请给我打电话。

真挚的，

吉姆·巴克斯

信用经理

正面证明

［日期］

杰里米·汉德勒

信用经理

亲爱的汉德勒先生：

过去七年里，惠特柯姆包装公司一直在购买我们的产品，我们之间的商业关系非常好。无论账单是2,500美元还是17,500美元（我们的账目显示出来的数据），他们都会在30天内付款。

我们很看重惠特柯姆公司，事实上，我们刚刚把他们的信用额度提升到了每个月25,000美元。

希望以上信息对你有用。如果还需要其他信息，请与我联系。

真诚的，

雷蒙德·菲德莱托

（参见第五十八章"催款"、第五十七章"提供调整"、第五十四章"信用审批通过"以及第五十五章"信用审批被拒"。）

第五十四章

信用审批通过

　　收集、核查、分析了所有的信用信息后，你核准了申请者的请求，信用审批通过了，无论是对个人还是机构，你传递的都是好消息。要表达出热情、欢迎对方的意味。

内容要求

- 立刻宣布好消息，真诚地欢迎信用顾客。
- 明确限制条件，然后简短告知信用展期的限制。
- 在结尾表示友好，期待这段关系的未来发展。

注意事项

- 不要有关于可能的逾期债务、推迟还款，或信用异议的负面评论。如果还没有传达这一类信息，就在信中附上参考资料。或者，你可以邀请对方面对面交谈，建立更为个人化的关系。
- 一定要有即时的信用限制和条款的完整信息。一开始就应该有一个好的开端。

模板

- 商业抬头的信笺纸，打印。

- 如果所在机构政策允许，可以使用安全的网上交流方式。

词语

接受　　批准　　余额　　展期　　资金　　收据　　收到　　欢迎

短语

把您介绍给我们的银行主管	成了重要客户
感谢惠顾	欢迎加入我们银行
接受您的申请	开放借贷最高额度
开立账户	开始一段关系
良好的还款记录	批准信用额度
提供给您	不良信用记录
我们易于合作	新的小型企业客户
优秀的信用证明	与……建立关系
作为重要客户	提供贵宾服务
参与您的商务活动	开设信用账户的总额

句子

欢迎您成为我们的信用顾客。

您的申请已被批准。

您的小额商业贷款已经得到批准。

您的信用额度已经得到批准，在史努比购物将会更加容易。

期待与您合作，满足您对小饰品的所有需求。

请查询我们的网上服务项目，期待满足您的各种商业金融需求。

我们很高兴告诉您，您申请的 100,000 美元信用额度已经得到批准。

我们很乐意为您开立初始信用额度为 50,000 美元的账户。

我们相信，您会成为我们的重要客户之一。

我们想要邀请您成为我们的贵宾客户。

作为银行贵宾客户，你可以享受以下服务。

段落

很高兴通知您，您申请的 225,000 美元的贷款已获批准。请给我办公室打电话，安排见面时间来完成必要的贷款文件，然后拿到支票。

仔细评估之后，我们准备同意为克拉姆公司开立 50,000 美元的信用额度，为期一年。一年之后，我们会再次评估信用额度。如果届时您有良好的还款记录，我们会将信用额度增加到您申请的 150,000 美元。

吉姆，我愿意借给你和阿莉莎 20,000 美元来支付你们房子的首付。就像我们商量好的那样，来年，你们按照以下日期定额支付 5,000 美元：6 月 1 日、9 月 1 日、12 月 1 日和第二年的 3 月 1 日（如果没有按期付款，我和萨拉就会立刻带走你们的矮脚长耳犬拉夫）。请在下面的横线上签字确认，这就是我们的贷款协议了（狗的事情是开玩笑的；我们想要的是孩子）。

改，改，改

因为具有法律效应，一定要请律师检查你的信函和协议条款。如果有疑惑，放置一段时间，思考一下，然后再大声读出来，看是不是自己想要表达的意思。

个人百货商场信用审批通过

[日期]

萨拉·沃瑟斯坦

亲爱的沃瑟斯坦女士：

欢迎您成为奥伦百货商场的贵宾信用顾客。作为新的信用顾客，您的即时信用限额是 500 美元。

您一定会喜欢我们商店给您带来的服务和便利，同时作为贵宾顾客，您还享有特别减价销售和折扣的优惠。

请在附上的奥伦的签账卡背后签字。所有奥伦商场通用，所有奥伦商场的服务通用。随信附上我们的信用条款，具体明确了每月账单的支付方式。

再次欢迎您成为奥伦的贵宾信用顾客。

真诚的，

玛里琳·H. 豪斯

机构信用审批通过

[日期]

哈罗德·阿普尔顿先生

总裁

亲爱的阿普尔顿先生：

收到了您所有信用证明人的回复，审核之后，我们很高兴给哈罗德威公司提供75,000美元的信用额度，30天的账单周期（2%，10天）。整月，在Squids.com你尽可订购你需要的物品（没有最低数量的限制），只需要输入公司名和密码来确定身份。我们当天就可以给您送货，免运费。

希望您在使用过程中觉得又方便又经济。期待为您服务。

真诚的，

霍拉斯·布莱克

财务部门

提供信用限额

[日期]

鲁西尔·M. 福斯特

总裁

亲爱的福斯特女士：

感谢您提出信用申请。我们很高兴地通知您，您在申请中列出的债权人，我们已经联系上，并且收到了回复，进行了审核。基于我们现行的信用政策，我们可以提供给银色拖鞋公司25,000美元的即时信用额度（参见随信附上的政策声明，查看细节）。

一年之后，我们会再次审核，将您的信用提到您申请的额度。

我们期待为您服务。期待您的第一份订单。

真诚的，

塞缪尔·莱特

第五十五章

信用申请被拒

写信拒绝对方的信用申请，很艰难，而且很讲究分寸，这涉及与对方人品、正直程度和社会接受度紧密相连的敏感领域。客观地告诉对方这一坏消息，不要进一步伤害对方。要委婉，要非常艺术（参见第四十五章"拒绝"）。

你最终采取的策略取决于拒绝对方的信用申请的原因。薄弱的经济能力影响了申请者的还款能力，和因一笔未说明原因的违约债务而拒绝对方的信用申请，这两种情况中，后者更难把信写好。但始终都要记得在信的结尾表达友好。

应用范围

用于通知个人或机构，不能给对方提供或提升信用额度。

内容要求

- 你的声明可能会涉及当地、行业、州或联邦的规则和标准。严格遵守这些规矩和标准。
- 根据请求进行回复。
- 开头直奔主题：
  - ➤ 明确对方的请求。
  - ➤ 回复如果只涉及一个答案，给出答案。
  - ➤ 回复如果涉及多个答案，从重要的开始。讲究分寸，但要真实。按照轻重，给出信息点。

> ➢ 按逻辑顺序安排答案。
> ➢ 明确简单，尽量在视觉上体现出坦率的风格。
- 在可行的情况下，给申请者另外的选择方案，或者以后建立信用关系的希望。信贷基础薄弱的个人或企业日后往往会成为低风险的信用对象。
- 结尾尽量表达出友好。

注意事项

- 不要提供对方没有询问的信息。
- 不要原文引用"不良"信用证明。更好的做法是：如果对方愿意，可以请对方安排见面时间面谈。
- 你所有的言论都必须有事实支撑。
- 不要给出保密信息或不必要的细节。
- 不要对将来的事情进行承诺。

模板

使用标准表格，或者用公司信笺纸打印回复。

词语

成功	创建	分析	风险	否决	记录	建立
将来	考虑	评估	审核	显示	有信誉	政策
重新考虑	重新评估					

短句

财务审核委员会的结论是	贷款委员会的决定
过去的行为显示	核查您的债务总额
进一步审查之后	请核查附上的表格
提供进一步的信贷	为了建立信用记录

我们的分析显示　　　　　　我们没有得到授权

显示了成功还款的记录　　　仔细审核之后

句子

我们的贷款委员会仔细评估了您小额商业贷款的申请。

我们已经分析了您递交的损益表。

很不幸，我们现行的银行政策要求：要建立250,000美元的信用额度，小额商业贷款申请者应该与供应商之间有两年的成功信用关系。

目前，我们无法为您提供信用额度，但我们希望您14个月后再次申请，届时请提交财务报表。

这一次，我们必须拒绝您的信用申请。

如果要申请到您希望的信用额度，您需要向我们提供五年的成功运行的追踪记录。

你需要提供个人担保人的签名，才能得到您申请的信用额度。

随信附上一份表格，请准备好上面所有画钩的项目，然后再次申请。

我们期待以后能为您提供贷款服务。

我们绝对相信您以后能满足所有的要求。

改，改，改

不要随意提供信息，给出的信息要尽量客观。一定要确保自己遵守了当地和州的征信法规。

信贷额度被拒

亲爱的迪罗伊女士:

相关内容: 贷款申请20344号

因为房屋资产评估报告显示您房子的市场价低于现在的贷款余额,您二次抵押的贷款申请被拒。我们知道你想要卖掉这栋房子,建议您联系詹姆斯·邦德,电话号码201-555-0123,您可以与对方讨论如何进行一些简单便宜的改进,提高市场价格。

我们都希望房产市场能够很快好转,詹姆斯也可以提供最新的预测信息。

真诚的,

图·莱斯

失去信贷特权

亲爱的安诺女士:

因为您停止使用邦威特信用卡(上一次购物是在1999年12月),我们解除了您的信用特权,解除立刻生效。这就是说,您不再享有邦威特顾客的福利: 使用此账户购买机票后附赠500,000美元的航空保险;凡是用该卡购物,附赠所购商品的盗窃险;350家大型酒店、汽车旅馆、汽车租赁和餐馆的折扣价。

如果你想要更新在邦威特的账号,请在您下次前往邦威特百货公司的时候填写申请表,全国任意一家都行。

真诚的,

戴维斯·罗蒙特

贷款申请被拒

亲爱的沙伦·夏因:

感谢您考虑第一银行作为您开设女性服饰新店的金融资源。贷款委员会仔细审核了您提交的财务资料,认为股权对债务的比率比较弱,拒绝了您的申请。

我们也希望您能合格申请到小额商业贷款,开办成功的零售企业。因此,我们建议您报名参加系列小型商业讲座,有助于您更好地准备金融贷款材料。如果您对此感兴趣,请给我打电话。随信附上贷款委员会的报告,上面列出了你可能需要注意的地方。

真诚的,

琼·索尔茨

个人零售信用被拒——住处要求

亲爱的朗费罗女士:

感谢您申请田园之家信用账户。您喜欢我们家居装潢的质量和品种,我们深感荣幸。

我们的政策是: 开设新账户,需要申请者在该地区居住一年。所以我们现在无法为您开设账户。但,我们欢迎您的到来,随信附上优惠券。在该地区我们的七家商店使用该券,您可以享受九折优惠。

我们非常希望您能继续惠顾田园之家,来年夏天,我们欢迎您再次申请成为信用顾客。请到时再次提交申请。

真诚的,

罗达·韦弗,客服

商业信用被拒——缺少证明人

迪克·卡瑟，总裁

亲爱的卡瑟先生：

感谢您的订单和您的信用申请。伍德公司一直都是新企业的朋友。

然而，要开立金额超过50,000美元的赊购账户，我们需要申请人提供五个关系超过两年的信用证明人。如果另有两位证明人，请提交他们的信息。

如果没有另外的证明人，伍德公司可以在您与我们进行一年的现金交易后，再考虑为您开设赊购账户。在伍德公司用现金支付有一大好处：我们提供9.5折优惠。如果您愿意提交现金订单，请在附上的订单表上注明这一项。

期待收到您新增的信用证明，您的申请在四个月之内有效。期待与您共事，预祝您事业成功。

真诚的，

罗杰·克罗克，信用经理

个人信用被否——拖延付款

杰拉尔德·怀特

亲爱的怀特先生：

感谢您申请小公牛商店的信用卡。我们仔细审核了您的信用证明，很遗憾目前不能给您提供信用。

如果在此后的八个月期间，您的信用记录显示您及时还款，那时请再次提交您的申请。

我们期待您在我们店现金购物，也期待今后为您提供信用卡。

真诚的，

杰克·博尔德，信用经理

公司被拒——信用风险高

马歇尔·费德勒，主计长

亲爱的费德勒先生：

感谢您的信任，愿意在维姆普公司开立账户、建立信用额度。

现在，我们已经完成了对您的申请的审核，核实了您授权的信贷调查。我们决定，现阶段我们只能给贵公司提供现金账户。但是，您也知道的，现金购买可以九五折，能够节省资金。

我们希望您成为维姆普公司的客户，期待为您服务。

真诚的，

马弗尔·怀特

信用经理

公司信用取消

谢尔顿·莱德先生，信用经理

亲爱的莱德先生：

我们的记录显示，在过去的12个月中，您的账户欠额一直在信用额度之上。截至今天，您的欠额是2,100.54美元。其中超过了60天支付期限的部分金额是1,143.56美元。

根据我们的信贷政策，我们必须将您的账户转为现金账户。这周之内，请与艾利克斯·布兰卡先生联系，安排时间见面来审核您的账户，制定一份更为合适的付款计划。

如果我们的记录有误，请在与布兰卡先生见面时带上证明文件。期待我们能一起满意地解决此问题。

真诚的，

诺曼·奈斯，信用经理

商业信贷被拒——提供信息不足

凯文·多尔，总裁
亲爱的多尔先生：

感谢您对光芒公司的信任，感谢您申请信用额度。我们已经仔细审核了您的申请。

您的信用证明数量还需要增加三份才能达到我们的政策要求。如果您另有三份信用证明和当前的财务报表，请转交给我。我们非常乐意重新审核您的申请。

与此同时，我们邀请您用现金交易，所有的产品，都您可以享受九五折。

真诚的，
莱恩·韦斯特，信用经理

个人信用被拒——缺少工作证明

雷蒙德·沃德先生
亲爱的沃德先生：

感谢您对我们博兰德公司的信任，感谢您申请个人信用卡。

按照我们发放信用卡的政策，申请者至少需要在目前的全职工作岗位就职满一年的时间。您在希勒比公司半年的兼职工作目前没能满足这一条件。如果以后满足这一条件了，欢迎您再次申请我们的信用卡。

再次感谢您对我们的信任，随信附上一张打折卡，下一次您在我们公司购物可以享受八五折优惠。

真诚的，
沙林·蔡尔兹，信用经理

公司信用被拒——提供其他付款方式

多瑞丝·麦斯威尔，总裁
亲爱的麦斯威尔女士：

感谢您信任我们公司的新包装产品，用来搭配贵公司的产品，一定很美观。

我们感受到了您对此次合作的热情。在仔细地调查了您提供的信用证明后，我们认为在开始信贷关系之前，有以下两种方案可以选择：

·送货之前支付款项。
·货到付款。

上述两种方案都有九五折的优惠。六个月的合作之后，我们将会再次考虑您要求的信用额度。

希望有机会与您合作，满足您对包装产品的需求。

真诚的，
斯坦利·谢克里，信用经理

公司信用终止

西德尼·博伊尔，总裁
亲爱的博伊尔先生：

您的账户核查显示您的未清项达到了5,678.20美元，而且最近60天，您的账户没有任何还款记录。因此，我们必须取消您的信用额度，立刻生效。

请提交欠款的支票，或者与我联系，讨论其他的解决方案。希望您能恢复账户的正常收支状态，这样我们就能恢复您的信用额度。

您真诚的，
阿奇·巴弗德，信用经理

（参见第五十四章"信用审批通过"；第五十三章"信用查询和提供信用信息"；第四十二章"回复"。）

第五十六章
请求付款调整

　　如果不能履行付款计划，或不能实现还款承诺，你应该立刻采取行动，主动联系债务人或贷款机构，这一点非常重要。通常而言，你最好选择面对面联系或电话联系的方式。同时，或者在面对面或电话联系之后，立刻提交书面请求，甚至可以建议或提供付款的另一方案。

　　不要忘了，债务方可以破坏你的信用记录，因此一定要注意分寸。你提出的方案要现实可行，提出方案之前，一定要仔细思考。可以随信附上部分款项，然后尽全力实现你改变后的付款计划。

应用范围

　　在以下情况使用该请求：

- 一旦知道自己无法履行原来的协议
- 重新谈判你的付款协议
- 请求或通知贷方推迟付款的事情

内容要求

- 仔细研究协议的方方面面，多了解债权方的习惯做法，然后再决定如何改变付款方式。
- 提及账号或顾客号。

- 使用非直接方式：用积极正面的方式引出问题。
- 陈述问题，然后尽可能简洁地给出解释，说清楚为什么要改变原来的付款计划。
- 给出计划改变后的细节。
- 向对方保证，你会全额付款的。
- 在可能的情况下，提醒对方以前你一贯按时付款。
- 告诉对方你附上了部分还款的支票（至少要附上部分还款），并给出数额。
- 友好结尾，希望继续正面积极的关系，请求对方合作。

注意事项

- 不要用负面的信息开头。
- 一定要有改动后的付款计划。
- 一定要附上支票，表示你的诚意。

词语

安排	必要	偿还	改变	更新	合作	后悔	考虑
满意	耐心	调整	协议	修订	延伸	重建	重启

短语

不要成为我信用记录上的污点	改变我们现有的协议
感谢您的合作	过去的付款表现
很遗憾，我无法……	建议这一新的付款计划
降低付款额度	考虑到这些新的情况
满足我们双方的目标	请求您的合作
调整现行的付款安排	无法满足
希望您能接受	相信您能与我一道
因为现况，需要在付款上做出调整	仔细分析之后
重建付款计划	重新开始定期付款

遵守新的方案

句子

我请求修改现在的这份付款计划。

我需要申请延期付款。

我需要重新制定付款计划，修改后的安排如下所示。

制定了最初的贷款协议后，我们的财务出现了一些变化，因此申请调整付款计划。

我们无法实现既定的付款计划。

我们无法按时支付六月和七月的款项。

我会在十二月支付没有支付的款项，届时我会全额支付所有的欠款。

希望能在没有滞纳金或负面信用报告的情况下履行我们的借款协议。

希望能继续执行付款计划，让我们的银行业务关系持续下去。

我相信，以后您会发现，我们是值得信赖的信用合作伙伴。

感谢您考虑我们的请求。

模板

- 使用有抬头的商业信函；如果是私人借贷，使用带有回信地址的标准信笺纸。
- 如果使用电子邮件，涉及财务信息时，一定要用安全的系统。
- 商务信件，打印；私人信件，可以打印，也可以用手写，但要字迹清楚。

改，改，改

反复阅读自己的信件，确保语气和内容的清楚准确。

请求付款延期

苏迪·巴斯特女士，副总裁

亲爱的苏迪：

你也知道，我7月1日遭遇了车祸，背部受伤。因为疼痛剧烈，我有两个月的时间无法工作，失去了汤姆森项目和其他几个小一些的项目，这些项目的截稿日期都在七月、八月和九月初。

现在我已经恢复得差不多了，下周就会全面开工。但是作为一个自由撰稿人，过去十周没有收入，现在我的经济暂时有些紧。

我刚刚与菲利普斯出版社签署了一项新协议，准备完成两本书，金额为150,000美元；与美洲豹公司也签署了协议，为他们的威廉姆斯和科特西项目撰写文案，金额为75,000美元，因此，未来再次明朗起来。

我请求延期九月、十月、十一月和十二月的还款计划（总额为6,000美元），允许我在一月一日一起归还这几个月的款项，届时我已经收到了菲利普斯和美洲豹公司的分期付款（随信附上八月份的还款1,500美元）。当然了，我会按照现行的贷款利率支付这几个月应还款的利息。此外，我还请求这次延期付款不会影响我的信誉评级。

感谢您站在我的角度思考。我期待继续我们的银行业务关系，希望以后能成为贵行有价值的客户。

真挚的，

贝比·莱斯

请求重新制定还款计划

［面对面讨论或电话讨论之后］

弗雷德·阿斯特先生

应收账款经理

涉及：TR-4578账户

亲爱的阿斯特先生：

就像已经讨论过的那样，现在我附上450美元的支票，用于账户TR-4578。当然，根据付款协议，这远低于我们应该支付的1,800美元。正如我说的那样，我们的客户主要为农场主，他们遭受了严重的洪水灾害，现在我们的生意暂时进入了明显的低迷时期，您应该也从新闻中得知了这一点。

因为农场主不会在这个季节购买种子或播种，所以我们需要在接下来十二个月的时间内把付款金额调整为每月450美元。我们计划在明年4月全额支付所有的欠款；当然，我们也会支付欠款延期的利息。

我们与贵公司长期以来都保持着良好的关系；我们期待在下一个季节再续双赢的模式。

在这困难时期，我们非常感激您的合作和耐心。

真诚的，

雅各布·斯特恩

请求30天延期 – 应收账款没有到账

[电话讨论之后]

亚历山大·菲什拜因

托收款项

亲爱的亚历山大：

本应随信附上1,300美元的欠款，但这次我只能寄出200美元的支票，正如昨天在电话里我详细告诉了你的那样，很不凑巧，我们几笔大账单本应到账，却都推迟了。货物已经发出，但是应收账款还没有到账。

这一次付款没有到位，我很抱歉，希望我们长达10年的优良信用记录不会因此有了污点。30天内，我们的资金就会回到正轨，那时我们就能全额支付，结清欠款。

有所拖延，请求你们不要着急。感谢。

祝好

乔治·哈姆

因为债权人方面的错误，暂不付款

[电话讨论之后]

苏西·斯蒂斯

总裁

亲爱的苏西：

我愿意支付我们账户RR-440的未偿款项，但是你们2月15日的账单上有一处错误，我3月10日写信要求更正，现在还未得到回复（参见附上的复印件）。

等收到更正后的清单，我立刻就会全额支付更正后的余款，金额为765.20美元。

感谢。

真诚的，

詹尼·加里森

关于逾期付款

[电话讨论之后]

谢利·格鲁夫

应付账款

亲爱的谢利：

正如我在电话里解释的那样，我一不小心就把八月的按揭还款1,564美元放在皮包里超过了三个星期（是的，我真应该经常清理我的皮包）。我得解释一下，就是在换皮包的时候，我才从壁橱里把装有按揭款的皮包拿了出来）。

如果有可能，我想，是否可以避免在我的信用上出现这笔逾期还款的记录，请您考虑。我保证，再也不会这样了。从下一次还款开始，请从我的账户上自动扣款。

感谢您的帮助。

真诚的，

杰德·朱厄尔

退货，抵免信贷额度

[电话讨论之后]

埃斯莫拉尔达·斯卡特

客服

亲爱的埃斯莫拉尔达：

正如我们在电话中讨论过的，我希望退回50箱18 × 18英寸的"杜兰戈"洞石铺砖（价格为每平方英尺8.76美元），全部退款为1292美元，包括税额。我明白，这是一个特殊订单，但这也是经常订购的产品，当地的供货商奎多已经表示他们会全款接受这批退货，其中不包含退货的费用。

如果可以，我想选择返还店面信用额度的形式，而非退款。

感谢你们在这件事情上的配合。如果你今天打电话表示同意，我将在星期三寄回铺砖。

真诚的，

雷切尔·钱斯

（参见第五十二章"订单"；第五十七章"提供调整"。）

第五十七章

提供调整

当你提供产品或服务，却出现了差错时，你需要采取必要的纠正步骤来保持顾客的好感。

如果你行动迅速，维持积极的关系、赢得对方尊重的可能性就要大一些。在理想的情况下，顾客还没有投诉，你就意识到了问题，你的跟进完美无缺。但事实往往不是这样的。一定要立刻行动。行动越及时，效果越好。

直接进行交流，承担恰当的责任，公平地解决问题。如果有可能，尽可能让顾客完全满意。调整信函的关键因素是：信件的口吻和强调的重点。不管是什么情况，语气都要恭敬、积极，顾客的满意是你强调的重点。

应用范围

时机至关重要。如果出现了以下情况，立刻写信沟通：

- 服务或送货出现了错误
- 顾客提出投诉
- 收到了破损品
- 对方请求换货
- 对方请求退款
- 付款条款或金额出现变化
- 账单错误

内容要求

- 一开始的信息要是对方想听的。关注积极的解决方案。可能是同意调整，或者承认顾客是对的；有时两个信息都在其中。

- 迅速明确你在回应的投诉内容。不要过多地解释投诉或问题中的负面内容。

- 如果对恢复顾客对你或你方机构的信心很重要，就用正面积极的文字，简短地解释引起问题的原因。

- 精确地解释你会如何纠正这一问题。表达要真诚，不要不情不愿。

- 在合适的情况下，说明你以后会采取什么样的措施，防止同类问题重现。

- 感谢对方让你注意到了这一问题。

- 友好结尾。积极的陈述有助于重建关系，但不要再次道歉。

注意事项

- 如果对方有错，不要直接指出这一点。可以暗示，或轻描淡写地让对方知道。

- 不要过度道歉，也不要过度强调问题。

- 注意措辞，不要让对方认为你要承担不该承担的责任，或认为你的态度漫不经心。

- 不要推卸责任。说话要客观、简短、简单。

特别情况

- 如果涉及严重的疏忽或责任问题，请教律师该如何措辞。

- 如果该问题给对方造成了收入损失或其他后果，就应该找到可以纠正这一局面的解决方案。也许可以在以后的交易中给对方打折，让对方挽回损失。

模板

使用有信头的标准信笺纸，打印；或者使用电子邮件。

改，改，改

信件要实事求是、简洁准确。

供货商发错产品

[日期]

薇薇安·韦弗利女士

亲爱的韦弗利女士：

您于5月15日订购了沙发，很抱歉得知您收到的沙发的颜色与订单不符。我们工厂的人已经找到了您的沙发，明天就会发货，将在星期四运到。星期三我们会跟您联系，安排具体的送货时间。届时，我们也会运走紫红色的沙发。

随信附上沙发的同款椅子的宣传册。如果您想要订购这对椅子，我们将会给您九折优惠。届时，您只需要向销售人员出示这封信，即可享受优惠。

真诚的，

贾尼斯·怀特，客服

罢工造成的延迟送货

[日期]

奈杰尔·雷登

总裁

亲爱的雷登先生：

感谢您今天打来电话。您于4月14日预购货物（订单号4456）运送的最新情况，我会随时通知您。纽约码头工人的罢工还在继续；但是我们也听说了，这个星期之内就会有解决出台。

与此同时，我们店里有一些非常好的地毯，我今早拍了照片，随信附上。如果您需要这些货品来为即将进行的促销备货，我立刻就能给您发货。按照列出的价格，我愿意给您九五折优惠。

罢工一停止，我就立刻与您联系。如果您想要下单购买图片里的地毯，请打电话555-0123找安妮。

真诚的，

哈桑·拉西

多收费

[日期]

阿尼·拉夫

亲爱的拉夫先生：

是的，我们弄错了价格。非常抱歉。

您可享受八折的总额折扣。我在信中附上了更正后的发票。

感谢您的惠顾，感谢您让我们保持警惕。

真诚的，

达斯汀·威纳，客服

商品损坏

[日期]

索菲·斯蒂特

亲爱的斯蒂特女士：

感谢您通知我们帷帐杆损坏一事。

正如我在电话里说的那样，我们会补货发给您，明天早上您就可以收到了。请把损坏的杆子交给送货人员。

期待您继续在我处购物。

真诚的，

卡莉·史密斯

赔偿损坏商品 – 问题未知

[日期]

亚瑟·奈特先生

亲爱的奈特先生：

随信附上553.12美元的支票，是您定制莱特西装的费用。出现了这么意外的事情，我们非常抱歉[1]。

我进行了调查，但没能找到西装上污渍的确切来源。我们的实验室分析后，认定这些污渍是汽车电池里的酸性物质，可能在运输过程中有东西洒在了包裹上。我们从业18年，还从来没有发生过这样的事情[2]。

随信附上八五折的优惠卡，可以用于再次订购西装[3]。期待有机会再次为您服务[4]。

真诚的，

弗兰克·方

总裁

1.道歉。2.给出解释。3.积极表示。4.正面结尾。

数据输入错误

[日期]

爱德华·费舍兰克先生

总裁

亲爱的费舍兰克先生：

感谢您今天上午来电告知4月12日的错误账单，金额为2,456美元。正如我给您回电话时说的那样，在调查中，我发现，由于数据输入出错，您8998号的支票被输入到另一账号之上[1]。

请接受我们的道歉。错误已经纠正过来了，您的账户显示为全额付款（随信附上副本）。

敬请您检查下面贵公司的信息，以保证我们备注信息的完整正确[2]。

客户：捕鲸船之湾

地址：马萨诸塞州沃西街，邮编01075

电话：(617) 555-0123

账号：55420-98

随信附上八五折的打折卡，有效期为九月一日之前，可以用于购买我们的任何产品。期待再次为您服务[3]。

真诚的，

斯坦·布克

客服

1.提供信息。2.避免以后出问题。3.正面积极的结尾。

第五十八章

催　款

对于卖方来说，未偿债务造成的损失会随着时间的推移越来越大。我们的目的就是：在尽可能留住客户或借贷方好感的同时，尽快地收回欠款。但是，如果对方遇到了经济困难，体贴对方的处境是至关重要的。

友情提示的电话很重要，不要忽略。这一步往往是催款的第一步，也是最好的策略（但首先要想清楚电话沟通的条规）。在写第一封催款信函的时候，应该采用非直接的方式（参见第四十五章"拒绝"），用劝说的口吻写信。写给个人的催款信函应该有一种共情的态度，机构之间商务往来的信函也要有一种体谅对方的语气。

大多数机构都采取四阶段法，写信的语气逐渐强硬。但要选好时机，这种方法才有效。尽管现在电脑让这一过程变得更为简单，你也必须审慎地监督（任何有关财务信息的电子邮件都必须在安全的服务器下进行）。

第一阶段的信件通常是提醒性质的，然后是询问，接着是诉求，最后是合法要求。措辞和时机取决于对方是个人还是机构、所欠金额、你生意的类型、对方的情况，以及其他财务和行业因素。无论处在哪个阶段，你都应该有礼有节。

关于催款事宜，还有地方、行业、州和联邦的标准和规则。你必须严格遵守这些规章制度。

内容要求

- 第一句话就要让对方明白这是催款信函。

- 然后请对方采取行动。

- 让对方觉得有责任与你交流或采取行动。你甚至可以请对方在这封信的背面或下方进行解释，或回复电邮解释。

- 每一封信，都要写明所欠的总金额，应该还款的最初日期，建议的其他还款方案，并请对方打电话进行讨论。
- 给对方的回复提供方便。附上信封，提供电话号码和联系人姓名。
- 在制定还款的条款时，尽可能做到灵活和大气，特别是在债务人明确表达了由于客观困难条件无法还款的情况下。当然了，对方是否遇到了客观困难的情况，你很容易就可以查明白。
- 在第一阶段的信件中，语气要有礼貌，之后语气可以逐渐加强。

早期信件或提醒信件

- 一开始表现出与对方共情的态度，然后提醒对方已经过了付款的期限。
- 表达信任，相信对方会付款。
- 结尾友好，也可以展望未来良好的关系。

询问信件或语气较重的提醒信件

- 写信提醒之后（参见以上注意事项），可以开始询问，请债务方进行对话，态度中立，但是应该有语气强烈一些的陈述，表达请对方支付欠款的必要。
- 假设对方遇到了某些情况没能按时付款，然后直接要求付款。
- 询问对方是否遇到了问题，在你可以承受的情况下，建议其他的付款方案，比如部分付款或分期付款。
- 提供免费拨打的电话号码、传真号码，或网上支付方式。
- 提及良好信用的重要性，提醒债务方自己已经很体贴周到了。
- 给对方的回复提供方便，提供免费拨打的电话号码、电邮地址，或写好了地址并且支付了邮资的信封。

中期信件或申述信件

这一阶段，信件的内容可以逐渐升级，一开始表达友好的内容较多，到了后面就很少表达友好了。在所有的这类信件中，你应该做到以下要求：

- 一开始的陈述就要吸引对方的注意力，表达你的申述。
- 站在对方的角度，用劝说的语气表达你的申述。

- 请对方付款。
- 可以选择再次重复自己的申述。
- 根据对方情况，采取相应的劝说策略：
- 提醒对方的自尊心，诉诸对方的自尊和想被社会接受的愿望。
- 道德方式，诉诸对方的荣誉心、人品、正直以及"做正确的事"的道德标准。
- 自我利益方式，强调保持信用评级和购买力的重要性。
- 恐惧方式，这是自我利益的另一面：如果不付款，就会面临各种后果，比如法律行为，无法再赊购等等。

最后阶段的信件或交款通知书

- 写信前，你必须考虑所有有关催款程序的联邦、州和地方法律，你所在行业的惯例做法，还有你想要传达的企业形象。你的目标是让债务方采取行动，支付欠账。你的目标不是训斥对方或贬低对方。
- 大多数情况下，如果对方没有付款，你可以从这三方面采取行动：
  - ➢ 把对方拖欠债务的行为报告给信用机构。
  - ➢ 把债务交给收债代理商。
  - ➢ 到法庭起诉债务人。

  决定自己要采取什么行动，然后再写出相应的信件。
- 开始就告知对方你要采取什么行动，以及采取这种行为的理由。
- 实事求是地解释这种行动的结果。
- 给对方提供最后一次还款的机会，给出最后期限，催促对方在这之前还钱。
- 结尾也可以提醒对方可以阻止自己的这种行动，或者提醒对方，如果再不做出反应，你就会采取这种行动。

注意事项

- 绝对不能写怒气冲冲的信函。
- 不要道歉。
- 语言不要僵硬。
- 不要重复之前信函中的诉求。

- 不要暗示对方是个不诚实的人。
- 不要诉诸侮辱或威胁。
- 不要使用具有煽动性或强硬的词语。
- 不要使用假装圣洁、胁迫，或虚假的逆向心理词汇或短语来操纵对方。
- 不要使用有诽谤嫌疑的话语。
- 不要侵犯他人的隐私权。比如说，不要给对方的工作场所发送信函或打催款电话。

特别情况

朋友或亲人之间的私人借贷，处理起来要讲究方式，要坚定，但也要和蔼可亲：

"亲爱的吉尔：你是不是忘了？我们说好了你要在1月15日之前归还借款（5,000美元）……"或者，在合适的情况下，加一点儿幽默："我自己吓得不轻了，不知道自己是不是记得清楚呢！我们是不是说好了6月1日还钱的事情呢！"

词语

部分	偿还	到达	到期	改变	还款	合作
记住	解决	联系	数额	提醒	条款	同意
未偿	消除	选择	余额	逾期	支票	

短语

本月一号就到期了	处在财务困难阶段
根据我们的协议	贵宾客户
核查我们的记录	欢迎使用我们的网站
你是否忘记	请告知我你的还款计划
请立刻与我们联系	请您打电话讨论
拖欠债务的行为	我们一起讨论其他的可能性
显示你有逾期账款	要求部分付款

已到期，应付款　　　　　　友情提示

不希望停止货物的运送　　　不想中断

句子

请给我打电话，讨论还款安排。

在我们的网站上还款很方便，敬请使用，您立刻就能解决这一问题。

也许你们在账目上出了一点小问题。

我们希望与你们讨论一下，商量如何及时还款的问题。

友情提示，我们没有收到您6月1日的还款。

爱丽丝，请给我打个电话，我们讨论一下这件事情。

我还没有收到还款，希望知道背后的原因。

你是不是疏忽了，忘记了支付8月的账单？

请在今天之内寄出支票，以保持良好的信用记录。

没有收到你的信件，这让我们感到担心。

请今天之内给我打电话，还可以商量部分付款的事宜。

附上信封，请寄出你11月的支票，或者给我打电话，号码是888-555-0123。

我们会尽力与你合作，帮助你付清欠账。

你的账户欠款金额为5,640美元，到今天为止，已逾期120天。

您一直没有回复我们发出的提醒信函和通告，现在我们得把您的账户转交给信用机构，请他们托收你所欠的6,322美元。

只需要今天之内给我打电话800-555-0123，你的账户就不会被标注为拒付状态。

请不要忽视这一通告，否则可能会威胁到你良好的信用状况。

只需要您在今天支付欠款，或给我打电话，就能解决这一问题。

模板

使用有信头的商务信纸。

改，改，改

要核实你信中所有的事实，除此之外，还要确保信件没有语法和拼写错误。但是，最重要的是：检查你信件的语气，以促进对方合作为目的，结尾要友好。

最初阶段，企业之间的提醒信函

[日期]

安迪·布鲁克

应付账款

亲爱的布鲁克女士：

友情提示，贵方在高地农场的账户欠款 1,545.24 美元，现在已经逾期。请于今日邮寄款项，或者通过邮件寄来支票，感谢。

真诚的，

查尔斯·迪福

财务处

申述信件，要求进一步的商务交流

[日期]

德里克·迪茨

主计长

亲爱的德里克：

此信关乎贵方未缴纳我方 1,425 美元咨询费的事宜，发票已于 4 月 17 日呈递，号码为 8990。我再次请您给我或艾莉娜·杰弗里斯打电话，号码是 529-555-0123，讨论贵方还没有解决的细节问题。

也许交谈后，我们可以安排下其他的付款方案。请在星期五之前打电话，解决这件事情。

真诚的，

萨伦·德克

会计

语气加强的商务提醒信函

[电话之后]

[日期]

梅丽莎·比尔

应付账款

亲爱的比尔女士：

这是我们电话交谈之后的跟进信件，涉及的是您在 4 月 30 日订购的 7 架枝形吊灯，总额为 7,540.76 美元，订单号为 5443。我们于 5 月 7 日给您发送了枝形吊灯，同时也寄出了发票。您于 5 月 15 日收到了吊灯和发票（参见附上的副本）。

之前，我们说好的是货到付款，但已经过去 60 天了。

请立刻支付欠款，解决这一问题，然后我们就能给您发送现在的订单货品。

真诚的，

珍妮·狄克森

账户服务部

私人提醒信函

[日期]

吉娜·布拉克

亲爱的吉娜：

这封信是提醒你，你 4 月的俱乐部会费 185 美元我们还没有收到。请于今天寄来，如果到了 15 日，就会加上 20 美元的滞纳金。或者你可以登录我们的网址 www.fitforaction.com，直接用信用卡付款。

吉娜，或许你可以激活自动扣款服务，这样以后就不用每月写支票了。如果要开通自动扣款，请给我打电话 213-555-0123，我们在这封信里附上了表格，你也可以填写好寄还，或者登录网站支付。

我还随信附上了 6 月的特别项目。

希望你能再次参加我们每周的网球集训。

真挚的，

拉斐尔·特鲁思

申述信件，要求付款

[日期]

瓦迪·科洛福特

应付账款

亲爱的瓦迪：

关于未付账单 32222 号，金额 4,520 美元，在过去的 90 天当中，我发出了三封提醒信函，但一直没有收到你的回复，这让我很担心。在过去五年的时间里，我们之间一直都是互利的信用关系，这一次的情况出乎意料。我猜想，会不会是什么特别的情况导致了你的逾期。

请务必在今日寄来支票，或者给我电话，商量付款方案，号码是 729-555-0123。我肯定，如果我们能一起想办法，就可以圆满地解决这一问题。

随信附上寄款项的信封。或者你可以登录我们的网站 www.cycle.com，用信用卡支付。期待与你对话，解决这一次的信用额度的问题。

真诚的，

尤里·斯特恩

信用托收之前的非正式交款通知

[日期]

迪奇·富特

亲爱的富特女士：

希望你能给我打电话，看我们是否能够商量出还款计划，以支付你的未偿款项 7 520 美元，这样也就不必启动托收程序。

我们肯定可以解决这一问题的。

真诚的，

斯坦·穆萨尔

申诉信件，敦促有经济问题的顾客行动

[日期]

科克·福斯特先生

总裁

亲爱的科克先生：

我们知道零售商正在经历充满考验和痛苦的糟糕季节，但我们仍然需要得知总额为 4,650 美元的账单的情况（账单号为 4559，随信已附上复印件）。

我们将与您一同努力，重新规划还款计划，这样到几个月后，情况好转的时候，您就不必失去一位供货商了。

请在今日内给我打电话。周二我将前往蒸汽船公司，那时我可以顺便拜访贵方，解决这件事情。

真诚的，

琼恩·迪克森

总裁

交款通知书

[日期]

阿萨·伯利兹

亲爱的阿萨：

你的未清余额 3,200 美元至今已经逾期 120 天（请拿出你的账本查看），我们已经不能再宽限日期了。

一直以来，我们没有收到你的任何信件，如果星期五之前我们还没有收到你的全额欠款，我们就要委托我们的律师来托收这笔款项了。当然，这一来，就会影响你的信用。

请务必于今天发送支票 解决这一问题；或者登录我们的网站 www.reflect ons.com，用信用卡支付。你或许想要给我打电话讨论这一事宜，我的号码是 800-555-0123。

真诚的，

豪尔赫·拉夫

第九部分

市场营销、公共关系和销售通讯

网络给市场营销和公共关系带来了巨大的变化。如今，你可以直接与受众交流，告诉他们你的故事；也可以用即时对话吸引听众，并立刻收到反馈。

市场营销的传统技巧包括很多单向的策略方案、竞争分析、目标市场的确定、品牌化、产品定位和分化等。现在，这些技巧仍然有用，面对大众和目标市场的老派单向广告也依然有效，但是，现在网络提供了简便的途径，能够把你的信息直接带给想要和需要的人群，有效而且费用低廉。

公共关系的传统做法是让媒体对你的故事感兴趣，这样媒体就能面向广大受众或目标受众复述你的故事。这一点现在依然有效。但是有了网络后，你可以贴出通讯稿、博客，上传网上视频，你还可以通过评论在网站上与你的受众直接交流。这是一个全新的领域，不仅是单向的途径，还是与受众互动交流的双向途径。

第五十九章
直邮广告

没错，你所写的每一封信都带有销售信息，但直邮广告的唯一目的就是劝说收信人买东西。随着互联网的兴起，广告都通过电子邮件发送了，通过传统邮递方式递送直邮广告的数量锐减。实际上，博瑞尔咨询预测在未来几年中，直邮广告将缩减39%。尽管很多机构仍然认为邮寄印刷广告是劝说消费者买东西的有效方式，更多的机构已经转而通过电子邮件发送直邮广告了。博瑞尔咨询称，对于小企业来说，这一方法很有效，尤其是在面对地方市场的时候。

直邮广告的意思就是：把信件或广告直接发送给目标市场，而不是对方询问后再发送。直邮广告推销的可能是产品、服务、概念，甚至是一个人。通常直邮广告都会附上优惠券，想要顾客出手购买东西。

想要卖出东西，有效的直邮广告必须满足以下几点：1.吸引对方的注意力。2.触动对方的需求或愿望，诉诸对方的兴趣。3.从对方受益的角度解释这一产品或服务。4.推动对方采取购买行动。

首先，你必须确定下产品或服务的卖点。找到了卖点后，你必须选择合适的目标人群。你可以通过各种市场营销的技术和数据来选择，科学地找到最有可能对你所卖东西有兴趣的人。有很多公司就是干这个的。或者，通过努力，你也可以开发出自己的邮寄名单。

许多产品或服务的目标人群不止一个。但是，毫无疑问，你需要针对每一个目标人群，量身定做直邮广告。如果你卖的是新产品，你最初的邮寄名单一般都由你现有的客户组成，下一个名单就是你的潜在客户。你已经与第一个人群建立了正面积极的关系，至于下一个人群，你们的关系则在顺利发展中。

要量身定做直邮广告，就需要尽量了解对方。了解这一群体的性别、年龄、婚姻状况、职业、收入水平、地理位置、兴趣爱好等。所有的这些信息都有助于你确定对方购买你产品或服务的愿望。

根据单个目标人群的需求制定你的直邮广告，强调你的产品或服务会给对方带来什么样的好处，尽量用第二人称来描述这些好处。一定要检查你写的内容，看有没有夸大其词，有没有需要负责的陈述。

结尾的目标是让对方行动起来，购买你的东西。如果是高档商品或复杂概念的销售，结尾可能要敞开大门，要求进一步联系。所以，不应该写"如果需要更多信息，给我打电话"，你应该写："我会在星期五上午大约九点给您电话，告知细节信息。"

在电子邮件的时代，直邮广告在称呼和致敬方面做到"个人化"是很容易的。现在电子邮件使用广泛，直邮广告可以立刻发送给目标市场（电子邮件市场营销的关键就是：诱惑性的主题，引诱对方打开邮件；还要有吸引人的内容，保证对方阅读完你的邮件）。

应用范围

- 介绍新产品、服务或候选人
- 面对潜在客户进行销售
- 邀请顾客参加盛大开业典礼
- 通知特别减价或促销活动
- 通知歇业

内容要求

- 收集直邮广告。测试自己对这些广告信息的反应。看一看撰稿人（和版面设计者）做得好和做得不好的地方。特别要关注同类产品或服务的直邮广告。
- 直邮广告太普遍了，人们只会阅读那些写得最好的。一定要让自己的广告简短而完整，让它脱颖而出；要有独一无二的内容，句子和段落都要短，排版要留白，视觉上要有吸引力，让读者阅读起来更容易。
- 可以写系列信件，但这会影响到信件的内容和策略。

- 注意信件的长度。内容最好不要超过一张纸，如果是电子邮件，长度最好控制在一个屏幕能够显示完整之内。当然会有例外，但是并不多。如果你的信件内容超过了一页，考虑一下是否可以分步骤进行销售活动。也许这封信的目标是为了让对方参加见面会、研讨会或让对方接听销售电话，而不是"一步到位"。

- 该如何销售产品，如何锁定目标人群？在这一方面，互联网和社交媒体网络已经给许多产品带来了翻天覆地的变化。你可以使用非常简短的讯息，上传视频、评论和建立博客来引导人们点击你的网站，只有你想不到的，没有办不到的。有了这些新工具，你的市场营销和销售简直就是如虎添翼。

吸引读者的注意力

- 准备好要动笔了，列出你要表达的要点。

- 一开始就要用积极的方式吸引读者的注意力。抛出你最大的卖点，要从读者受益的角度来表达，然后围绕这一卖点来陈述你的信息。要从头考虑到尾，包括接下来的后续销售信件，还有最后的销售是什么样的。例如，你在一封通知邮件中声称贷款利率为6%的市场上出现了贷款利率为3.5%的新房贷款，如果这封信邮给了你的目标客户——那些正准备购买新房的人们，这将抓住对方的注意力，让对方准备好接受你的贷款信息，你的后续电话，还有你的销售陈述以及最后的总结。

- 在开头的句子或问题中，介绍你的产品能满足对方现有的需求，这种开头有着不错的效果。但要建立在合理的基础上：

  资本借贷可以节省您125,000美元的房款。

  您可以申请利率为3.5%的房屋贷款。

  或者尝试用问题的方式：

  您难道想要支付过多的新房贷款？

  您想不想每月省下420美元的房屋贷款？

  您想省下225,000美元的新房款吗？

  如何用每月低于95美元的贷款购买价值超过175,000美元的房屋？

  或者可以打情感牌，比如说这一封请求帮助儿童的信件：

  今天，巴勃罗七岁了。他在家里，而这个所谓的家不过是一个黑

暗的棚子，他坐在泥地上，旁边摆着一个旧陶罐子，等着锡皮屋顶上
的雨水漏下来。他非常饿，可他知道今晚没有什么可吃的。

- 根据你的产品和受众，选择合适的方法。通常，开头会同时包含理性和
感性的成分。可以使用噱头，但前提是噱头和主题相得益彰。

选择合适的视角

- 尽量使用第二人称（"你"），让对方有参与其中的感觉。在前文房屋贷
款的例子中，用第二人称的效果就很好。第二个例子（"巴勃罗"）则依
赖叙述或"故事"的技巧，来吸引读者。
- 第二人称视角或者从读者利益出发的方法有助于使对方关注信息，直面
要点。

有自己的策略

用第一句话"吸引眼球"，之后你就必须转而告诉读者你的产品或服务将如何
满足他们的需求或愿望。当然，这必须在逻辑上与你的开篇句子联系起来。以上文
的房屋贷款为例，你可以接上目标人群可以感同身受的真实例子："里恩和大卫·罗
斯每个月的房屋贷款是 2,157 美元……"

选择语气

你的文字要看似随意、节奏快、语气肯定。你必须很快抓住并且保持对方的
兴趣。你必须多次修改才能做到完美。

措辞谨慎

一定要注意词语之间的微妙差别。努力选择让行文生动的词汇。注意这些词
语的差别：

不选择	选择
热	闷热、湿热、酷热、炽热
冷	寒冷、冰冷、严寒
美味	奢华、齿颊留香、丰盛、饕餮盛宴

另一点也很重要：选择正面劝说的词汇。一般而言，负面消极的词语或句子很

难有好效果：

负面措辞	正面措辞
停工时间减少了10%。	生产时间增加了10%。
只有不到2%的客户没有找到新工作。	超过98%的顾客找到了新事业。
轻松熨烫就能消除褶皱。	一整天，衬衣都熨帖如新。

排版生动

采用排版技巧来增加阅读的兴致。使用各种粗体字、斜体字、不同颜色，以及图表。

给读者提供必要信息

- 你必须做到两件事：（1）回答读者的疑问，战胜对方的抵触。（2）提供足够令人信服的信息和事实，促使对方进行下一步。要做到这一点，分寸要好：信息要够多，但又不能让读者深陷其中。大多数销售的细节都需要附上补充材料。但是，这也讲究分寸。如果你放进太多的补充材料，读者就会把信件和材料扔进废纸篓。
- 补充材料的数量要做到最小化，并在信件中提及这些材料，比如："价格细节在附上的宣传册的第二页"。另外可以粗略地给出可能的价格范围，你在信中可以这样写："……434美元起"或者"最低价434美元"。
- 通过电子邮件发送直邮广告，有很多种排版的可能性。但是，记住共同的原则：简单。视觉效果要促进读者吸收信息，而不是转移注意力。

行动步骤

你有几种方式促使读者采取行动，选择符合你的产品和受众的方式。你的结尾一定要清楚具体，最好只提供一种行动方式。促使对方迈出最后一步，有一些不错的方式：

- 给出优惠，刺激读者行动起来。

  寄出附上的卡片，获取免费样品。

  点击回复，获取我们免费的时事通讯。

现在就订购亮闪闪灯泡，正好赶上圣诞节。

立即上网订购，获取八折优惠券，可在下次餐馆用餐时使用。

现在就订购原创作品，要不就卖光了。

- 首尾呼应。让读者回想起开头，让你具有吸引力的开头句子再次发挥它的作用。

现在就行动起来，每月节省295美元的房屋贷款。

- 如果是叙述故事，要给出可想象的幸福的结尾：

有了您的帮助，巴勃罗就能每天吃上三顿饭，也能上学了。

- 利用"附言冲击力"。就是加上附言，最后打出一击，促使读者行动。有时这一招用得过了，但往往有效。附言应该简短、有力，呼吁对方采取明确的行动。通常是手写，至少要看上去是手写：

现在就打电话。……前有效。

在1月5日之前订购，只需9.95美元。

现在就下单，享受这一优惠。

最后的步骤

- 反复检查你的信件，确保囊括了读者采取行动时需要的所有信息，确保读者能轻松地回复信函。
- 可行的情况下，手写信封地址，贴上邮票（让信件带有纪念意义的感觉）。相较于打印地址和免贴邮票的信件，读者更容易被这种信件吸引。

注意事项

- 避免"强行推销"的技巧。对此，大多数读者都会绕道而行。
- 避免负面消极的语气，除非这种语气是最强的卖点。
- 信中要避免过多信息或碎片信息。
- 不要过于套近乎。很多陌生的读者并不想立刻成为"朋友"。

所有邮寄信件要融为一体

- 要有这种概念：直邮广告信件就是你发给顾客和客户的信件中的一部分，

它们不仅仅是广告。同样重要的是：要考虑到其他信件中的销售成分。这些部分要结合在一起，互相加强你发送的信息。

- 创建完整的邮件体系，这是建立机构身份的一部分。
- 不要错过宣传产品或服务的任何机会。与对方有商务往来的时候，就要从他们是否可以成为客户的角度来思考。
- 给重要客户特别待遇，建立归属感。这一点并不难，通常可以提供特别优惠折扣或商品预售渠道。

模板

- 选择适合产品和受众的模板。销售目录通常不会选择双色的浮雕印刷模式，但是通知新型的银行服务、投资金融服务和人寿保险的信函，则通常会选择这种模式。
- 有了电脑，让信件具有个人色彩就不再是难事。
- 给特别顾客发放特殊折扣时，电子邮件是个很好的通知渠道。顾客可以轻易地把邮件中的优惠券打印出来使用。

改，改，改

反复检查你直邮广告中的事实信息。多找几个人检查是否有打印错误（如果能有目标人群来检查，那就更好了），然后再寄出。还要确定信件的语气是否恰当。

成为创始会员

亲爱的查尔斯：

　　我们将在乔治·Q. 奎兹中心建立地区航空航天博物馆，荣幸地邀请你成为创始会员。这一中心将完全由私人基金建成，你作为知名的飞行员，理应成为我们的创始会员。所有的创始会员在博物馆入口处都会有一块铜质牌匾介绍。

　　我们需要你的支持。请与我和我的妻子格蒂一道进行捐赠，一起来纪念这飞行的世纪。

　　如果你想对航空航天博物馆有所贡献，请填写这张卡片背后的内容，我们会发来捐赠协议表格。或者你可以给开发办公室打电话或发邮件，获取更多信息。电话号码：800-555-0123，电子信箱：legacy@flight.com。

　　感谢你考虑对地方航空航天博物馆的投资。有了你的帮助，我们就能把它建成世界一流的博物馆。

衷心的祝福，

迪奇·达夫特将军

贵宾优待

亲爱的贾尼斯：

特此邀请你，作为我们的贵宾客户，参加科瑞克特的"旺季前贵宾销售"活动。今年，我们的春装秀和销售活动会展示最热辣的新时尚，更加突出你的魅力。

与往年一样，今年的活动也只有一天，日期在1月15日，从下午2点到晚上8点，届时只有贵宾客户在场。

请打印下方的优惠券，来参加我们有史以来最好的预售活动。打折力度也加强了，我们将给贵宾顾客总购买金额打7.5折。

我们提供下午茶，还有你最喜欢的女青会模特前来展示最新的热辣款。这次活动销售金额的10%将捐赠给女青会的小淑女奖学金基金。

那我们就15号见！

诚挚的问候，
贝蒂·怀特

推广研讨会

主题：21天，写出畅销书！

1月15日，星期二开始，即使你是第一次写作，即使你是市场营销和销售的新手，没关系。怎么样才能进入畅销书作者行列，卖出20万册书？来学习吧。

伍德·杜根和格里尔·斯劳完善了一套简单的四步法，用于成就畅销书的销售。罗波·乔克运用这套方法，进入了四大地区畅销书行列，卖出了50万本书。要学会这套方法，需要的费用还比不上吃一顿大餐。而且这套方法对所有的作者——虚构类，非虚构类，任何主题——都适用。

这是你走向成功的通行证：1月15日，东部地区下午6点，45分钟的免费电话试听课程。

请登录www.bookbust.com，或拨打免费电话800-555-0123进行登记。

自行车升级活动

主题：邀请你来骑行！

距离公园草地集会只有90天了！你准备好了吗？你的自行车准备好了吗？

打印这张优惠券，把你的自行车带来，我们有贵宾调试服务，只需要39.95美元。我们提供全套的服务，包括刹车、轮胎、车链、所有的齿轮，还有整体车架的检测和修理。

优惠期从4月15日到5月15日。给我们打电话吧，号码是303-555-0123，免费预定网上的"准备工作远程研讨班"，预约一个时间，带上你的自行车过来吧。或者，现在就点击此处进行预约。

公关公司

亲爱的阿奇：

过去五年的时间里，尖叫传播公司一直都是国王香肠的公关代理人，连续五年，每年帮助贵公司增加150%的市场份额。贵公司的竞争对手对此很是垂涎。现在，又到了贵公司新一轮代理竞标的时候，我们想要再次给贵公司的市场委员会展示一下我们如何提高，甚至是更大幅度地提高过去的战绩。

我们有一些很棒的新想法，其中就有迎合三大斯市场领域的方案。下周我给你的办公室打电话，安排一个时间与选拔委员会做一次演示报告会。期待与你们分享我们激动人心的想法。

真诚的，
曼宁·塔斯

（参见第三章"公告"；第四章"祝贺"；第十章"邀请"；第六十四章"新闻稿"；第十二章"答谢"；第九章"欢迎"。）

第六十章

销售跟进

销售跟进信函在最初的联系之后发送，其中也包含了销售动机。数个研究表明，相较于最初的销售信件（参见第五十九章"直邮广告"），给潜在的顾客发送跟进销售信件效果一样好，甚至更好。

事实上，第一封销售信件或第一次销售联系之后，对方可能不会有太多的行动，你需要进行销售跟进。整个销售战役中，你也许要设计系列销售信件，通常会有四到六封信。当然了，这也适用于电子跟进信函。

销售跟进信函中应该包含最初的销售信件中的重要信息，然后再进行扩展。提及之前的内容有助于你的销售。

事实上，有些受众就需要这样渐进式的跟进销售信函，就像是销售信件的梯子一般。特别是那些涉及一些读者最初持反对意见的观点的销售，比如扩大医疗保险的范围，或购买运用了崭新技术的新产品。

许多跟进销售信件也有其他的标签：感谢、祝贺、回复、邀请或询问。

适用范围

- 最初的介绍理念的直邮广告之后
- 回复询问
- 销售电话之后
- 规划中的多触点销售战役
- 收到销售咨询之后
- 接触新顾客

内容要求

- 告知读者你是如何关注到对方的。如果有人引荐，给出那个人的名字。如果是销售电话之后的跟进，就在信函中感谢对方付出的时间。如果是在见面会上认识的，就如实说明。给出这样的信息，有助于在双方之间建立一种关系，可能会增加对方接受你的信息的可能性。
- 描述你的产品或服务。在合适的情况下，提及第一封信函或电子邮件。
- 强调给对方带来的好处。
- 用事实和信息来支撑你的观点。你的内容要能征服对方的反对心理，满足对方的需求和愿望。
- 提供可能引起对方兴趣的新信息或额外信息。
- 结尾要有力，尽量给出优惠待遇或激励的条件，引导对方行动。
- 结尾要具有开放性，方便你下一次联系对方。
- 接下来感谢给你提供了线索的人。在合适的情况下，写一封感谢信，报告一下你的进度。出于礼节的考虑，你应该告诉引荐人自己是否卖出了产品或服务。

注意事项

- 如果第一次的信函没有什么效果，或完全没有效果，就不要发送第二次。要找到原因，明确为什么没有回复，然后再进行改动。
- 不要杜绝以后联系的可能性。结尾的时候，表明你会再次联系，或者邀请对方联系你。

模板

跟进信函的模板要与之前的信函配套。你应该让对方认得出你所在机构的名称，还有你的产品或服务。

改，改，改

你的信要吸引人、内容要清楚明白，形式要简洁。反复阅读你的信件，确保它满足以下几点：（1）抓住对方的注意力；（2）让对方产生兴趣；（3）让对方相信他（她）需要你的产品或服务；（4）请对方采取你所建议的行动。

对方回复卡片后的跟进

嗨，布兰德：

你已经登记了6月15日星期三，东部时间下午6点半的免费远程研讨课。届时兰迪和拉夫会给大家分享很多信息，需要准备好做笔记哦。

金杰·罗杰斯

对方询问后的跟进

亲爱的苏迪：

感谢你咨询弗雷迪公司的手绘墙纸。请登录我们的网站FreddiePrints.com，输入"风景"查询词，就可以看到你咨询的图案。

你可以通过网站下订单。我们期待给你提供这世界上最好的手绘墙纸。

最真挚的问候，

阿拉·格里布

直邮广告后的跟进

理查德·芒森，摄影师
亲爱的芒森先生：

非常高兴您和您的四位员工考虑参加我们在10月20—22日举行的第五届年度摄影研讨会。研讨会持续三天，每天我们都有数个小时的指导时间，内容涵盖最新的摄影技术和高科技摄影。我已经在附上的研讨会手册上圈出了这些课程的时间。

其中三次课程由国际专家弗拉什·怀特担任讲座，另外三次课程由艾德赛尔·瑞德教授。

随信附上六份申请表格供您和员工使用。在星期五之前寄回申请表格以及学费，您和您的员工肯定能申请成功，并且还能享受每份减免25美元的优惠。我会在星期三给您打电话，看您是否有其他的问题需要解答。

真诚的，

米里亚姆·福伊尔

项目协调人

跟进，预约销售演示时间

西比尔·斯奈德韦德，市场总监
亲爱的西比尔：

今天与你交谈，很愉快。是的，营销传播是全方位的市场推广、广告和公共关系代理。通过强调公共关系的个性定制方案，我们取得了很好的效果，这是我们的专长所在。随信附上我们的业务范围和部分客户名单。

本月21号，我在奥兰多市，想要和你谈一谈我们单项合作的可能性。正如我也提到的，你可以给B/PAA的罗伊·本德打电话，在我们的帮助下，他们占领了74%的市场份额——上升比例超过了50%。

你的新能源产品听起来非常不错，我已经有了几个很好的促销想法，花费低廉。21号，你能在下午1点30分到2点抽出30分钟听一听我简短的报告吗？我星期五给你的办公室打电话，看是否能够定下这个时间。

真诚的，

埃里克·姆斯克，客户经理

对方请求样品后的跟进

亲爱的马维斯：

寄上你要的普雷斯迪奇山东绸样品，分别是银狐色和青蓝色。我们还有其他类似颜色、各种图案的山东绸，随信也附上了其他样本。你可以从中寻找想要的雅致组合。

随信也附上我们的送货时间，以备你查询。你也可以订购窗帷、枕头、床罩、椅套，存货充足。

如果你这周订货，我们可以给你提供9.3折的优惠。如果还有其他问题，请给我打电话。

真诚的，

拉弗尔·特拉普

对方询问信息后的跟进

亲爱的瑞恩：

没问题，如果你这周就下订单，赶得上圣诞节的时候拿到深红色的跑车X2型.

还有更多的好消息：你可以购买X2A型号，这是升级版，包含了今年的两个新特点，同样是经销商价格。

如果你已经决定好了要买这款车，现在就是下手的最好时机。

这辆车，我会为你保留48小时。今天给我打电话吧，我们一起商量一下价格和支付方式的问题。

祝好，

罗迪·洛特

调查之后的跟进

亲爱的罗比：

我都吃了一惊。我真的找到了两辆柠檬黄的老款77s型号，随信附上了照片的文档，你可以看一下。

我的建议是：如果你喜欢其中一个，或都喜欢，就授权我去出价。就文档A的车型，我建议的价格是11,500美元，我会先给这辆车报价。文档B里的车型，我认为卖主会要价13,000美元，但你也看得出来，比起A，B逊色了一点点。

所有相关的数据都在照片的文档里。

祝好，

麦克

感谢新顾客/销售跟进

达雷尔·科维

亲爱的科维先生：

感谢你订购普利司通AS-34型号机器。

听到贵公司的生产效率因这台机器而提高，非常高兴。正如我在电话里提到的，我想你也许会对另外两台普利司通磨床感兴趣，一台是RE-34，另一台是RE-50。这些型号可以取代你现有的机型，提高效率，增加产量。随信附上这两台机型的说明书。

本月15日是我们的开放参观日，届时我会展示这些磨床的操作，你也可以上手试一试操作，看是否符合你目前的需求。届时，我们也会组装一套机器来演示，与你工厂的操作类似。欢迎你带上自己的加工零件，试一试这些新机器。

这周晚些时候，我会给你打电话，看是否可以给你报名（免费课程），或者看你下一步安排是什么，我怎么才能帮上忙。

真诚的，

弗兰克·夏普

客户销售

销售拜访之后的跟进

亚历山大·凯伦和艾莉·凯伦

亲爱的凯伦夫妇：

　　昨天晚上见到你们，我非常开心。感谢你们让我介绍了我们的保险方案。在我看来，宣传册中的D方案非常适合你们送德瑞克上大学的第一目标。这一方案的其他元素覆盖了家庭保障、退休收入和其他的教育目标。

　　这个星期四，我会为大约20人举行一场午餐研讨会。我想邀请你们参加，届时我会深入讲解这一方案的其他元素。或者，我非常乐意在星期四晚上与你们见一面，解答其他问题。星期二晚上，我会给你们打电话，看你们更喜欢哪种方式。

真诚的，

查理·塞尔维尔，个人财富经理

跟进销售信件

乔纳森·凯特灵和露易丝·凯特灵

亲爱的凯特灵夫妇：

　　欢迎你们来到图森这座城市。感谢你们在迎新处咨询我们公司的宣传册。随着我们公司的宣传册，我们为你附上电话中你提及的几张照片。在你们所在的地区，我们为五户人家做了景观设计。

　　25年来，我们一直致力于给图森的家庭最好的景观。随信附上了我们的客户名单，请随意与他们联系、咨询。

　　我们还有一份小小的礼物送给你。我下周给你打电话，安排一个时间，让我给你们介绍一下景观设计的预算，到时候我把礼物给你们带来。

真诚的，

詹姆斯·莫宁

（参见第五十九章"直邮广告"；第四十章"请求和询问"；第四十二章"回复"；第十二章"答谢"；第九章"欢迎"。）

第十部分

媒体关系、公共关系和出版

在网络出现之前，你只能依靠媒体来传播你的故事，如今这种情况已经被颠覆了。现在，你通过社交媒体就能直接与受众交流，还能与其他在网络发声的渠道相连，比如说，博客、网上新闻网站、小型出版等。这一来，讲述自己的故事变得更为容易，同时也更为困难了。

在讲述自己的故事时，联系编辑、作者、记者，让他们感兴趣，这一点依然重要；同时，你要打磨自己的故事，丰富其中的信息，直接带给目标受众，这一点也很重要。这需要谨慎的策略、广泛的市场调查，以及更多地了解各种流程和范例。

把面包扔到水里，你可能会收获花生酱和果冻。

——无名氏

第六十一章

宣传信

你想要在媒体上宣传某个理念、某个想法，你就会向编辑、电视记者、制片人或其他合适的人选进行宣传。可以是口头上的，也可以是书面的，最好采用对方喜欢的方式（有时，为了报道自己的故事，你会提出让媒体的某人"独家报道"）。你必须精心打磨自己的宣传，让它成为最准确、最有说服力的销售工具。

大多数的杂志和报纸编辑，无论是纸质媒体，还是网络媒体，都会要求你写一封宣传信，解释你想要报道的理念或主题，一般通过电子邮件发送。但有时，你也有机会通过电话进行宣传介绍。

优秀的宣传信息不仅要给出有新闻价值的理念，或人们感兴趣的观点，还要给对方编辑提供一些背景信息，有时还要给对方采访的机会（特别是你想要对方来报道这个故事，而不是自己写的时候）。在合适的情况下，还可以附上产品样品（如果是新书出售，就附上一本书）。凡是能让对方信服、让对方做出报道决定的要素，都要包括其中（宣传信往往就是简短版本的问询信，这两个词汇通常可以互换使用）。

内容要求

- 一定要透彻地了解主题或产品，这样你才能很好地解释其中的报道价值。
- 了解目标媒体，诉诸对方特别的兴趣点。
- 找到合适的编辑。
- 给对方打电话，在合适的情况下，口头进行宣传介绍，然后再写信跟进，表明自己的目的。
- 确定对方想要以何种方式接受你的宣传信：普通邮件、电子邮件，或传真。也许有必要给对方"独家报道"的权利。比如说，如果有相互竞争的报纸，可以用这种方式来与其中一家报纸联系。

- 确定对方的名字、职位和地址无误。
- 根据对方情况，量身定做你的信件，要向对方的读者群"倾斜靠近"。
- 开头要有吸引力，要能立刻抓住对方。可以从新闻的角度入手，也可以是对方需要或想要的内容。
- 语气要专业，但也要友好亲切。
- 信件内容要短——不要超过一页纸，或一个屏幕能显示的内容。要有趣，全是干货。
- 结尾要主动提出下一步的联系，比如说："如果没问题，我就星期四给您打电话。"
- 一定要按照你说的那样跟进，增加自己的可信度。

注意事项

- 除非对方是你的私人朋友，或者你知道对方不会介意，才能在称呼中直呼其名。
- 使用噱头的风险很大。除非你有大量市场样本证实，知道对方喜欢这种方式，否则就不要使用噱头。
- 避免已经用滥的形容词，比如说：独一无二、极好的、最棒的、难以置信的、最好的。

特别情况

- 如果你宣传的是产品，选出其中最有报道价值、最有趣的一点，第一句就推出这一点。
- 如果你宣传的是调查的结果，或者想要对方采访某个名人，就要有煽动性的开头，可以使用陈述句，也可以用问句。

  你知道有97%的丈夫不忠吗？

  今天，在距离你书桌25英尺的范围内，会发生9次事故。

  体育编辑的就业市场正在枯竭当中。

你知道93%的职场母亲今晚只能睡上6小时吗?

- 开场白之后,要有事实、解释或顺着开头的拓展。
- 事实放在宣传信的中间,要简短有力。
- 用编号和缩进来表现要点。
- 你心里要明白自己的目的:让对方同意采访、参观,给你特别报道,或满足你的其他请求。
- 结尾的时候提出自己的请求:

你看这样行不行?

我会在星期三给您打电话,看您有没有别的问题。

我可以不可以就此写一篇1,500字的文章?

开场白例句

罗伯特·怀特完全不知道自己从两个月大时一手带大的孤儿黑猩猩埃克索想要他的命。

星期二早上7:45杰森·奎特吃了麦圈,他完全不知道这一餐会让自己在晚餐时间前面对死亡,而且还是两次面对死亡。

如果您和家人嗜吃糖果,牙医费用将因此增加四倍。

每年,您可以节省下孩子10,000美元的大学学费。

如果今年可以节省下15,000美元的汽油费用,你会买下这辆车吗?

词语

第一	独家	读者	行动	结果	敬请	了解	调查
未知	现在	新鲜	研究	崭新	只有	指定	专访

短语

第一次公布的事实	揭示了秘密
调查结果	新的调查
新研究表明	研究结果

研究结果显示   崭露出新趋势

最近的研究

句子

新研究表明艾滋病的治疗已经接近于治愈水平。

妈妈学习怎么抚养出感恩的孩子。

这能治愈乳腺癌吗？

按照这一食谱饮食，20周就能甩掉100多磅的体重。

罐头汤，增强骨质。

新的公交体系会消除雾霾吗？

星期二，儿童免费游玩动物园。

你的血液是否可以拯救一个孩子的生命？

利用午餐的时间，你就能挽救别人的生命。

你知道该如何道歉吗？

原谅并不是忘记。

宣传信

爱普莉·米汉，资深编辑

亲爱的爱普莉：

我建议给底特律的布兰卡特·班克斯来一次专题报道，他现年64岁，刚给自己四岁的孙女贾思明读了自己的第一本书。"真是奇迹。"这位满头银发的老人解释道。

布兰卡特起初在密西西比州做农场工人，1950年时，他还是个年轻人，移居到了底特律。他在工厂里工作，一直小心翼翼地遵守各种指示，偶尔请别人"解释"书面的交流，就这样，他不阅读，也相安无事。

后来布兰卡特工作的马科斯实业公司参加了认字之战，他就在当地的图书馆报名参加了下班后的辅导班。布兰卡特今年6月就要参加毕业典礼了，届时会有国会的几位议员莅临。

仅仅通过马科斯实业公司的项目，五十个人就享受到了学会阅读的快乐。要让布兰卡特和其他人承认自己不能阅读，这一点就不容易；要找到足够的志愿教师和合适的教学地点，也不容易；但是马科斯的项目成功了。事实上，现在他们计划把这一项目扩展成与15个州的当地社区组织合作的大项目。

我觉得布兰卡特的故事会给你的读者带来启迪。还有很好的摄影机会。两三天的时间里，我就给你打句话，看你的兴趣如何。

真诚的，

萨曼莎·戈金斯

第六十二章

筹　款

筹款信函就是旨在牵动对方心扉的销售信。这一类信件的措辞必须温和，要有说服力，能够达到效果，但是不能大张旗鼓地兜售卖点。

很多慈善组织都在争取善款，直邮广告不请自来，超过了饱和度。大家收到这样的募捐信件，不胜其烦，往往瞟一眼就扔掉了，有时候甚至连瞟一眼都没有。要让筹款信函达到其目的，你还要配以其他的宣传活动，让这种信函成为更大的宣传攻势中的一部分，在这样的宣传中，让人们觉得这一组织的目标有价值，值得信赖。如果慈善目标能够立刻得到大家的认可，筹款就要容易得多。

从经济的角度出发，收信人应该是表现出了对该慈善有兴趣的人，或者是在类似慈善项目中有捐款记录的人。筹款信函传达的内容必须简单、明了、令人信服。

考虑到所有的这些因素，要写好筹款信，是一件非常困难的事情。

应用范围

在以下场合你需要使用到这种特殊的沟通方式：

- 请对方进行钱款或其他的捐赠。
- 向志愿者提出请求。
- 邀请捐赠者参加筹款活动（参见第十章"邀请"）。

内容要求

- 开场白就要吸引住对方的注意力。
- 讲明来自哪个慈善组织，目的是什么。
- 让对方认同捐款的必要。
- 明确说明捐款会如何使用。
- 解释捐款对受助者带来的好处。
- 解释捐款对捐款人会有什么好处。
- 尽可能地给对方捐款提供方便。
- 注意措辞和语言，要表明出你期待对方伸出援手的态度。
- 给出的信息要尽可能贴近对方。
- 使用正面、清晰、简明的语言，并关注对方的利益。比起"除非您出手帮助，否则约瑟·佩雷斯今晚就没有东西吃"这样的表述，"帮助约瑟·佩雷斯这样的孩子，你会觉得感觉很好"或者"您能确保佩雷斯今晚有东西可吃"这样的句子更能反映出对方能够得到的利益。
- 明确捐赠请求：

  你可以从这几个方面进行帮助：

  寄出15美元或者更多的支票。

  在"每周做一个小时的接线志愿者"处画钩。

  拨打555-0123，告诉接线员有物品要捐赠给星期二的拍卖，我们上门取货。
- 记住，你应该引导对方立刻行动："就用这个信封，伸出援手，寄出您的捐赠。"数据表明，如果对方没有立刻行动，回复的可能性就会大幅度下降。
- 使用非正式的语言，可以使用缩写、短小的句子（但是语言要连贯）、问句，甚至还可以用可接受的俚语来制造对话的语气。可以缩写，但不要过度。可以使用以下这样的短小句子：

  我们快要成功了！

  只需要50,000美元，我们就可以开工。

  你能相信吗？

  你一直都超级给力！

　　现在是最后一击！

　　我们需要你的帮助。

- 说明使命。简单而明确地告诉对方你的目标："修建新的莉莉女性中心需要500万美元，在过去的三个月中，我们筹集到了其中的50万。"
- 期待对方实现承诺。如果这是一封在对方承诺后进行跟进的系列信函，你可以说："您的承诺对我们工作的成功很重要。"
- 提醒对方的承诺，但不要唠唠叨叨、给对方压力，或用上威胁的语气。
- 使用附言来引起对方的注意。可以在打印信件之后，手写（甚至可以用彩色笔）附言以进行强调，笔迹要清楚。

注意事项

- 不要用负面、说教或者让对方有愧疚感的语气。捐赠者想要的是：善举来源于行善者自己的善意。
- 你的信件不应该有华而不实或者高人一等的语气。请人试读，确保信件的内容真实、真诚。
- 最多两页的插页。太多的插页会冲淡你的信息，让对方觉得这是垃圾邮件。
- 不要让对方感到不必要的紧张，但要给对方回复邮件提供便利。
- 使用噱头要小心。不要转移对方的注意力，也不要让你的信息看起来廉价。
- 不要给对方施压，迫使对方给出朋友和同事的名字。

特别情况

- 根据具体的受众，量身定做信件。如果是套用信函，一定要确定信件是根据其受众精心打磨了的，以增加回复率。如果是另外的受众，要相应做出改动。
- 有了计算机，就有了根据不同收信人个人化信件的可能。尽量使用这一方式。
- 电子筹款信件很容易被当作垃圾邮件，所以通常不是初次交流的有效选择。然而，如果对方回复了你的信件，表明自己愿意通过电邮联系，电邮就是很不错的跟进方式。你可以创建新闻通知邮件、进展电邮备忘录来保持捐助者的参与感。

- 成功的直邮募捐有2.5%的正面回复率。如果能达到5%，就非常优秀了。从中，我们也可以看出，在发送募捐信函方面，选择正确的受众是多么的重要。信件内容是否得当，是否有作用，这也非常关键。

- 即便要写上十来封信，也要让对方捐赠得高兴。

- 把选择的权利交给对方，让他们行动起来。一定要让他们对筹款活动有参与感："有了您的帮助，我们距离目标就又近了一步。"

- 募捐需要多方面的行动才能成功。通过直邮广告请求捐赠只是其中一种方法。要想募捐信有效果，还需要募捐活动中的其他多个方面协同配合，比如说有效的公关努力（参见第三章"公告"；第七十章"评论和致编者函"；第六十四章"新闻稿"）。

- 募捐经常还会涉及午宴、联欢会、晚宴、舞会等等的活动。给捐赠者发出恰当的邀请函（参见第十章"邀请"）。

模板

- 信件的排版要赏心悦目。字号大小合适阅读，行距要有间隔。首行缩进，大量留白，给人以敞亮的感觉。

- 信件尽量个人化，在信件内的地址和称呼里用上对方的姓名。通过电子邮件发送备忘录和其他的更新资料时，也要如此。只要可以，信件就要做到个人化。

- 请慈善组织里职位最高或威望最高的官员签署信件。如果有受人尊敬的名人背书，也会给募捐助一臂之力。

- 设计好附言，以进一步吸引对方的注意力，让对方行动起来。

- 设计、创建网站，这样捐赠者可以随时在网上捐赠。网站还可以随时给捐赠者提供最新的信息，有助于让他们产生兴趣，促进参与。可以在网站上展示捐赠款项如何达成了目标。还可以更新医疗新进展。上传视频、专家采访、受害者采访，都有效果。在博客上贴出最新消息，保持读者的兴趣，这些都对募捐有帮助。

词语

帮助	不同	参与	慈善	动力	繁荣	分享	赋予
改变	感激	感谢	鼓励	好处	合作	伙伴	计划
建构	建立	紧急	捐献	捐赠	慷慨	力量	目标
收到	授予	幸存	有助于	赞美	赞助	志愿	衷心
重建	挽救	回报	缓解				

短语

创造不同	打开心扉
计划捐赠	继续努力
寄来您的捐款	接近我们的目标
今天回复	快要达成目标
量力而行地捐赠	满足需求
你可以帮助	你可以这样
您的捐款	您的慷慨
您能承担	伸出援手
完成了四分之三	信赖你
需要帮助	与我们一道
只需要三次……的捐赠	直接的帮助
助一臂之力	自愿提供

句子

句子要简短有力：

让我们一道来征服这个可怕的疾病。
只要筹到剩下的500,000美元的善款，我们就可以开始工作了。
您的捐款可以帮助50位贫困孩子参加一周的勇敢者夏令营。
附上写好地址、已付邮资的信封，供您寄出支票，感谢您的帮助。

分享您对动物的爱心。

一起行动起来，做出改变。

捐赠5,000美元或者更多，就能成为明年图书馆赞助人之一。

图书馆之友享有几项特权。

今天就寄出您的捐款吧。

欢迎您捐出图书！

段落

让我们一起来对抗这一顽疾。研究者认为，一年多的时间，再加上1,500,000美元的经费，我们就能研制出需要的疫苗。解决方案就在眼前，您能捐出其中的25美元，或者更多吗？

现在，你可以从两方面提供帮助：（1）给参议员艾伦·德克森和国会代表艾丽丝·施罗德写信，表明你反对这一法案。（2）现在就寄出25美元的支票。

天使厨房的运行每周需要3,500美元和400个志愿工作小时。您可以报名参加以下的工作时间段，也可以捐出25美元、50美元或者75美元。

联合基金会今年的捐赠拉票活动就要开始了。您可以来帮忙吗？

抵制犯罪姐妹团今年活动的组织会议定在9月10日，星期二，晚上7点半，地点：洛根学校礼堂。你可以给萨拉·怀特打电话，告诉她你会前来帮忙，号码是555-0123。

春天再次到来，又到了组织课后项目的时间。没有您来做我们的志愿者，伯顿镇的小孩们就不会有这么丰富的经历。

有您的捐赠，我们的邓普斯特计划就能将这一娱乐项目变成事实。谢谢您。

改，改，改

如果能恰当把握交流的分寸，你得到回复的几率就大多了。尽量多请几个人读一读你的信件，看一看语气是否恰当，是否有打印错误。多次检查你的拼写，大声读出来，看一看你的措辞造句是否表达出了你想传达的信息。

请对方做志愿者和捐款

亲爱的萨利：

仅仅两年，好成绩项目就改变了79个孩子的生活。第一年，我们发起了这一项目，根据学校管理者的报告，参与这一项目的79个孩子都有很大的辍学风险。第二年，这一数量就减少到了20个。这一年，79个孩子的成绩都在平均水平之上，专心致志要完成他们的高中学业。

感谢你和所有钱伯斯公司的志愿者，感谢你们抽出时间在阿尔伯特中学做课后志愿辅导者。

今年，我们的挑战更大。我们设立了一个商店，学生可以用"成绩美元"来购买东西，为了给商店提供物资，和维持日常的运行，我们请求大家捐款。钱伯斯公司的总裁罗伯特·艾略特已经承诺为这一项目捐赠35,000美元，条件是我们筹集到相同额度的善款，并且有志愿者登记下4,000个小时的辅导时间。

你可以改变一个孩子的生活，请在附上的卡片上写下你的承诺，就在今天寄过来吧。

真诚的，

安格尔·马丁

附言：生产部门已经承诺下了2,000美元的捐款和600个小时的辅导时间。你们部门可以超过他们吗？

参加筹款活动的特别邀请

亲爱的安德里亚：

北海湾关节炎基金会需要你。事实上，去年如果没有你和另外500名成员，基金会就无法筹得足够的费用支持全年的雷姆斯研究项目。有了你的帮助，我们在治愈这一顽症的征途上又前进了一大步。

今年我们的目标依然是为雷姆斯研究项目提供资金（随信附上了令人激动的进度报告，你还可登录网站，点击"进度"一栏查看）。我们需要像去年一样精诚合作，但今年的目标更大了，我们需要筹得500,000美元。

今年的"美国当代艺术家"艺术展会展出地方艺术家的200件展品，是同类展会中本国的第二大展览。开幕庆祝会的时间是9月15日，地点是历史协会礼堂，届时会举行盲画和定价销售的活动。当晚没有售出的作品从第二天开始出售，先到先得。

庆祝会门票的价格是125美元，持票可以参加鸡尾酒派对，获到圣达菲的雨果·哈尔西设计的纪念奖章，以及参加展览的私人预览和9月12日在市中心奇尔科特举行的研讨会。

请拨打708-555-0123订购团队票，或登陆CAA.org以其他方式捐赠。

真挚的，

吉尔伯·盖尔

附言：今年的艺术家中有75位要参加庆祝会。

食品援助呼吁

亲爱的爱丽丝：

第四频道将于10月17日（星期四）开始第五届年度节日购物篮活动。卡车将停放在方便捐赠的地点，这些具体位置列在了信件的背后。

去年有了你们的帮助，整个城区有1,900户家庭得到了节日购物篮。今年我们要把这一呼吁带给俱乐部、学校和公司，还有普通大众。这就是为什么你收到了这封信。

希望你能在你的俱乐部进行组织，确保这一活动能募集到2,500户家庭需要的罐装食品。这就是我们的目标。

随信附上卡片，请填写你所在俱乐部的名称和成员名单，选择你想要参与的志愿服务。

让我们的城市今年过上最耀眼的节日。

真诚的，
莱维特·莱特

呼吁捐出时间和精力

亲爱的吉姆：

小联盟的时间就要到了！我们要组织起来！

我们的孩子们足够组成14个球队。也就是说我们还需要3,500美元来购买设备和供给，一共需要60名志愿者来做教练。现在，我们有1,250美元和10名主教练的志愿者。

球队成员的家庭觉得下周举行的烘焙售卖可以募集到3,500美元，所以现在就只剩下教练志愿者的问题。

今年是小联盟最好的一年，最值得期待，但是我们需要你的帮助。请在3月15日前拨打415-555-0123找乔·贝克，报名参加吧。

真诚的，
斯巴克·亨德森

教堂募集活动

亲爱的萨拉和特德·艾利斯：

我们的教堂来年要增加50%的外展服务，是不是很激动人心？10月10日，星期四，晚上7点30，我们会进行具体的讨论。

请做好安排，到场哦。因为外展服务和增加的青年人活动，我们需要50,000美元的资金。大家要一起分担这一费用，每个人都要出力，或在筹备的募捐活动中帮忙，或捐款。

随信附上卡片，请考虑之后选择承诺方式，带来会场。

是的，多好呀，身为我们教堂的一员，有机会践行和拓展自己的信仰。

真诚的，
多利·帕利希

车库甩卖筹款活动

邻居们：

决定了，6月10日，上午8点到中午，年度小区车库甩卖活动。

所以，请你们看一看橱柜、衣柜、阁楼和地下室，把存货都拿出来吧。筹到的所有款项都会用于俱乐部的装修。

玛吉·胡德会给大家提供咖啡和甜甜圈。到时候车库见。

雷吉·迪格斯，
协会主席

校友募款活动

亲爱的曼尼·莱斯特：

在假期来临之际，"你好，公共卫生"今天再次举办了"给孩子的礼物"项目。去年，有了你的慷慨帮助，我们给儿童医院B病栋的90位住院孩子举办了派对，还给每个孩子都赠送了礼物。

今年，我们还能得到你的帮助吗？

随信附上卡片，请你填写，然后寄回，这样我们就可以开始准备了。非常感谢。

真挚的，
萨里·斯塔特，主席

奖学金筹款活动

亲爱的出版俱乐部成员们：

今年又到了这一时刻！请收集你们九成新的旧书，在9月6日之前带到俱乐部，用于9月10日举行的秋季书籍售卖活动。

今年，我们想要准备三份"年轻作者"奖学金，每份2,500美元。有了你们的帮助，这一目标就有实现的可能。

如果你无法亲自送书过来，给鲍勃·比特打电话，号码502-1234，他会安排上门取书。

祝好，
苏西·斯诺

第六十三章

媒体资料袋

　　精心准备有关某一主题背景信息的各种书面材料，统一装在文件夹里，这就是媒体资料袋，用来提供给编辑、记者、采访者和其他媒体人。大型、重点新闻的报道现场会给媒体人提供这样的资料袋，也可以到该机构的网站上阅读这类内容。资料的内容也可以装在U盘或硬盘里。其中最常见的内容有：新闻稿；演讲者的简历；重要作者，或者有关重要人物或重要事件的出版物参考文献；宣传册；活动演讲的文字稿；问答、常见问题问答或者谈话要点。

　　有时为了提供完整的背景故事，资料袋也会提供以下内容：背景资料的简报；情况说明书；时间表；媒体提示；拍照机会提示。仔细思考，你需要什么东西才能有效而清楚地讲述你的故事？找几份综合性的资料，尽可能达到最好的效果。避免在媒体资料袋中装入不必要的材料。

- **提供背景资料的简报**。旨在帮助读者从发展阶段、功能、规模、结构和运行的角度来理解这一主题。也包括目标、优先配给、新领域和调查方面的内容。
- **情况说明书**。把复杂的情况分解为若干相关部分，帮助读者快速理解。通常都以编号表单的形式组织，并带有新闻稿。在标题下列表给出信息。比如说，针对来到某个城市的国际来访者，情况说明书中可能会有这样的小标题：人口、就业、政府、居民人数、气候、历史、酒店、文化吸引力、观光胜地、会议场所、餐馆、特别活动。同时还会包括风俗、衣着、礼节、签证和免疫接种方面的要求。
- **时间表**。按照日期顺序编排，可以帮助读者快速了解事件的顺序。按照日期标题和小标题组织材料。

- **媒体提醒或照相机会提醒**。有机会提问或照相，或者为电视、播客以及其他广播形式录像、录音，这种给媒体的临时通知或邀请，就可以使用媒体提醒。要包括以下重要信息：事件或主题、时间、地点、特别视觉展示（比如演示或产品介绍），以及其他媒体需要知道的消息或限制。一定要包括联系人和联系方式的信息。

（参见第六十七章"文献"；第六十六章"个人简介"；第七十二章"宣传册"；第六十四章"新闻稿"；第六十五章"问与答、常见问题"。）

第六十四章

新闻稿

　　新闻稿是非常关键的工具——在任何个人宣传，或机构的公关项目中，它都是主力。恰如其分的新闻稿能够让公众注意到你，有助于建立正面积极的形象，有助于你自己或所在机构产品或服务的市场营销。

　　新闻稿应该描述出某一事件或重要的新事实：人事任命或提升；新产品或服务的发布；新业务开张、大型扩张、重组、新方向；成就；管理或理念上的改变。

　　新闻稿当然要有新闻的风格，要回答人物、事件、时间、地点、原因和方式几方面的问题。从最重要的信息开始，最后是最不重要的；从中心理念开始，到具体事实。你可以这样想：编辑会掏出一把剪刀，把你新闻稿的尾部剪掉。重要事实就要放在重要的地方，第一个段落就应该囊括所有关键的信息——如果有可能，第一句话就要给出所有关键信息。新闻稿应该客观清楚，容易阅读，不应该有多余的词语。如果要使用照片，一定要仔细甄选。如果是用电子邮件发送新闻稿，应该用附件的形式发送照片。

　　发送新闻稿时，应该严格遵守本章节介绍的格式，没有必要使用附信。用电子邮件发送新闻稿之前，你可以先发送一条简短的个人消息，以区别于垃圾邮件。

内容要求

- 确定有报道价值的内容——提供新信息。问自己：
    - 谁会感兴趣？
    - 新闻稿是否回答了读者会确凿提出的问题？
    - 是否会推进我达成目标？
    - 我是否收集了所有的事实，并且反复确认了其准确性？

- 确定稿件的内容是硬新闻（人事任命、新产品、公司开张、新服务、事件、调查或研究结果），还是软新闻、专题报道（人情趣味报道、商业趋势、进行中的调查或项目）。

- 列出大纲，保证从头到尾给出的信息都是清晰、有逻辑的。先回答五个问题：是什么、谁、在哪儿、什么时候和为什么，然后再回答怎么做。

- 采用倒金字塔的新闻形式。最重要的信息，最先给出。其余的信息应该按照重要的程度先后给出。在第一段，甚至在第一句话中，就应该给出所有关键的信息。

- 开场白非常重要。它应该是整个新闻故事的线索。

- 人事任命的重点首先应该放在被任命人的职责上。然后再给出被任命人的背景信息。

  - 说明被任命人的头衔和宣布消息的机构官员，证实消息的可靠性。

  - 被任命人会向谁报到，给出这个人的姓名，还有任命生效的日期。

  - 陈述被任命人的职责（在第二段落，你可以引用该机构官员的原话）。

  - 描述被任命人的职业经验和教育背景。有时也可以提供社会和个人信息，比如婚姻状态、参加的职业团体、慈善或社交团体等。

  - 如果是新设职位，要指出这一点。如果是接任，在非负面的情况下，也可以给出被接任者的姓名。

- 修改、编辑，把稿件改到清楚明白，稿件的长度最好限定在一两页纸之内，或者一块电脑屏幕之内。

- 如果稿件中有技术专业词汇，要给出定义。

- 引用可以增加稿件的趣味和权威感，因此可以适当引用相关信息。引用一定要给出正确的来源，还要征求对方的同意。如果你是从采访中直接引用的，也应该在使用前得到对方的同意。

- 样品、照片、赠阅本（书籍、CD、DVD等）会给你的新闻稿增添趣味，在可行的情况下，可以加入这些元素。如果不行，可以向编辑提供活动、新闻发布会或采访的信息。

特别情况

- 尽量把稿件发给具体的某个人。如果不行，就发送给某一类的编辑，比如商业类、社会类或体育类。像日报或电视台这样的主要媒体，你可以打电话询问对方的名字、头衔、所在部门和具体的地址（比如说，四楼，部门4-A）或电子邮件地址。你通常都应该先给编辑打个电话，告知对方你会发送新闻稿。

- 官方申明通常用于危机情况或引起争议的情况，要发送给媒体和机构内部的代表，帮助控制谣言和消除错误信息。要让媒体得知真实信息，杜绝不实报道的出现或流传，防止错误的信息给公众带来焦虑，关键就在于这类报道的及时性和频率。显然，这类报道通常都是通过电子邮件发送的，这样才能以最快的方式给媒体提供消息。

- 遇到洪水、火灾、地震或其他自然灾害的紧急情况，危机公关小组的用途就非常大了。该小组应该针对危机有所准备，制定、准备好危机方案。在需要发送普通邮件或传真的情况下，你就可以用有正式抬头的信笺纸发送新闻稿。通常而言，电子邮件是发送新闻稿的最好方式。

- 使用电子方式发送新闻稿后，如果编辑或记者有后续的沟通，也通过这一方式更新信息。

- 注意对方媒体的公共宣传政策。有些机构并不欢迎不请自来的电子邮件、传真或用其他电子方式传送的信息。

- 考虑危机情况下的其他因素：
  - ➢ 估计受众的规模，给相应的地方、州、区域、国家和国际媒体发送新闻稿。
  - ➢ 写作风格应当简短明了，使用编号，突出事实。
  - ➢ 在第一页的日期后给出具体时间，之后每一页都要给出日期和时间。（时效性不高的新闻稿是例外，比如新书发布。）
  - ➢ 加上"发布人：[姓名]"或者"联系人：[姓名]"，以及电话号码、手机号码和电子邮件地址。
  - ➢ 提供联系人姓名和所有的联系信息，让别人可以全天候随时联系。
  - ➢ 一旦有了新情况，及时更新。
  - ➢ 尽量在发布之前获得法律上的许可。
  - ➢ 新闻稿日志需要交代：什么时候发送了消息，发送给了谁。
  - ➢ 接到呼入电话时，尽可能给电话录音，随时更新。
  - ➢ 确定简报一览表。

➢ 在可能的情况下，从网页和社交媒体上获取灾难现场的录像或现场
　报道。

➢ 尽量在广播中使用官方申明的录音。

➢ 尽量准备好有本机构背景信息的媒体资料袋。最好在网站上也提
　供这类信息。

使用正确的模板

- 所有的新闻稿都必须统一格式，用有抬头的信笺纸发送，要专业。电子
  邮件也要使用标准格式。

- 邮递或传真新闻稿，在第一页顶部留出三分之一的空白，留给编辑写
  标题。

- 虽然用电子邮件发送新闻稿对传统的格式造成了一点儿改变，新闻稿
  依然有六个关键元素。打印的新闻稿，要按照下面的规则对这六要素
  进行排版。

  1. 日期。表明新闻稿发送的日期，也即公开此信息的时间："即时发布"
     或者"于（或之后）［日期］或［具体时间］发布"。

  2. 题目。新闻稿应该有题目。在第一页中间或左边空白处，输入"新
     闻稿"。

  3. 联系人。在题目之下两行的地方，输入"联系人"，左对齐（或如后
     文例子所示），再输入联系人的姓名，给出电话号码或电子邮件地
     址，或者两者都给出。也可以给出所在机构的名称。如果用电子邮
     件发送新闻稿，这一信息可以放在新闻稿之后。

  4. 大标题。出现在联系人两行之后，居中，粗体字。尽量在标题中
     点出机构名和新闻的主题，比如"涂鸦美发沙龙开张营业"。标题
     要尽量抓住读者的注意力。这就是你向编辑推销故事的机会，对方
     会决定是否刊登这一故事。如果故事比较复杂，可以使用副标题，
     比如：1月10日，纽约最好的造型师，免费设计。

  5. 地点和日期。这是主题之后的两行，通常缩进两个空格。包括所
     在城市（在必要的情况下写上所在州）。日期可以大写，也可以小
     写，使用双破折号。

  6. 原稿。在日期之后，同一行。

- 新闻稿单面打印，使用5.5英寸×11英寸的纸张，双倍行距，边距至少1英寸。当然也有例外。在一些行业，比如出版业，就会使用8.5英寸×14英寸的纸张。用电子邮件发送的新闻稿往往使用单倍行距。

- 如果新闻稿超过了一页纸，在第一页最下方中间写上"翻页"或"继续"，在第二页的开始，左对齐，写上题目的头一个词和页码数，比如说：涂鸦2。

- 段落最好简短一些。

- 慎用黑体字。

- 格式要前后一致。

- 尽量使用主动语态。

- 语气读起来要实事求是。

- 句子要简单清楚、言简意赅。

- 编辑。删除所有不必要的词语。

- 用电子邮件发送的稿件，也要有同样完整的信息。当然了，电子邮件没有标准的字距和排版要求。

- 在新闻稿的结尾，用"###"或者"结束"来表示结尾完结，居中。

酒店夏季价格

即时公布

媒体联系人：安德里亚·徐

最佳公关

212-555-0123

andria@choicepr.com

墨西哥精品酒店宣布夏季优惠

　墨西哥巴亚尔塔港，2006年7月15日——墨西哥精品酒店，位于墨西哥24个度假胜地的23家小型精品酒店宣布炎热夏季优惠政策，拨打1-800-555-0123电话咨询，或者登陆www.mexicorarehotels.com。

EL CASSANTOS（优惠45%）

　EI CASSANTOS是独特的度假之地，游客可享受墨西哥独特的建筑、冒险和艺术，同时又享有自然之宁静。住宿宽敞奢华，配有可以自由遨游的泳池和各种娱乐设施，可以骑马、水上运动，此外还有细致周到的spa设施。单个房间低至每晚250美元；观景房间，每晚1,500美元，共有三个卧室。

　特别优惠时间段：2011年，6月30日—9月30日。可加一人，额外收费25美元（包括早餐）、不包括17%的税额和5%的服务费，售完即止。顾客至少要住两晚才能享受住宿和早餐特惠项目，其中包括两人的英式早餐（只针对成人），还有一次按摩（单人免费，双人需付单人价格）。

　敬请登陆www.mexicorarehotels.com获知所有收费和其他信息，网上即可预定，并可获取其他目的地信息。可以拨打美国和加拿大地区免费电话：1-800-55-0123；墨西哥境内免费电话：01-150-0123；其他国家请拨打+（00）-444-555-0123。可以向info@mexicorarehotels.com发送电子邮件，或者+（00）-445-555-0123发送传真，联系墨西哥精品酒店。也可以索要本公司的彩色目录，查询旗下所有的酒店。

###

*** 提供照片 ***

若还需要其他信息，联系安德里亚·徐

最佳公关，212-555-0123

andria@choicespr.com

新的网页服务

联系人：马克·利特

mark@marklittlepr.com

202-555-0123

即时发布

顶级酒店预约网站YOURTRAVEL.COM现已增加筛选功能

马萨诸塞州波士顿（2011年7月15日）——就在刚刚，我们预订酒店房间的网站加入了7个新的筛选过滤选项，提升了旅客的使用感，这些选项分别是：

· 资料盒

· 无线路由器

· 高速网络

· 室内泳池

· 室外泳池

· 健身设施

· 允许带宠物

"现在这些选项已经运用在奥兰多、凤凰城、达拉斯、旧金山和芝加哥的酒店预约中。"玛纽·卡斯卡说。她是YourTravel的总裁，这个网站是目前世界上最大的网上预约酒店系统，同时也是增长最快的、提供酒店预订信息的集成网站。

除了新增以上的筛选选项，YourTravel网站还扩充了房间和价格信息，在顾客按下"订购"按钮时，他们就能看见这些信息。这项改进使顾客可以看到各个网站的酒店房间和价格信息，而不是只能看到最低价格的酒店，使他们在预订酒店时可以更加灵活。

"如今市场上酒店房间的价格不断升高，而越来越多的美国人出门旅行，这种情况下，以合适的价格找到合适的房间就变得越来越重要，"卡斯卡补充说，"这些新增的筛选选项可以使顾客的订购更加轻松。"

· YourTravel.com提供唯一的在线端对端酒店价格比较服务。

· 顾客可以在超过20家旅行网站中检索最佳价格。

· 使用的简易和对最佳价格的检索对酒店和旅行者双方都有好处，可以节省时间和预算。

· 这家公司已开办4年，面向酒店行业和旅行者提供104个国家、3,250座城市中的酒店信息。从超过二十个旅行网站上搜集的信息被汇编成价格对照表，不偏不倚，其中的最低价格突出显示。这使顾客可以轻松选择旅行网站来预订房间。卡斯卡最后补充道："我们不仅给出最低价格，我们还尽力提供最多的选项，让顾客自己做出选择。"

###

联系：

马克·利特

mark@marklittlepr.com

202-555-0123

第六十五章
问与答、常见问题

　　问与答，以及常见问题，都是为了促进对方更好地理解某一主题。预测编辑或大众读者可能会有的问题，写下这些问题，然后再给出答案或解释。问与答，或者常见问题，一般都配合复杂的新闻稿使用；也可以在机构内部使用，帮助机构人员处理问题。

　　问与答有多种形式，用途是分发给电台或电视台的脱口秀主持人或采访者，以便在采访中使用，来引导采访覆盖公众兴趣的广泛领域。

　　问与答要做得好，关键在于要做好调查，你要知道公众想要知道什么，你想要传播什么。这也是网站或打印出来的常见问题的目标。

　　当你向电台或电视台提议采访一位作者，了解他的新书，或展示调查项目的新发展，使用的"谈话要点"也是问与答的另一种形式。只是"谈话要点"不仅有问题和答案，还要突出显著问题，然后列出支持的观点。

应用范围

　　给采访者建议一些人们普遍感兴趣的问题。

- 宣传新书、新剧、调查的作者等
- 激发记者的兴趣
- 针对复杂新闻稿的常见问题

内容要求

- 使用发人深思的题目来吸引注意力。
- 针对主题，列出最有可能被提出来的问题。比如，针对高级个人计算机，常见的问题可能有：
  - ➢ 相较于现有的其他产品，它的优势是什么？
  - ➢ 什么时候才上市？
  - ➢ 我们所在的地区有售吗？
  - ➢ 操作容易吗？
  - ➢ 需要什么样的配置或指导？
  - ➢ 价格是多少？
  - ➢ 目标受众是谁？
  - ➢ 其他公司有竞品吗？
  - ➢ 公司第一年的销售预测是多少？
  - ➢ 这一产品的开发用了多长时间？
  - ➢ 对消费者的生活会带来怎样的改善？
- 给对方提供简短但全面的答案。
- 把资料分发给媒体之前，问题和答案首先要得到相应的个人或机构的同意。

注意事项

- 专业术语需要给出定义。
- 不要使用专业行话。

特别情况

一定要让被采访人有所准备。最好能一起排演。

模板

- 如果是新闻稿的问与答、常见问题，或谈话要点，两份文件应该有互补性。用有信头的信笺纸，使用同样的格式、同样的字体，使其互相匹配。

- 如果用电子邮件发送问与答、常见问题，或谈话要点，稿件应该在邮件的正文当中，不要当作附件发送（除非对方要求）。这样可以增加对方阅读的可能性。

- 可以用多种格式来解释或精简信息，以增加趣味性。比如说，可以用超大卡片、四色彩色来打印采访问题。

采访作者的谈话要点

联系人：桑德拉·E. 兰姆

（303）555-0123，或者电子邮箱：sandylamb@email.com

（请在主题栏注明"采访要求"）

建议题目

桑德拉·E. 兰姆，《私人便条：如何应对各种场合，由衷写作》的作者，在电台和电视台的采访中反应机智、俏皮有趣，深得观众喜爱。也许贵台的观众也会喜欢她提供丰富知识，同时妙趣横生地谈论以下某个题目的访谈：

题目一：朋友或同事遭受了损失，你如何写信给他（她）？

谈话要点

1. 听说并且确认坏消息后，马上就动手写信。如果事情已经过去一段时间，仍然可以写。

2. 简单有力地开头，提及对方的名字、损失或事件，表达你的难过。比如说："得知你失去了亲爱的哈利，我非常难过。在这悲伤的时刻，我牵挂着你。"或者，"得知你没有再担任运营总监一职，我感到很遗憾。"

3. 如果有人去世，尽量写上一段美好的回忆。

4. 提供具体的帮助："在你回到办公室之前，我可以帮你盯着亚当斯项目。我会在星期四给你打电话，看你有没有什么具体的嘱咐，我能不能帮上什么忙。"

5. 结尾要温暖。

题目二：你的雇主会阅读你的邮件吗？

谈话要点

1. 你的雇主可能会阅读你在工作时间写的私人邮件。法庭通常会认同雇主有权阅读工作地点发送的邮件。

2. 私人电子邮件并不私人。网络空间是个非常公共的领域，消息在网络空间满天飞。

3. 了解你所在机构的电子邮件规则。每个机构都应该有自己的规则，并且告知所有的雇员。

4. 不要转发他人邮件，也不要剪切、粘贴他人邮件的内容再发送给其他人，这侵犯了他人的版权。如果要使用对方邮件的部分或全部内容，你要先得到对方的允许。

5. 我设立了电子邮件的十大黄金法则，避免人际冲突。可以登录 www.SandraLamb.com 查看。你可以从中了解什么时候需要面对面的会见，理解交流的场合范围，并弄清楚何时应该使用电子邮件。遵循我制定的网络礼节。

还有另外一些题目可供选择：

题目：为什么请帖上注明了"请回复"，有些人却不回复？我该怎么办？

题目：没有人再写感谢函了。我为什么要写？

题目：我怎么才能教会我的孩子写感谢函？

题目：我的简历怎么才能有真实的力量？

题目：写信告诉对方坏消息时，怎么样才能不显得负面消极？

题目：怎样才能让简历的附信吸引对方的注意力？

题目：怎么在信件中表达歉意？

题目：怎么才能写出炽热的情书？

###

第六十六章

个人简介

　　个人简介是解释性的文字，旨在提供个人的背景信息。有两个基本的类型。第一种，简单而全面。第二种，专题人物简介，提供更多的信息。无论是哪种，都应该有情况简介或大事年表。

应用范围

- 想要得到媒体的特别报道。
- 作为媒体资料袋的一部分。
- 介绍即将上台的演讲者。
- 简介书籍的作者。

内容要求

- 制定有逻辑的大纲。
- 开头有力。
- 内容要有血有肉。
- 句式多样，语言生动。
- 行文流畅、内容全面。
- 有理有据，首尾呼应。
- 要有一些有趣的事实。

用于报纸：

- 一开头就给出此人的姓名、职位和成就。
- 给出此人的教育和职业背景。
- 根据受众，简介中可以包括或者不包括个人信息，比如婚姻状况、子女、学术地位等。

用于专题报道：

- 写作风格更为放松，类似于杂志的人物专访。
- 加入有人情味的细节。
- 引用这个人的话。

模板

使用有抬头的标准信笺纸。如果个人简介是媒体资料袋或邮件的一部分，字体要与其他的资料一致。如果个人简介是通过电子邮件发送的，最好使用附件的形式发送。

改，改，改

检查时态和人称是否一致。反复检查。

个人简介

约翰·弗里斯克

董事长，CEO

好撒玛利亚人医院

　　约翰·弗里克斯是科尔尼好撒玛利亚人医院的董事长和CEO，该医院是内布拉斯加州最大的医疗机构之一。作为天主教医疗首创机构的下属机构，好撒玛利亚人医院已经在内布拉斯加州中部和堪萨斯州北部地区服务80年。弗里斯克于2011年7月出任该医院的董事长和CEO。

　　之前，弗里斯克是艾奥瓦州斯宾塞医院的总裁和CEO。他曾经担任过宾夕法尼亚州印第安纳医院的资深管理副总裁；佛蒙特州巴里中心佛蒙特州医院的总务副总裁；明尼苏达州罗切斯特市奥姆斯特德社区医院的行政官。

　　弗里斯克拥有明尼苏达大学和艾奥瓦州立大学两所大学医院管理和劳资关系的硕士学位，以及堪萨斯大学的社会学学士学位。

　　弗里斯克和他的妻子苏居住在科尔尼。他们有两个已经长大成人的子女。

（参见第三章"公告"；第六十三章"媒体资料袋"；第六十一章"宣传信"；第六十四章"新闻稿"。）

第六十七章

参考书目

个人介绍、简历（列出此人的作品）都可以附上参考书目。你可以在参考书目中列出这一题目下已经出版了的文章和书籍。如果媒体资料袋或新闻稿附上了参考书目，记者、编辑或采访人可以很快地根据参考书目找到自己想要查询的额外信息。如果是报告、文件或书籍所附的参考书目，其功能就是列出相关资料来源，读者可以据此进一步研究这一题目。

参考书目就是列出资料来源，还可以加上注释，简洁描述所列出的内容。

应用范围

- 作为个人证明文件的一部分。
- 附在简历后面。
- 介绍某人的背景信息。
- 媒体资料袋的一部分。
- 记录报告、文章或书本的相关资料。
- 书籍参考书目样本：作者的姓氏，中间名的缩写，名字。书名。出版社所在城市：出版社的名字，出版时的年份。
- 杂志参考书目样本：作者的姓氏，中间名的缩写，名字。文章名。杂志社的名字，出版年月。

内容要求

- 使用标准格式，例如可以参考《芝加哥格式手册》最新版本的要求。
- 前后一致。

（参见第六十六章"个人简介"；第六十三章"媒体资料袋"；第六十四章"新闻稿'；第十八章"简历"。）

第六十八章

演　讲

公共演讲是一种获得承认和展示领导力的有效方式。在提供信息、鼓舞人心、劝说、帮助确立政策和激发行动方面，演讲是利器。演讲必须通俗易懂，才能有效。要根据听众、演讲者和场合，定制演讲。优秀的演讲不仅仅是说话；优秀的演讲可以在演讲者和听众之间建立一种联系。

遵循口语的要求，撰写演讲稿。

内容要求

- 动笔之前，考虑听众的构成、需求和教育背景。
- 全方位了解演讲的时间和场合。
- 关注一个主题。
- 深入调查题目。
- 如果有可能，现场演练一番，然后再根据需求做出调整和纠正。

撰写演讲稿

准备工作

- 考虑听众，以及演讲者与听众之间的关系：
  - ➢ 听众具备多少背景知识？他们的年纪多大？
  - ➢ 听众的参照点是什么？他们的兴趣和态度体现在哪里？
- 如果你在为他人准备演讲稿，还需要一些其他准备工作：

> ➤ 像记者一样采访要发表演讲的人。

> ➤ 给采访录音、记笔记。

> ➤ 关注对方是怎么讲话的，记录对方的风格、态度、发音和说话的节奏。注意对方是进取型，说话温和型，还是态度柔和型？

> ➤ 注意对方自然的说话风格、惯用口语、表达和态度

> ➤ 了解演讲者是否有担心或害怕，如果有，是什么？

> ➤ 考虑演讲者可能持有的观点，选择可能涉及的谈话领域，比如所在行业面临的问题、趣闻轶事、演讲者的专业领域、特别关注的内容。

> ➤ 计算演讲的长度（如果是打印的双倍行距演讲稿，一页纸的演讲时间在一分钟到一分半钟之间）。

> ➤ 采访这一活动的组织者，了解所有的细节：场合、时间、其他演讲者及其演讲、展示、颁奖和其他活动。询问演讲过程中观众的活动：人们会不会吃东西、喝东西？是站着的，还是坐着的？如果有可能，看一下现场，了解布局。

> ➤ 选择具体的演讲题目。撰写演讲稿的人必须是有想法的人。查阅其他类似活动的演讲稿，如果遇到年度活动，可以查看往年此活动的演讲稿。有时候，必须根据活动来制定演讲的题目和内容。

> ➤ 必要的时候，呈递演讲稿的构想，请求批准。

> ➤ 研究题目。尽量多收集材料，确保参考资料的全面和时效性，做到最好。使用图书馆的资料和机构的文档；采访机构的官员和其他专家；查看这一演讲者就类似题目做过的演讲。

撰写过程

- 给出大纲。在介绍、主题和总结的基本格式中，给出每部分的细节。举例说明，以下是某个公司的年度销售会议的演讲大纲：

  1. 开场白和欢迎辞：介绍到场的销售经理；说明此次会议的目的。

  2. 公司发展如何？陈列去年的销售数据；今年的销售数据；明年的销售预期。

  3. 销售人员的成长如何？看一看数据：了不起的成绩；新目标。

  4. 结论：眼前的新挑战；我们会这么做！

- 写出演讲稿。要口语化，加上有趣的细节、轶事，以及回顾点。演讲要

简单，进展要有逻辑：

> 开场白要吸引人，要抓住听众的注意力，可以加入幽默有趣的轶事（慎用笑话）、发人深思的问题、引用，或者有人情味的故事。开场白要引出主题，给出信息。

> 演讲主体的逻辑要清楚，有重点，要回顾要点，也要容易理解。要针对听众量身定做，穿插情感性的内容，让听众感同身受，并仔细地听下去。

> 结尾应该回顾要点，总结全文，要首尾呼应。让听众感到有所启发。

- 用重复的方法强调要点，可以让听众印象更深刻。
- 强有力的转折可以保持听众的注意力。
- 重复使用名词，不要使用代词。
- 使用排比，表达清楚，重点突出。比如说："民治、民有、民享。"
- 使用简单的词，简单的陈述句。
- 尽量把主语和动词放在一起。
- 少用从属句。从句太多，听众听起来不胜其烦，就会走神。
- 稿子要有弹性，在演讲的过程中，演讲者可以自行调整。
- 加入可视元素，增加趣味，保持听众的注意力。所用资料应该与主题的重点内容紧密相关，旨在强调和示意要表达的信息。
- 用括号标出提示，比如：（幻灯片第4页。暂停）。
- 根据听众的多少、构成和安排来决定可视元素的材料。

演讲之前

- 在镜子面前练习演讲；如果有可能，在现场配上可视材料进行演练。反复练习，直到演讲过程很流畅，演讲者感到自如为止。
- 排练演讲，在有问题的地方做出改动。
- 在可能的情况下，到现场面对试听听众，测试演讲的效果。所有的细节都要到位（一根出问题的电线、PPT播不出来，或麦克风有啸叫声，都有可能导致演讲失败）。

注意事项

- 一次演讲尽量只讲一个主题。确定你可以用一句话来解释这一演讲。

- 如果你不是经验丰富的演讲者，或者你不是在为他人写演讲稿，不要相信自己只有大纲就能做演讲。把演讲稿打印出来，两倍行距，标出重点（有些演讲者喜欢用大写和大一号的字体表示重点）。
- 不要夸大事实，或者过于戏剧化。
- 笑话要得体，要根据听众、场合和主题的需要而定。引用也是这个道理。
- 不要剽窃。如果你引用了，要指出原作者和来源。
- 注意同音字，任意使用同音字可能会引起误解。
- 不符合演讲者技能水平或演讲风格的内容，删掉。不容易在演讲中呈现的内容，要慎用。

特别情况

- 如果有媒体参加，为他们提供打印的演讲稿。
- 可以从演讲中节选内容，用于新闻稿、杂志稿件、简报等。

第六十九章

公共服务通知

公共服务通知是一种通过广播通报某一活动或产品的基本工具。

联邦通信委员会（FCC）要求电视台和电台为社区和公众利益服务。这一职责的一部分可以解释为：播放非营利活动的简短通知。过去这些活动大部分是由非营利组织赞助的，但现在由营利组织赞助的非盈利活动也越来越多了。

公共服务通知的长度从10秒到60秒不等，可以是新闻稿的形式，也可以是以脚本的形式录音或录像，最后在电台或电视台播放。公共服务通知后，还可能有对这一活动官方代表的电台或电视采访，或对这一事件的特别报道。

有些公共服务通知的内容是健康信息或安全提示。所有的公共服务通知进行的都是积极正面的宣传。

应用范围

- 公共健康讨论。
- 有关健康、安全或产品的新信息。
- 面向公众的健康提示、福利或改进服务。

内容要求

- 像新闻稿一样撰稿，一开始就要吸引人。你可以用一种预告的形式——吸引人的短语、问题、措辞——来抓住听众的注意力。使用动词，以及简短、陈述性的句子。

- 给出事实。
- 如果有照相机会、录音、录像或采访部分，列出来。
- 给出可以采访的权威人士或名人。
- 写广播稿时，你既要考虑视觉的角度，还要考虑听觉的角度，你的脚本里必须有制作最终成品的指示和线索。先阐述观点，再描述最后成品会如何呈现出来。
- 题目必须是大众感兴趣的话题，其中要具备消费者的角度，或者时事元素。
- 有新闻角度的事件、有发布日期的产品（新书、新电话业务、慈善跑、新药），以及有人情味或与消费者相关的话题，都可能成为公共服务通知的内容。
- 硬新闻稿以时事事实为基础；软新闻稿以娱乐话题和名人为基础。要知道自己写的是哪种稿件，并发送给相应的制片人、编辑或导演。
- 一般情况下，最好先给电台或电视台的制作人打电话，简短地介绍、宣传一下你的想法。一定要浓缩你的想法，言之有物，用两三句话，在20到30秒的时间内抓住对方的注意力。做好媒体类别的分类，一定要提出有录音或录像的机会：
  - ➢ 自然灾害或危机
  - ➢ 健康、医疗、安全
  - ➢ 影响公众的经济问题
  - ➢ 好人好事
  - ➢ 幽默或特别有人情味的故事

特别情况

- 针对电视台，给出建议，在视觉上让这一信息或事件变得有趣。
- 提出采访、录像或录音的建议。
- 在可能的情况下，提供音频或视频文档。
- 在必要的情况下，给出撰写广播稿的建议。如果你在撰写广播稿，使用广播机构提供的标准缩写。

模板

- 使用8.5英寸×11英寸的纸张，在第一页用黑体字打印标题。在标题下方，写明脚本完成的时间。
- 稿纸分为左右两边，左边是录像指示，右边是声音文本。

第七十章
评论和致编者函

　　评论、致编者函，或者客座评论这些并非由出版机构的作者和编辑所写的文章，往往是很多报纸和杂志的中流砥柱。在杂志上，这类文章通常归于"来信""读者来信"等分类。

　　选择刊登出来的文章反映了读者的个人观点，这类文章中还包括写给编辑的信件、特约稿件和署名文章。

　　评论文章的维度很大，可以覆盖很多内容，但在动笔之前，也要研究并且遵守出版社的指南信息，这一点很重要。

应用范围

- 针对重大政治事件、社会弊端、危机或时事，发表观点，影响公众舆论。
- 回应或纠正出版物中出现的错误或不准确信息。
- 宣传、推广某一观点。
- 指出某一文章漏掉的相关信息。
- 针对某一立场或文章，对编辑或作者表示祝贺。

内容要求

- 动手之前，询问出版物的政策和在评论方面的要求。
- 致编者函有见报或出版的可能。写这类信件的时候，你要清楚这一点。
- 根据具体出版物的要求、规定或指南来写。

- 如果你的信件代表你所在的机构，你要先获得的上级的同意。
- 尽量从正面积极的角度入手，采用乐观的语气。
- 如果你反驳某一评论，要给出评论的题目和日期。说明自己的观点，用坚实的数据和事实来支撑自己的观点，说明资料的来源和权威性，但资料来源不要超过两个。紧扣主题，表达尽量清楚、客观和简短。可以热情洋溢，但不要过火。
- 指出错误或不准确之处时，要提及出版日期和你指出的错误的页数。引用错误的原文，然后给出正确的信息。一定要用一两处有来源的资料佐证你的观点。在信件最后签署你的名字，也可以署上自己的头衔。
- 信件或文章都要简短，观点要明确。大多数出版物给出的字数限制是500到800字。查询出版物的要求。

注意事项

- 回应负面文章时，要三思而后行。仔细权衡自己的决定，判断自己的回复是否会引发更多的负面文章。
- 不要使用煽动性或贬损他人的语言。
- 不要威胁采用法律行动。
- 除非你写的是幽默文章或讽刺文，否则不要使用夸张的语句。

模板

打印，两倍行距，留出至少1英寸的边距；或者通过电子邮件发送给处理这类信件的编辑。

特别情况

明确对方编辑的名字和头衔，直接把自己的评论发送给这位编辑。

评论

亲爱的编辑：

星期二贵刊发表了在公共沙滩上可以饮用烈酒的文章。我必须问上一句：在我们的公共沙滩上饮用烈酒？真的吗？这还算得上是个好点子？

昨天，我坐在沙滩上，旁边有三个人喝啤酒，喝醉了，至少吓着了六个带小孩的家庭。这三人还不时地在离沙滩不远的地方开水上摩托车，对他们自己和很多其他人来说都非常的危险。想象一下吧，如果他们喝了烈酒会是什么样。我担心出现不幸事件，给管理员打电话，结果管理员一个半小时之后才出现。

当然了，这些兴高采烈的"游泳者"不得不乘车离开沙滩。允许在沙滩上饮用烈酒，简直就是疯狂的想法！我要投反对票！

我们的沙滩应该是幸福的、安全的，没有人喝醉的。

莎蒂·巴斯

评论

亲爱的编辑：

贵刊在星期天刊登了布朗州长的文章，说到布朗经验丰富、理智和可靠的方案，我举双手赞成，我觉得他的计划可以挽救这个曾经伟大的州免于陷入深渊，能够纠正数十万居民受到的不公平待遇，他们失去了养老金和各种福利。我相信还会有更多的好处。

前进吧，布朗州长！我们都坚定地站在你的身后。

一个再次骄傲起来的加利福尼亚人

第七十一章

通　讯

通讯是针对特定读者的出版物。大多数通讯的读者都是"内部"人，比如雇员、邻居、俱乐部和协会的成员，他们都是有共同利益的人。通讯通常采用非正式的新闻格式，或新闻，或专题报道。

通讯的类型

- 雇员通讯。通常机构会采取这一类型，有助于创造一种归属感。内容通常是雇员信息和机构新闻的结合。
- 社区通讯。通常这种通讯会针对邻里，创造一种整体感，处理共同的担心和问题，达到传播信息的目的。
- 协会、俱乐部或群体通讯。让同一群体的人互相联系，例如"每月一书"俱乐部、美国悬疑小说作家协会，以及各种兴趣团体，比如网球爱好者、健康俱乐部、类型小说作者等。这类通讯的目的是鼓舞人心、提供信息，让成员之间有一种同志情谊。
- 宣传通讯。这种通讯的目的在于创建专属读者群。酒店、度假俱乐部、粉丝俱乐部、政客的通讯就是为了宣传自己。
- 盈利通讯。提供大众感兴趣的信息、建议和问题的解决方案，收取费用，从中赢利，存在于财务投资者、公关人事部门、公共演讲者、低价商品购买者、作者和其他各种人群中。

内容要求

- 充分了解受众，根据读者群制定关注点。
- 采用新闻写作风格。但没有必要采取倒金字塔的风格，不需要在第一个句子或第一段给出所有的事实。
- 对于大多数的读者群，最好选择非正式的写作风格。
- 文章的长度取决于读者群，与商务相关的通讯文章通常会有200到600字。
- 既要提供信息，又要保有趣味。专题文章应该有完整的开头、中间和结尾。开头要勾住读者往下读，然后按照逻辑顺序解释、阐释主题。
- 相较于新闻类通讯，专题文章要更有人情味，更丰富。

模板

- 用什么样、多大的纸张印刷都可以，你主要要考虑的是纸张的费用问题。许多通讯只提供电子版，免去了纸张的问题。
- 印刷的通讯可以用电脑合成，也可以实体印刷。第一页的横幅、线条艺术、照片都可以使通讯个性化，但是要简单。
- 注意页与页的均衡，不要把所有的照片或插图放在书页的一边，或者都放在中间，这样会让人感觉它们要掉到对折的褶皱里去。可以参考第二章的"平面设计和排版"，把最重要的内容放在左上方和右下方的位置，因为一眼望去，我们的目光通常会落在这些地方。
- 注意留白，增加趣味，让内容轻松易读。
- 因为可以节省费用，网上通讯非常受欢迎。研究其他网上通讯，然后再创建自己的版本。这一形式的通讯需要更为简洁明了的写作风格。

第七十二章

宣传册

宣传册是在销售、促销和媒体资料袋中使用的销售文本。宣传册描述本机构及本机构的职能、产品线和目标等。

宣传册应该回答以下问题：

- 我们是一个什么样的机构？
- 我们具有什么样的历史（背景资料）？
- 我们可以提供什么（产品或服务）？

宣传册应该告诉读者：本机构的地理位置、代理商（代表人）、完整的联系信息、独特之处，以及以下信息：机构的使命、成员的福利，以及如何加入该机构。

内容要求

- 调查、收集、阅读若干宣传册，其中你喜欢什么，不喜欢什么，记下来。
- 你要说什么，内容有多少？
- 哪些内容是特色，哪些内容是好处。特色就是产品或服务的细节信息；好处就是读者能从中得到什么。
- 用词要尽量简洁，这一点非常重要。最好的宣传册往往是那些篇幅最短的。
- 决定宣传册的外观。必须用诱人的外观来推广其中的信息。
- 估计这一宣传册的使用时间和你的预算经费，决定宣传册的印刷册数。

也许，你需要找专业的设计师和印刷厂来替你做这方面的决定。

- 写出稿子，审读，修改。

- 找到专业排版人或印刷厂，与对方一起决定用什么大小的宣传册，来装下所有的照片、图形和展示。

- 编辑文本，收集好照片或插图，决定大致的排版，注明标题、图像和照片的大小和位置。

- 选择合适的纸张，从手感、颜色和耐磨性三方面考虑。费用的问题会限制你的选择，但一定要选出最适合字体、图片和颜色的纸张。

第十一部分

电子通信

没有什么比伟大更简单；

事实上，简单就是伟大。

——拉尔夫·瓦尔多·爱默生

第七十三章

电子邮件

现在，如果没有了电子邮件，我们简直没有办法进行商业活动和个人生活。有了电子邮件，我们就能即时通信，不会遇到电话占线的情况（或正好都在给对方打电话），可以与特定的群体无缝交流，传递报告、交流信息，以及提出请求。电子邮件可以让我们的工作更高效，节约我们的时间。但是，处理电子邮件也给我们增加了不少工作量。调查显示，每天，人们会在电子邮件上花费30分钟到4小时不等的时间。我们每天大约要发送2,000亿封电子邮件。这个数字每分钟都在以指数的方式增长。

电子邮件是通信的革新，我们应该更好地写邮件、改邮件，我们应该学会更有效地使用和管理这一媒介，避免严重的错误。电子邮件应该是清楚、重点突出、简洁、及时和准确的通信方式，我们应该严格遵循这些原则。

应用范围

在你发送电子邮件之前，首先要考虑你的邮件内容和回复要求，以及所有的交流方式；然后选择其中最好的方式：

- 如果交流的内容涉及人类情感（情感化、私人化程度高），需要对话、协商；或者涉及人事、财务，或有涉密的内容，最好的选择依然是面对面的交谈。
- 如果你需要立刻得到答案，如果你交流的对象喜欢声音的接触，如果声音表达的微妙差异有助于你的信息传达，电话是一个好选项。

- 如果要传达非常个人化的信息，比如表扬、安慰或支持，手写的信件或便条就是最好的选择，因为亲手书写的东西、更有分量，而且可以永久保存。
- 至于非正式的公司内部信函、公司之间的信函、资讯和备忘录，电子邮件是最好的选择。在短时间内要给很多人发送消息、需要给你发送的信息创建永久性记录文本的时候，电子邮件也是最佳选择。

警告

关于电子邮件交流，要记住这些要点：

- 不要在非常情绪化的时候发送或回复电子邮件。冷静下来，考虑清楚，做好评估，然后再按下"发送"键。
- 人们会根据你工作场合电子邮件的写作水平来评价你。
- 从机构或公司的台式机、笔记本和公司邮件服务器产生的电子邮件归该机构或公司所有。
- 非指定接收者可能会拦截电子邮件；电子邮件也可能会转发给非指定接收者。
- 电子邮件不能被真正地删除。所以一定要写好了邮件，满意了，再填上"收信人"；一定要好好编辑、检查了邮件，再按下"发送"键。
- 设定具体的固定时间段来处理、回复收件箱里的邮件，这是管理电子邮件的最好方法。
- 电子邮件为各种文件、合同和通信的审计、追踪创造了宝贵的渠道。

电子邮件术语

了解一些电子邮件和网络应用的基本术语会有帮助：

Archive	存档邮件
Attachment	附件
Autoresponder	自动回复
BCC	密件抄送（这一方式让发送者发送邮件给收件人的同时不泄露收件人的邮箱）

（续表）

Blog	博客
Bounced Message	弹回消息（电子邮件未投递成功，被发回至发送者处）
Browser	浏览器
CC	抄送
Challenge-Response	质问-响应/诘问-回应
Chat Rooms	聊天室
Digital Signature	数字签名
Distribution List	保存为单个收件人的邮件地址列表
Download	下载
Emotion	表情符号
Encrytion	加密
FAQ	常见问题
Filter	过滤器
Firewall	防火墙
Flame	用电子邮件发送的个人攻击
Hard Copy	电子邮件打印稿
Header	电子邮件的地址和主题部分
Host	主机
HTML	超文本标记语言
Hyperlinks	超链接
IM	即时通讯
Intranet	内部网
IP Address	IP 地址/网际协议地址
Junk Mail	垃圾邮件
Listserv	电子邮件列表管理程序（把信息发给一系列的成员）
Netiquette	网络礼节
PDA	个人数码助理
Phishing	网上钓鱼/网上欺诈
Plain Text	纯文本
Protocol	协议
Q&A	问答
Search Engine	搜索引擎
Signature Line	签名档
Snail Mail	蜗牛邮件/普通邮件/纸质邮件
Social Networks	社交网络
SPAM	垃圾邮件
SPAM Block	嵌入文本。在 @ 符号之后、域名之前嵌入这一文本，则不再接受这一邮件地址的来信。
Surf	上网/浏览
Texting	短信
Thread	电子邮件交谈/连串的信息
Tweets	推特/推文
URL	统一资源定位地址/URL 地址
Virus	病毒

（续表）

WiFi	无线联网技术
Wikis	维基
Worm	蠕虫病毒
Zip Files	压缩包

内容要求

- 参照第二十五章"备忘录"的内容，或者其他通信章节的内容，这些章节的规则同样适用于电子邮件。电子邮件是非正式的备忘录，有时也可用于更为正式一些的信件、附信，甚至还有提案、报告和请求。

- 了解你所在机构关于电子邮件的规章制度。如果没有现成的，就制定出周密的政策。

- 一开始，问自己这些问题：

  ➢ 所在机构限制员工使用电子邮件和上网吗？

  ➢ 在你的机构，信息保密吗？是发送者所有？还是作为系统的一部分，为机构所有？发送者是自己所发送的信息的"保管员"还是"所有者"？

  ➢ 机构是否作为系统的所有者，保留了监督所有电子邮件的权利？

- 遵守所在机构的网络礼节、技术术语、通行的缩写和符号。

- 记住：发送任何信息都应该使用正确的大小写、拼写和标点符号；不恰当的大写相当于大喊大叫。

- 商务环境之下，如果这样做是合适的，可以只使用电子邮件发送商务信息。

- 尽量做到每封电子邮件只涉及一个主题。多个主题会妨碍对方回复，而且归档也成问题。

- 主题栏的内容应当简短、清楚、准确。

- 合适的情况下，只复制或突出收到的消息中你要答复的部分。

- 立刻回复，如果回复需要24个小时以上的时间，可以先发送确认函，比如说："我已经收到您的消息了，明天早上给您答复。"

- 在发送之前，确定对方可以接收到，并且可以打开你发送的附件。

- 尽量把信件的长度控制在一个电脑屏幕之内。

注意事项

- 如果你不想被指定收件人之外的人看到，就不要在电子邮件内写下机密或敏感的内容。
- 仔细思量之后，再发送邮件。
- 要得到发送人的同意之后，再转发对方的邮件。
- 没有得到作者的同意，就不要在电子邮件内复制粘贴对方的版权材料。其中包括对方用电子邮件发送给你的原创资料。
- 商务电子邮件中不要使用缩写，也不要使用表情符号；私人邮件也要少用。
- 不要用商务电子邮件转发笑话和其他资料。如果要发送给私人朋友和同事，提前询问他们愿不愿意收，以免自己被当作发垃圾邮件的人。
- 如果你要发送紧急消息，不要使用电子邮件，除非你知道对方在线。
- 一定要检查你在给谁回复电子邮件，有时群发邮件开启了"回复所有人"功能。
- 不要发送愤怒的或包含人身攻击内容的信息。等冷静下来再考虑电子邮件的内容。
- 你要知道，发送个人信息可能会造成身份盗窃的事件。

电子邮件模板

- 商务通信就使用商务问候的方式，或者遵循你所在机构的格式。因为电子邮件是一种非正式的通信方式，所以通常可以用"嗨""你好"开头。或在你和对方关系比较亲密的情况下，可以称呼对方的名字。
- 了解并且使用你所在机构的特别缩写和符号。

使用 listserv[①]、电子公告板、聊天室

使用这类平台时，应该遵守已有的规定。也许在加入之前，你就需要同意遵守网上协议。仔细查看这些规定，务必时刻遵守。

---

① 电子邮件群发系统。

网上群发信息内容

- 适应一段时间，学习其中的语言、参与规则、文化和符号。
- 从提供信息的角度进行思考。
- 考虑好了，再发送你的信息。
- 评定自己的内容，判断是否提供了新的信息或观点。"我也这样想"之类的信息就是浪费别人的时间。
- 内容尽量做到客观积极。网上的信息很容易被误读、误解，对方很容易就觉得受到了冒犯。
- 针对观点发言，不要针对表达观点的人。
- 网上俏皮的分寸很难把握。一定要对这一网络文化非常熟悉，你才能尝试抖机灵。即便如此，你也要知道自嘲是最安全的。

模板

- 不同的电子邮件系统会影响到邮件的格式、字型、每行长度等，因此要用简短的句子。
- 段落要短，段落间要有间隔。不一定要首行缩进。
- 尽量用编号的方式列表。
- 根据你与对方的关系和你公司的政策来选择合适的称呼。如果认识对方，也可以用非正式的问候。
- 结尾要让对方明白自己的话已经说完了，给出联系方式。可以使用自动签字栏，这很有用。

词语

安排	报告	大纲	附上	感谢	更新	行动
回答	回复	回顾	见面	建议	结论	截止
解释	进展	纠正	开创	开始	列表	目的
清除	确认	提醒	提议	下单	信息	修订
宣布	指示	注意	状态	总结		

短语

改变时间	截止日期是
请查看附件	请教你的看法
请求改变	请求你的帮助
请注意变动	如下列表所示
提交你的评论	我的答复是
我们的决定是	修改步骤
宣布新政策	针对你的问题，我的答复如下
注意以下几点	总结如下

句子

附件里是你要的报告。	政策有几处改动，如下所列。
寄上你要的文件。	请给出你的看法。
截止日期是星期二。	感谢你的意见。
很高兴收到你的邮件。	寄上最新的信息。
你可以在这一网站上找到信息。	请在3月10日之前申请。
我会在6月4日前完成我的报告。	截止日期就要到了。
今天我们这儿春光明媚。	现在说一说新闻！
我迫不及待想要告诉你。	

段落

没有时间再改动了。请在星期二提交你最后的意见。

现在我正在赶截止日期。我星期六再回复你。

嗨！我们刚刚完成了一个大项目。现在又有两个任务要赶，下个星期三就要截止了。我们可不可以把午餐推迟到下个星期？

午餐时间改动：所有小时工的就餐时间改为 12:30—1:15。这将保证生产不间断。

非常感谢。我很喜欢你的意见，深刻、有见地。

你这次的报告非常出色！下个星期开会的时候，我会提出表扬，并且让你来展示你的发现。

这一次寒潮，琼斯家怎么样？昨晚温度到了零下20摄氏度，我们都穿着羊毛袜子和毛衣睡觉了。

我会带提灯和背包。你能带上十来个能量条吗？

回复你的问题如下：是的，我们还在面试产品经理一职。是的，在候选人中，你依然名列前茅。

关于旅行的事情，我下周再跟你联系。我们还没能决定有多少时间可以安排。

改，改，改

用词干净利落，句子简洁，段落简短。做到简洁清楚。

电子邮件样本

往往电子邮件就只有一段话。话要少，要写得简短。记住莎士比亚的话："简练是智慧的灵魂。"主题应该言简意赅，抓住对方的注意力，体现整封邮件的内容。以下的例子不包括主题。

附件是新报告。请仔细阅读，于6月1日把你的意见发给我。

感谢你们精彩的团队工作。很显然，今年市场部又会拔得头筹。

请务必查看公司的电子邮件指南。上周，我们公司出现了严重违反网络礼节规则的事情。我们不允许人身攻击。

附件中的报告指出了我们需要改进的三个地方：
·第三个生产班次的产量
·减少四号生产线的不良品
· 104A 型号的质量

请仔细阅读附上的报告。星期一来参加会议时，请提出必要的改进想法。

附　录

使用简明、直接的词语 ①

使用过渡词汇来帮助读者理解

表达……

顺接	对比	类比	解释	影响和效果
then	unlike	like	for example	then
in addition	different	the same	one such	as a result
to enumerate	in spite of	similar	for instance	for this reason
number _	on the other hand	close	to illustrate	the result was
first, second, third	on the contrary	likewise	also	then
next	opposite	also	too	what followed
the next in this series	opposing	near	to demonstrate	in response
besides these	however			therefore
	contrary to			thus
	very different			because of
				consequently
				the reaction

使用简明直接的词语

去掉	使用
10 a.m. in the morning	10 a.m.
a substantial segment of the population	many people
above mentioned	these, this, that, those
absolutely complete	complete
absolutely essential	essential
accounted for by the fact that	caused by

---

① 作者在原书中对比了英语中繁复和简洁的用法，然而这些词组翻译成中文后难以体现它们之间的区别，故原文照录，附于书后，供有兴趣的读者查看。这些表格分别位于原书的第一章和第二十五章。——编者注

（续表）

achieve purification	purify
activate	begin
actual experience	experience
add the point that	add that
adequate enough	adequate
advise	tell
along the lines of	like
along the lines of	like
am in receipt of	have
an example of this is the fact that	for example
analyses were made	analyzed
answer in the affirmative	yes
any and all	any, all
are of the opinion that	think that, or believe that
as of this date	today
as of this date	today
as to whether	whether
assent	agree
assist	help
at a price of $10	at $10
at the present time	now
at the present writing	now
at this point in time	now
at this point in time	now
attached hereto	attached
attached please find	attached is
attempt	try
attributable	due
basic fundamentals	facts, basics, fundamentals
be desirous of	want
be desirous of	want
blue in color	blue
came to the conclusion	concluded
cancel out	cancel
category	class
cease	stop
circle around	circle
coalesce	join
cognizant	aware
collect together	collect
compensate, compensation	pay
components	parts
concede	admit
conceive	think
conception	idea
conclusion, conclude	end

（续表）

connect to	connect
consensus of opinion	consensus
consequent results	results
considerable	much
constructive	helpful
deemed it necessary to	[eliminate]
deficiency	lack
delete the most insignificant	delete
deliberation	thought
delineate	outline, draw
demonstrate	show
descend down	descend
despite the fact that	although
determine	find
disappear from sight	disappear
discontinue	stop
during the year of 2008	during 2008
early beginnings	beginnings
effect a change in	change
eliminate	cut out
empty out	empty
enclosed herein	enclosed
encounter	meet
endeavor	try
enter in the program	enter
equitable	fair
establish	set up
evince	show
exactly identical	identical
exemplify	show
exhibits a tendency to	tends
facilitate	help
few in number	few
first and foremost	first
following after	following
for the purpose of	for
for the reason that	because
frequently	often
function	use
give a weakness to	weaken
give an indication of	indicate
give encouragement to	encourage
have at hand	have
hold in abeyance	wait
I am of the opinion	I think
I will endeavor to ascertain	I will try to find out

（续表）

in a satisfactory manner	has
in my opinion I think	in my opinion, or I think
in order of importance	order
in order to	to
in regard to	[eliminate]
in the amount of	for
in the amount of	for
in the course of	during
in the course of	during
in the event of	if
in the event that	if
in the event that	if
in the interest of time	[eliminate]
in the majority of cases	most, or usually
in the majority of instances	often
in the matter of	about
in the nature of	like
in the nature of	like
in the near future	soon
in the near future	soon
in the neighborhood of	about
in the normal course	normally
in the normal course of our procedure	normally
in the opinion of this writer	in my opinion
in the same way as described	as described
in view of the fact that	because
inasmuch as	because
indicate	show
initial	first
initiate	start or begin
institute an improvement in	improve
interpose an objection	object
involve the necessity of	require
is appears that an oversight has been made	I [or we] overlooked
is corrective of	corrects
is found to be	is
is indicative of	indicates
is suggestive of	suggests
it has been brought to my attention	I have learned
it has been recognized that	[eliminate]
it is apparent that	therefore, or it seems that
it is incumbent on me	I must
it is noteworthy that	[eliminate]
it is the intention of this writer to	[eliminate]
it would not be unreasonable to assume	assume
join together	join

（续表）

large in sample size	large
make a decision to	decide to
make the acquaintance of	meet
may I call to your attention	[eliminate]
may or may not	may
may, or may not	may
modifications contained herein	these changes
most complete	complete
multitudinous	many
mutual cooperation	cooperation
my personal opinion	my opinion
new innovation	new
objective	aim
obligation	debt
of a confidential nature	confidential
on behalf of	for
on behalf of	for
on the basis of	by
on the basis of	by
on the few occasions	occasionally
on the few occasions	occasionally
on the grounds that	since
on the grounds that, owing to the fact that	since
on the part of	by
on the part of	by
optimum, optimal	best
owing to the fact that	since
perform an analysis of	analyze
perform an examination of	examine
perhaps I should mention that	[eliminate]
permit me to take this opportunity	I want to
pertaining	about
pertaining to	about
preparatory to	before
present a conclusion	conclude
prior to	before
prior to the time of/that	before
proceed	go
proceed to separate	separate
procure	get
prolong the duration	prolong
provide information about	inform
provided that	if
provided that	if
range all the way from	range from
reached an agreement	agreed

（续表）

report back	report
secure	get
similar	like
state the point that	state that
still continue	continue
structure our planning pursuant	make plans
subsequent to	after
subsequently	later
supplement	add
surrounding circumstances	circumstances
take into consideration, taking this factor into consideration, or take under advisement	consider
take under advisement	consider
tangible	real
terminate	end, stop, dismiss
the committee made an agreement	the committee agreed, or we agreed
the committee made the decision	the committee decided, or we decided
the fact that	[eliminate]
the field of photography	photography
the purpose of this memo	[eliminate]
the purpose of this memo	[eliminate]
the question as to whether	whether
the undersigned	I
the writer	I
there is no doubt	[eliminate]
this report is an offering	this report offers
to be in agreement with	agree
to have a preference for	prefer
to summarize the above	in summary
total effect of	effect of
transact	do
under date of	dated
under no circumstances	never
under no circumstances	never
until such time as	until
utilize, utilization	use
visualize	see
we deem it advisable	I suggest
what is believed is	[eliminate]
whereas	but
whereby	which
whether or not	whether
whether or not	whether
with a view to	to
with a view to	to
with reference to	[eliminate]

（续表）

with regard to	about
with regard to, with reference to	about
with the result that	so that
with this in mind, it is therefore clear	therefore
within the realm of possibility	possible
you will find attached	attached is, or here is